# 琉球文学総論

池宮正治［著］

池宮正治著作選集 1

笠間書院

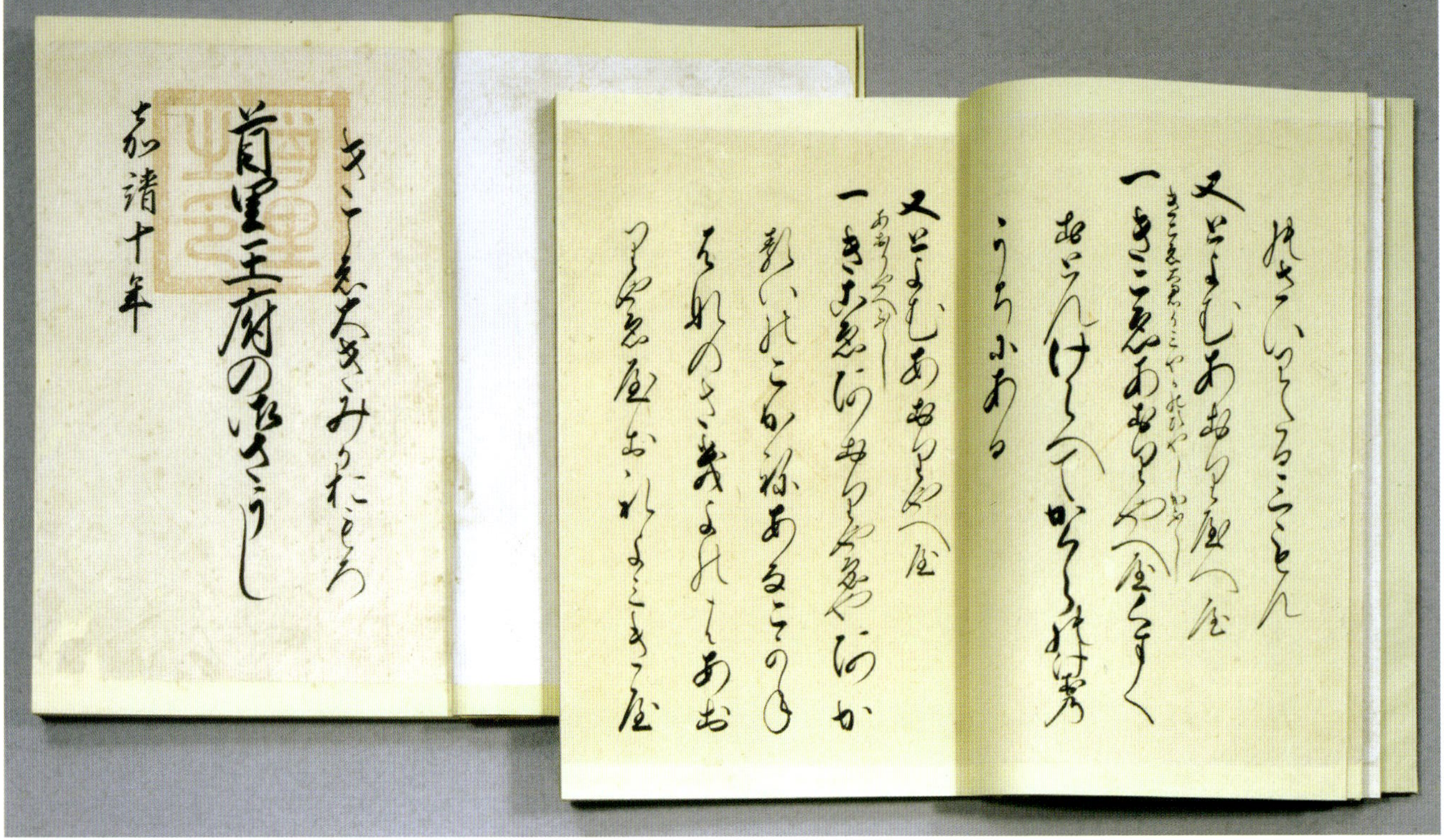

尚家本『おもろさうし』（沖縄県立博物館・美術館蔵）

きこゑ大きみがおもろ

首里王府の御さうし

嘉靖十年

第一

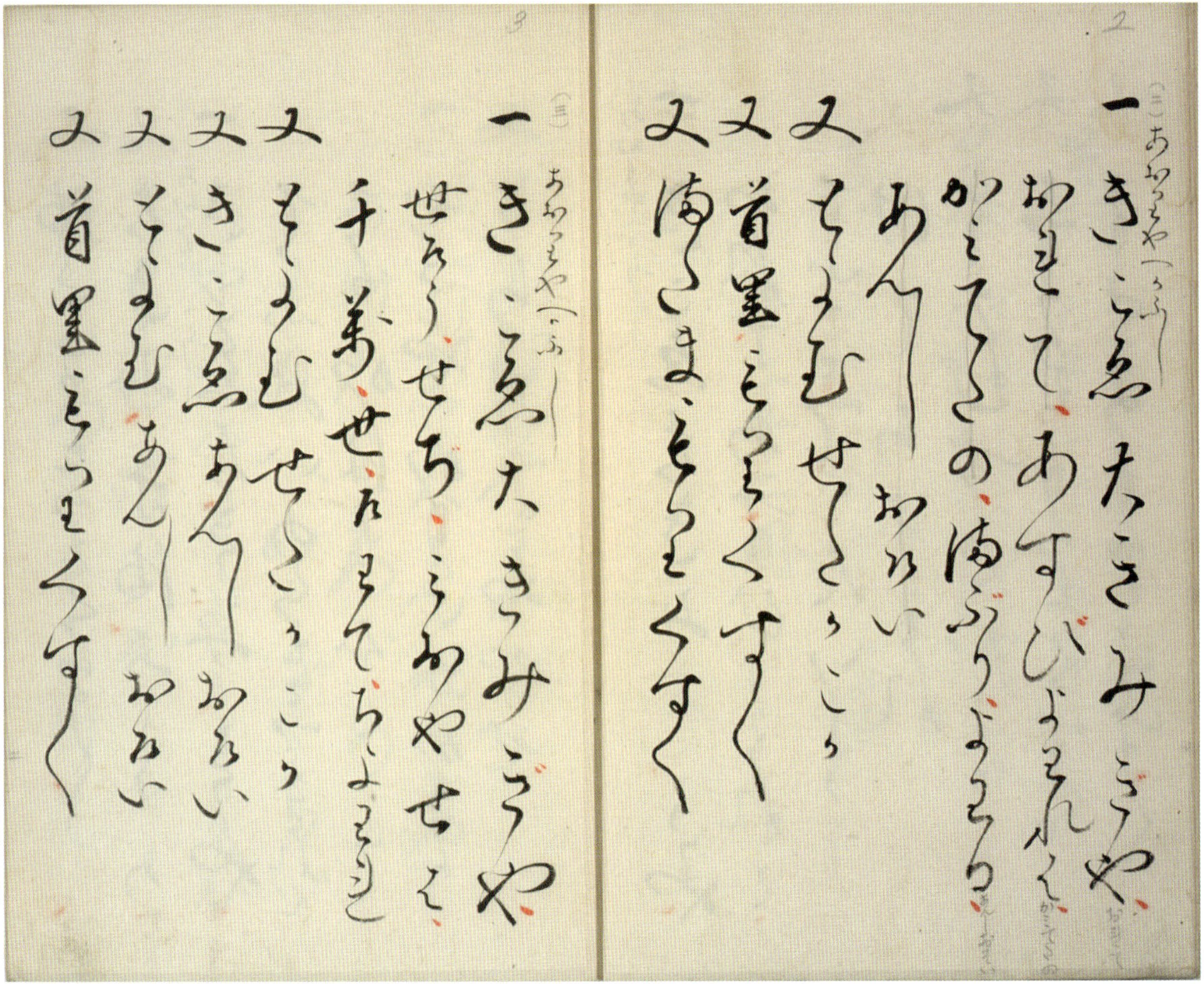

仲吉本『おもろさうし』（琉球大学附属図書館　伊波普猷文庫蔵）

与喜屋のろくもいの神事正装（鎌倉芳太郎撮影　沖縄県立芸術大学附属図書・芸術資料館蔵）

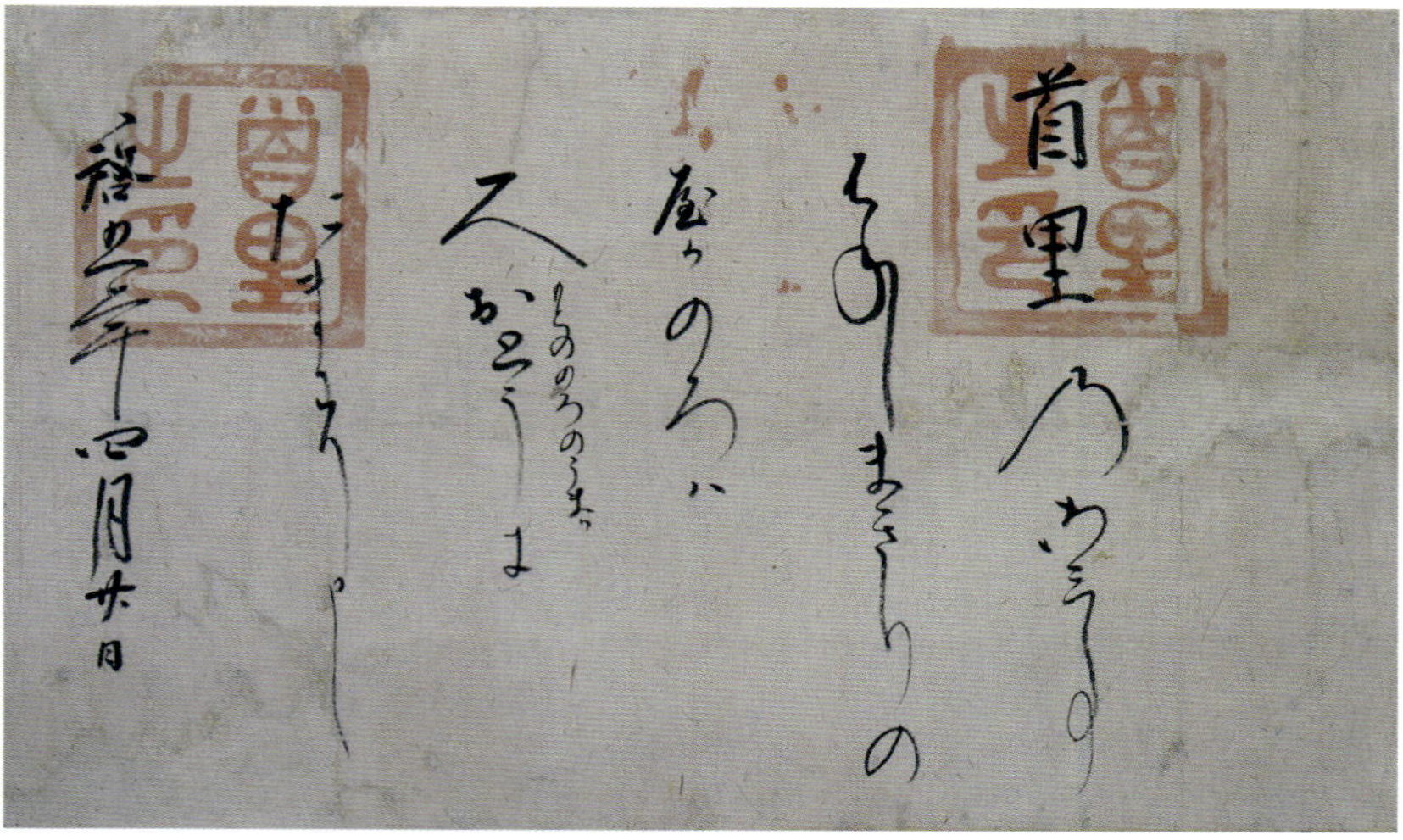

羽地《はねぢ》間切《まぎり》屋我《やが》ノロの辞令書（沖縄県立博物館・美術館蔵）

# 池宮正治著作選集1　琉球文学総論　目次

# Ⅲ　琉歌論《りゅうかろん》

# 琉球文学総論

# I

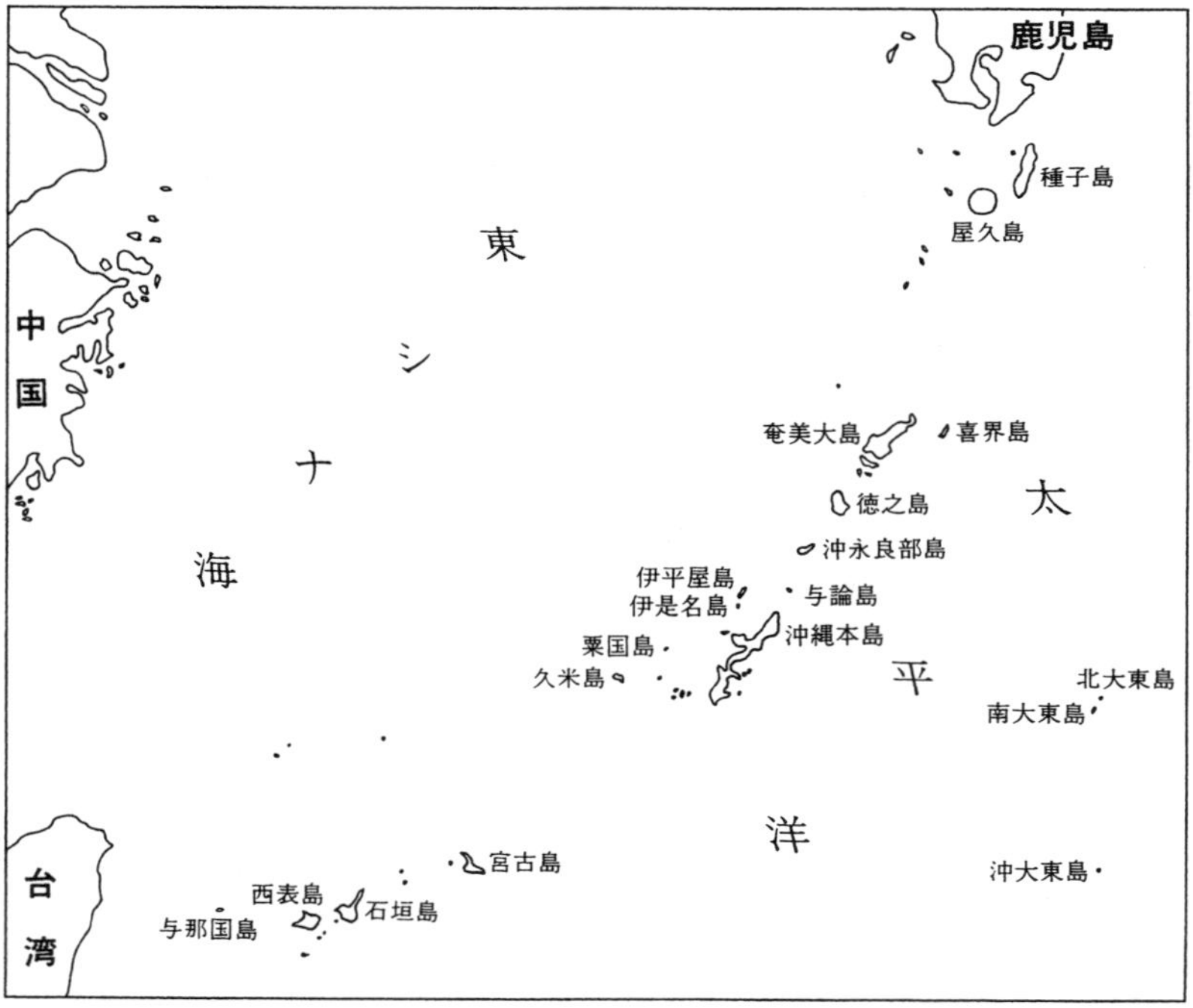
鹿児島
種子島
屋久島
東
シ
ナ
海
中
国
奄美大島
喜界島
徳之島
太
沖永良部島
伊平屋島
伊是名島
与論島
沖縄本島
粟国島
久米島
平
北大東島
南大東島
洋
宮古島
沖大東島
台
湾
西表島
石垣島
与那国島

# 第一章　琉球文学総論

## はじめに

### 琉球文学ということ

日本列島の最南端、点々と連なる島々のうち、奄美諸島、沖縄諸島、宮古諸島、八重山諸島までを琉球列島といい、南西諸島、薩南諸島ともいう。またこれらの島々が弓状に点在しているために、近代以降「琉球彎《りゅうきゅうわん》」という言い方も使われ、また、「琉球弧《りゅうきゅうこ》」という呼称は島尾敏雄らの新たな意味を付与した再提出により、現在でも広く使われている。南海のこれらの海域には一八八島があり、そのうち六八島に人々が暮らしている。行政区としては奄美諸島が鹿児島県、その他が沖縄県に属しているが、この地域は一六〇九年、奄美諸島を薩摩に割譲するまで、長く琉球王国に所属していた。そしてまた、この琉球列島は琉球語（琉球方言）を話す地域であって、したがって文化的にも本土に対している。それ故この琉球列島の琉球語による文学を一般に「琉球文学」という。しかし他に「沖縄文学」という言い方も広く行われている。だがこれでは奄美地方を包摂できないし、しかも現在の沖縄県全域を沖縄というようになったのは、明治以後それも一八七九年（明治一二）の廃藩置県後のことであって、したがって沖縄文学と言えば我々は暗黙のうちに、沖縄県の近代文学、なかでも普通語（標準語）による文学を指すものと考えている。またこれに似た「沖縄の文学」を使うこともある。これは沖縄県の前近代あるいは近代の文学を包

琉球文学年表

| | | |
|---|---|---|
| 先史時代 | 677-727 | 南島人たびたび大和朝廷に入朝。 |
| | 753 | 僧鑑真、阿児奈波に漂着。 |
| グスク・三山時代 | 12c. | |
| | 1187 | 舜天即位と伝える。 |
| | 1260 | 英祖即位と伝える。 |
| | 1350 | 察度即位。 |
| | 1372（洪武 5） | 明の太祖、楊載を遣わし察度を招諭す。同年王弟泰期を遣わし入貢。前後して山南、山北も冊封を受ける。 |
| | 1406（永楽 4） | 尚巴志、中山王武寧を滅ぼし、父思紹中山王となる。 |
| | 1415（永楽13） | 将軍足利義持「りうきう国よのぬし」（尚巴志）へ文書を贈る。 |
| | 1424（永楽22） | 下天妃廟建立。 |
| 第一尚氏王統時代 | 1429（宣徳 4） | 尚巴志、山南王を滅ぼし三山統一なる。 |
| | 1453（景泰 4） | 志魯・布里の乱起こり首里城炎上、鍍金銀印を失う。 |
| | 1454（景泰 5） | 尚泰久即位、しきりに寺社を建立。 |
| | 1455（景泰 6） | 朝鮮王に大蔵経を乞う。 |
| | 1458（天順 2） | 護佐丸・阿麻和利の変。万国津梁鐘を鋳造し、首里城正殿に掛ける。 |
| | 1465（成化 1） | 尚徳王弟尚武を遣わして、明の憲宗成化帝の即位を慶賀。 |
| | 1467（成化 3） | 朝鮮王に鸚鵡、孔雀を贈り、方冊蔵経を贈られる。 |
| | 1469（成化 5） | 福州に柔遠駅（琉球館）が移設される。 |
| 第二尚氏王統前期 | 1470（成化 6） | 尚徳滅び、金丸即位し尚円と称す。 |
| | 1477（成化13） | 尚真即位。朝鮮済州島の漂流民、与那国に漂着。朝鮮に送還され『朝鮮王朝実録』に見聞録をのこす。 |
| | 1494（弘治 7） | 円覚寺建立。 |
| | 1498（弘治11） | 国王頌徳碑（荒神堂之北之碑文）建立。 |
| | 1500（弘治13） | 八重山のオヤケアカハチ反乱。沖縄・宮古連合軍に鎮圧される。 |
| | 1522（嘉靖 1） | 与那国のオニトラ、宮古の仲宗根豊見親らに討たれる。仮名書きの真珠湊碑文（石門の西のひのもん）建立。 |
| | 1523（嘉靖 2） | 田名文書１号辞令書「たうへまいるたから丸がくわんしやわ」。 |
| 第二尚氏王統後期 | 1609（万暦37） | 薩摩島津氏、三千の兵を率いて琉球国を侵略。国王尚寧を虜にして帰る。奄美諸島を奪い、国庫の半分を上納させる。 |
| | 1613（万暦41） | 『おもろさうし』巻２編集。 |
| | 1623（天啓 3） | 『おもろさうし』巻３-21編集。 |
| | 1700（康熙39） | このころ識名盛命『思出草』なる。 |
| | 1709（康熙48） | 首里城火災により『おもろさうし』焼失、翌年再編。1711『混効験集』、1713『琉球国由来記』なる。 |
| | 1719（康熙58） | 冊封使徐葆光ら来琉、玉城朝薫、組踊五番を初めて各宴に供す。 |
| | 1725（雍正 3） | 程順則編『中山詩文集』刊。 |
| | 1806（嘉慶11） | 楊文鳳『四知堂詩稿』、1844『東遊草』、1873『琉球詩課』刊。 |
| | 1870（明治 3） | 宜野湾朝保編『沖縄集』、1876同編『沖縄集二編』刊。 |
| 近代沖縄 | 1879（明治12） | 琉球藩を廃して沖縄県を置く。 |
| | 1893（明治26） | チェンバレン来琉調査。田島利三郎、沖縄中学着任。笹森儀助、来県。 |
| | 1911（明治44） | 伊波普猷『古琉球』刊。 |
| | 1925（大正14） | 伊波普猷『校訂おもろさうし』刊。 |
| | 1929（昭和 4） | 伊波普猷『校註琉球戯曲集』刊。 |
| 戦後沖縄 | 1945（昭和20） | 米軍上陸、戦場と化す。 |
| | 1951（昭和26） | 講和条約で奄美・沖縄が米施政下に。1953奄美群島日本返還。 |
| | 1967（昭和42） | 大城立裕「カクテル・パーティー」芥川賞受賞。 |
| | 1972（昭和47） | 施政権が日本へ返還され、沖縄県となる（祖国復帰）。 |

含するニュアンスがあるものの、奄美が欠落する点では「沖縄文学」の場合と同じである。

また新井白石の『南島志』（一七一九年）以来、近代の『南島水路誌』（一八七三年）など、琉球列島を南島と呼ぶこともある。それ故「南島文学」という言い方もしばしば使われる。しかし南島は学術や行政のことばとしては使われないし、歴史的にも例えば『続日本紀《しよくにほんぎ》』の「南島」には沖縄本島は出ていないし、学者によっては南島に種子島・屋久島を加える人もあるかと思うと、赤道近くの洋上の島々、オーストロネシアを南島と訳し、そのことばを南島語といっている人もいて、研究上のことばとしては適当とはいえない。

## ジャンル

琉球文学をまったく同じ基準で明解にジャンル分類する方法はいまだ提出されていない。それ故筆者じしん不満だが、筆者が日常使っている分類で説明することにする。

琉球文学の中心は当然琉球語による文学形象でなければならず、これを中心軸にして、(1)古謡、(2)物語歌謡、(3)短詞形歌謡（抒情詞）、(4)劇文学があり、その外縁に(5)和文学、(6)漢文学、(7)沖縄文学（明治以降の共通語文学）がある。さらにその外縁に口承説話その他、これらの分類に馴染まない詞章などがある。順次その概略を紹介する。

# 一　古謡

古謡はむろん古い歌謡でもあるが、琉球列島では現在でも採集できる歌謡であり、琉球文学のなかでも量的に圧倒的に多く、琉球文学を特徴づけているものの一つである。古謡は何らかの祭祀や儀礼と関わり、ことばに霊力を認め、本土古代文学でいう言霊《ことだま》に近い信仰の認められる歌謡で、これを古謡と呼んでいる。霊力をもった古謡の詞章は非日常語、つまりハレのことばでなければならず、その非日常性を確保するために琉球語は（本土日本語にも通じることだが）、この装置をはじめは対語対句に求めている。つまり古謡の多くは、祭祀という非日常的な時間や場所、参加する人（神）まで非日常を幻想し、歌いや唱えといった音楽上の非日常、そして対語対句ことばの非日常をこれに加えて、五音プラス三音～五音、つまり五音を打ち出しとする韻文を生み出している。こうした古謡を琉球列島では次のように呼んでいる。

| 沖縄本島 | 宮古 | 八重山 | 奄美 |
|---|---|---|---|
| おもり（ウムイ） | ピャーシ（栄やし） | アヨー | クチ（口） |
| みせぜる（ミシジル） | ニーリ（多良間ニル） | ユンタ | ユングトゥ |
| こいな（クェーナ） | タービ（たかべ） | ジラバ | タハブェ（たかべ） |
| てるこ口（ティルクグチ =伊是名島・伊平屋島） | アーグ（あやご） | ユングトゥ | オモリ |
| のだてごと（ヌダティグトゥ） | トゥクルフン | チジ | 古流れ歌 |
| おたかべ（ウタカビ） | ニガリ（願い） | カンフチ（神口） | イェト |
| ティルル（=久高島） | フサ（草） | | |
| 御拝つづ（ミハイチジ） | | | |
| おもろさうし・おもろ | | | |

ウムイは沖縄本島の中部北部および周辺離島で現在でも歌われ、採録されている。『おもろさうし』のおもろとも関連があろうが、詞形内容語彙の面でおもろと直接関連するウムイはほとんどない。『琉球国由来記』（以下『由

来記』という）には、おもろまたはウムイと読むべき「唄」が本島南部を中心に記録されているが、これは類型化していておもろとの関連は見出せないものの、おもろの形式との関連を窺わせるものになっているように思われる。みせぜるは神女が神の資格で述べるもので、古琉球の石碑にも刻まれているが、すでに王の女官である神女の口から出た詞章は、神への願意を述べ立てるものになっている＊1。

クェーナも他のものと同じく、農耕儀礼や豊穣予祝、雨乞い、新築祝い、航海安全などを期待もしくは約束する内容のものが多い。沖縄本島だけにこの名称があり、しかも沖縄本島全域にある。なかには聞得大君《きこえおおぎみ》＊2の新任式である御新下《おあらお》りの時、聖地斎場《さやは》御嶽《おたけ》＊3への巡礼の行列の道々これを歌い、これを道グェーナといった。伊是名島・伊平屋島のティルクグチは、奄美にも出現するてるこ神（対語なるこ）の「てるこ」とも関連があろう。これも神の資格で村々に出現して、神の詞を唱えて豊穣を約束するものであった。おたかべは、「高べ」つまり神を敬う意で、王府はしばしば「崇べ」を当てる。久米島の『仲里旧記《なかざときゆうき》』や『由来記』にもみられ、琉球列島全域にあったといってよい。宮古のタービ、奄美のタハブェも「たかべ」の転である。『女官御双紙《にょかんおそうし》』の「稲の両祭御城にての御規式三平等にて相勤之御たかへの意趣」は次のとおりである。

けふのよかるひより
かほうひよりに
しらちやね　あまちやね
おはつ　おしろまし
御穂　おし上やべるげに
石実　金実

今日の良き日に
果報の日選りに
白種、甘種
お初（穂）、お白まし（酒の一種）
お初穂を差し上げますので
石の実（米）、金の実（米）を

いれめしよわちへ
あぶし枕　あづら枕
しめさしよわちへ
首里天がなし美御前
およひとて　おのふさとて
いぢきめしよわちへ
もゝかほうのあるやに
御守りめしよわちへ
おたぼいめしよわれ
島々　国々
のふ事も百かほうのあるやに
御守めしよわちへ
御たぼいめしよわれ

お入れなさって
畦枕、土手枕を
させたまいて
国王様の
お為といって、御故といって
張り切りなさって
百果報のあるように
お守りたまいて
くださいませ
島々、国々
何事も百果報のあるように
お守りなされて
くださいませ

ティルルは久高島の古謡で、特にイジャイホー祭りの時の歌謡がよく知られ紹介されている。ミハイチジ（御拝つづ）は二、三しか知られてないこともあり、これまで問題にされたことがないが、神女が介在する他の古謡と異なり、かつては王府の儀礼として行われていた。次に朝賀の御拝つづを紹介する。正月元旦、天《てん》の御拝《みはい》といって、国王が自ら百官を率い、北殿向きのお庭《ウナー》で北極を拝したあと、引き続いて正殿二階の唐玻風《からはふう》の間に現れて、朝賀のためにお庭に参列した数百人の家臣達から山呼万歳《さんこばんざい》の中国式の祝福の礼を受け、いったん引き上げて黄金御殿《クガニウドゥン》に入ったあと、琉衣裳に着替えて再び一階ウサスカ（玉座）に現れ、世子、世孫、王子衆、按司《あじ》衆、親方《おやかた》衆、三司官《さんしかん》、表十五人《おもてじゅうごにん》衆と式部官である下庫理《シチャグイ》の当《アタイ》や勢頭《せど》ら、着座した諸臣下に国王からお祝いの盃やお茶が廻ったところで、王の正面の御拝座に三人の三司官が立ち、先頭の三司官が厳かに年頭の御拝つづを読み上げるのである。「琉球国王家年中行事正月式之内」*4 に次のようにある。

みほみのけやべら、年はじめ朔日の御祝に、おみてづころちやう御立めしやうちへ、真正面の御座敷おがまれめしやうれば、おま人しつかい御拝、おがですでらせしむしやうちへ、下こおりの御座敷おちよわいめしうれば、按司がなした、国々の按司べ、三番の親方部、さばくり〳〵、御近く拝ですでらさしむしやうちへ、おの上に御さむだいの御酒御茶おたぼひめしやうれば、もゝすですでらさしむしやうちへ、此ごをんたうとさや、首里がなし天のともゝととひやくさ、おがまれめしやうるおがほう、思ごわおすでものゝ、ともゝすへのおがほうど、夜もひるもかめねがへ、しめさしむしやうちをて、みおやだいりや、きもすいたい添がらめち、みおやしめさしむしやうんだいてど、しつかいのみはい、おがまさしむしやべる。思事。

内容は、国王が朝賀に出席した家臣を祝福したことを感謝し、国王と世子世孫の繁栄を願うものになっている。王府の諸儀礼のマニュアルが記された「諸御拝御双紙」によると、こうした御拝つづは、世子世孫の元服の際も三司官がお庭浮道の御拝座に立って述べることが見え、他に浮織八巻、三司官座敷、紫冠頂戴の時にもやはり御拝つづを三司官が述べている。また田島利三郎の『琉球文学研究』（一九二四年）にも「年頭御使者並思弟部按司親方部一同三平等の御願の時公事の御拝つづ」が、『東恩納寛惇全集』第八巻（第一書房、一九八〇年）にも「琉球国王の即位の宣命」（『琉球新報』一九一五年一一月一〇日）というのが紹介されており、王国即位の前日三司官一人が国王の名代として城下の円覚寺と天王寺に参詣して先王先妃の守護をねがう「宣命」が出ている。これもおそらく御拝つづであろう。東恩納寛惇《ひがしおんなかんじゅん》は「宣命」すなわち国王そのものの願意としているが、そうではなく家臣の立場からその代表である三司官が述べたもので、王府の儀式儀礼の各所に、こうした御拝つづの言上があったものと想像される。近世の琉球は、国王が唐衣裳をまとい、儀式儀礼では中国語が使われる唐風の儀式も強化されるが、それに対してこうした琉球国風ともいえる、古琉球に根ざした儀式も広く深く行われていたものと思われる。この「つづ」は『おもろさうし』一三ノ四二「聞こへせの君と、つつとりきやわちへ」（ツツ取り交わして）とある「つつ」や、八重山の「雨乞いのつづ」の「つづ」とも関わりがないかどうか、今後の課題である。

古謡研究の中心は何といっても『おもろさうし』である。全二二冊（巻）一五五四首、量的にはほぼ『万葉集』に匹敵する。古謡研究でもっとも早くから着手され、古琉球研究の聖典である。そして古琉球の言語や民俗（信仰）、文学、歴史などおよそ古琉球研究の根本資料と目されている。しかし近年の研究では、さまざまな方面で問題が提起され、もはやおもろだけで古琉球を論じる人はさすがにいなくなった。

『おもろさうし』は、第一巻が一五三一年、第二巻が一六一三年、以下第二一巻まで一部を除いて一六二三年に編纂されている。しかしこの情報は、各表紙に書いてあるのでそのように信じてきているのであって、現行の『おもろさうし』は、一七〇九年に王城とともに焼失、翌年収集して再編したものである。この再編という事実を考慮しないでは『おもろさうし』は理解できない。例えば『おもろさうし』は約二割が重複、実数は一二四九首である。これは主に書誌上の重複に原因していて、例えば巻一と巻三、巻一一と巻二一、巻一七と巻一八、巻一九と巻二〇で、順序だった一群のおもろが重複関係にあるのである。これらは再編段階の錯誤であって、巻一と巻三が重複関係にあるのに、巻一のみが八〇年余りも古く編纂されたとするのも当然疑わしくなる。まず一六一三年と一六二三年、つまり近世の初頭の編纂というのが妥当なところであろう。巻二二は「みおやだいりのおもろおさうし」即ち王宮の儀式儀礼に使われるおもろをまとめたもので、『由来記』の記述する王宮の儀礼とも一致しているので、さらにこれよりも新しい編纂にかかると思われる。[*5]

『おもろさうし』のおもろの記載はきわめてユニークで、次のように始まりを意味する「一」の記号と、音楽的な繰り返しを意味する「又」とからできている。例えば、一八ノ二七のおもろ、

一　いとかずにおわるてだ
　　ゑぞのてだ　みちゑ
　　みち　まわて
又　やかぶかち　あよむ　てだ

糸数におられる太陽的人物
伊祖の太陽的人物を見て
満ち廻て
屋嘉部へ歩む太陽的人物

糸数、伊祖、屋嘉部はいずれも地名。「てだ」は太陽のことで共同体の代表をさす。他の古謡はこれまで述べてきたように、対語対句で進行するのが顕著で、おもろにもそうしたものがあり、おもろがかって対語対句によって進行する長い詞章をもったものであったことが推測される。しかしながら実際は右のように一つの対句だけというのがもっとも多い形式である。つまりおもろは、古謡全般にみられる対句形式がもっとも衰えた形ともいえる。なかにはその対句の最後の一句まで落としたものもある。この対句部分の衰退と反比例して繰り返し部分（この場合、第二行三行）が肥大化している。しかも他の歌謡で比較的に厳格に守られている五音打ち出しの韻律も崩壊の傾向があり、新しい八・八音への架橋と思われる三・五音も出現している。これを総合的に言えば、八・八音の短詞形化の傾向が見て取れるのである。この傾向が八音の四句定型歌である琉歌へ真っ直ぐに移行するかどうかは、慎重を期して留保しなければならないが、少なくともおもろのこうした傾向の反映として四句体琉歌が生まれたこ

とは認めてよいのではないかと思われる。

おもろは、王や地方の支配者、歴史上の人物、聞得大君や上級の神女といった人物讃歌、聖地、御嶽《おたけ》、お杜《もり》といった拝所讃美、王や神女の船の安全祈願等、讃える形で願意を述べたものが多い。ところが他の古謡に顕著な農耕儀礼、生産予祝にかかわるおもろが極端に少なく、人物讃歌を見ても分かるように、自然との矛盾を歌うより、カミの名のもとに王の配下の立場で歌う階層的な歌謡なのである。別のいい方をすれば『おもろさうし』は王府の編纂作業による「王府のおもろ」と表題にあるように、その分だけ階層化して生産から遊離した讃歌になっているのである。したがっておもろは古謡としては新しいのである。

とはいえ『おもろさうし』は依然豊かな研究上の情報を内包している。が、依然数多くの謎も残している。おもろには「首里ゑとのふし」のように「ふし」名がついているが、わが国で「ふし」（節）ということばが曲節を意味する言葉として一般化しない時代にどうして使われているのか。その数例を除いて、他のおもろの詞章の一部をとってふし名とする間接命名になっているのはなぜか。また奄美・沖縄の両諸島を王府は長年にわたって採録調査して『おもろさうし』を近世初頭に完成させたと思われるが、これを裏付ける文献資料がまったく見られない。未詳語といわれる理解の及ばない語句も依然はなはだ多い。校本や辞典が完備し、研究史も長く、仮名表記の厳密な研究が進歩したこともあって、新たに解明された部分も多いものの、上に述べたように謎もまた少なくないのである。

宮古諸島の古謡について概略を述べる。ピャーシ（語義は、栄やし）は、夏の感謝祭であるナチプーイなどで歌われる。宮古島の狩俣《かりまた》部落の研究が進んでいることもあって狩俣のピャーシが多いが、島尻《しまじり》・城辺《ぐすくべ》・大浦《おおうら》・多良間《たらま》などにあり、ピャーシグイ、ピャーシ・アーグともいう。ニーリは、狩俣部落の神代からの歴史を壮大な叙事詩のように歌う「祖神《うやがむ》のニーリ」*6 があまりに有名だが、多良間にも土地の英雄を歌った「土原豊見親《ンタバルトウユミャ》のニル」や「雨乞いのニリ」など多くある。タービは沖縄本島の「おたかべ」の「たかべ」(崇べ)で、これまでの報告では狩俣にしか出ていない。狩俣では最高神女のアブンマによって歌われる。夏ブーイに神々の名を歌いだして加護を願うカンナーギ(神名挙げ)である。アーグは「あやご」ともいい、綾言の意だといわれている。宮古では歌謡全体もアーグといっており、したがって宮古全域にある。そのなかで英雄を歌った叙事詩的なアーグや、豊穣予祝や航海安全を歌ったアーグもある。トゥクルフンはその場所を踏み固める意で、新築の家を祝ういわゆる室寿ぎである。ニガリは「願い」で、神の名を挙げてそのお蔭であることを繰り返しながら、家や集落の繁栄を願うものである。フサは狩俣の神女達が祖神祭に山籠もりして、集落の神々の系譜や創世の歴史を歌う歌のことで、両手に草(フサ)を持って歌うのでその名がある。

八重山地方の古謡の、アヨー、ユンタ、ジラバ、ユングトゥは詞形や音楽上の別を明確に分けることができないが、かつては歌の場や歌う主体等で区別していたのであろう。叙事的、物語的で、豊穣予祝、航海安全、雨乞い、子孫繁盛、家褒め等の主題を歌う。チジは八重山ではもっぱら雨乞い歌にだけ使われ、「雨乞いチジ」「雨のチジ」「雨チジ」などといっている。他に呪的歌謡を「カンフチ」(神口)、「ニガイフチ」(願い口)、「アマフチ」(雨口)、「カザリフチ」(飾り口)ともいい、また「ニガイ」(願い)、「タカビ」(崇べ)ともいう。

奄美でも神への呪詞を「クチ」「タカブェ」(崇べ)といっている。瀬戸内町を中心にオモリがある。沖縄本島のウムイや「おもろ」とも関連のある語であろう。次の大熊ノロのオモリを紹介する。

1　あがれ　むかて　みりば　　東に向かってみれば
2　あしゆつ　どぅりぬ　　足四つ鳥が
3　くつぐる　どぅりぬ　　口黒鳥が

4　あがれに　むかうば　　東に向かえば
5　てだがなし　むかうば　　太陽に向かえば
6　いのつぃ　ふきよせりゅん　　命を吹き寄せる
7　あにょち　ふきよせりゅん　　あにょちを吹き寄せる
8　うぶつだけ　むかうば　　オボツ嶽に向かえば
9　かくらだけ　むかうば　　カグラ嶽に向かえば
10　がめん　ふきよせゆん　　神酒を吹き寄せる
11　わんぎゃ　ふきよせゆん　　供物を吹き寄せる
12　ねりやすこ　むかうば　　ネリヤ底に向かえば
13　かなやすこ　むかうば　　カナヤ底に向かえば
14　ねごふだね　ふきよせゆり　　稲穂種を吹き寄せる
15　ねうらだね　ふきよせゆり　　稲穂種を吹き寄せる

（島尾敏雄『離島の幸福・離島の不幸』より）

冒頭の一句以外対句になっていて、比較的に五音打ち出しの韻律を持った句も見られ、古謡の典型的な形を示している。こうした呪力を持った詞章が、祭式と結びついて現在でも広範に存在しているところに琉球文学の特徴がある。しかも量的にも膨大であって、これらの有り様は、例えば、本土日本語が記紀歌謡や『万葉集』へいたるまでの記載されない文芸の道のりを示唆してくれるものともなるはずである。

一方、ユタの呪詞として伝承されている奄美の沖永良部《おきのえらぶ》島の創世神話「島建《しまだ》てしんご」[＊7]の例は、琉球国の創世神話とも地脈をひいていて、かつてこうした神話がこれもまた韻文で広範に伝承されていた可能性を抱かせる。先に紹介した宮古の狩俣の古謡にも見られるように、集落単位の創世を歌う島建て神話は、各地に見られる。つまり王府の『おもろさうし』や『中山世鑑《ちゅうざんせいかん》』や『中山世譜《ちゅうざんせいふ》』それに『琉球神道記《りゅうきゅうしんとうき》』にある創世神話の底辺に、集落レベルの創世神話が歌われていた。その一つである沖永良部の「島建てしんご」は『南島歌謡大成』のテキストで、三七六行と長大である。この長編の詞章は、沖縄の都市グェーナで旅の平安をことほぐ「ヤーラーシー」が六五二行、上納のザン（じゅごん）の捕獲をユーモラスに歌う八重山の「パイフタフンカタのユングトゥ」が喜舎場《きしゃば》永珣《えいじゅん》の『八重山古謡』では二四六行もある。その他ウムイなどにも長文のものが目立ち長編の叙事詩の可能性も窺えるものだが、文字を知らない時代には当然のことながら、さらにもっと長大な詞章を記憶していたに違いない。

## 二　物語歌謡

物語歌謡というのは、その内容が叙事的物語的だということであるが、そればかりでなく、古謡が呪的詞章であるのに対して、呪力や祭祀から離れて古謡の主題だった神や英雄を歌わず、庶民を主人公にしているところに特色がある。また八重山や奄美・沖縄では三線《サンシン》で歌われることが多く、特に八重山でよく発達している。その八重山では節歌《ふしうた》といわれるものがその典型だが、古謡の名のアヨー、ユンタ、ジラバ、ユングトゥにも物語歌謡がある。

アファリ子ジラバ

１　アファリ子トゥ　イバ道ニ　イカヤム　　美しい娘と　狭い道で　会いたい
２　思ヤストゥ　人《ピトゥ》マドゥニ　スラヤム　　思い人と　人のいない所で　揃いたい

3　マサマサトゥ　イバ道ニ　イカヤス
4　ユクユクトゥ　人マドゥニ　スラヤス
5　取ラディシバ　腕フリ　取ラルナー
6　抱ガディシバ　肝《キウム》バフリ　抱ガルナー
7　走シティヌ　イカシティヌ　思イヌ
8　取レーラバ　抱ゲーラバディ　思ウリソウ
9　道ヌスバ　草バムシ　泣ギルケ
10　聞カシィスヌ　ユシルスヌ　ウダソウナ
11　ユヌ道ニ　ユヌペーフミ　ムドゥリキ
12　ナユ思イ　イキャシユムイ　泣キオウル
13　ウラプシャディ　メガプシャディ　泣キウルヨ
14　プサディカラー　人先キィニ　イザナーラ
15　蛸ガ手ヌ　八ティ世ナリ　待チュウリ
16　イカヌ手ヌ　十ティ世ナリ　待チュウリ
17　アトゥヤラシ　ウラガタミ　ナリクーディ

正にその娘と　狭い道で　会った
まんまと　人のいない所で　あった
手を取ろうとすると　腕で拒み　取られない
抱こうとすると　心で拒み　抱かれない
走らせてから　行かせてからと　思ったのだが
手がとれたら　抱かれたらと　思われるよ
道端の　草をむしって　泣いていると
聞かせる人が　申し上げる人が　いたようだ
同じ道を　同じ足跡で　戻ってきた
何を思い　どう思って　泣いているのか
あなたを恋して　女を欲しいと　泣いているのだ
恋しいのなら　人より先に（どうして）言わなかった（のだ）
タコの手のように　八年　待ってください
イカの手のように　十年　待って下さい
後になって　あなたのために　なりましょう

（喜舎場永珣『八重山古謡』より）[*8]

片思いの美しい娘と狭い道で偶然にも遭遇し、ここぞとばかりに手を取って抱こうとするが拒絶されてしまう。恋が破れ泣いていると、戻ってきた女は、男を憎からず思っていたのか、タコの手の八年イカの手の十年待ってくれたら妻になると約束する。燃える思いの男の恋心を慰める当座の言い分ともとれるが、ことばも表現も必ずしも同じとは言えないが、石垣市新川《あらかわ》の「マヘラチィユンタ」も概要はほとんど同じ物語で、これだと女は人妻で、娘のころからその男を思っていて、タコの八年イカの十年たったら、二人は夫婦になるだろう、と言っているのである。ここでは、何処の誰それと具体的な人物名は出ていないが、人物名が出ていて、つまり伝説として歌われることも少なくない。いずれにしても役人を含んで、庶民の目で歌われている点が重要である。しかし上の例歌がジラバやユンタであるように、古謡と物語歌謡は、特に先島《さきしま》では切れ目なく続いている側面があるといえよう。八重山と同様、宮古にもアーグやクイチャー歌謡にこうした物語歌謡が実に豊富にある。「仲宗根豊見親八重山入りのあやご」のように、宮古の英雄たちが大勢その名を現して与那国の鬼虎を征伐する、英雄叙事詩的な萌芽を感じさせる歌だが、その後日談ともいえる「鬼虎の娘のあやご」の、鬼虎の娘の宮古での悲惨な苦しい暮らしは、庶民の同情を引く物語歌謡でもあるのである。つまり宮古の場合も、古謡との境界が画然としないまま、例えば祭祀や信仰から遊離して物語歌謡へ移っているものが多くみられるのである。これに対して奄美・沖縄では物語歌謡が相対的に少ない上に、古謡の詞形である対句や五音打ち出しといったものはなく、四句体の琉歌詞形を連続する形になっている。その意味では明確に古謡とは一線を画しているとみられる。そして奄美・沖縄では三線を伴奏楽器として歌われる。これらの歌謡のほか、外部の影響を受けて成立した口説《くどき》と念仏歌謡もここにいれて紹介することにする。

口説は七・五、七・五、七・五音の三句からできているのがもっとも一般的な形である。その代表的な口説「上り口説」は次のようになっている。

1　旅の出立ち観音堂　千手観音伏し拝で　黄金酌取て立ち別る

2　袖に降る露押し払い　大道松原歩み行く　行けば八幡崇元寺

3　美栄地高橋打ち渡て　袖を連ねて諸人の　行くも帰るも中の橋
4　沖の側まで親子兄弟　連れて別ゆる旅衣　袖と袖とに露涙
5　船の艫綱疾く解くと　船子勇めて真帆ひけば　風や真艫に午未
6　またも巡り会うご縁とて　招く扇や三重ぐすく　残波岬も後に見て
7　伊平屋渡立つ波押し添えて　道の島々見渡せば　七島渡中も灘安く
8　立ちゆる煙や硫黄が島　佐多の岬もはいならで　エイ
あれに見ゆるは御開門　富士に見紛う桜島

七・五音じたいが本土語の韻律だが、語彙表現も本土語で、これを琉球語風に発音しているのである。この口説は琉球から薩摩への旅程を歌ったもので、薩摩から任を終えて琉球へ帰る「下り口説」というのもある。こうしたものに江戸との往還を歌った「江戸上り口説」「江戸下り口説」、沖縄と八重山との往還を歌った「八重山上り口説」「八重山下り口説」などさまざまな上り下りの口説が作られた。また田里朝直《たさとちょうちょく》の組踊「万歳敵討《まんざいてきうち》」にも取り入れられて「万歳敵討口説」が生まれ、同様の口説が幾つもの組踊に挿入されるようになる。試みに一九二一年に刊行された『琉球俗謡』の第一巻をひもといても、「大平口説」「忠孝口説」「四季口説」「八重瀬の口説」「十番口説」「清《きよ》らがさ口説」「佐敷口説」「一二三口説」「花口説」「辻口説」とあり、口説がいかに生産的であるかが窺えよう。

口説ということばは本土近世歌謡のことばで、長い物語を歌うことが多いが、琉球ではこうした韻文であった。文献的には上の「万歳敵討口説」や同じく田里朝直の組踊「義臣物語《ぎしんものがたり》」の「道輪《みちわ》口説」や「早《はや》口説」がもっとも古く、一八世紀半ばごろの『屋嘉比工工四《やかびくんくんしー》』に出ている。その「道輪口説」は、

ひとたび栄へば　ひとたび衰う　世の中の習ひ　思ひ知る身の　哀れはかなや　裾は結んで　肩に打ち掛け
やつれいでたる　姿言葉も　今にひきかへ　島の島々　里の里々　廻り廻りて　人形買いんしやうれ　仏買い
んしやうれ　人形の数々　うきり小法師に　若衆人形　馬乗り人形　これ見れ童　鳴り子鼓や　ポロロン〳〵
ポロポロポロと

と歌われ、これまでと異なり七音連続である。口説にもいろいろの詞形があった。また、現在では「黒島口説」の囃子が有名だが、口説には囃子が付いているのが通例であった。「上り口説」に例を取れば、各節に囃子が付いていたのである。例えば第一節の次に「さてさて、誠嘉《まことか》例吉《りよし》、今日のよかる日、船頭方から、風や午《うま》の方《ファ》、明日の出帆、ただいま御下り、みゆんにゆければ、わした二才たも、親子別れの、玉の盃、一ついただき、めぐりめぐりて、殿内《トウンチ》に行ぢやれば、又々黄金《クガニ》の御酌《ウンシャク》、おたべめしやうち、だんな御始め、千手観音《シンテイクワンヌン》、御暇めしやうち、那覇にお下り　サッサ」と囃している。

なお口説は、沖縄本島がもっとも盛んなところだが、奄美地方でも「天の人《テーンヌチュ》」「喜界口説」「あごね口説」など七・五音の口説があるし、八重山地方でも「白保《しらほ》口説」「川平《かびら》口説」「西表《いりおもて》口説」などと地名を冠した口説が多い。

念仏歌謡についてもここで紹介することにする。念仏歌謡は、元来は葬儀に関与して日頃は乞食もしたニンブチャー（念仏者）のもっていた歌謡で、これが沖縄では盆（中元）の明けに太鼓を打ち鳴らして家々を巡回したエイサーの歌謡ともなり、八重山でも同じく旧盆のアンガマの歌謡となっている。奄美ではこれを三十三年忌の念仏として伝えているところもある。韻律が特異で八（四・四）・五音である。

親の御恩
親の御恩や深しもの
父御が御恩や海深さ
母御が御恩や山高さ
海の深さや探らりん
山の高さや計らりん
親の御恩や自由ならん
（下略）

このように本土語のようであるが、本土にこれに直接相当する詞章は見いだされていない。韻律も独特である。念仏歌謡が盆や民間の葬礼の歌とすると、チョンダラー歌謡は正月に家々を訪問しながら乞食をする遊行歌である。かつては首里石嶺のニンブチャー屋敷にあったが、近代になって沖縄の各地の村踊りに入って現代まで伝えられている。この歌謡に隣接してチョンダラー（京太郎）歌謡があり、このほか芸能に接続する芸謡がある。

## 三　短詞形歌謡（抒情詞）

抒情詞形の代表的な詞形が四句体の「琉歌」である。「琉歌」は和歌に対する「琉球歌」の意で、単に「歌」といえば多くこの琉歌であった。この同じ詞形が奄美ではあしび歌、八月踊り歌として歌われ、「島歌」「島唄」と言われている。沖縄でもその土地の歌という意味で「島歌」といっている。三線演奏や舞台の開幕一番の歌、「かじ

やで風節」で歌われる歌、

今日のほこらしやや　なおにぎゃなたてる　　今日の喜びを何に譬えようか
　つぼでをる花の　露きゃたごと　　　蕾んでいる菊花に露が会ったようだ

この歌に見られる、四句、八・八・八・六音の歌が琉歌のもっとも一般的なもので、これに八音句一句以上若干句を加えたものを「長歌」、七・七音、七・五音、五・五音の上句に琉歌の下句（八・六音）をつけたものを「仲《なか》風《ふう》」という。

琉歌を集めたいわゆる琉歌集は、一八世紀末の『琉歌百控《りゅうかももびかえ》』が古いほうで、以後写本で伝えられたものが三〇集ばかりあるが、すべて古典三線の曲（節）で分類されたいわゆる節組《ふしぐみ》琉歌集である。つまり三線音楽の歌詞集なのである。従来こうした節組つまり歌詞集であるという認識で琉歌を見た人はいないが、それはそうした琉歌集しかないからで、音楽に乗せて歌う琉歌に対して、歌会などで題を掲げて詠む琉歌が広範にあったことを視野に入れておくべきだと思われる。『天理本琉歌集』に、

　音雨恋（寄）　　惣慶忠孝
ふらはふれ無蔵が　戻る道すがら　　降るなら降れ。恋人が戻る途中なのだが
　雨やかふかくそ　たよへだもの　　　雨は顔を隠すよすがだから
　寄月恋　　読谷山王子
共に詠めたる　夜半の面影や　　共に夜半にながめたあの人の面影は

いつも有明の　月にのこて　　　いつも有明の月に残っている
　寄悌恋　　玉城親雲上
袖に匂うつち　朝夕詠めたる　　袖に匂いを移してながめた
はなの面影の　忘れぐれしや　　花のように美しいあの人の面影が忘れがたい

「音《（寄）》雨恋」「寄月恋」「寄悌恋」と歌題があって、これらは明らかに題詠である。組踊「花売りの縁」にも、貧窮のために田舎に下った夫森川《もりかわ》の子《し》を尋ねてきた妻の乙樽《おとだる》が、薪取りの老人から夫らしい人の暮らし振りを聞くくだりで、夫が貧窮のうちにも風雅を忘れないでいることを告げる所で、夫の歌を次のように伝える。

　或る時「浜宿りにわび住ひ」の題しち、歌に、
あばら屋に　月や漏る　雨や降らねども　我袖濡らち
　又
磯ばたの　者やれば　朝夕さざ浪の　音ど聞きゆる

上句が五・五音の仲風形式の琉歌二首を詠んでいる。題詠はいうまでもなく和歌の影響であるが、沖縄の貴紳上下が人麿の画像を掲げて本式の歌会をもよおしていたことは「阿《あ》嘉直識遺言書《かちよくしきゆいごんしよ》」*9でも明らかで、後述するように、擬古文物語「貧家記」にも題詠の歌が記されている。

　このことがいま一層重要なのは、このところ近代の新聞琉歌が研究の視野に入るようになったからである。近代になると秩禄を離れた知識層が、新開の嘉手納《かでな》、名護《なご》、本部《もとぶ》、糸満《いとまん》、石垣《いしがき》等に散ると同時に、那覇で新聞が発行さ

れると、それらに首里・那覇を加えて多くの琉歌・和歌の結社が生まれて、題詠の琉歌・和歌が発表されるようになる。これをこの時期突然に生まれた特異な現象と見るより、近世の題詠歌会を受け継いだものと考えたほうが分かりやすい。ではどうして近世の題詠琉歌が伝わらなかったのかという理由を追求することと、題詠琉歌の発掘が今後の課題になるであろう。

## 四　劇文学

劇文学には組踊と琉球狂言、それに近代になって生まれた沖縄芝居の台詞劇（史劇）と歌劇がある。

現在知られている組踊はおよそ六〇番、そのうち玉城朝薫《たまぐすくちようくん》が一七一九年に供した、国王を即位するための中国皇帝の使者冊封使《さくほうし》を歓待する王府の七宴のうち、第四宴の重陽宴以降に供された五番（「執心鐘入《しゆうしんかねいり》」「二童敵討《にどうてきうち》」「女《おんな》物狂《ものぐるい》」「孝行《こうこう》の巻《まき》」「銘苅子《めかるし》」）、同じく冊封使を歓待するために田里朝直が一七五六年に上演した三番（「義臣物語」「万《まん》歳敵討《ざいてきうち》」「大城崩《おおぐすくくずれ》」）と、一八〇〇年以降にやはり冊封使歓待の宴が供された「大川敵討《おおかわてきうち》」や「花売りの縁」などの他は、それほど論議されたことがない。一九二九年にでた伊波普猷《いはふゆう》の『琉球戯曲集』が組踊に関するもっとも目ぼしい図書で、これには簡単な注釈や研究、評論がある。戦後もいろいろ組踊に関する論文や著書が出ているが、この本の影響を出ていないとも言える。能楽との比較つまり影響も具体的に指摘されており、事実その通りと思える点もあるが、『球陽《きゆうよう》』や朝薫の家譜に、琉球に伝えられている「故事」に由来しているとあるように、それがいかなる故事であるかを追求しなければならない。また組踊の演劇としての骨格は、時計回りの進行、歌と唱えの台詞まわし、儒教的な孝と忠の主題、類型的なキャラクター等、能や歌舞伎では説明できないものがあり、当時の琉球の環境からいえば、中国演劇の影響をも視野に入れなければならない。さらに、伊波の『琉球戯曲集』以前の王府資料を根拠にしたテキストの一層の確定整備や注釈研究の充実、本土古典劇や中国演劇との比較研究、演劇（劇文学）としての芸術論的な評価等、これからの問題である。作者も上に挙げた玉城朝薫、田里朝直のほか幾人かの名前が挙げられているが、そのほとんどは伝承的な伝聞程度のもので、事実とは大きく隔たっている。この面も今後の留意点である。

「琉狂言」といわれる琉球狂言は、組踊の陰に隠れてこれまでまともに取り組まれたことがないが、書かれた喜劇という意味でも驚異的で、ある意味では組踊以上に高い評価を与えてよいものである。八重山石垣市の喜舎場《きしゃば》家の写本を始め、写本の形で伝えられるものが五〇番以上確認できるし、現在各地に残り上演されているものも一五〇番は下らないものと思われる。近世末期から明治期までの各地の村踊り（村芝居）の踊り番組（プログラム）を見ると実に多くの狂言が上演されていることがわかる。それらはやがて明治期の沖縄芝居の舞台にも上り、沖縄芝居の喜劇の源流にもなったと思われる。

琉狂言は首里・那覇の中央語で書かれていて、組踊のパロディーや本土狂言の焼直し、劇中劇もあって、明らかに書き手を感じさせるものになっている。しかしこれまでまったく取り扱われたことがないこともあって、作者は一人も伝えられていない。組踊が琉歌を中心にした韻文であるのと異なり、喜劇である狂言は口語で書かれていて、人の愚かさや矛盾に触れて人間の真実に迫るといった、実に喜劇的な普遍性を描いている。しかもどたばたでもなく類型的でもなく、ドラマを見るかぎり高い文学性を感得できる知的な喜劇になっている。

沖縄芝居は、一九〇〇年前後に確立する新しい演劇形態である。琉球王国の崩壊とともに、王府が涵養していた組踊や舞踊が都市部で小屋掛けされ上演されるようになる。先に述べた狂言も舞台に乗せられる。やがて民間の音楽を使った舞踊（雑踊《ぞうおど》り）や、新しい形態の劇がうまれる。一つは、伝説や史書に取材した史劇である。「今帰仁《なきじん》由来記」や「大新城《ウフアラグスク》忠勇伝《ちゆうゆうでん》」といったもので、台詞劇ともいわれる。これに対して歌劇といって、終始琉球音楽で歌いながら進める劇があって、「泊阿嘉《トウマイアカ》」や「薬師堂《やくしどう》」「伊江島《いえじま》ハンドー小《グワー》」が知られている。この二つが典型で、その中間的なオペレッタもあれば、台詞劇や歌劇の喜劇もある。沖縄芝居は琉球社会で初めて専門劇場と専門の役者を派生させた商業演劇であって、戦後も精力的に作られ上演されてきた。しかし映画やテレビの進出普及により、近年沖縄芝居に衰退のきざしが見えるようになり、研究の対象となるようになった。

沖縄芝居は、大正・昭和初期には山里《やまざと》永吉《えいきち》らが関わり、戦後は大城《おおしろ》 立裕《たつひろ》らが関与しているが、基本的に沖縄芝居は台本を持たない口立てであって、台本等文字化して残ったものははなはだ少ない。テキスト化できるものはテキスト化を、それのできないものについてはその梗概だけでも記録することが目下の急務となっている。

## 五　和文学

本土の古典文学に対する受容は、古琉球以来のものであろう。薩摩の資料によると、一五七〇年代の琉球の使者が歌会や茶会に参加している。本土への使者として赴く者は早くからこうした教養を要請されていたものと思われる。そのことは一六〇九年の薩摩入り後も変わることなく首里・那覇士族層の必須の教養となったものである。

和文学には和歌と和文と物語がある。この三者は和歌という共通の基盤の上にあるとも言える。つまり和文は和歌のポエジーを持ったいわば雅文であり、物語は多く歌物語である。平敷屋《へしきや》朝敏《ちょうびん》の作と伝える擬古文つまり平安物語文学の文体で書かれた「貧家記」「若草物語」「苔の下」「万歳」がよく知られている。四作品合わせても原稿用紙七〇枚程度の短編集で、「貧家記」が都落ちした貧士が鄙で暮らしながら四季折々の感慨を文と歌で綴ったもの、他の三作品はそれぞれ恋物語である。このほか物語には久志《くし》親雲上《ぺーチン》の「雨夜の物語」という、やはり短編の恋物語がある。これまで知られているのはこの程度だが、識字階層がつまるところ役人だったので、彼らの日常の文体だった候文で書かれた物語が相当ある。この候文の物語を視野に入れて琉球文学の物語的な達成をみるべきだろう。

先に琉歌のところで若干触れたように「貧家記」には、「海辺時雨」の題で、

風をあらみ船の往来はたゆる日に
　時雨と渡るおきつ島山（中略）

おなじく「樵路雪」、

にほひなき花を薪に折りそへて
　かげ見ぬ月に帰る山人

とある。もちろん「海辺時雨」と「樵路雪」は歌題であって、歌会を予想されるものである。

和歌は本土日本では平安時代以来題詠であり続けたわけで、古琉球の受容でもこうした題詠であったと考えるほうが自然である。ところが伝えられている成果はすでに述べたようにははなはだ少なく、家集も相当に伝わっていてよいのに、太工迫安詳《だくじゃくあんしょう》や浦添朝熹《うらそえちょうき》の短い歌集が最近発掘されただけである。明治末年に出た沖縄県立図書館の目録には玻名城政順《はなぐすくせいじゅん》の家集『昼の錦』や『豊見城王子朝尊詠草』があったことも知られている。

また人によって薩摩の歌集、例えば『松操和歌集』や桂園派の歌集『小門《おど》の汐干《しおひ》』『しのぶぐさ』『都洲集《みやこじましゅう》』などに数人の琉球歌人の歌が採られていることから、琉薩の交流を裏付けているものの、結局、歌集の出版は宜湾《ぎわん》

朝保《ちょうほ》編の『沖縄集』からである。同集は一八七〇年（明治三）薩摩藩の手を経て京都で出版されている。一名「沖縄三十六歌仙」とも言われるように、朝保らの世代の直前までの歌人を三六人選んで、四季恋雑に分類したもので、これに提示された一首で知られる歌人も少なくない。

編者の朝保は崩壊寸前の王国の三司官で、薩摩桂園派の指導者八田知紀《はったとものり》に師事し、知紀の弟子である在番奉行福《ふく》崎季連《ざきすえつら》と組んで大いに歌道を興し、これを『沖縄集二編』にまとめて一八七六年（明治九）に刊行している。歌人が一一〇人、歌数が一四三九首、国王の最後を飾るに相応しい歌集である。その最後の朝保の歌は次のものである。

いにしへの人にまさりてうれしきは
此の大御代にあへるなりけり

この「大御代」とは明治の天皇の御代である。薩摩の支配から解き放たれて琉球国が独立するような幻想を抱いた、激動の前の静かな一時に詠んだ歌で終わっている。近世を通じてもっとも優れた歌人だった朝保の家集『松《しょう》風集《ふうしゅう》』は、明治二三年になって弟子の護得久朝置《ごえくちょうち》によって出版されている。題詠だったために個人の感慨を直接歌った歌は少ないが、桂園派らしいなだらかで直截な歌が多く、歌人としての朝保の非凡さが直観される。[*10]

こうした下地があって、琉歌のところでも述べたように、明治二〇年代になると首里・那覇や新興の地方の町で歌会が簇生する。

一七〇〇年頃、薩摩へ年頭慶賀使として渡った識名盛命《しきなせいめい》が薩摩で見聞した風物や交遊などを雅文と歌で綴った紀行文『思出草《おもいでぐさ》』も有名である。これをみると当時の知識人が、和文学のみならぬ実力を有していることが分かる。一八世紀の歌人らの歌文を集めた『浮縄雅文集《うきなわがぶんしゅう》』も面白い。

こうした和文学が琉球語の文学に与えた影響が少なくないことは繰り返し述べたが、八・八音を連続する「つらね」の形式で恋文を創作したり、物語を書いたりするようにもなっている。その一まとまりが『琉球雅文集』（仮題、琉球大学附属図書館仲原善忠文庫蔵）である。

## 六　漢文学

一三七二年に琉球が中国の冊封国となって以来、外交上の文書作成等の実務面からも、教養面からも漢文学が学ばれたはずである。中国への留学生を「官生《かんしょう》」といっているが、第一回の派遣がすでに一三九二年にはじまり、明清と断続的に一八六八年まで続いた。こうしたことが首里や那覇の久米村《くめむら》＊11の人を中心に、漢学が蓄積されていったと推定してよいだろう。

もう一方で、王国では僧侶もまたそうして漢学の保持者である。第一尚氏と第二尚氏の尚真《しょうしん》王のころまでに、首里城下に二〇余りの寺院が建立される。その多くは禅宗で、京都五山とも深い交流があった。京都から王国最大の寺院だった円覚寺の住持に就く者もあったし、中国から渡来した者もいた。また琉球僧が十年二十年と五山の諸寺を廻って参禅し、足利学校や金沢文庫を訪ね、遠く瑞巌寺にまで挂錫《かいしゃく》して修業する者もあった。『清渓稿《せいけいこう》』の「答瑠球国書」「同（答瑠球国書）」「跋瑠球詩巻」「跋瑠球之聯句」によると、天正一一年（一五八三）、琉球からの使者が国書をもたらし、その際聯句三〇、詩文一二編に点を求め、これに加点して跋文を添え、瑠球詩一巻を製したことが見えている。また月舟寿桂《げっしゅうじゅけい》の『幻雲文集《げんうんぶんしゅう》』（一五三〇年頃）には、琉球僧鶴翁《かくおう》が彭叔守仙《ほうしゅくしゅせん》について種字を得、離れるに際して彭叔から詩を送られている。しかしこれらの聯句や詩文は知られていないし、当然あるべき鶴翁の返詩も記録されていない。試みに鐘銘から寺院の建立をみると、尚泰久《しょうたいきゅう》王の三年（一四五六）から六年までに実に二一の寺院が創建され、その子尚徳《しょうとく》王も一四六六年と六九年にそれぞれ一寺を創建している。奈良出身の芥隠《かいいん》が円覚寺を一四九二年（尚真王一六）に創建したのは、これを受けたものである。その後消長を繰り返し、延べ五〇近い寺院が王国に建立された。民衆を信徒としない鎮護国家の宗教だったが、寺院の僧は王国の禅儒であり、大寺は学校ともなったのである。またこの時代の僧はしばしば外交官でもあった。

だが結局古琉球のこの時期の漢詩文は、これまでのところ先に挙げた鐘銘や「安国山樹華木之記碑」といった石碑つまり金石文しかない。要するに漢詩文の潜在が予期されながら、この方面の研究が手薄なため、今まで発掘紹介されていないのである。その一つ、王国の気概を伝える、あまりに有名な首里城の時鐘の銘文は、相国寺の渓隠和尚の手になるもので、その冒頭は次のようになっている。

琉球国は南海の勝地にして三韓の秀を鍾め、大明を以て輔車となし、日域を以て唇歯となす。此の二の中間に湧出するの蓬萊嶋也。舟楫を以て万国の津梁となし、異産至宝は十方刹に充満せり。（下略、原漢文）

古琉球の終わり近くになると、一六〇三年に来琉した僧の袋中《たいちゅう》の『琉球往来』に当時の琉球を詠んだ詩があるし、一六〇九年の琉球入りの時の喜安《きあん》の紀行『喜安日記』にも若干の詩がある。

近世に入ると王府の対中冊封関係の活性化策により久米村が強化され、そこから多くの詩人が出る。その最初の成果が中国の『皇清詩選《こうしんしせん》』（一六六二〜一七二二年）に採られ、その大方は『中山《ちゅうざん》詩文集』（一七二五年）にまとめられ刊行される。これには、蔡鐸《さいたく》、程順則《ていじゅんそく》、曾益《そうえき》、王明佐《おうめいさ》、周新命《しゅうしんめい》、毛泰永《もうたいえい》、毛国珍《もうこくちん》、尚弘毅《しょうこうき》、尚純《しょうじゅん》等、久米村と首里の貴族達二四人、およそ七〇首の七律五絶が収められている。

琉球の近世はまさに漢文学の時代といってよく、蔡肇功《さいちょうこう》の『南閩遊草《なんびんゆうそう》』『寒窓紀事《かんそうきじ》』、蔡鐸《さいたく》の『観光堂遊草』、蔡《さい》文溥《ぶんぷ》の『四本堂詩稿』、曾益の『執圭堂詩草《しっけいどうしそう》』、程順則の『雪堂燕遊草《せつどうえんゆうそう》』、楊文鳳《ようぶんぽう》の『四知堂詩稿』、『東国興詩稿』、尚元魯《しょうげんろ》らの『東遊草』、蔡大鼎《さいたいてい》の『漏刻楼集』『北燕遊草』『閩山游草』『欽思堂詩文集』『北上雑記』、『蔡汝霖詩集』、林世功の『琉球詩課』『琉球詩録』、亀川盛棟《かめかわせいとう》の『竹蔭詩稿』、恩河朝恒《おんがちょうこう》の『向汝霖詩集《しょうじょりんししゅう》』、久志助法《くしじょほう》の『晨光閣唱集《しんこうかくしょうしゅう》』『顧国柱詩稿《ここくちゅうしこう》』、源河朝常《げんがちょうじょう》の『放斉詩集《ほうさいししゅう》』、久志助保《くしじょほ》の『子賛詩集《しさんししゅう》』、普天間助宜《ふてんまじょぎ》の『那覇遊草』『顧余嬉詩稿《こよきしこう》』、喜舎場朝賢《きしゃばちょうけん》の『東汀詩集』など多数の個人詩集がある。文では三司官の蔡温に『蓑翁片言《さおうへんげん》』『要務彙編《ようむいへん》』『家言録《かげんろく》』など、これまた多くの著述がある。

その他冊封使関係では徐葆光《じょほこう》の琉球での詩集『海船集《かいはくしゅう》』があり、清代の代表的な詩人・書家である王文治《おうぶんじ》の『夢楼集』（海天遊草）をはじめ、琉球の詩人との贈答を集めたものなど、この方面にも詩や文が実に豊富にある。また『泙水奇賞《ひょうすいきしょう》』『琉球百韻《りゅうきゅうひゃくいん》』などのように、江戸上りの際に日本の詩人たちとの交流で得た成果もある。しかしながら研究はまだ緒についたばかりで、今後に大きに期待される分野である。

## 七　沖縄文学

沖縄文学というのは、琉球が沖縄県となった近代以降の文学を指しているが、その中心は大和口《やまとぐち》つまり本土語を中心にした普通語（標準語、共通語）をもってする文学一般を指している。沖縄県は、一八七九年（明治一二）琉球藩（国）が明治政府によって日本に編入されることによって実現する。政府はこの年直ちに各間切《まぎり》にあった学校所を使って学校教育を開始するが、激しい不服従運動が全琉に広がったこともあって、学校教育が他府県に近い就学率を実現するのは、日清戦争後の一八九七年（明治三〇）になってからである。それ故普通語による文学の実現も大幅に遅れることになる。これは他に、旧慣温存政策という明治政府が採った政策にもよるもので、地方の行政組織が近世のまま残り、ようやく一八九四年（明治二七）から土地調査が始まり、一八九九年土地整理と称して地租改正をして、近代的な税の体系が導入される。本土に比べて三〇年近い遅れである。

こうした社会情勢と平行して、先に述べたように、各地に和歌や琉歌の結社、俳句の結社ができ、新聞の文芸欄に登場してくる。だがこれらは古い月並の詩歌の枠を越えることが出来なかった。それがようやく『琉球新報』に「新詩壇」欄ができ、新しい短歌が見られるようになる。その一首「かもめ鳥黒き羽影を真白なる砂におとせり夕日あびつつ」がある。これまでのように歌会で歌題を出してメンバーで詠み合うという、別の言い方をすると、同様の感性と知性で詠む「和歌」と異なり、個人の感慨を独自の表現で詠んでいて、近代の叙情詩としての短歌になっている。この時期から明星系の新詩社の影響を受けたと思われる詩がみられるようになる。

如蝶人　　　　尊英子

あづさ弓　弥生の空は
花の色　いかにたのしき
野べ行けば　蜜みち〳〵て
園行けば　おのが飽くまで
　あな面白の　春の蝶かな
花老ひて　錦の空は
秋の色　いかに苦しき
岡行けば　霜しきわたし

庭行けば　求むすべなし

あな憐れなる　秋の蝶かな（下略）

（『琉球新報』一九〇〇年二月）

与謝野鉄幹・晶子夫妻や石川啄木とも交流のあった山城正忠《やましろせいちゅう》は、自ら歌誌を主宰しながら多くの優れた歌を中央でも発表しているが、一九一一年（明治四四）には『アララギ』に、頑固党の葛藤を描いた戯曲「九年母」を発表している。

小説では一九一三年（大正二）、雑誌『解放』に池宮城積宝《いけみやぎせきほう》が発表した「奥間巡査」が初めての見るべき作品であろうか。

沖縄文学は詩人としては山之口貘《やまのぐちばく》を日本文学に送り出し、戦後大城立裕の「カクテル・パーティー」、東峰夫《ひがしみねお》の「オキナワの少年」が、また一九九六年又吉栄喜《またよしえいき》が「豚の報い」で芥川文学賞を得ていて、日本文学として一定の地歩を獲得し、盛行しているように思える。一見琉球文学の土壌から遊離しているように見えるが、近代の産声を聞いて以来、沖縄文学は一貫して沖縄の抜きがたい矛盾に目を据えて、これを扱い続けているのである。言い換えると沖縄文学は、いわゆる「沖縄問題」を扱っているのである。この沖縄問題が解消され昇華されないかぎり、沖縄文学はいつまでも沖縄文学でありつづけるものと思われる。*12

## 注

1　拙論「ミセセルについて――その神託・託宣ということ」『沖縄文化』第二八号、一九六九年八月（拙著『琉球文学論』沖縄タイムス社、一九七六年所収）。

2　聞得大君は王国最高の神女。初代の聞得大君は尚真王の妹オトチトノモイカネで、生涯独身だったといわれる。姉妹が兄弟を霊的に守護する「をなり」（姉妹の意）神信仰にもとづくもので、多く先の王妃や王女がこの職に就いた。「御新下り」はその就任儀礼で、聞得大君配下の王国の神女を支配する三殿内の大君（大あむしられ）以下の神女を従えて聖地を巡礼しつつ、王国最高の聖地の一つであるさやはおたけ（斎場御嶽）に一泊して戻り、国王の祝福を受ける盛大な行事であった。

3　首里の東南、旧知念村久手堅にある。王国最高の聖地の一つ。かつては国王と聞得大君が年に数回ここを含めて知念・玉城間切の聖地を巡礼したが、近世に入り、下庫理の当や御内原の最高の女官大勢頭部の代参に改定されている。『おもろさうし』では「さやはおたけ」というが、方言ではシェーファ・ウタキという。

4　首里城の朝廷（ウナー）で行われた正月の儀礼の、いわばマニュアルである。筆写本。西秉常が明治二五年に筆写したもので、浦添市立図書館蔵。『浦添市立図書館紀要』第二号（一九九〇年一二月）に、豊見山和行が翻字し解説を加えて紹介している。

5　拙論「『おもろさうし』の成立」『国文学』第四七巻一号、一九八二年一月（拙著『琉球文学論の方法』三一書房、一九八二年所収）。

6　稲村賢敷が『宮古島旧記並史歌集解』（琉球文教図書、一九六二年）で全文を紹介し、その後外間守善が『文学』（第三三巻七号、一九六五年）に「琉球文学の展望」を発表してその概略と価値を評価するとともに、『宮古諸島学術調査研究報告（言語・文学編）』（琉球大学沖縄文化研究所、一九六八年）を出して、にわかに宮古の文学が注目されるようになった。筆者に、その管理者であるアーグ主のノートを紹介した「宮古狩俣のニーリ――五〇年前のノート」（前掲注５書『琉球文学論の方法』所収）がある。

7　『南島歌謡大成Ⅴ　奄美篇』（角川書店、一九七九年）には、沖永良部島知名町屋子母の「島建てぃしんご」を収めている。もっとも長く整った詞章である。

8　喜舎場の『八重山古謡』を参考にしているが、まったく同じというのではなく、詞章については若干の訂正をし、訳は私に付けている。

9　「阿嘉直識遺言書」は正式には「阿嘉親雲上直識、愚息松兼直秀へ相教へ候遺言の条々」という。東恩納寛惇が『沖縄今昔』（南方同胞援護会、一九五八年）に翻字している。これは二通あって、一通は一七七八年に書いたもので、子供の先行きを心配して何をどのように勉強するか、ことこまかに書いたもので、那覇の士族がどのような勉学をしたかよくわかる資料ともなっている。これに注釈を加えて那覇士族の教養の背景を見たのが、拙論「那覇士族の教養――「阿嘉直識遺言書」を中心に」（前掲注1書『琉球文学論』所収）である。

10　近世の和歌の概観については、筆者らの『近世沖縄和歌集』（ひるぎ社、一九九〇年）、拙論「和文学の流れ」（第三巻、Ⅲ第一章）参照。

11　久米村。方言でクニンラ、またはクニンダという。中国の福建省出身者を中心に琉球へ渡来したといわれる人達の子孫の居住区。那覇にある。琉球は中国との外交上の必要から、久米村を手厚く遇して、通訳や文書作成、航海の技術、文教の面での人材をここに委ねていた。一七九八年、半数を首里から派遣することに改定されるまで、中国国子監への留学生官生も久米村から派遣されるきまりだった。したがって多くの漢学者や詩人がここから輩出した。

12　沖縄の近代現代文学については、岡本恵徳『沖縄文学の地平』（三一書房、一九八一年）、仲程昌徳『近代沖縄文学の展開』（三一書房、一九八一年）等を参照。

# 第二章　琉球文学の位置づけ

文学史は、文学作品の時間軸上の単なる羅列でないことはいうまでもない。文学は文字、または音声による表出であるわけであるが、それは主体者の想像力や思想、人間や自然に対する認識を、言語によって表現したものである。そしてその主体者の精神は、深くその時代の社会と関わっている。それだけに、従来の文学史は、政権の所在地、同時にそれは文化の中心地でもあって、たとえば古代の奈良・平安、中世の鎌倉・室町、近世の江戸のごときである。そしてその地域の所在地の政治や文化の担い手を中心に、同心円を描くようにして地方へ波及していく。文化の発進地が、常に政治経済文化の中心地でもあるという構図がそこにある。日本文学をこのように限れば、こうした考えは基本的には正しい。しかし、これは琉球文学を視野に収めればどのような文学史が可能なのか。時間軸に羅列する古い形の文学史だと、何ら悩む必要はない。問題は、絶対時間の上に並べた場合、本土と沖縄では、社会構造の進展が、ある場合一〇世紀ほども差があることである。たとえば、琉球の代表的な古歌謡集である『おもろさうし』は、一七世紀の初期つまり本土の近世に編纂されたのであるが、内容は、琉球の歴史でいう「古琉球」といわれる古代的社会のものである。この「古琉球」はまたほぼ本土の中世と同時代でもある。つまり『おもろさうし』はどの時点で評価すればよいのか。琉球文学として自己完結すれば、『おもろさうし』は古琉球社会の産物である。だからといって、日本文学史でも古代文学とすべきであろうか。それとも中世文学とすべきか。あるいは近世文学か。古代文学と考えれば、日本の辺境では、一〇世紀も後まで古代的な様相が窺えたとし、古代文学の時間的な範囲をここまで延長するのであろうか。中世文学や近世文学に含める場合も、中世や近世の時代精神を反映したものでは到底有り得ないので、中世や近世社会に取り残された島（辺境）の古代を残存させた文学として位置づけることもあり得る。それでよいのか。

しかし問題はそう容易ではあるまい。たとえば『おもろさうし』を古代・中世・近世と、これまでの本土（日本）文学に位置づけると、琉球文学の独自性が評価できなくなる。

『おもろさうし』だけではなく、琉球方言による文学（多く口承、無文字の文学である）は、本土の影響を受けない独自の世界を持っている。それを文化と言い換えてもよいが、そこには一律に論じられない世界があるのである。

一九八八年の夏七月一六日から八月三一日まで、国立科学博物館で「日本人の起源展―日本人はどこから来たか」が開催された。その展示の三分の一は、琉球諸島から出土した港川人（沖縄本島八重瀬町、一万六〇〇〇～一万八〇〇〇年前）、山下洞人（那覇市、三万二〇〇〇年前）、ピンザアブ人（宮古島市、二万五〇〇〇年前）、下地原洞人（久米島町、一万五〇〇〇年～二万年前）の人骨の展示であった。これらの人骨が、日本人の人骨として重要な位置を占めていることは、明らかである。しかしこれらのいわば旧石器時代人が、その後の新石器時代人と連続しているという証明はまだ充分ではない。ところが、新石器時代のスタンダードとなる爪形文土器（六〇〇〇～一万年前）や曽畑式土器（五〇〇〇～六〇〇〇年前）、市来式土器（四〇〇〇年前）の土器は、琉球諸島の各地から出土していて、九州との関連を裏づけているし、またその後の琉球社会も、南方や中国と隣接しているにも関わらず、本土との関係が濃厚であって、それ以外の影響は希薄である。つまり今日の琉球諸島の住民は、南から北上した人々ではなく、かつて民俗学者たちが考えたように、稲作文化を携えた弥生文化人が北上の途中に定住した「日本人」なのではなく、むしろ絶えず南下してきた日本人の一分枝の堆積によって、ついに琉球らしさを形成するに至ったのである。

この地域が中央の文献資料に現れるのは、極めて稀なことであった。もっとも古いところでは『隋書』「流求伝」

(六〇七～六〇八年)の記事があるが、大半は今日の琉球ではないとする意見である。後の、琉球に遣いした冊封使たちの意見も、否定的であった。

本土の資料には、『続日本紀』文武天皇三年(六九九)に、タネ・ヤクとともに、奄美・度感(徳之島)が現れるのが最初で、大和朝廷に方物を献じたとある。また同書に、南島人に大宰府で位を授けた(七〇七年)とか、奄美・信覚・球美などの島人五二人が、率いられて京に入り、朝廷の元旦の礼に参加した(七一五年)という記事が散見される。しかし琉球列島のもっとも有力だったと思われる「おきなわ」はまったく現れない。

沖縄らしい記事が現れるのは、これより少し遅れて、『唐大《とうだい》和上《わじょう》東征伝《とうせいでん》』に、唐の鑑真和尚が五度目の渡航を企て、遣唐使大伴古麿船に乗って「阿児奈波島」に漂着して(七五三年)、ついに薩摩の坊の津に到着している、その時の記事が最初である。空海の『性霊集』(八〇四年)に出ている「瑠求」、智澄大師が入唐の途中「琉球国」に漂着したという記事(八五三年)、これらが今日の琉球であるかどうかは分からない。古くは台湾を琉球と呼んだらしく、台南に小琉球という小さな漁村も残っている。ともあれ、七世紀の初頭から八世紀の前半まで、大和朝廷は、急に南島に強い関心を持ち、しきりと関連の記事が出てくる。それは、それまで半島伝いに中国に入るルートが最も安全なルートであったが、半島情勢が悪化して使えなくなり、長崎の五島あたりから、大陸に直進するルートが開かれたが、当時の船の能力ではリスクが大きく、島伝いで南下する、いわゆる南海路が開発されるようになる。先の鑑真らのルートがこれである。大和政権は、そのため大宰府に命じて、南島の各島に標識を建てさせて航路の便を計ったりして、このルートの整備に努力する。『続日本紀』の南島関連記事は、そうした大和政権の関心と対応していて、半島情勢が安定すると、やがて南島は中央から忘れられてしまう。そのために、他から侵されることなく、まるで酒の熟成を待つように、独自のニュアンスをもった琉球が、この間に形成されるのである。

琉球に稲作が確認されるのは、八・九世紀ごろのことである。この時点で本土と一〇世紀以上の差ができている。

だが、その後の進展は急ピッチで、各地に按司と呼ばれる小規模の支配者が登場し、グスク（城塞）が築かれる。そしてしきりに抗争を繰り返しながら支配地域を拡げ、一一、一二世紀ごろには、沖縄本島に、後に三山と言われる、北山・中山・南山のもとになった勢力圏が形成されるようになる。史資料では忘却されているが、どの遺跡からも青磁片や中国の古銭等が出土していて、公式ではないまでも、中国と活発な交易・交流をしていた事が分かる。

長い空白を破って史資料に名前を現すのは、一三七二年明の太祖の招聘を受けて、中山王察度《ちゅうざんおうさつと》が、王弟泰期《たいき》を遣わしたのに始まる。その時大統暦と綺紗羅を賜っている。変則的ながら、中国の冊封体制に編入されたのであった。一三八〇年には山南王承察度《さんなんおうおおさつと》が、一三八三年には山北王怕尼芝《はにじ》が朝貢する。しかし中山王察度が最も盛んで、その後の治世三〇年の間に、三〇回余も中国へ船を派遣している。やがて朝鮮へもしきりと船を出している。中国へは国産の馬や硫黄のほか、東南アジアで買い求めた薬種、日本製の武具などが輸出された。また中国からは、陶器や鉄器、高級な絹織物がもたらされ、これを本土市場で売りさばいている。この間東洋の最高学府だった中国の国子監《こくしかん》に官生（留学生）を送り、中国の文物の摂取にも積極的で、その後の琉球社会に大きく貢献したと思われる。この、殆ど爆発的ともいえる琉球の活躍は、勿論それ以前の按司《あじ》時代・三山時代の勢力が着実な物であったことを裏書きしている。この下地があったからこそ、察度の活躍があり、さらにはその後の尚巴志《しょうはし》の全琉統一（第一尚氏王統の確立）、第二尚氏王統の確立があるのである。「古琉球」というのは、この空白の時代を含む、琉球が琉球らしさを確立していく時期に相当しているのである。

この独自の進展を遂げた琉球列島の文化を顧慮しないでは、正当な文学史とはいえない。別の言い方をすると、琉球の文化ないし言語は、基本的には日本文化である。それを疑う人はもういないが、国語学（方言学）が考えているように、日本語が、本土方言と琉球方言に大別されるとすれば、日本文学は、これまで本土語（本土方言）による文学のみを日本文学（国文学）と考えてきたのであって、琉球文学をもう一つの日本文学として十全に把握しなければならないことは、いうまでもない。一六〇九年に薩摩が琉球に侵攻して実質的に服属するまで、琉球は自立した独自の歴史を生きていた。少なくともこの時期までは、さきに『おもろさうし』を例にして古代・中世・近世のどちらにも組み込める可能性を述べたのであるが、その他に我々は、いわば楕円形の中心が二つあるように、その焦点を二つにすることが出来るかもしれない。すなわち日本文学は、本土語による文学と琉球語による文学の二つの中心をもった楕円形によってできているともいえるのである。日本人がそうであるように、日本文学は、日本の中に異文化が存在しているという認識が伝統的に乏しい。したがって結果として同化を強いることになる。近代琉球の歩みがまさにそうであり、朝鮮や台湾や南洋で戦前日本が行った同化政策がそれである。要するに琉球文学の特色を認めると言うことは、日本文学が琉球文学を包摂して豊かになるだけではなく、掛け声だけの「国際化」ではない、真の国際化を実現することにもなるのである。国際化とは、何も制度のことをいうのではない。相手の国の文化（独自性やアイデンティティ）を認め、自らのそれも認めてもらうことであるはずである。その意味で、琉球文学の評価は、ことばの矛盾はあるが、内なる国際化でもあるのである。

琉球方言は、系統もさだかでない世界的に珍しい日本語の、もっとも近しい言語である。したがって本土日本語の解明や文学の発生論に、大いに寄与するところがある。ただ、琉球文学は楕円形の例えで分かるように、日本列島には、北にアイヌ文学があり、また在日韓国（朝鮮）人の文学や、日本人による外国語による文学も出ている（最近英国で英語の小説を発表した人がいる）。この傾向が今後増加するであろう。我々は日本文学の範囲や歴史理解をどうすればよいのか、その解決を迫られているのである。琉球文学は、こうした今後の問題に対処するもっとも端的な材料である。これを解決することができれば、今後日本列島でさまざまに生起するであろう、本土文学にとっての、異文学をも組み込む強靱な日本文学像を打ち立てることができるであろう。つまり本土文学と琉球文学を両睨みにする複眼の論理をまず持つ必要があるし、それはやがてさまざまな異層の文学を相対化する多眼的な視野を要求する。

近世琉球は、薩摩が実質支配していたといっても、それは武力と政治であって、建前は琉球国として中国の冊封体制下にあり、独立国としての体面を維持してもいた。近世二七〇年の間に、薩摩を通じて本土文化が流入し、その影響は社会の各面に及んでいる。ただここで若干補足しておかなければならないことは、古琉球でも本土との接触があり、特に一五、一六世紀には、本土五山の禅宗の影響をうけて、首里に多くの寺院が建立され、禅儒を学ぶ琉球僧が、京都の五山の高僧について勤学し、一〇年二〇年と、足利学校や金沢文庫、鎌倉円覚寺、はては仙台の瑞巌寺にまで遊学する者もいた。また本土や中国の僧が琉球の寺院の住持になるものもおり、まさに中世的な自由な交流が見られた。これは、古琉球という社会が、社会経済的には古代的だったにしても、文化的には、中世的な思想や文化を共有し理解できる人達もいたということでもある。これまでの研究者は『おもろさうし』だけから古琉球の思想や想像力を帰納しようとしているが、それは正しくない。当時の琉球社会は、古代的な社会構造を持ってはいたが、同時に中世社会を生きていたのである。本土の中世人と同じように考え感じることのできる人も多くいたのである。こうした古琉球の二面性を我々は改めて評価しなければならない。残念ながら、この時期の文献は極端に少ないが、鐘銘や碑文、『喜安《きあん》日記』、袋中上人《たいちゅうしょうにん》の『琉球往来』、南浦文之《なんぽぶんし》の『南浦文集』その他の資料から、その実力が意外に高いことが窺える。その土台の上に近世琉球はあるのである。

和歌・和文は薩摩入り以前からあったが、近世になると、歌会などが催され、それが琉球方言による叙情詞形琉歌《りゅうか》にも影響を与えることになる。そして近世末期には、宜湾朝保《ぎわんちょうほ》を中心に『沖縄集』『沖縄集二編』といった和歌集が出版されているし、家集の編集もいくつかみられる。しかし王府は、決して同化の方向を目指したのではなく、一方ではこの時期、琉歌集がしきりに編まれ、これを歌詞とする三線音楽は王府の式楽となり、格調高い舞踊や、そうしたものを総合する形で、玉城朝薫《たまぐすくちょうくん》によって「組踊《くみおどり》」と呼ばれる演劇が作られている。また地方には、本土文化に浸潤されない古謡や芸能があり、古琉球以来の農村に残っていた。とすると、前近代の琉球まで、さきの楕円形のなかに含めることができる。

本土の廃藩置県は一八七一年（明治四）のことである。翌年琉球は「琉球藩」になる。明治政府による琉球処分の始まりである。旧王府首脳や旧支配層によって激しい抵抗運動が一八九〇年位まで起こり、東京の要人や外国大使らに窮状を訴え、あるいは中国の清朝政府に援軍を要請するために、福州琉球館や北京に、沖縄を脱出した人達（「脱清人」という）が復藩救国運動を展開したが実現せず、一八七九年（明治一二）に廃藩置県が断行される。そして一八九九年（明治三二）土地整理を実施するまで、旧慣温存政策を取り、斬新的な改革を実施している。明治政府の強引な併合をみても分かるように、その後の沖縄は、政界・官界・経済界・教育界などすべてを本土の人達に牛耳られて、いたずらに差別観を生む結果にもなった。こうした差別観を払拭するのに、不幸なことだが、第二次世界大戦と二七年間の異民族支配という多大の犠牲を要したともいえる。日本列島のなかの琉球の歴史を考えれば、琉球のアイデンティティを尊重する政策の道もあったはずである。

一八九三年（明治二六）三月、日本に近代言語学をもたらしたＢ・Ｈ・チェンバレンが来琉して琉球語を調査して琉球語を本土日本語に対して「姉妹語」であるとした。まだ「方言」ではないのである。いまだそうした認識であったにも関わらず、たとえば当時は、琉球の俳優が大阪、京都、名古屋でいわゆる沖縄芝居を上演しているし、雑誌や新聞でもしばしば沖縄関係の記事が散見される。新しく帰属した土地に対する好奇からか、笹森儀助もこの年、沖縄全域を調査して『南島探検』（一八九四年）にまとめている。そしてその動機の根底に、列強の侵略に対する警戒、国防上の関心と、これと裏腹な侵略的膨張主義的な観点もみられる。加藤三吾の『琉球の研究』（一九〇六～一九〇七年）の序にも同様のことが述べられている。

当時琉球をどのように組み込むか、という苦悩はまったくみられない。殆ど楽天的とも思える扱いが続いている。

昇曙夢《のぼりしょむ》が歌誌『こころの華』第九巻四号・五号に発表した「琉球の短歌」（一九〇五年四月・五月）、松尾茂が『国学院雑誌』に発表した「琉球に於ける和歌」（一九〇五年一二月）などその典型であろう。この「短歌」「和歌」は、琉歌のことである。つまり琉歌の紹介であるが、当時まだ目新しかった、旧来の和歌に対して新しい芸術意識を込めて使われていた「短歌」を琉歌に使うのも適当とは思えないし、琉歌が「和歌」でないこともいうまでもない。琉歌を「琉歌」と紹介しないところに、この時代の荒々しい同化意識を垣間見ることができる。

この頃、琉球文学を深く理解していた人がいる。田島利三郎である。田島は、同じくチェンバレンが来琉した年に、沖縄中学の国語教師として赴任し、チェンバレンが「不可解な韻文」といってサジをなげた『おもろさうし』を深く研究し、これは今日田島本『おもろさうし』として残っており、中学での教え子であった、沖縄学の泰斗伊《い》波《は》普《ふ》猷《ゆう》にその遺志が受け継がれて、沖縄研究の太い命脈となっている。その田島は、一九〇〇年（明治三三）一月、雑誌『国光』の臨時増刊号付録に「琉球語研究資料」を発表して、琉球文学の全容を初めて概略紹介している。その田島がもたらした組踊集の「銘苅子《めかるし》」を、チェンバレンの弟子で岡倉天心の実弟である岡倉由三郎が『言語学雑誌』第一巻七、八号（一九〇〇年）にローマナイズして発表しているし、その内容が羽衣伝説に似ていることから、『帝国文学』第六巻七号（一九〇〇年七月）に「琉球に伝わる羽衣伝説」を発表している。その前に高木敏雄が同誌の第六巻三号（一九〇〇年三月）に「羽衣伝説の研究」を書いて、日本・中国・印欧の羽衣伝説を紹介し、その中でデンニスの『支那伝説集』から銘苅子伝説を孫引きしている。これを受けて上田敏は同誌（第六巻六号）に「羽衣伝説数種」と短い論文に寄せ、再びデンニスの『支那伝説集』記載の琉球の羽衣伝説を独自に訳して紹介している。ついで新村出が「羽衣伝説拾遺」（第六巻八号）を書いて、ひとしきり賑わった羽衣伝説論議は終息する。岡倉の論文や「銘苅子」の紹介は、その脈絡のものだったのである。五年後『こころの華』でも、昇曙夢が「琉球羽衣伝説」（一九〇五年一月・二月）、鴻巣槙雨《こうのすてんう》の「琉球浦島《りゅうきゅううらしま》（与那原の浜物語）」（同年四月）が書かれている。

組踊《くみおどり》は、もっと早く注目される。一八八九年（明治二二）は、松山伝十郎によって『琉球浄瑠璃』が刊行されている。これは「久志《くし》の若按司《わかあじ》」の通釈紹介である。一八九三年（明治二六）には村崎長昶《ながあき》らによって、組踊本の国語訳『琉球踊狂言』が三重新聞社から出版されている。これは先の明治二六年の京阪・名古屋公演のためのものである。また佐々木笑受郎が『早稲田文学』に「琉球演劇手水の縁」（一八九四年五月）を紹介しているのもこの年である。一九〇二年（明治三五）五月、六月、七月、『国学院雑誌』に実相寺《じっそうじ》一二三《ひふみ》が「久志の若按司」を紹介している。しかし、それぞれ紹介の域に止まり、アカデミズムの研究の対象としては結実しなかった。また大学の研究や教育に、琉球文学や琉球文化が取り上げられる契機も同時に失ってしまったのである。

その後の琉球文学は、二つの方向で利用されるようになる。一つは、古代（上代）文学を説明する資料としてである。『古事記』『日本書紀』『万葉集』そのものの各面にわたってもそうだが、無文字からこれらの記載にいたるまでの道筋にいたる理解に、琉球文学のありようが大いに利用された。折口信夫の発生論などがそれである。土田杏村の『文学の発生』（一九二八年）にも盛んに引用紹介されている。もう一つは、たとえば昭和初年に『日本文学講座』シリーズが刊行された際、第一五巻「特殊研究編」（一九三二年）に、伊波普猷の「日本文学の傍系としての琉球文学」が収められているように、「特殊」として扱う例である。その翌年『上代文学講座』が出版された時も、伊波普猷の「上代文学と琉球文学」が、金田一京助の「上代文学とアイヌ文学」とともに、「特殊研究編上」（一九三三年）に収められている。「特殊」というだけでなく、影響関係のない彼我の共通した文学基盤を想定して比較するやり方で、今日でもこのやり方は多い。敗戦の混乱がようやく終わろうとしていた一九五九年（昭和三四）、岩波書店から『岩波講座　日本文学史』が出た。その第一六巻「一般項目」に仲原善忠《なかはらぜんちゅう》の「琉球の文学」が収められている。「一般項目」のもとに、日本文学に隣接する問題を扱った巻で、「アイヌの文学」や「日本の漢文学」もここで扱われている。

一九六〇年になると、岡一男の、学生向けのテキストとして編まれた『日本文学思潮』（一九六三年）の「古代文学の思潮」で、「わが原始的語辞には、アイヌの『ユーカラ』のような長編の叙事詩は存在しなかったらしく、せいぜい琉球の天地開闢神話を説く『おもろ』程度の短形式のものが存在したに過ぎなかったと思われる」と述べ、ユーカラとオモロを注に出して、琉球文学の取り込みに努力の跡がみられる。ところが一九六五年七月号の岩波書店の雑誌『文学』に特集された「沖縄の文学」で、永積安明《ながつみやすあき》がよせた巻頭論文「沖縄の文学―日本文学の原像」は、これまでの琉球文学の反省に立ったもので、注目すべきものであった。全体は、琉球の神話やおもろ、琉歌、組踊、宮古のアヤゴなどを紹介した琉球文学概論であるが、その末尾で、永積は、次のような重要な指摘をしている。

沖縄の文学は、これまで「琉球文学」という括弧つきで「アイヌ文学」と同列に、いつも日本文学の別項目としてのあつかいを受けていた。（中略）小論でとりあげた作品群に見られるように、日本文学の原像は、ばあいによっては沖縄の文学によって、より正確に側面から照らしだされることが少なくない。再評価された沖縄の文学は、これまでのような別項目としてでなく、あらためて日本文学研究そのもののなかに組みこまれることを、自ら要求しており、たしかにその資格のある作品群であると、私はかんがえている。

またこの時の『文学』の特集に、外間守善《ほかましゆぜん》が「琉球文学の展望」を発表し、宮古や八重山の古謡をも視野に入れた琉球文学概論を展開していて、同時としては新鮮で画期的なものであった。それまでの沖縄本島・首里中心の文学史観を覆し、以後奄美や先島を視野にいれた有機的な文学史観を構築すべきことを、気付き始めるのである。

少し遅れて、麻生磯次・松田武夫・市古貞次編の、大学のテキスト『日本文学概論』（一九六八年）や、同じく『日本の言語と文芸』（一九七五年）に、琉球の歴史にも言及しながら、記載文学を中心に、琉球文学をこれまでになくすっきりと叙述紹介している。これらの取扱は評価されてよいと思われる。その後、雑誌『文学』や『解釈と鑑賞』などが熱心に琉球文学の特集を繰り返したのも力になって、着実に琉球文学が理解されるようになる。もはや何らかのかたちで琉球文学を取り上げない叢書や辞典・事典はないといってよい。

最近では、小西甚一の大著『日本文藝史』も、懇切に琉球文学を取り上げているし、古橋信孝編の『日本文芸史』［古代Ⅰ］（河出書房新社、一九八六年）にも、有精堂の『時代別日本文学史事典』［上代編］（一九八六年）にもそれぞれ「琉球文学」が採られている。一見従来の「特殊」文学の扱いに近いが、「特殊」文学にしない点、日本文学の範囲を拡張している点、やはり前進と捉えることができる。

その他日本文学協会編『日本文学講座』二［文学史の諸問題］（三省堂、一九八七年）に、藤井貞和が「オモロと琉歌」を発表し、日本文学における琉球文学の扱いを正面に捉えて議論しているし、また同氏の『古日本文学発生論』（思潮社、一九七八年）や古橋信孝の『古代歌謡論』（冬樹社、一九八二年）・『古代和歌の発生』（東京大学出版会、一九八八年）は、琉球文学を手立てにした、積極的で、従来にない創意に満ちた立論である。

繰り返しになるが、要するに、日本文学は、日本列島に生起する言語形象である。とすれば、琉球文学を組み込むのはまったく当然としても、アイヌ文学も、在日韓国朝鮮人の文学（日本語によるもの、韓国朝鮮語によるもの、いずれも）も、日本人の中国（漢）文学も、日本文学の範疇のものであるはずである。問題の一つは、このように「日本文学」の範囲を拡張することである。もう一つは、これを単に通時的に把握するか、それとも時間を無視してジャンル別に叙述するか、それとも複眼的もしくは多眼的に中心を認めて、ゆるやかな連合としての日本文学を形成するか、あるいはさらに他の道を模索するか、いずれにしても、これまでの日本文学史を解体して、琉球文学を視野に収めた新たな枠組みを構築する必要に迫られているのである。

以下日本文学としての琉球文学の範囲は、次のように概括することができる。

## 1　日本文学の範囲

日本語による文学的な形象、したがって琉球文学はその範疇の文学である。そのまわりに、日本人による外国語の文学、外国人による日本語・外国語による日本の文学風土に根ざした文学がある。

## 2　琉球文学の範囲

言語的地理的に鹿児島県奄美諸島以南から八重山の与那国・波照間にいたる、いわゆる琉球列島。この範囲は丁度琉球語（方言）が話される地域で、長く琉球王国の版図であった。

## 3　ジャンル

①古謡

沖縄—
- おもろ（『おもろさうし』）
- ティルル、ティルクグチ、のだてごと、おたかべ、みせぜる、御拝つづ
- クェーナ、ウムイ

奄美—クチ、タハブェ、イェト、ユングトゥ、古流れ歌

宮古—ニガリ、ピャーシ、ニーリ、フサ、タービ、トゥクルフン、アーグ

八重山—アヨー、ジラバ、ユングトゥ、ユンタ、チジ、カンフチ（神口）

②物語歌謡

沖縄—越来《ごえく》節、汀間《ていま》と節、収納《すぬ》奉行《ぶじょう》節など

奄美――かんつめ節、新流れ歌など
八重山―まざかい節、仲筋のヌベーマなど
③短詞形叙情歌
沖縄――琉歌《りゅうか》
奄美――島唄《しまうた》
宮古――トーガニ、シュンカニ
八重山―トバラーマ、ションカネ
④劇文学
組踊《くみおどり》、狂言、琉球歌劇、方言科白劇
⑤和文学
和歌、和文、和文物語
⑥漢文学

# 第三章　琉球文学研究の課題

琉球文学は一義的には琉球方言による言語形象を指す。琉球方言の話される地域は、北は奄美諸島から、南は八重山の与那国島に至る南西諸島で、百余万の人たちが話している。琉球文学はこの地域の人たちによる方言の文芸のことである。

この琉球方言による文芸は、そのほとんどが口承文芸である点できわだった特色がある。古謡の代表的なものに、近世以前の祭祀・儀礼歌を中心に集めた『おもろさうし』[*1]がある。これは記載されて残ったものであるが、記載文学ではなく、すべて歌われ、ある時は舞いを伴い伝承されたもので、「……ふし」という「ふし名」[*2]が記されている。したがって歌謡である。

本土の和歌や小歌に相当する抒情詞形を、沖縄本島を中心に「琉歌《りゅうか》」という。この琉歌も多くは歌集の形で伝えられているが、ほとんどは節組《ふしぐみ》と言って、三線曲の節名による分類になっていて、やはり歌詞としての認識を残している。

近世中期以降に、和文の影響を受けて、八音を連続する雅文調の「つらね」とよばれるものや、書簡体の琉文といった、琉球方言の記載文学も現われるが、それほど発展しない。

さて琉球文学のジャンルについて一言すると、琉球文学は、古謡と物語歌謡、抒情詞形それに劇文学に分けることができる。

古謡は、さきの『おもろさうし』をはじめ、奄美諸島や本島各地、先島に今でも採録される。ことばに呪的な力を認めている点、歌い物あるいは唱え物で、対句・対語を多用し、祭式の場に供されることが多い。いわば原始的な影を揺曳した歌謡で、こうした歌謡が生きて使われ、しかもこれほど多量に存在するところは日本のどこにもない。なぜそうなのかということも、沖縄研究の重要な課題であるべきである。

古謡は、これまでも多くの研究者の努力で、採録されて来ているが、伝承が困難になっている今日、精密な調査記録は焦眉の急と言わなくてはならない。その上で、つまりこれが一段落したところで、注釈や全体の理解へと進むであろうことは言うまでもない。しかし琉球方言じたいが最早生産能力を失なっている以上、段階を踏まえる暇はない。早急に同時平行的に進めなくてはならないだろう。このことはいまだ記録されていない口承文芸すべてに言えることである。

『おもろさうし』は琉球文学研究の中でもっとも研究が進んでいる分野である。一八九三年（明治二六）来琉した田島利三郎が、おもろ研究の先鞭をつけて以来、伊波普猷《いはふゆう》によって大いに発展を見たのであった。伊波は、沖縄の歴史・文学・言語・民俗と、各分野にわたって、膨大な論文を書いているが、それらの中で、さまざまな形でおもろを活用している。

伊波を批判的に克服しようとしたグループが、一九三〇年頃沖縄（那覇）に島袋全発《しまぶくろぜんぱつ》らを中心に出来る。やがて暗い時代に入り、充分に開花し得なかったが、このグループの世礼国男《せれいくにお》の「久米島おもろに就いて」[3]や「琉球音楽歌謡史論」[4]は、東京にいた仲原善忠《なかはらぜんちゅう》に、巻二一の久米島おもろの錯簡を整理した『かがり糸』[5]を書かせ、また仲原の『おもろのふし名索引』[6]を、まとめる端緒をつくっている。戦後は仲原が主導し、その成果は『おもろ新釈』（琉球文教図書、一九五七年）に集約され、さらに外間守善《ほかましゅぜん》の協力を得て、『校本　おもろさうし』（角川書店、一九六五年）、『おもろさうし辞典・総索引』（角川書店、一九六七年）に結実する。以後の研究者はすべてこの二書に依りこれから出発していると言っても過言ではない。当然のことながら研究は細密になり、数量的におさえられるようになった。とくに近年は様式（形式・スタイル）といった外形上の研究が盛んである。[*7] 書誌的な研究も以前より進展し、広範な方言研究や地名研究によって、語釈も進んでいる。しかしそれでもまだ多量の未詳語を残しているし、歌形論も細分化してパターンライズした割には、おもろの歌謡としての実態を解き明してはいないし、琉球文学のパースペクティブの中でのおもろの位置も明らかではない。文学の側から言えば、文学的な評価、受容も充分ではない。琉球文学の中でもっとも長い研究史を持つおもろ研究ではあるが、未解決の分野があまりに多い。それがおもろの最大の魅力だと言う人もいる程である。おもろが「古琉球」を説明する有力な資料として歴史の側から使われることは、最近ではほとんどなくなった。おもろに歌われた事件や人物がそのまま歴史的事実ではないし、その意味では一級の史資料たりえない。おもろが、口承の歌謡であって、その限りで共同の想像でもあるといった、いわば文学上の「手続」を経た上で使用されるべきだろう。『おもろさうし』は、古琉球人の言語的な想像力（創造力）の所産であって、またその時代の言語や民俗を知る最大の資料でもあり、正統な手続を経た使い様によって有効な史資料でありうることは言うまでもない。

琉歌は、現在でも新聞に琉歌欄があったり、琉歌会が催されたり、あるいは琉歌集が出版されることもあって、広く一般に支持されている。また「古典音楽」とよばれる三線音楽の歌詞として、何万という古典三線の愛好者・専門家の関心にのぼり、これまたこの三線詞曲を伴奏楽とする「琉球舞踊」の愛好者・専門家のさけて通れない詞形である。これほどポピュラーな琉歌であるが、研究上の成果（論文）はそれほどでもなく、それにレベルも高いとは言えない。島袋盛敏《しまぶくろせいびん》が約三〇〇〇首を収めた『琉歌大観』（沖縄タイムス社、一九六四年、改訂版一九七八年）を出し、通釈と語索引を添えたのが大きい。その後外間守善総編集による『南島歌謡大成II　沖縄篇下』（角川書店、一九八〇年）に収められ、『屋嘉比工工四』所出歌、『疱瘡歌』、『天理本琉歌集』、『琉球大歌集』、『古今琉歌集』などを加えて増補し、通釈をほどこしてある。最近では清水彰によって『標音校注　琉歌全集総索引』（武蔵野書院、一九八四年）が出されている。これは島袋『琉歌大観』の本文に標音を施した本文編と、語索引（和字の部）、語索引（ローマ字の部）、句索引、節名索引、作者索引（和字の部）、作者索引（ローマ字の部）、地名索引といった索引編とから成っている。こうした基礎的な研究書が供されることにより、今後琉歌研究が密度の濃いものになることが保障されたことになる。琉歌と同じ詞形（八・八・八・六音）の奄美の「島唄《しまうた》」を視野に入れた研究が望まれる。同時に同じ抒情詞として、宮古のスンカニ、カニスザ、トーガニなどや、八重山のトバラーマやションカネなど、そして本土の民謡・近世歌謡あるいは和歌との比較・影響関係を探ってほしいものである。基礎的なことで言えば、まだ翻字されない多くの歌集を翻字刊行すること、また芸謡としてさまざまな芸能の中にある琉歌を採録することを企図しなくてはならない。例によってこの分野も課題が多い。

物語歌謡は、奄美・宮古、とくに八重山でよく発展している。これについても、これまでのべて来たことと同様の課題の他に、古謡との別、三線との関係なども追求しておきたい。たとえば古謡は、祭祀の場における呪的表現として、願意を主情的にうったえる形と、叙事的にうたう形がある。が、同じ叙事的と言っても、呪的表現の場合は多く豊穣を予祝するものである。もう一つ古謡の範疇の叙事詞には、神々の来歴や行為、村立の英雄の功績や活躍をのべたものがある。物語歌謡は、事件を物語る点で古謡と同じく叙事的であるが、主人公はもはや神や英雄ではなく、歌う側と同じ一般の人たちである。八重山では、アヨー、ユンタ、ジラバ、ユングトゥと言った名称の歌謡の中に、古謡と物語歌謡も含まれている。このことは時代の変化に対応し、古謡の時代の後に、抒情詞形（琉歌など）とこの物語歌謡の両極に展開したものと思われる。こうした道筋の解明や、名称は異なるものの境目のはっきりしない歌謡の、それぞれの名称の成り立って来た要件を考えることも面白いだろう。八重山だけでなく、沖縄本島の古謡も、実に多くの名称があるが、それぞれの独立した要件を、かならずしも鮮明にしえないのである。さらに三線と結びついて「節歌《ふしうた》」になり、物語歌謡はこれに多く含まれる。八重山ではこの節歌の作詞者や作曲家が力を込めて探求されている。もっと歌謡論の深化が望まれる。それに、全般に言えることだが、正確な音表記、意訳でなく、直訳、詳しい語釈があると、八重山方言圏以外の人の理解は大いに助けられ、資料的価値も高くなる。

劇文学、その代表的なものは組踊《くみおどり》である。一七一九年に玉城《たまぐすく》朝薫《ちょうくん》によって初めて上演されて以来、現在四十余番の組踊台本が残されている。朝薫の五組「執心鐘入《しゅうしんかねいり》」「二童敵討《にどうてきうち》」「銘苅子《めかるし》」「女物狂《おんなものぐるい》」「孝行の巻《こうこうのまき》」を頂点に、田里《たさと》朝直《ちょうちょく》の「万歳敵討《まんざいてきうち》」「義臣物語《ぎしんものがたり》」「大城崩《おおぐすくくずれ》」（以上を「三組」又は「三番」という）、平敷屋朝敏《へしきやちょうびん》のものと伝えられる「手水《てみず》の縁《えん》」、久手堅親雲上《くでけんぺーちん》のものと伝えられる「大川敵討《おおかわてきうち》」、高宮城親雲上《たかみやぐすくぺーちん》のものと伝えられる「花売《はなうり》の縁《えん》」などが有名で、時々上演されている。その他地方では、野原広亀の調査によると「五町村の三十三ヵ字に延べ六十四演目、二十一種目の組踊」*8が敵討物を中心に上演されているという。これも現在広い支持を受けている芸能であり、重要な「古典」である。テキストは、伊波普猷編の、一八三八年戊の冠船の時の台本を翻字した『琉球劇曲集』（一九二九年）がもっとも使用されて来ている。これに寄せられている折口信夫・真境名安興《まじきなあんこう》・末吉安恭《すえよしあんきょう》・東恩納《ひがしおんな》寛惇《かんじゅん》らの論文は、今日でも重要な意味を持ち、半世紀越えた今日わずかに部分的に克服されたに過ぎないのではないかと思えるほどである。戦前からの研究者では本田安次、畠中敏郎、戦後は三隅治雄、矢野輝雄、当間一郎らの努力で前進が計られている。

さきの伊波の『琉球戯曲集』に若干の語注があるものの、訂正すべきところもあり、少ない上に簡略に過ぎる。琉球方言は言うまでもないが、鹿児島方言、本土中央近世語、あるいは教養語などを視野に入れた語釈が必要である。我々は「着付《きつけ》」指定すら満足に理解してはいない。その上で素材・比較・影響・構成・主題・台本の世界と舞台上の世界の比較等がなされるであろう。

『琉球戯曲集』のテキストは、戊《いぬ》の御冠船《おかんせん》の時のものであって、現存するものとしては、もっとも権威のあるものである。しかし組踊台本は書承というより口承の側面があって、これを書き記したテキストは多い。したがってそれらを多く収集し、比較検討することも大切である。また上演されないものも含めて翻字をして刊行し、次の研究のステップにする必要がある。

八重山には「琉狂言」という沖縄方言によるコント風の短い喜劇をまとめたテキストがいくつかある。あるいは笑《バラ》し狂言《キョンギン》や例《リイ》の狂言《キョンギン》が今でも上演されている。各地の村芝居、奄美の諸鈍《しゅどうん》芝居、沖永良部上平川の蛇踊り、与論のカビディラ（紙面）を付けた一種の仮面劇など、組踊成立の前と後を考えるさい参考になるであろう。しかし、組踊についても言えるが、これを芸能の立場から見るか、それとも文学と見るかで、異なるはずである。つまり演劇（芸能）と戯曲は同じではないからである。組踊に際してはその別のはっきりした認識を持つべきである。

琉球文学は、これらの方言文学のほかに、漢詩文学と和文学がある。つまり広義の琉球文学である。

漢詩文については、一五七五年（天正三）薩摩に遣いした金武《きん》大屋子《おおやこ》一行の使僧天界寺南叔が、犬追物を見物の時、広済寺雪岑《せっしん》と「詩被作進上」[*9]とあり、詩を唱和したことが記されている。残念ながら詩は残っていない。島津入り（一六〇九年）以前、僧を中心に漢詩文を嗜む者の多かったことは、現存する金石文でわずかに窺うことができる。おそらく僧侶だけのものではなく、支配層の第一の教養でもあったであろう。したがって早い時期にその成果があらわれている。程順則《ていじゅんそく》の『雪堂燕遊草』がその古いものに属する。同詩集は一六九八年（康熙三七）に中国福建で出版され、一七一四年（正徳四）に京都で再板されている。中国の孫鋐撰《そんこうせん》による『皇清詩選』（一七〇五年）には、当時の沖縄の詩人二五人の作品七〇首が収められていて、外国の書に沖縄の人たちが出て来る最初のものであろうか。この作品と詩人がほぼ重なって『中山詩文集』（一七二五年）として刊行され、これに『執圭堂《しっけいどう》詩草』（曽益）、『観光堂遊草』（蔡鐸《さいたく》）、『翠雲楼詩箋』（周新命《しゅうしんめい》）ら個人詩集が見られる。同時期蔡文溥《さいぶんぷ》に『四本堂集』があったと言われる。一八〇〇年代後半になると『閩山游草《びんざんゆそう》』『北上雑記』の蔡大鼎《さいたいてい》を中心に多くの詩人がおり、中国福建で次々と詩集が刊行されている。その少し前の楊文鳳《ようぶんぽう》の『四知堂《しちどう》詩稿』は、滝沢馬琴の『椿説弓張月』に多数引用紹介されているので知られているが、これは、薩摩藩を通して大坂で出版されて、本土の文人の間で少しは知られた詩集であった。

正確な数字はわからないが、刊行された詩集だけでも二〇編前後に及ぶだろう。これまで述べた琉文は言うに及ばず、和歌和文についても、近世一冊の刊行物もない。それをとって見ても、漢詩集の非常な賑わいが了解できるものと思われる。近世はむしろ漢文学の時代であったと言っても言い過ぎではあるまい。こうした賑わいにもかかわらず、この方面は研究者も少なく、文献資料の収集と言った初歩的な作業も緒についたばかりである。したがって注釈研究もこれからというところである。漢文学は、板行本だけでなく、写本の形でも伝えられており、また冊《さく》封使《ほうし》との贈答、その従者*10や冊封使自身の琉球滞在中の作品などがある。同様に上覧・上江の時、道中の感興を詠んだものや、文人との贈答などもある。日本漢文学史上の位置づけや、清朝詩壇の影響なども考慮されるべきだろう。

和文学もまた島津入り以前から親しまれていたであろうことは、袋中《たいちゅう》の『琉球往来』で知ることができる。しかし作品は一首も残っていない。だが早い時期に、島津入り前後の模様を記した『喜安《きあん》日記』がある。『平家物語』から特に多くの影響を受けた和漢混交文で書かれている。

一七〇〇年（元禄一三）に年頭慶賀使として上覧した識名盛命《しきなせいめい》の紀行文『思出草《おもいでぐさ》』がこれに続く。平安物語に近い雅文で、有職故実・典拠を踏まえた相当にペダンティックな文体で、当時の士族層の教養を窺うに足るものである。

ほぼ同時代の人たちの雅文・和歌を集めたものに『浮縄雅文集』があり、平敷屋朝敏の創作物語「苔の下」「貧家記」*11「万歳」「若草物語」や、朝敏の弟子だという久志親雲上の「雨夜物語」がある。一八〇〇年代に入ると『琉球雅文集』がある。候文の物語「孝女伝」*12もこの頃のものである。「恋路之文」も候文体で、この候文の文案、稽古案文などを丹念に調べれば、さらに増加すると思われる。

琉球方言の書きことばつまり文語は未発達である。この散文的精神を表現する手段としたのが、和文である。つまり和文にもさまざまあり、日常通用の候文を物語叙述の文体にしたのであった。

和歌は、歌会を催すほどに盛んだったことが知られているが、*13 歌集は残っていない。個人歌集もない。近世末期から維新に活躍した宜湾《ぎわん》朝保《ちようほ》が出て『沖縄集』（一八七〇年）、『沖縄集二編』（一八七六年）が板行されている。朝保には自筆の私歌集があるが、これは死後一四年たって、一八九〇年に刊行されている。この三書は近世沖縄の和歌の集大成とも言うべきものである。

これら和文学の物語や和歌も、研究は少なく、資料の収集も始められたばかりである。よく知られている「朝敏物語」や「雨夜物語」などのように二本以上あるものについては、校合するなどの書誌的な研究も大切である。とくに和歌の場合、京都堂上歌壇と薩摩歌壇の関係、薩琉の和歌の交流などを明らかにしておく必要もある。その上で和歌がどのように琉歌へ影響を与えているかを実証的に考察することになる。

紙幅の都合もあって、近代以降の本土語（共通語）による文学—短歌・俳句・詩・小説・評論・劇文学等—については、まったく触れなかったが、これもようやく着手されている。また同じく近代以降の方言文学—劇文学（組踊・方言セリフ劇・歌劇）や琉歌等も整理されつつある。

琉球文学研究の範囲は広がり、総体としては戦前と比較にならないほど深化したと言える。しかしまた、二〇代から三〇代前半までの若い研究者が育っていない。これまで指摘したように課題ははなはだ多いのにもかかわらず、人材が育っていないのである。楽観もしているが、気がかりな点でもある。

## 注

1　全二二巻（冊）。巻一が一五三一年、巻二が一六一三年、巻三以降が（一部を除いて）一六二三年に編集されたことになっている。現存のテキストは一七一〇年に再編されたものである。のべ一五五四首、重複を除いた実数は一二四九首である。
2　詳しくは、拙著『おもろさうし　ふし名索引』（ひるぎ社、一九七九年）参照。
3　雑誌『南島』二輯、一九四二年三月。
4　『琉球新報』一九四〇年四月二日～九月二日か。
5　一九四三年一月稿。戦後『おもろさうしの基本的研究第一集』として出版されている。
6　『おもろさうしの基本的研究第二集』（沖縄文化協会、一九五一年三月）として出版されている。
7　いちいち論文を挙げる暇がないが、小野重朗・外間守善・比嘉実・小川学夫・玉城政美・中江泰子・波照間永吉・島村幸一・下地弘子らが論文を発表している。こうした諸論文・論争が、おもろの「謎」と言われる諸問題を、一層明らめることを期待する。
8　「組踊―地方への流れ」『琉球新報』一九八四年一月二日～二四日。ただし野原の言う五町村というのは、旧知念村・南風原町・読谷村・伊是名村・多良間村である。筆者が見聞した旧佐敷村・名護市（旧羽地を中心）が挙っていないし、八重山地域がまったく触られていない。全琉的には野原調査よりもはるかに多いことが予想される。
9　『上井覚兼日記』。
10　従者には興味深い人物が多いが、一七五六年、尚穆王のための冊封正使全魁の従者王文治（夢楼）は特に有名で、『夢楼詩集』（一七九五年）巻二「海天遊草」（六五首）は琉球関係を収めたものである。
11　琉球大学附属図書館仲原善忠文庫蔵。もとの表紙がなく表題は孤本のため不明。目録には「崎山之御園一件」とするが正しくない。仮に『琉球雅文集』としておいた。和文を地に琉歌を挟んだ「崎山之御園一件」「西園之賦」「好楽亭の記」、候文の「辻文言」、琉文つらねの「花の山川」「恋の状」（二編）「此先やくかと」とそれに二〇通ほどの書簡（候文）の手本がある。

12　写本は石垣市立八重山博物館蔵。翻字し、対訳と若干の注釈を添えて浦添市教育委員会編『浦添の戯曲物語集』〈浦添の歴史資料シリーズⅣ〉（一九八二年）に収める。参照されたし。

13　『大島筆記』（一七六二年）、「阿嘉直識遺言書」（一七七八年）参照。

# II

# 『おもろさうし』論

# 第一章　『おもろさうし』概説

## 一　成立

『おもろさうし』は、全二二巻のうち、第一巻が、中国の明の嘉靖一〇年（一五三一）に編纂され、巻二は万暦四一年（一六一三）五月二八日に編纂されている。この間約八〇年。第三巻から巻二二まで、そのうち巻一一、巻一四、巻一七、巻二二の四巻を除いては、天啓三年（一六二三）三月七日に編纂されている。巻一一は「首里ゑとのおもろ」と標題にあるが、「首里ゑとのふし」というのは巻一三の「船ゑとのおもろ」にしか出て来ない特殊な名称であって、巻一一の本来の名称であったかどうか疑わしい。巻一一と重複関係にある巻二一の標題「久米の二間切のおもろ」が、その内容から言っても正しく、巻一一も、巻二一と同じく、天啓三年の成立と見てよい。

巻一四は「いろ〳〵のゑさおもろ」で、こちらも成立年の記載がなく、詳しくは不明ながら、だいたい天啓三年ごろの成立と見て不都合はない。

巻一七「恩納より上のおもろ」は、「恩納より上」がつまり国頭地方を意味するのであるが、恩納《おんな》間切が、金武《きん》間切や読谷山《よみたんざん》間切の一部を割いて独立したのは、一六七三年になってからであって、本来の標題とは思われない。しかし、他の多くの地方おもろがやはり天啓三年の編纂にかかわることからすると、この巻もこの頃と見てよい。

巻二二は、他の巻と違い、「みおやだいり」つまり宮廷の公式行事に使われたおもろで、一首を除いてすべて他の巻からピック・アップしたものである。従って天啓三年よりおくれて編集されたと考えることもできる。たとえば小野重朗は「最後の二十二巻はずっと後れて尚敬王の二三八〇年頃に儀式に使ふおもろを集めて編まれたものである」（『琉球文学』一九四三年）と述べている。皇紀二三八〇年は西暦一七二〇年のことで、『おもろさうし』が再編されたのが一七一〇年のことだから、それよりもさらに一〇年もおくれて編集されたと考えているのである。しかし小野は詳しく言及していないので、根拠がよくわからないが、たとえば『琉球国由来記』（一七一三年）巻四の「御唄（神歌）」の項には、「当国御唄者、神代之歌也。言葉少、情尽タリ。謡二長詠一也。於二王朝一奏之。知念・玉城行幸之時、路次謡也。詳御唄御双紙見タリ（舞ハ、コネリト云。遊鼓ヲ打也）」とある。また同『琉球国由来記』巻二の「御唄」の項目にも巻二二の内容を思わせる記事があり、おそらくこの頃までには出来ていたと見てよいのではないかと思われる。少くとも、天啓三年よりさほど遠くない時期に成立したと考えていいのだろう。あるいは、二月の麦のシキョマに王が二年に一度久高《くだか》島へ行幸する例が、尚貞王《しょうていおう》の康煕一二年（一六七三）に廃止され、当役派遣に改められたとある（『琉球国由来記』）。『おもろさうし』巻二二の「知念久高行幸之時おもろ」関係一七首が、神女中心と判断されるのなら、一六七三年以降の成立とも考えられる。ともあれ確かなことはよく分らない。*1

『おもろさうし』の編集についての資料はいまのところ『おもろさうし』そのものにしかない。各巻それぞれ「首里王府のおもろ」と書いてあって、この結集作業が王府の公式の作業であったことがわかる。ところが王府の正史にはその結集のことが全くふれられていない。また各家の家譜にもこうした記事は見あたらない。巻一から巻二一までの二一巻が一連の作業だったとすれば、その間九〇年余を要したわけで、このような結集事業に一世紀近く役所を設置するとは考えにくい。このように長期に設置されていたとすれば、少くとも家譜にあらわれたに相違ない。もし仮に中断があったとすれば、巻一と巻二の間の約八〇年の間でなくてはならないと思われる。

伊波普猷《いはふゆう》は『校訂　おもろさうし』（一九二五年、『伊波普猷全集』第六巻、平凡社、一九九三年所収）の序で、「口碑によると、尚真王が各地の按司部《あじべ》（諸侯）を首里に聚めた時、各地のオモロをも纂めて、神歌主取《おもろぬしどり》といふ役を置いた、といふことであるが、この事は琉球の正史にはもとより、その他の史籍にも見えず、向氏具志川按司の家譜にほの見えているだけである」と述べている。『球陽《きゆうよう》』に、

> 首里の湛氏（数明親雲上）は、原来、美里郡伊覇村の人なり。幼稚の時より深く神歌を嗜み、朝夕詠謡して敢へて懈怠せず。壮年に及ぶころ、詠謡妙を得たり。嘉靖年間、聖主、久高島に行幸す。湛氏、神酒司頭と為り、神酒を捧献して久高島に到る。時に聖主、鷁船に下来し、将に返棹せんとして帆を掛く。湛氏、鷁船に乗り、神酒を捧献す。中洋に回到するや、黒雲四に起り、風雨頻りに至り、東西分たず、狂浪澎湃として進退共に難し。是に於て、湛氏、鷁船の頭に立ちて、神歌の曲を謡ふ。再三歌謡して、風波漸く静かに、天面四開して、鷁船恙無く与那原に到る。聖主より深く褒美を蒙り、家来赤頭職に擢んでられ、神歌頭と為り、黄冠を頂戴す。後、大島地方数明地頭職を賜はる。（原漢文）

とある。嘉靖年間というのは一五二二年から一五六六年までの四四年間のことであるが、この記事は尚清王のところにあるので、その在位年間ということだと、一五二七年から一五五五年の間のことである。神酒司として尚清王の久高島行幸に従った湛《たん》氏が、帰路神歌を謡って風波を鎮め、そのために、神歌頭、つまりおもろ主取に任命されたという記事である。後のおもろ主取家である安仁屋家は、尚円王ともつながりがあって、伊平屋《いへや》の出身であると『神歌主取家元祖由来記』にある。この系統とは異なる人が神歌主取に任ぜられたという伝承があったのである。

なおこの湛氏というのは、和文学者平敷屋朝敏《へしきやちようびん》（一七〇〇～一七三四年）の母方の祖父にあたる、同じく和文学者として有名な湛令望《たんれいぼう》・屋良宣易《やらせんえき》（一六五八～一七二九年）の遠い祖先にあたる人である。

さきに伊波が紹介した、尚真王の第三王子尚韶威《しょうい》・今帰仁《なきじん》王子朝典《ちょうてん》（生忌年不伝）の家譜（具志川《ぐしかわ》家）に、

弘治年間、命を奉じて山北に赴くの時、尚真王特に御脇指二振（一銘備前長光、一銘相州秋広）、御鎧通一本（銘行平）、黄金保伊波武御盃一個、御盃台一個、金織緞紳一条（即ち今に家宝として伝わる。其の余は、兵火に因って之を失ふ）を賜るを蒙る。且唄双紙一冊を賜ることを蒙り、毎節礼を行ふ。

蓋山北は節々に神出現すること有りて、其の礼最も重し。故に尚韶威監守以来、世々家族を率て此の礼を行ひ、又王都より唄勢頭三四人を遣はし、彼の土の唄勢頭と倶に礼式を行ふ。此の時、阿応理屋恵按司・世寄君按司・宇志掛按司・呉我阿武加那志等の女官有りて、此の礼式を掌る。

崇禎年間、兵警に逢ひて後、此の礼倶に廃る。但し阿応理屋恵按司之職、今に至り尚存し、毎節礼を行ふ（康熙己丑、王城回禄して唄双紙を失ふ時、所伝の唄双紙を以て呈覧して公補之用に備ふ）。（原漢文）

とある。

弘治年間とは西暦一四八八年から一五〇五年までの一八年間のことである。尚韶威・今帰仁王子の生没年が不明であることは述べたが、尚真王の第一子は尚維衡《いこう》・浦添《うらそえ》王子朝満《ちょうまん》で、この人は一四九四年に生まれ、一五四〇年に死んでいることがわかっている。尚真王の後を襲ったのは第五子の尚清で、この人は一四九七年に生まれ、一五五五年に薨じている。つまり長子は一四九四年に生まれ、第五子が一四九七年に生まれている。つまり三年間に五人の王子が生まれているのである。したがって今帰仁王子の誕生を一四九六年とし、仮に北山監守《ほくざんかんしゅ》に派遣された年が、弘治年間の最末年（一五〇五年）とすると、今帰仁王子は九歳で今帰仁に赴いたことになる。今帰仁王子の北山監守派遣年については、史書や他の文献になく不明だが、九歳というのはあまりにはやいのではないかと思われ

る。『中山世譜《ちゅうざんせいふ》』巻七「尚清」紀には、一一歳の時、つまり正徳二年（一五〇七）に、中城《なかぐすく》を領して中城王子を称したとある。ところが尚維衡の家譜には、その次の年「正徳三年戊辰、立って世子となる。然れども事故ありて郊外浦添城に竄居す」とある。正史には尚維衡が世子に立ったことすらないのである。しかも浦添王子を称したのは、その後のことでなくてはならない。当然今帰仁王子の称号もそれよりおくれたと考えてよいだろう。しかしこのあたりの年号はどの程度信用できるのだろうか。たとえば崇禎年間（一六二八～一六四四年）に兵警に逢ひて云々のところは、一六〇九年の島津入りのことで、「万暦」年間の誤りである。結局おもろに関することで言えば、「唄双紙一冊」と、これを康熙己丑年（一七〇九）消失した時に「公補之用に備」えたという件だけである。

北山監守家が首里に引揚げたのは、七世の尚従憲《じゅうけん》・今帰仁按司朝幸《ちょうこう》（一六二七～一六八七年）になってからで、康熙四年（一六六五）のことであることが、家譜と『山北今帰仁城監守来歴碑』（一七四九年）に出ている。この時持ち帰ったものの中に「唄双紙一冊」があったわけで、これを再編作業のさい提供したというものである。もし尚韶威の北山監守の際『おもろさうし』一冊を賜ったということと、巻一の「嘉靖十年」（一五三一）という成立年号が正しいということであれば、情況から言って、「唄双紙一冊」というのは巻一でなければならず、また逆に、尚韶威の北山監守派遣は、一五三一年以後ということになる。「王都より唄勢頭三四人を遣はし、彼の土の唄勢頭と倶に礼式を行ふ」という記事とも適合する。おそらくその一冊というのは、巻一と重複関係にある巻三の後半部分であったと思われる。とすれば巻一の「きこゑ大きみのおもろ」は、聞得大君を中心にした王府儀礼の双紙として、この頃には成立していたことになる。

編集の動機についても今までのところ明らかではないが、今帰仁王子の年譜からだと、王府の儀礼が今帰仁の地で共同で行えるように編集して持たせたということかも知れない。

だが巻二以後は、一六一三年から一六二三年の編集であって、巻一と同じ動機だとは思えない。おそらく一六〇九年の島津氏の侵入によって、固有の宗教体系の崩壊、危機意識に支えられて、地方を含めた大幅な編集作業になったのではないかと思われる。王府の表舞台で威勢をほこっていた祭祀儀礼も、封建的合理主義によって圧迫されるようになって、御内原《おうちはら》に追いやられ、女の儀礼ともなったのである。

## 二 再編と再編者

『おもろさうし』は康熙四八年（一七〇九）一一月二〇日、王城が火災で炎上したため消失し、現在の『おもろさうし』は、翌康熙四九年（一七一〇）に再編集したものである。『おもろさうし』の巻末には、

首里天尚益王加那しの美世にみおみ事おがみ、おもろ御双紙二部書あらため申、壱部は御城に御格護、壱部は言葉聞書に調、おもろ主取のかたへかくごおよせめされ候。

峕《(ときに)》 大清康煕四十九年庚寅七月三日

摂政　越来王子朝奇

　　識名親方盛命

三司官　幸地親方良象

　　池城親方安倚

奉行　津嘉山按司朝睦
　　　座間味親雲上景典
主取　津灞親雲上実昌
　　　立津親雲上全明
　　　伊良皆筑登之親雲上重休
　　　並里筑登之親雲上嗣喜
筆者　瑞慶田筑登之親雲上正方
　　　小渡筑登之元敷
　　　嘉数子宗宣
おもろ主取
　宜野湾間切大山村
　　安仁屋親雲上

とある。津嘉山按司以下の主取、筆者が再編のさいのスタッフである。

奉行の津嘉山按司《つかざんあじ》（一六六一～一七二二年）は、唐名を向保祐《しょうほゆう》という。勝連按司《かつれん》朝賢《ちょうけん》の四男として生まれたが、長兄が母方の家統を継いで浦添按司となり、次兄は夭逝、三兄（一六五三～□年）が勝連按司を継いだが、一八歳の時に病を得て悟るところがあったのか、突然立願して剃髪し、波之上山《なみのうえざん》護国寺の頼昌法印《らいしょうほういん》の僧房に入り、覚深と号した。後に真言宗から禅宗に改宗し、三四歳になって「栢堂」と号するようになっている。栢堂は歌人として名をなし、和歌、琉歌を残していて、沖縄三十六歌仙の一人でもある。三兄の後を受けて家督を継いだのは康煕一〇年（一六七一）のことで、わずかに一〇歳であった。康煕一九年（一六八〇）に南風原間切《はえばるまぎり》津嘉山地頭となり以後津嘉山按司を名乗る。康煕四七年（一七〇八）一二月、つまり火災炎上する一年前に「内裏言葉及女官紀奉行」に任命されている。王府はこのスタッフに『おもろさうし』の再編を命じたのである。朝睦の家譜には次のようにある。

康煕四十八年己丑十一月二十日、王城回禄之時、神歌御双紙焼失するにより、命を奉じて、翌年庚寅六月三日古御双紙等漸探索して旧本の如く清書有りて二十二冊と為す也。成就之時に当り、真和志御殿に於て、下庫理之御儀式有り。御茶御酒を賜り且つ綿子二把扇子一箱を賞賜さる（此時の中取、和氏座間味親雲上景典、真氏津覇親雲上実昌、方氏立津親雲上嘉瑞）。

『おもろさうし』の巻末には七月三日とあるが、それよりも一月前に、一応成就し、真和志《まわし》御殿で慰労のための祝宴がもたれていることがわかる。「神歌御双紙焼失」により、「古御双紙等漸く探索して、旧本の如く清書」して「二十二冊」としたとある。具志川家所蔵本だけで書写されたものでないことはこの文脈でもわかる。しかし「旧本の如く」とあるように、もともと二二冊（巻）であったらしい。

主取の一人津《つ》覇《は》親雲上《ぺーちん》実昌《じつしょう》（一六六四〜一七二二年）の家譜には、次のようにある。該箇所のみ紹介する。

康煕四十五年丙戌十二月二十一日　為内裏言葉・女官紀中取

康煕四十六年丁亥十二月一日　任貝摺奉行職（兼務内裏言葉・女官紅中取）
康煕四十八年己丑十一月二十日夜　王城回禄之時、神歌御双紙焼失、令女官座抄之、雖然旧本之無写、依之国中通廻文問之出来、幸女官座神歌王代題号且神歌上之句有記證撰之如旧本全写繕書献之

旧本の写本がなかったので、これを国中に問合せて古写本を集め、それを女官座の資料で照合して旧本のようにした、というものである。女官座というのは『女官《にょかん》御《お》双紙《そうし》』を編集する役所のことで、実昌も康煕四五年（一七〇六）一二月に任命されている。同時に朝睦と同じく「内裏言葉」でもあった。こちらのほうは『混効《こんこう》験《けん》集《じゅう》』の編集である。序にその序を引用しておく。

混効験集一巻　内裏言葉
夫我朝は神国御本地弁財天なり。むかしは御神出現有て人の善悪をあらはし給ふとなり。去によりみせゝるの言葉を俗語とする故、優にして美尽せり。然といへども世遠してやゝ減少す。かゝるがゆへに、尚貞尊君、叡慮にあさからぬ事被思召、言葉撰べとの宣旨を下し給へども、果して知る者なし。時に、尚賢尊君御宇下つかた三代に使奉る一人の官女有。遺俗流風の言粗覚へられしを集、神歌の詞を撰、且古老の口号を聞て、都て冊となすものなり。
旹大清康煕五十年辛卯三月廿四日
摂政　越来王子朝奇
識名親方盛命
三司官　田嶋親方朝由

浦添親方良意
奉行　松村按司
　　　座間味親雲上
主取　前津灞親雲上
　　　立津親雲上
筆者　瑞慶田筑登之親雲上

「神歌の詞を撰」ともあるように、とくに坤の巻に相当数おもろ語がとられており、その注の付け方は、安仁屋本に付されたおもろの原注（語注）と共通している。それは、おもろの再編者のスタッフと『混効験集』のスタッフが同じだったからである。『混効験集』の奉行松村按司は、再編のときの奉行津嘉山按司朝睦のことで、朝睦は康凞四九年（一七一〇）九月、再編後まもなく東風平《こちんだ》間切世名城《よなぐすく》地頭に転じて松村按司と称している。ただし『混効験集』編纂成就については、家譜に見えない。この点は津灞実昌の家譜でも明らかにならないが、「康凞五十年辛卯五月十七日□□朱印□時、番之親方部、御双紙庫理奉行、津嘉山朝睦・実昌等同僚、賜茶酒、且賞賜島本上布二端」とある。津嘉山朝睦とあるが、すでに松村になっていたはずである。つまり『混効験集』撰進二ヶ月後に奉行以下のスタッフが慰労されたということであろう。

もう一つ、筆者の一人である孫顕宗《そんけんしゅう》・並里筑登之親雲上《なみさとちくどぅんぺーちん》嗣喜《しき》（一六六五～一七三九年）の家譜から、該箇所を紹介する。

康熙四十九年七月為唄御双紙書改奉行向氏国場按司朝睦筆者、
　翌年辛卯五月二十二日賞賜島上布一端

康熙四九年七月に筆者に任ぜられというのは、全く正確ではなく、撰進献上した月である。翌年の五月二二日というのは、実昌も五月一七日に宴会と物品の下賜にあずかっている。嗣喜も『混効験集』の手伝いをしたということか、それとも、実昌の場合もおもろ編集にかかわることなのか、わからない。国場按司《こくば》朝睦は、もちろんさきの津嘉山、松村と同じ人で、真和志間切の国場地頭になったのは、康熙五一年（一七一二）四月のことで、以後死ぬまで変わらなかった。嗣喜の家譜の記事を他の資料と合せ考えると、『おもろさうし』再編の作業は、『混効験集』の奉行以下のスタッフが、「内裏言葉及女官糺」としてすでに任命されていて、それに嗣喜のような筆者を四人急拠加えて、およそ半年で書きあげた。「唄御双紙書改奉行」とあるように、旧本のように「清書」して「書改」めることであった。こうしたことから朝睦らの作業がどういうものであったかがおおよそわかる。

再編によって『おもろさうし』にどういう問題点が生じたかについては、次の項で言及することにして、ここでは、再編時のおもろ主取安仁屋親雲上《あにやぺーちん》について若干ふれておく。『神歌主取家元祖由来記』には、再編時のおもろ主取安仁屋親雲上は、雍正七年（一七二九）九月二三日八五歳で死んでいる。これから逆算すると順治二年（一六四五）の生まれで、おもろ再編時の一七一〇年には、かぞえ六六歳で、当時としてはかなりの高齢であったはずである。この人が再編にあたってどのような役割をはたしたのか不明。あるいは若干のおもろを、職掌柄持っていたと思われるが、これも詳しくはわからない。ともあれ『おもろさうし』は二部作られ、一部をこの安仁屋家に保管させた。安仁屋家に保管されたいわゆる安仁屋本には「言葉聞書」（原注）があり、これが後世おもろの研究に端緒をひらくことになる。

この安仁屋親雲上は、一七一九年尚敬《けい》王の冊封《さくほう》のために来琉した副使徐葆光《じょほこう》の『中山伝信録《ちゅうざんでんしんろく》』に出ていて、中秋宴にまずおもろを唱えている。「謹んで例に遵び、首めに神歌を唱起す。黄髪の老人、百拝稽首して、恭しく皇上の恩徳天の如く、国王の帯礪百世なるを頌す。老人詩罷み拝して退く」と徐葆光は述べている。戌《いぬ》の御冠船《おかんせん》（一八三八年）でもやはり中秋宴でまずおもろ主取と他に六人を引率しておもろを唱えている。「着付、神歌主取」とあって「髪、黄古銅色、緞子丸頭巾、白唐ひげかけ、天青緞子衣裳、金襴大帯、足袋」、他の部下つまり「同地人数、髪、玉色、さや丸頭巾、朝衣、緞子大帯、足袋」とある。髪が黄色であるということも共通しているが、それよりも、中秋宴のはじめにおもろ主取が登場して祝福することが定式になっていることがわかる。『琉球国由来記』巻二「官職列品」の「官職位階之事」の項に摂政以下九三の職制の内容が説明され、その九二番目に「御唄（主取一員、親雲上六員、勢頭部六員）」とあって、

職事、謡㆘稲穂祭・大祭、於㆓下庫理㆒、渡唐衆御茶飯、於㆓玉庭㆒、綱作・唐船洲新下《スラオロシ》・雨乞之時、御座且御庭、同雨乞・知念斎場・玉城雨粒・雨乞之御嶽・弁之御嶽行幸之時、御唄㆖也。親雲上役者、正月朔日・十五・冬至日、真正面出御之時、於㆓石亭子㆒、持㆓鍔刀㆒也。勢頭部役者、右同時、持㆓長刀㆒也。謡㆓御唄㆒之勤者、主取・親雲上同断。

となっている。相当部分が巻二二の内容と重なっている。おもろ主取以下の親雲上六人というのも、戌の御冠船の時の人数六人と同じで、定員も動いていない。「官職列品」には康煕五二年（一七一三）の序が付いているので、お

もろ主取は、『おもろさうし』や『中山伝信録』の安仁屋親雲上である。

さてこの安仁屋家が代々おもろ主取家だったのかと言うと、さだかではない。祖先は伊平屋《いへや》王加那志《おうがなし》（尚円《しょうえん》）と一門で、金丸《かねまる》が伊平屋で百姓をしていて、土地の百姓に迫害されようとした時、国頭へのがれさせたという。この人を元祖謝名《ぢゃな》具志川親雲上（□～一六五五年）のこととするが、国頭へのがれさせた人は数代前の人である。

しかもこの謝名具志川親雲上は神歌主取ではない。『神歌主取元祖由来記』によると、嫡子安仁屋親雲上（一六一六～一七〇一年）がはじめて神歌主取に任命されたのである。安仁屋親雲上は若い頃に首里へ出て、浦添王子に仕え、「元祖謝名具志川地頭所三代迄頂戴仕候御印判」をもらい、「士被仰付、又神歌主取役添て、安仁屋地頭所被成下相勤候……」という。その後、首里に引揚げ下儀保《しもぎぼ》に住んだらしい。老体を理由に子の安仁屋親雲上（一六四五～一七〇〇年）に引き継いだが、まもなく死亡している。さらに子の安仁屋筑登之親雲上《ちくどうんぺーちん》が継ぐことになったが、「若輩に付、主取役并地頭職勤方不罷成」ということで、謝名具志川親雲上の次男、つまり初代神歌主取安仁屋親雲上の弟の次男が継いで、安仁屋親雲上を称したのである。この安仁屋親雲上がおもろ再編の時のおもろ主取である。以後この系統の人がおもろ主取を廃藩まで世襲することになる。

こう見て来るとおもろ再編時のおもろ主取は、たかだか三代にすぎず、仮に初代が三〇歳の時におもろ主取になったにしても、それは一六四六年のことであり、この家に『おもろさうし』が保管されていたかどうかも疑問になって来る。むしろ王府儀礼とかかわりの深い巻二二との関係があったのではないだろうか。もっと言えば巻二二の編集にこの初代主取が関与したのかも知れない。とすると尚真王代に湛氏が「神歌頭」（おもろ主取）に任命されたというのも、真実味が出て来る。

『神歌主取元祖由来記』に次のようにある。

右通元祖之由来相伝仕候、然者元祖之光を以、代々神歌主取役被二仰付一、御扶持被二成下一、座敷御位迄頂戴可レ仕旨難レ有尊敬仕候、尤主取役之儀者、必此元跡目子に可二継させ一候、子孫之者、此趣具に承知仕、おもろ御双紙見開、又者おもろの曲数、無二伝失一可二相勤一候、且又先祖之孝行可二専要一事。

附　主取役之儀、諸事正敷執行仕不レ申は、不レ叶役目にて候間、何篇義理正道にしておもろ稽古人繁栄仕させ候様、能々可二念入一儀、可二専一一事。

大清乾隆四十八年癸卯九月吉日

神歌主取

知念親雲上

この知念《ちねん》親雲上の息子知念掟《ちねんうつち》親雲上が書いたものがあって、そこには「おもろ大御神」「おもろ御神加那志」があらわれ、それが子孫にかかったりしたらしい。主取家の者が他の職業についたりすると「則御神より御咎目に逢候間、御双紙見開、講釈、おもろ回数伝受候」とある。嘉慶二年（一七九七）のことである。このおもろ神が主取家に祀られて、主取家におもろを保存させる力になったのである。山内盛彬《やまうちせいひん》が安仁屋真苅《まかる》から採録した「王府のおもろ」は、二二ノ一、二、一〇、四三、四七で、すべて巻二二に集中している。安仁屋家が、忘失をおそれて保存につとめたおもろの曲数とは、巻二二の「みおやだいりのおもろ」一冊だったことが、これらのことから窺える。*2

次の表は『神歌主取元祖由来記』からまとめたおもろ主取の系図である。数字は代数である。カッコ内は生没年で、生年は没年から逆算したものである。山内が最後のおもろ主取という安仁屋真苅は、一〇代のおもろ主取の子であろうか。真苅については『神歌主取元祖由来記』にないが、ひとまず一一代おもろ主取としておいた。

おもろ主歌の系図

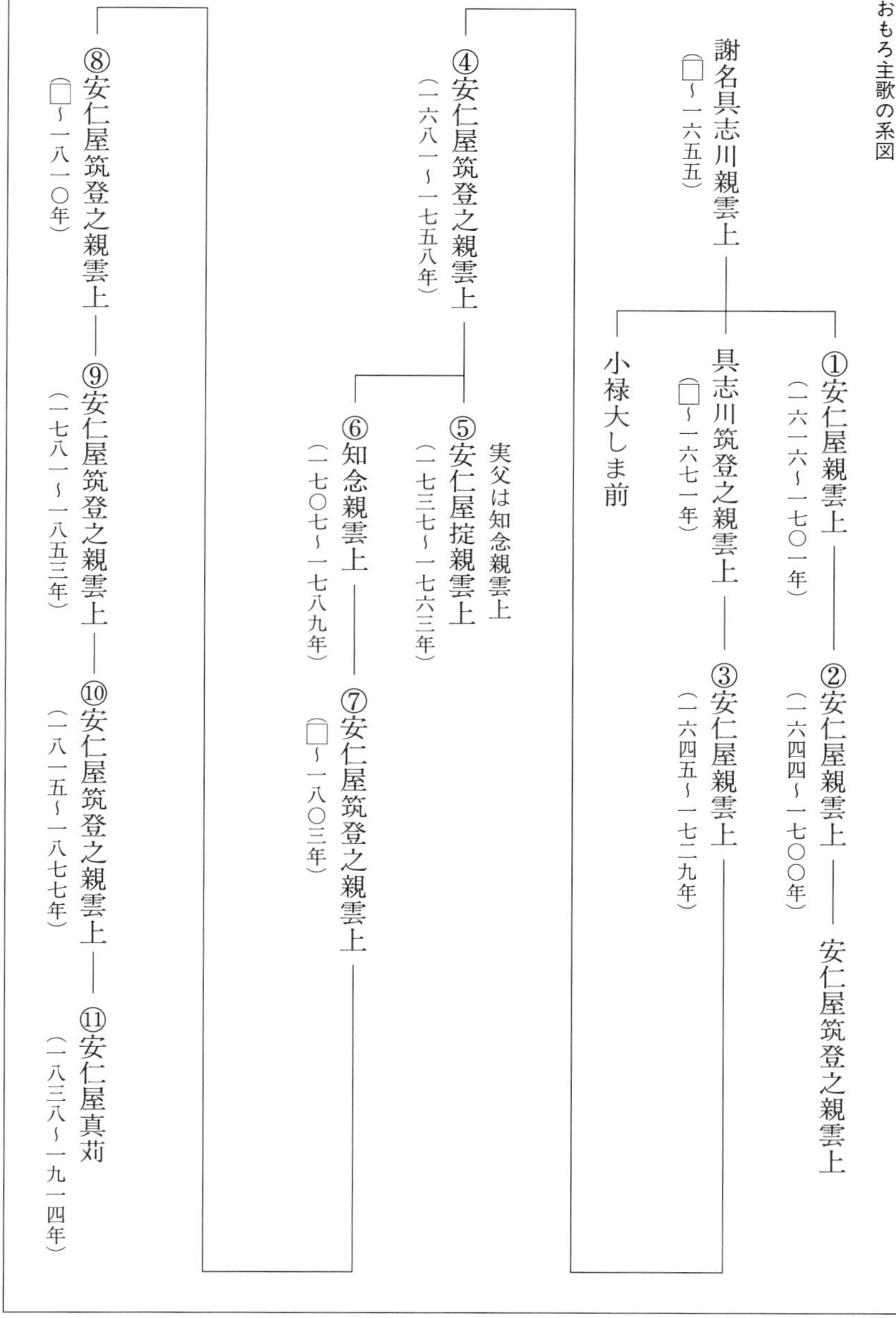
謝名具志川親雲上
（□～一六五五）
①安仁屋親雲上
（一六一六～一七〇一年）
具志川筑登之親雲上
（□～一六七一年）
小禄大しま前
②安仁屋親雲上
（一六四四～一七〇〇年）
安仁屋筑登之親雲上
③安仁屋親雲上
（一六四五～一七二九年）
④安仁屋筑登之親雲上
（一六八一～一七五八年）
実父は知念親雲上
⑤安仁屋掟親雲上
（一七三七～一七六三年）
⑥知念親雲上
（一七〇七～一七八九年）
⑦安仁屋筑登之親雲上
（□～一八〇三年）
⑧安仁屋筑登之親雲上
（□～一八一〇年）
⑨安仁屋筑登之親雲上
（一七八一～一八五三年）
⑩安仁屋筑登之親雲上
（一八一五～一八七七年）
⑪安仁屋真苅
（一八三八～一九一四年）

## 三 巻別構成

『おもろさうし』所収のおもろの総数は、一五五四首（安仁屋本系）である。重複を除いた実数は一二四九首である。私の試算の前提には、これまで重複と考えられていた⑴一四ノ五九と一五ノ七四、一五ノ七五 ⑵一一ノ九三と一一ノ九四 ⑶一一ノ二〇と一一ノ八七 ⑷六ノ二七と六ノ三二 ⑸一四ノ六六と一七ノ二三 ⑹二一ノ六二（一行のみ）と一一ノ四と一一ノ七〇 ⑺一〇ノ四三と一三ノ五六 ⑻一〇ノ七と一三ノ二三一をそれぞれ独立したおもろとした。単純誤謬については改めた上で計算したが、重複関係を増したことはなく、従って従来より実数は増えなくてはならないはずである。もう一つは巻一一と巻二一の重複関係である。この二巻は久米島おもろで、とくに巻二一は錯簡混入が激しく、しかも二種の久米島おもろが混じっている。巻一一のほうが比較的整然としているが、これも完本ではない。巻一一にはないが、巻二一にあるおもろが、残欠を含めて二九首あり、逆に巻一一にあって巻二一にないおもろが一三首ある。その差三二首。巻一一と巻二一の総数二一〇首を整理すると、実数は一二五首で、二一ノ四五、五二、六二、一〇五の一部混入不明おもろをおのおの一つと数え、久米島おもろは最小限これだけあった。巻一一は「首里ゑとのおもろ」と標題が付いているが、この「首里ゑと」は「首里ゑとのふし」と関係あるべく、「首里ゑとのふし」は巻一三にしか出ない珍しいふし名である。

重複おもろの多くは、巻二一のように、錯簡混入といった書誌的なものである。この他に主な箇所を挙げると、(a)一ノ一から三〇までと三ノ三二から六〇まで、(b)一七ノ四五から七四までと一八ノ一から三〇まで、(c)一九ノ三八から五〇までと二〇ノ五一から六三までの三箇所である。いずれの箇所も番号の後方が混入部分であって、本来その巻のおもろではない。このことは巻二一にも言えることで、三四箇所の混入例のうち、二一ノ九八が中ほどに混入部分がある以外は、すべて各首の末尾に混入部分が添加されている（ただし巻二一を基準として見ると、巻二一ははなはだしく順序が乱れているので、右の箇所と同じレベルではない）。久米島おもろと上の三箇所の重複で、全体の過半数の五八パーセントに及んでいる。[*3]

なおおもろの実数の算出にあたっては、たとえば、一〇ノ七と一三ノ二三一、一〇ノ四三と一三ノ五六を重複からはずすことも考えられる。従って重複おもろの概念の相違、認定のしかたによって、当然実数の増減がある。

二二巻の各巻の標題は次のようになっている。

| | | |
|---|---|---|
| 巻一 | きこゑ大君《きみ》のおもろ | 四一首 |
| 巻二 | 中城・越来のおもろ | 四六首 |
| 巻三 | きこゑ大君のおもろ | 六四首 |
| 巻四 | あおりやゑ・さすかさのおもろ | 六〇首 |
| 巻五 | 首里のおもろ | 七九首 |
| 巻六 | 首里《しより》大君・せん君《きみ》・君がなし・もゝとふみあがり・君《きみ》のつんじのおもろ | 五四首 |
| 巻七 | はひのおもろ | 四八首 |
| 巻八 | おもろねやがり・あかいんこがおもろ | 八三首 |
| 巻九 | いろ〳〵のこねりおもろ | 三五首 |
| 巻一〇 | ありきゑとのおもろ | 四五首 |
| 巻一一 | 首里ゑとのおもろ | 九六首 |
| 巻一二 | いろ〳〵のあすびおもろ | 九四首 |

巻一三　船ゑとのおもろ　二三六首
巻一四　いろ〳〵のゑさおもろ　七〇首
巻一五　浦添《うらそへ》・北谷《きたたん》・読谷山《よんたもざ》のおもろ　七五首
巻一六　勝連・具志川のおもろ　四八首
巻一七　恩納より上のおもろ　七四首
巻一八　島《しま》中おもろ　三二首
巻一九　知念《ちゑねん》・佐敷《さしき》・玻名城《はなぐすく》のおもろ　五〇首
巻二〇　米須《くめす》おもろ　六三首
巻二一　久米《くめ》の二間切《まぎり》のおもろ　一一四首
巻二二　みおやだいりのおもろ　四七首

仲原善忠《なかはらぜんちゅう》はこの二二巻を、(1)地方《ちほう》おもろ　(2)ゑさおもろ　(3)ゑとおもろ　(4)こねりおもろ　(5)あすびおもろ　(6)名人《めいじん》おもろ　(7)神女《しんじょ》おもろ　(8)公事《くじ》おもろ、の八種類に分類している（『おもろ新釈』琉球文教図書、一九五七年）。この分類に従うと各巻は次のようになる。

**(1)　地方おもろ**

巻二、五、七、一一、一五、一六、一七、一八、一九、二〇、二一の一一巻、つまり半数がこれに属する。おもろの数にして七二五首、全体の四六パーセントに及んでいる。地方おもろには沖縄本島および周辺離島、それに久米島が包括される。宮古・八重山や奄美諸島は含まれない。奄美大島、永良部、喜界《きかい》、徳《とく》、与論《よろん》などを謡ったおもろが、巻一三に約三〇首ほどあるが、これらも奄美諸島から採録されたものではない。つまり地方おもろではない。先島もそうだが、本土を意味する「やまと」〔大和〕、「やしろ」〔山代〕、「つくし」〔筑紫〕、「きや（う）」〔京〕、「かまくら」〔鎌倉〕、それに中国の「たう」〔唐〕、南方諸国を総称する「なばん」〔南蛮〕などと同じレベルで謡われているのである。

沖縄本島南部東方の知念半島を含む知念・佐敷《さしき》・玻名城《はなぐすく》（巻一九）、西方が巻二〇、その北方、国場川《こくばがわ》以南の間が「島中おもろ」で巻一八、巻五の「首里のおもろ」と巻七の「はひのおもろ」は首里とその周辺地方、巻二は「中城・越来」、巻一五は安里川《あさとがわ》以北から読谷まで、かつての浦添中山の政治文化圏、巻一六の「勝連・具志川」は勝連文化圏といわれる半島の領域、巻一七は北山圏にあたる。それに久米島が加えられる。このように見ると、地方おもろの各巻は、偶然に一巻をなしているのではなく、歴史的・文化的・政治的な一まとまりであったと考えることができる。こうした各巻のまとめ方は、第一尚氏王統およびそれ以前の古い認識を反映していると思われる。しかも地方おもろの各巻は、沖縄本島および周辺離島、それに久米島といった、沖縄本島方言圏全域をカバーしていることが注目される。

### (2) ゑさおもろ

巻一四の「いろ〱のゑさおもろ」がこれにあたる。「ゑさ」は盆の民俗芸能「エイサー」と関係があるとされ、エイサーの先行詞章と言われているが、これまで学問的な説明は全くない。エイサーは地域によって、男だけのもの、男女いっしょのもの、女だけのものがあり、詞章もさまざまであるが、旧盆明けの七月一五日以降に催されるところが多く、かつては詞章も念仏詞章であった。中元の頃に国中が賑わい、仮面仮装、あるいは歌舞演劇があったことが、歴代の使録にも散見される。仮面仮装と念仏歌による巡行は、八重山の盆のアンガマなどに見られ、念仏歌は奄美以南、沖縄、宮古、八重山の諸島に残存している。こうした盆の芸能が芸能の温床となったことは間違いのないところだが、「ゑさ」がエイサーと結び付くという証拠は今までのところ示されていない。「ゑさ」の表記もエイサーと似ているように見えるが、『おもろさうし』の他の例から言っても「ゑ」は後に「イ」と発音されるのが順当で、したがって「ゑさ」は「イサ」と発音されるべく、似ているとは言えない。結びつくとすれば、盆の芸能であったエイサーの直接の祖先の、さらに以前ということになり、それはもはや確認のしようもないことである。

巻一四はトピックスや、歴史的人物・英雄が歌われている。またこの巻は七〇首中わずかに八首にしかふし名がついていない。おもろは謡い物でふし名が付いているが、なぜこのように少ないのか理由はよくわからない。おもろが古く、ふし名が忘失されたとも言えず、あるいはポピュラーにすぎて、ふし名を記すまでもなかったとも考えられるが、確かなことはわからない。あるいは再編段階における書誌的理由によるのか、詳しくは今後の研究に俟ちたいと思う。

### (3) ゑとおもろ

巻一〇の「ありきゑと」と巻一三の「船ゑと」がこれである。合計二八一首、全体の一八パーセントにあたり、地方おもろに次いで多い。

伊波普猷は「イートゥんさんせーぼーじぬにんぐる」(イートもしないのは坊主の情婦《ねんごろ》)という成句を引いて、「ゑと」はイートと同じだとしたのである。イートは労働の時の掛声または労働歌をさすという(『沖縄語辞典』国立国語研究所)。長田須磨らの『奄美方言分類辞典 上巻』(笠間書院、一九七七年)にも「イと」とあって「労働歌。畑打ち、船漕ぎ、木伐り、木挽き、籾摺りなどの労働をするとき、かけ声に始まってリズムに合わせて歌う歌。仕事の内容によって歌は異なるが、歌詞の内容は仕事の辛さ、生活の苦しさを歌ったものが多い（下略）」とある。勿論この「イと」と「ゑと」は関係があろう。田畑英勝らの『南島歌謡大成Ⅴ　奄美篇』（角川書店、一九七九年）にも「イェト」のジャンルがあって、数多くのイェト歌謡が収録されている。沖縄諸島ではすでにこのイートは滅んでいるが、奄美諸島ではいまだに多く残っていることがわかる。これらの「イと」「イェト」、「イート」が、おもろの「ゑと」と同一の語であることは確かだが、肝心の歌型や内容の面で共通点を見出すことは難しく、このことが今後の課題となろう。だが労働歌、つまり作業歌である点で、おもろの「ゑと」とのつながりをたぐることもできるだろう。

巻一〇の「ありきゑと」を伊波普猷は、陸上の労働歌あるいは旅歌としたが、「ありきゑと」と巻一三の「船ゑと」ともに航海に関するおもろであって、両巻のおもろの内容・形式上の差異を見出すことはできない。そこで仲原善忠は、「ありきゑと」を「漕行」、「船ゑと」を「帆走」と解している（『おもろ新釈』）。「ありきゑと」は沿岸航海、「船ゑと」を外洋航海の際の歌と考えているのであろう。

この「ありき」は本土古語の「ありき」と同じで、大野晋らの『岩波古語辞典』（一九七四年）には、「あちこち動きまわる意。（中略）人が乗物で方々に出かけまわることにもいう。平安女流文学で多く使い、万葉集や漢文訓読体ではアルキを使う。類似語アユミは一歩一歩足を運ぶ意」とある。あるいはこの語意にかかわるかも知れない。船に乗って方々の貢租を運んだり、聖地を巡礼してまわったり、つまり仲原の言う沿岸航路を言い、「船ゑと」は一地点から一地点へといった遠洋の航海を指すかとも思われる。

巻一三の「船ゑと」の二三六首のうち、九二首までが「首里ゑとのふし」である。「おくらつがふし」「おくらつがふなやれかふし」「すざべ大里がふし」も「首里ゑとのふし」と同じふし名であるから、これを加えると九六首（四一パーセント）となり、すでに述べたようにこのふし名は、巻一三にしかない珍しいものである（拙著『おもろさ

うし　ふし名索引』ひるぎ社、一九七九年）。このあたりに「船ゑと」と称する理由の一つがあるらしい。またこの両巻は、航海と船と天体を歌った美しいおもろが多いことで知られる。

## (4) こねりおもろ

巻九の「いろ〱のこねりおもろ」三五首がこれにあたる。巻九は内容的には神女・祭祀関係のおもろで、(7)の神女おもろに属するものであるが、いわゆる「舞いの手」注が付いていることで特徴づけられる。たとえば九ノ二二には行間注の形で、「ひだり二ておちへ、なかにおしかけて、おしおろちへうちあげる、みぎり二ておちへこねる」（左二手押して、中に押し掛けて、押し下ろして打ち上げる。右二手て押してこねる）とある。右や左に両の手を押し出してこねるのである。こねるは捏ねると同源で、手首を捏ねる形でまわすことであろう。今日の古典舞踊にも「こねり手」とあり、戌の冠船にもおもろ主取の登場で「神歌こねり」とある。九ノ五には、「ねは、みぎり二ておちへこねて、ひだり一てこねる、ゑらいは、ひだり二ておちへこねて、みぎに一てこねる」（根は、右に二手押してこねて、左に一手こねる。応答《ゑらい》は、左に二手に押してこねて、右に一手こねる）とある。「ね」（根）は中心になって音頭をとる人、「ゑらい」は返答する意で、音頭取りについて応える人のことである。右左に両手片手を出してこねる。両者が逆の手になっている。仲原は「もともと、不定型な自由な舞いであったものの中から、定型的なものが成熟し、舞いが独自の存在を主張する段階に到達した証徴と見られる」（『おもろ新釈』）と述べている。さらにそれが民俗と切れて王宮に入り、洗練の度を加えて、現在の古典舞踊の直接の祖型になったのであろう。

「舞いの手」の注は三五首中六首（九ノ一八、二八、三二、三三、三四、三五）にはついていない。「舞いの手」の注があることによってこの一巻に収められたのであるから、かつてあったものが、伝本の過程で失われたものであろう。「こねり」に対して、身体的な踊りを「なより」「より」と言うが、「舞いの手」注にはこの指示はない。なおおもろ語には「おどり」「をどり」の語はない。「まい」（舞）の語はあるが一般には人には使われず、鳥の旋回飛行を差している。

### (5) あすびおもろ

巻一二の「いろ〱のあすび」の九四首がこれにあたる。「あすび」は神遊びのことで、内容の面から言えば、祭祀関係が多く、(7)の神女おもろに属すべきものである。おそらく神女・祭祀おもろのうち、この「あすびおもろ」に収めるについては、「あすび」の事情がわかるといったことがあったのではないかと思われる。たとえば一二ノ四三の詞書に「嘉靖廿四年己巳の年、きみてずりのも、がほうごとの時に、八月十九日つちのとの酉日のとらの時に、きこゑ大きみの御まへより給申候」とある。一二ノ四三のおもろの謡われたもので、尚清王の嘉靖二四年（一五四五）八月一九日の寅の時（午前四時ごろ）に、王に霊力をさずける君手摩《きみてず》りの百果報事《ももかほうごと》の儀式の際、聞得大君から賜ったおもろであるという意味である。このような詞書が『おもろさうし』には全体で一七例あるが、そのうち九例が巻一二にある。こうしたことが編集の段階ではわかっていて、これがこの巻の編集の基準になったものと思われる。

### (6) 名人《めいじん》おもろ

巻八の「おもろねやがり・あかいんこがおもろ」八三首がこれにあたる。「おもろねやがり」と「あかいんこ」という二人の専門的なおもろ歌唱者という意味で「名人おもろ」という。八ノ一から四三までが「おもろねやがり」のおもろで、四四から八三までが「あかいんこ」のおもろである。

「ねやがり」は、中心になっておもろ歌唱の音頭を取る意で、そうしたことを職能とした人の名称のことである。

おそらく個人ではなく、幾人もそうした人がいたのだろう。『混効験集』の「おもろねやかり」の項に「往古おもろの名人也。御神親愛したまふとなり」とあり、「あかのこ」（「あかいんこ」に同じ）の項に「おもろの名人にて、おもひねやかり（と）世を同じふせし人也」とあり、個人と考えていることがわかる。『琉歌百控《りゅうかももぴかえ》』にも「作田節《つくでんぶし》」の下に「犬子神・音東神両人作」とある。琉歌の「歌と三味線の昔はじまりや犬子ねやがりの神の御作」も、「犬子ねやがり」を単に赤犬子のことと考えているが、これももともとは「犬子」と「ねやがり」の二人という考えだったと思われる。

「あかいんこ」の「あか」を後世は「赤」をあてるが、おもろでは阿嘉をあて、対語の「ねは」（饒波）とともに読谷山間切内の地名とする。

「あかいんこ」は多くは「あかのおゑつき」として出ている。「おゑつき」は一般には「お祝付き」と考えられているが、「祝い」は「よわい」（八ノ二二）と表記され、他に「よわいごと」（五ノ四三）、「よわい事」（一六ノ二〇）がある。今日でも「お祝い」は〔uyuwee〕であって「およわい」からの転化であることがわかる。「およわい」を「おゑ」と表記するとは考えられず、また祝いを付けてやるのだとすれば「つき」ではなく「つけ」と表記されなければならない。したがってこれで語意は不明になるが強いてあげると「うへつくぎやめ」（一一ノ六九）、「おいつくぎやめ」「おゑつくぎやめ」（一二ノ六二、二一ノ八九）と関係があろう。「上」は「うへ」の他に「おゑ」「おへ」と表記されているので「おゑつくぎやめ」は上着くまでの意になる。その「おゑつき」の連用形（名詞形）と考えると、頂上、最高の意の尊称とみることができる。[*4]

### (7) 神女《しんじょ》おもろ

巻一、巻三の「聞得大君のおもろ」、巻四の「あおりやゑ・さすかさのおもろ」、巻六の「首里大君・せん君・君がなし・も、とふみあがり・君《きみ》のつんじのおもろ」の二一九首、一四パーセントのおもろがこれにあたり、「ゑとおもろ」に次いで多いことになる。しかし巻九の「こねりおもろ」、巻一二の「あすびおもろ」も内容的には神女おもろに含まれるのであるから、これを加えると、実質的には三一三首（二〇パーセント）で、地方おもろに次いで二番目に多いことになる。ということは神女おもろは、相当な比重をもって『おもろさうし』を特徴づけていることになる。しかもこれらの神女おもろはすべて、聞得大君以下の王府の高級神女である。彼女たちが主宰する王府の儀礼歌でもあるわけである。多くは国王讃歌や予祝歌、ときに神女讃歌であるが、ことばの力を信じその実現を期待する点ではマジカル・ソング（呪歌）である。この呪的歌謡という点では、神女おもろを越えてすべてのジャンルにも言えることで、『おもろさうし』の基本的特徴となっている。

### (8) 公事《くじ》おもろ

巻二二の「みおやだいりのおもろ」四七首がこれにあたる。王府儀礼の際、使われるもので、後々まで保存され、おもろ主取家が累代管理したのもこの巻だったと思われる。内容は①稲穂祭（二二ノ一～二二）、②知念久高行幸（二二ノ二三～三八）、②雨乞（二二ノ三九）、④首里城落成（二二ノ四〇～四二）、⑧進水式および餞別（二二ノ四三）、⑥祝賀（二二ノ四四～四六）、⑦冠船渡来（二二ノ四七）である。二二ノ四五を除いて他はすべて他の巻と重複している。つまり他の巻から王府儀礼に必要なおもろを集めたものである。二二ノ四五と二二ノ四七の短文注や、二二ノ四七のおもろが安仁屋本系にしかないことなど、またその意味については、成立のところで述べたので繰り返さない。

## 四 テキスト

『おもろさうし』の諸本の系統は概略次のようになっている。□でかこったものは、現存しているものである。

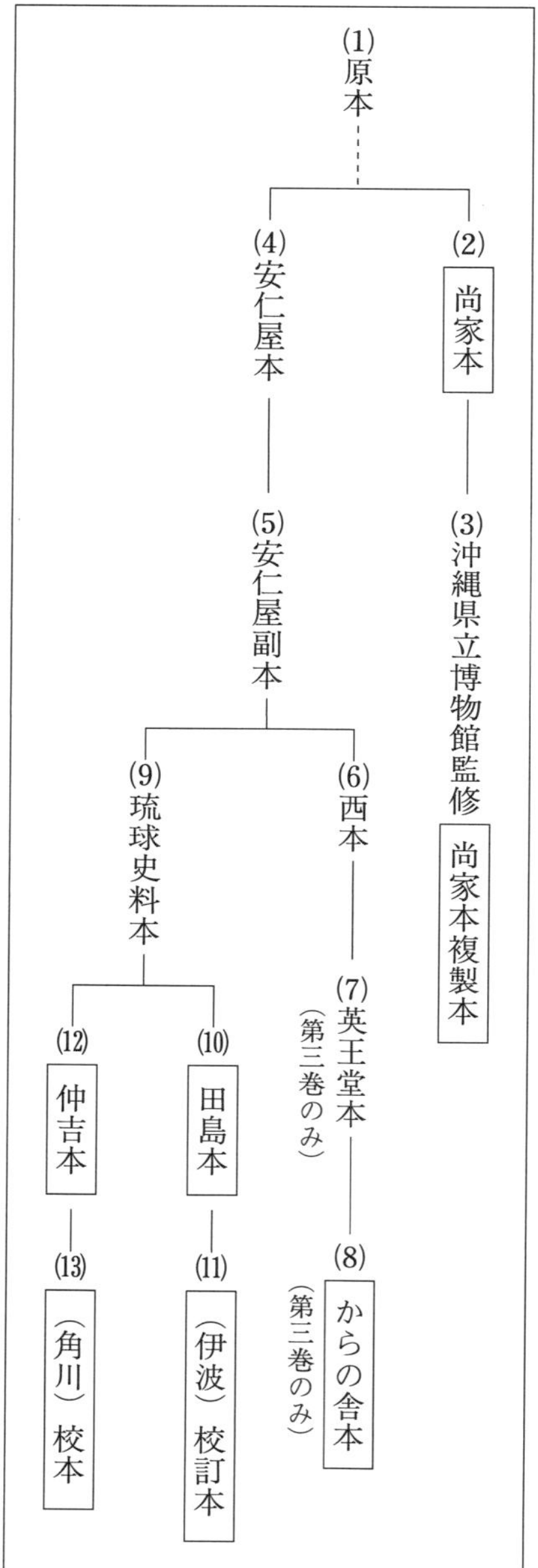


### (1) 原本

すでに「成立」のところで述べたように、巻一が一五三一年、巻二が一六一三年、巻三から二二までが一六二三年と、だいたい三回以上にわたって編集されたものである。

## (2) 尚家本《しようけ》

一七〇九年の王城火災の時に、原本も焼失し、翌年再編された。その結果がはたして原本のとおり復元されたかどうか、疑問を投げておいた。巻末に「二部書あらため申、壱部は御城に御格護、壱部は言葉聞書に調、おもろ主取のかたへかくご」したとあるように、再編の際二部書写され、御城へ格護されたものが、後に尚家の所有となって保管されたので「尚家本」とよぶ。言うまでもなく現存する最古の写本で、書誌的にもっともすぐれたものである。ところが、巻二、九、一五、一九の四巻は、早くに失われ、大正六年（一九一七）に修復裏打ちをした際、安仁屋本から補充したものである。安仁屋本にしかないいわゆる原注（単語注、短文注、舞いの手注）それに句切り点を除いて尚家本らしく調製したものである。しかし尚家本の九ノ一六（ふし名ナシ）には「みぎり二ておちへひりおしかけておのきり」という舞いの手注が、ふし名に誤られて書かれている。舞いの手注は安仁屋本にしかないので、補充のさい誤られたことがわかる。

尚家本の紙質については、芭蕉紙説（外間守善《ほかましゆぜん》）、画仙紙説（池上幸二郎）、竹紙《ちくし》説（糸数兼治《いとかずけんじ》）などの諸説があって定まらない。王府の公式の事業であったわけだから上質の紙を使用したことはたしかである。筆致は流麗優雅で、書としての価値も高いものである。国の重要文化財に指定されていて、沖縄県立博物館・美術館に所蔵されている。

尚家本は、文化財保存事業費（昭和四九年度二三七万三千円、昭和五〇年度三一〇万七千七百円）を得て、昭和四九年一一月から昭和五一年一一月まで、文化庁の依頼によって池上幸二郎によって修復され、昭和五二年一月二一日返還されている。

その際三箇所の錯簡とじ違いを改めている。

(イ)　第三巻の一丁目が裏がえしになっている。

(ロ)　巻一三の五丁目の次に入るべきものが八丁目に入っている。巻数番号で言うと、一三ノ一二の二行目「よりそへ……」から一三ノ一四の三行目「………たまみねふわたしよわ」までが、一三ノ一七の六行目「又あちおそいきやおさうせや」の次に入っている。

(ハ) 巻一三の一五二丁目（後から三丁目）は、一四三丁目（後から一一丁目）の次に入れる。つまり一三ノ二三一の六行目からの一〇行（一枚分）は、一三ノ二一七の二行目以下に入れる。

右の三箇所を安仁屋本系によって、改めてある。

他に巻四の三一丁目の次の一丁目（四ノ五四の一一行目から四ノ五五の一行目まで、ちょうど一枚分）が欠落しているが、今回の修復で白紙一枚が入れられている。

その他主な欠落を挙げると、

(ニ) 巻五の一丁目表五行（五ノ一の節名と本文五行）、裏の第一行（五ノ一の六行）「又て」欠落。

(ホ) 巻一〇の四六丁目以下約一〇枚欠落。つまり一〇ノ三六の六行目から巻末一〇ノ四五まで欠落。

(ヘ) 巻一三の巻末、一三ノ二三六の二行目「御まへに」以下三行欠落。

(ト) 巻二二ノ四七の題詞・本文とも欠落。

紙魚《しみ》、磨滅などによる欠字も相当ある。こうした欠点はあるものの、書誌的にはもっとも権威のあるものである。

### (3) 沖縄県立博物館監修尚家本複製本

沖縄県立博物館・美術館所蔵の尚家本『おもろさうし』を複製したものである。修復以前に博物館で撮影したマイクロフィルムをもとに、原寸大に拡大し、それを印刷したものである。その際右三箇所の錯簡を正し、墨だれ、汚れも落した。現在の『おもろさうし』との対照作業は博物館学芸員上江洲均《うえずひとし》が担当し、印刷段階での修正作業は主に筆者が担当した。朱の割印も復元して原本のおもむきを再現すべく努めてある。

### ⑷ 安仁屋《あにや》本

一七一〇年の再編時に、二部作ったうち、一部はおもろ主取家の安仁屋家に保存されて伝えられたのでその名がある。尚家本と同じく、一頁五行、一行だいたい一二字程度であったろう。尚家本と違うのは、「言葉聞書に調べ」とあるように、いわゆる原注と句切り点があることが、安仁屋本の特徴ともなっている。原注は相当程度『混効験集』とかかわりがあり、おもろ研究に役立っている。句切り点にも朱墨の別があるものの如く、従来は歌唱の際の息の切れ目、つまりブレスと考えられているが、重複おもろを比較してみても、かならずしも正確に一致することはなく、まだわからないことが多い。

また尚家本には濁点がないが、安仁屋本には相当あったようである。安仁屋本そのものは、第二次世界大戦で戦火にあって消失してしまっているので直接比較することはできないが、安仁屋本との細密な校合結果が出ている田島本によると、たとえば六ノ一九には「あぐで」とあるとのことで、その他田島本には安仁屋本の濁点を多く指示してある。今日指示されている濁点は安仁屋本以来と考えてよい。

言葉聞書いわゆる原注は、語注七六八、短文注七、舞いの手注二九である。当然のことながら語注には田島本記載の「ア本」(安仁屋本)も含まれている。

### ⑸ 安仁屋副本

田島本第二二巻の末尾に「(明治)二十九年十二月十五日　旧おもろ主取安仁屋家ノ二本ニ依テ校合　一ハむかしからの本　一ハ廃藩後かきあらためしもの」とある。「むかしからの本」というのが安仁屋本で、「廃藩後かきあらためしもの」が安仁屋副本である。おそらくこの本から七行書きになったものと思われる。この本の子本である西本系や琉球史料本系がいずれも七行書きであることからも、そのことが言える。

伊波普猷は「おもろ研究の草分けとおもろ双紙の異本」（一九三三年、『伊波普猷全集』第六巻所収）には「校訂本を出版する前に、念の為最後に引きあてに行った時は、原本は既に東京の尚家に行ったとかで、複本しか遺ってゐませんでした」と述べている。校訂本は大正一四年（一九二五）に出版されており、伊波が確認したのはそれ以前である。以後安仁屋本および安仁屋副本を確認した人はいない。それ以後東京から帰ったかどうかもわかっていない。安仁屋家の子孫の話によると、戦争中は壕内に保管されていたが、戦後捜したところ箱だけ残っていて、中味だけ持ち去られたのではないかとのことである。どこかに残っていて欲しいものである。

### (6) 西本《にし》

首里役所長をしていた西常央《にしつねお》が所蔵していたもの。全巻揃っていたのかどうか、この本の行方がどうなったかなど全くわかっていない。従来琉球史料本を写したものと考えられていたが、この系統のからの舎本（第三巻のみ）が発見されるに及んで、本文を比較研究した結果、安仁屋副本の子本として位置づけることができるようになった（拙論「新発見の『おもろさうし』について」『琉球新報』一九七六年一月一五日〜一七日）。

### (7) 英王堂本《えいおうどうぼん》

英王堂はバジル・ホール・チェンバレン（一八五〇〜一九三五年）のこと。英はイギリス、王堂はバジル・ホールの訳語である。彼の母方の祖父は一八一六年来琉したライラ号の艦長バジル・ホール（一七八八〜一八四四年）で、この人には『朝鮮西海岸および大琉球島航海探検記』（一八一八年）の著書がある。こうした縁があったからであろう。明治二六年（一八九三）来琉して言語調査に従っている。その時集めた資料の中に『おもろさうし』があり、これが英王堂本である。琉球方言研究に関する古典的名著『琉球語文典』（一八九五年）に、「首里区長西氏所蔵の珍しい写本二冊を見たが、これは知事の親切な紹介で写してもらった。一つは大清康熙五〇（一七一一）年政府の命によって編集された特別の廃語並びに熟語の辞典（『混効験集』）で、もう一つはこれより一世紀以前、西暦一六二三年の古代の神歌、すなわち王府の宗教的礼拝の時に謡われた祭の歌を集めたもの（『おもろさうし』）であるらしい」とある。その前に「漢字と仮名まじりで書かれた有名な歌集」とある。この歌集は琉歌集で、からの舎本発見のときに同時に発見された『沖縄声曲集』である。その内扉に「此声曲集は恩師チャンブレン氏が沖縄漫遊の際獲られしを借り受け、其侭しきうつしに写さしめおけるもの也。原本は西常央氏の所蔵に係り上下二巻なりしを上巻のみ写しものとぞ。明治二十九年五月　からの舎主人」とある。チェンバレンが持ち帰ったこの琉歌集は現在東洋文庫に所蔵されている。

『混効験集』のほうは、チェンバレンの教え子の上田万年、横山重、上野図書館と渡り、現在国立国会図書館に所蔵されている。巻末に「此書は明治二十六年三月沖縄島順廻之砌首里役所長西常央氏之蔵書を借請謄写令しめし者也。但し原本写本『おもろさうし』とあるとのことである（外間守善編著『混効験集　校本と研究』角川書店、一九七〇年）。

さて英王堂本『おもろさうし』については、これまでよく知られていなかったが、「からの舎本」の発見で、若干知られるようになった。おそらくそれは第三巻のみだったと思われる。それは「からの舎本」で窺える。この本の行方も全くわからない。

## (8) からの舎《や》本

「からの舎」とは岡倉由三郎《おかくらよしざぶろう》（一八六八〜一九三六年）のことで、チェンバレンの弟子である。一八九六年から一九二五年まで東京高等師範学校（後の東京教育大学）の教授で言語学、英語英文学を講じていて、蔵書は死後大学へ寄贈されている。一九七五年仲地哲夫によって、その中から、『沖縄声曲集』とともに発見されている。

表紙に「沖縄祭歌　全」とあって、次に「此おきなは祭歌一巻は恩師英人王堂チャンブレン氏が琉球滞在中首里役所長西常央氏の所蔵本に拠り謄写せしめ置かれしを借り受け手写せしものなり字形其他朱書句点に至るまで一に原書のままなり　からの舎主人　明治二十九年二月廿三日」とある。「沖縄祭歌」の題は英王堂本にもあったかどうかわからないが、『琉球語文典』の「祭の歌」に符号するものである。「全」とあることと「原書のまま」という文から、英王堂本も第三巻の一冊のみであることがわかる。一頁七行書きで、西本もそうであったことがわかる。なお、「からの舎」岡倉由三郎は、明治期の美術指導者岡倉天心（一八六二〜一九一三年）の実弟である。

由三郎は上京した田島利三郎から資料の提供を受けて『言語学雑誌』七号・八号（一九〇〇年）に、組踊「銘苅子」をローマナイズ表記して訳をつけて紹介したり、『帝国文学』第六巻七号（一九〇〇年七月）に「琉球に伝はれる羽衣伝説」を発表している。田島も『言語学雑誌』第一巻九号（一九〇〇年）に「宜湾の琉球語彙」を発表しているが、由三郎の周旋によるものであろう。由三郎は一時期師のチェンバレンの影響を受けて、琉球語研究に打ち込んでいたのである。

### ⑼　琉球史料本

丸岡莞爾が沖縄県知事在任中（明治二一年九月〜明治二五年六月）に、沖縄関係資料を六〇巻余集めて「琉球史料」と名づけて県庁に設置し、その中に収められた『おもろさうし』を言う。現存の仲吉本や田島本の親本で、安仁屋本の姿を伝えた、学術的にもっとも貢献した写本である。後にこの本は沖縄師範学校の漢文教師に持ち去られたとのことで、伊波普猷が繰り返し筆誅を加えている。

### ⑽ 田島本

明治二六年（一八九三）沖縄中学校の教師となって来琉した田島利三郎が、琉球史料本から書写したものである。明治二八年五月一七日には初校了とあり、琉球史料本との校合が終って完成している。さらに明治二九年一二月には、安仁屋本の正副本で校合を終っている。他の写本がすべて臨写（謄写）であるのに、田島本は、当時制限された通用の仮名で、いわゆる変体仮名を書き改め、これまでの七行書きを一二行書きにした上で、縦に続けて書いてある。安仁屋本の系統の面影とは全く違うものである。和装六冊本。第一冊には巻一から四、第二冊には巻五から九、第三冊には巻一〇と一一、第四冊は巻一二と一三、第五冊は巻一四から一八、第六冊は巻一九から二二が収められている。

田島は明治三三年（一九〇〇）、雑誌『女鑑』の二月一一日紀元節の臨時発刊『国光』に「琉球語研究資料」を発表し（伊波普猷・真境名《まじきな》安興《あんこう》によって『琉球文学研究』として大正一三年に出版された）、その中で、来琉の動機や『おもろさうし』との出合を次のように述べている。

> 明治廿四年、余は、余が学友にて暫く琉球の師範学校に教師たりし人より、彼の地には、五十巻ばかりの琉球語もて記されたる文書あり、而かも、今は如何なることを記載せるものなるかをだに、詳にする者なしといふことを聞きたり。爾後、其の事念頭を去らざりしに、廿六年に至りて、余も亦暫く琉球に居住すべき身となりぬ。到着するや、直に彼の五十巻ばかりの文書のことを問ひ試みしかども、固より、其の名も知らず、有無さへ実は確ならざる程の、極めて空漠なる問なりしが故に、一年余すぎての後も、猶聞き出すことなかりき。廿七年に至り、偶々小橋川朝昇といふ人の編纂せし琉球大歌集を見しに、其の凡例に、
>
> 一神歌は御唄《オモロ》ナリ、遠キ神代ノ昔ハ、コレヲ以テ、天地ヲ動シ、鬼神ヲ泣シムトカヤ、然ルニ、末ノ代ニ至

テハ、適職官卜雖モ往古綴リオキシ成句ヲ唱フルノミニテ、其意趣ハ何物タルコトヲ知ラザルゾ嘆カシ、セメテ今伝ルモノサヘ失ハズシテ、古ノ道ニ心ヲ尽サバ、好古ノ君子卜云フベシ。

とあるを見、始めて、琉球にオモロといふものあるを知れり。然れども、本文神歌と題せる下には、唯だ余白をおきたるのみにて、其の一をだに記さざれば残りおほきことに思ひたりしに、後、沖縄県庁にて編輯せし琉球史料を閲して、オモロ双紙廿二冊を得たり。五十巻ばかりの文書とは、即ち、之を言ひしなりけりと、是よりは其のオモロ御さうしの研究に着手せり。

田島は明治三〇年(一八九七)に上京し、『女鑑』を中心に執筆活動に入るが、志を得ることはできなかった。『国学院雑誌』第四巻三号(一八九八年一月)に『混効験集』を紹介、『沖縄青年会報』(一八九八年五月)に「阿麻和利加那といへる名義」を発表し、常識に対する激越な言動がなされている。しかし明治三六年(一九〇三)には伊波普猷にこれまで集めた資料をすべて譲って台湾に発ち、生涯沖縄にかかわることはなかった。

田島本は形式的点で特異さがあるが、安仁屋本との厳密な校合をした唯一の本であり、安仁屋本が失なわれた現在、安仁屋本を知るもっとも貴重な写本である。『おもろさうし諸本校異表』(ひるぎ社、一九八〇年)にある「ア本」がそれで、当然のことながらア本は尚家本にきわめて近いことがこれでよくわかる。田島のおもろ研究は、田島本に集約されていると言ってよく、重複おもろの如きは、今日知られているものの九〇パーセント以上がすでに指摘されている。

田島本は現在伊波文庫に入って琉球大学附属図書館に収蔵されている。

### ⑾（伊波）校訂本

大正一四年（一九二五）帝国学士院の補助を得て出版された最初の活字本である。底本は田島本で、意味の切れ目で行割りをした最初のもので、その後おもろ研究者に踏襲されている。序文に「向侯爵家の原本と仲吉朝助氏所有の『おもろさうし』とによって校訂した」とあるが、校異結果は全くなく、ただ田島本記載の「ア本」のみが頭注にあがっているのであって、それも田島本のア本の約三分の二ほどである。また尚家本、仲吉本、田島本にもない独自の本文が、何の指示もなくあったりする。他に「脱行・脱字・誤字」なども見られ、校合および本文とも十分とは言えない。

表題は『校訂おもろさうし』となっており、第一冊には巻一から八まで、第二冊には巻九から一三まで、第三冊には巻一四から二二までが収められている。限定六〇〇部。この本によっておもろを知った人は多く、おもろ研究を多くの人に開放普及し、研究を深化せしめた貢績は大きい。校訂本の序はおもろ概論とも言うべきもので、この本の副産物と言われる『おもろさうし選釈』（一九二四年、『伊波普猷全集』第六巻所収）とともに、入門の書として広い影響を与えている。

### ⑿ 仲吉本

仲吉朝助の所蔵だったので仲吉本とよばれる。筆写者は、仲原善忠・外間守善編著『校本　おもろさうし』（角川書店、一九六五年）の「解説」によると、巻一一までの筆跡と巻一二以降の筆跡とは明らかに別人で、「仲吉良吉の筆写になる『混効験集』を恩河朝祐《おんがちようゆう》が所蔵していたこと、仲吉の妻は恩河の姉になるという二人の間柄で、古文書筆写のための交流があったことなどから推して、両人の協同筆写である可能性は大きい」と述べ、筆写年代を「二人の筆写活動の時期を考えて」明治三一年から明治末年頃と推定している。一頁七行書きになっており、安仁屋（副）本のもっとも正しい面影を伝えた写本となっている。

伊波普猷の「おもろの研究—古代国語の助詞『い』の用法の瞥見—」（『沖縄日報』一九三五年、『伊波普猷全集』第六巻所収）の注に「仲吉本は、大正十二年、郷里の先輩故仲吉朝助氏から貰ひ受けたもので、安仁屋本の複本から謄写した史料本（沖縄県庁の琉球史料本中のもの）を模写したものである」とある。仲吉本が琉球史料本を書写したものであることは、先述の『おもろさうし諸本校異表』の諸本の校合結果からも言えることである。

仲吉本には朱書による濁点、句切り点のほか、墨書、鉛筆書きの濁点、区切り点もある。鉛筆書には、伊波普猷の依頼を受けて昭和九年（一九三四）我那覇《がなは》朝義《ちょうぎ》が、尚家本と校合した結果や、伊波普猷による書入れの二種類がある。また我那覇による尚家本透き写しの付箋もある。

仲吉本は全七冊。第一冊には巻一から三まで、第二冊は巻四から六まで、第三冊には巻七から九まで、第四冊には巻一〇から一二まで、第五冊には巻一三と一四まで、第六冊には巻一五から二〇、第七冊には巻二一から二二までが収められている。

仲吉本は現在琉球大学附属図書館伊波文庫に所蔵されている。

**⒀（角川）校本**

昭和四〇年（一九六五）に仲原善忠・外間守善によって、角川書店から出版されたものである。仲吉本を底本とし、「校本」にふさわしく、尚家本との厳密な校合がなされている。伊波本（校訂本）との校合も尚家本との校異のつど出ている。伊波本記載の「ア本」（安仁屋本）も出ているが、田島本との校合結果は出ていない。からの舎本は当時発見されていないので、当然反映されていない。巻数番号は田島本以来伊波本にも付いているが、通し番号が付くようになったのは、この本からである。重複おもろの巻数番号も指示されている。そして各おもろの下には、仲吉本の影印が付けられている。

なおこの本につけられた「解説」は、仲原善忠の『おもろ新釈』の「解説」をベースに、外間守善が新たに「おもろさうしの仮名遣いと表記法」「おもろさうしの成立」「おもろさうしの諸本と系譜」「尚家本と仲吉本」「新校本について」を加えてまとめたものである。現在のおもろ研究の水準を示すもので、まさに「おもろ概説」と言うにふさわしい。

この校本の姉妹篇とも言うべき『おもろさうし辞典・総索引』(角川書店、一九六七年)も、仲原善忠・外間守善の共著で出されている。いずれも仲原の死後(一九六四年)の出版である。この『校本 おもろさうし』と『おもろさうし辞典・総索引』はまさにセットであって、これまでの研究の精華である。そして両書の発刊によってその後のおもろ研究は一層精密になり、数々の学問的発見を予約することになった。

## ⒁ その他諸本

その他、次のような諸本が知られている。

### ○内務省その他

伊波普猷の「おもろ覚書」(『伊波普猷全集』第六巻所収)に「明治十二年の廃藩置県の際、日本政府が琉球の古記録を没収するとの噂が立ったので、旧王家ではあわて、安仁屋本の副本を作製したが、其後沖縄県庁でこの本を模写して、内務省その他に送ったのが二三部あった、といふことである」とある。これまでのところ、これらの本は全く確認されていない。文脈からすると伊波も伝聞の域を出ないもののようである。なおこの伊波の文章は、田島利三郎の『琉球文学研究』にある「沖縄県庁の琉球史料の中なるものより写して東京に送りしもの二三ある由なれど、史料の中なるは、廃藩置県の騒擾の際、安仁屋にて写し改めたるものによりて写し、故に、写しひがめたる処もあり、脱漏せる処もあり」というところとかかわりがあるのではないだろうか。とすれば、仮に内務省その他に送った写本があったとすれば、それは琉球史料の子本だったのであって、伊波の文章もそう読みとることができる。また伊波は別のところで「田島本以下の二本と内務省本以下の二本と仲吉本との母体なる史料本が、とうの昔新田義尊（師範学校の漢文の先生）に持ち逃げされたのは、惜みてもなほ余りあることです」（「おもろ研究の草分けとおもろ双紙の異本」）と述べており、琉球史料本が親本であることは明らかである。

## ○沖縄県立図書館本・その他

伊波が「図書館にゐた時、館員の与儀実達君に、田島本をそのまま写させて、郷土研究室に備へ付けましたが、私は之を図書館本といってゐます。故末吉安恭君は、この図書館本を仲里竹亭氏に写させて、研究してゐましたが、この本は今山城正忠君に保管されて、研究されてゐるといふことです。末吉君を記念する為に、この本を末吉本と名づけませう」（「おもろ研究の草分けとおもろ双紙の異本」）と述べている。

伊波が図書館長をやめて上京したのは大正一四年（一九二五）、末吉安恭が急死したのはその前年のことだから、図書館本と末吉本はそれ以前の成立ということになる。二本とも第二次世界大戦で焼失したものと思われる。

昭和四年（一九二九）の『郷土志料目録』（沖縄県立図書館）には、六冊本の『おもろさうし』と三冊本の『おもろさうし』があり、その他に「くめの二間切のおもろさうし」（巻二一）、「はひのおもろ」（巻七）、「あおりやへさすかさのおもろさうし」（巻四）がある。六冊本は田島本と同じなので、これは沖縄県立図書館本であろうが、他は不明。

○佐喜真興英本《さきまこうえい》

一九七〇年六月頃、佐賀市在住の佐喜真興英（一八九三〜一九二五年）の未亡人永原松代のもとを調査した我部《がべ》政男によって確認されたもの。和装二冊本である。あちこちから必要なものをピックアップしたもののようである。筆写本で、琉球史料本を書したものと思われる。時期は大正三、四年頃か。『女人政治考』（岡書院、一九二六年）に一二首おもろが出ている。その後不明となっている。

○師範学校本

伊波普猷の前掲論文に「一昔前には、師範学校にも、史料本の写本があって、二十年の失火の際に湮滅しました」とある。

○影印本

①昭和五〇年（一九七五）一〇月に沖縄県教育委員会によって、尚家本の第三巻一冊が出された。ほぼ原寸大。尚家本一丁目の裏がえしになっていたものを正してある。②昭和五二年（一九七七）四月と五月に、沖縄県立博物館の文化講座で「おもろ入門」「尚家本を読もう」を催した時（講師筆者）、尚家本の巻一八を約二〇〇部複写製本し販布する。③からの含本発見後東京の三景社から若干部出されている。

## 五　「おもろ」の語意

田島利三郎は、明治三三年（一九〇〇）二月一一日つまり紀元節に、『女鑑』の臨時号『国光』に「琉球語研究資料」を発表している。これは大正一三年（一九二四）に、伊波普猷・真境名安興によって『琉球文学研究』と改題されて、沖縄の青山書店から出版されてよく知られている。田島はこの本の中で「おもろ」の語意に関し、「普通神歌と記し、神唄とも記す。祭の歌或は祝詞の如き物なりと称するものあれども、畢竟其の文字によりて、臆断を下したるに過ぎず。余もいまだ語源を詳にする能はざれども、唯、ウタといふべきものなることは、断言するに憚らず。但し今日に残れる昔のオモロの全部は殆ど皆神事の時に用ひられしものにして、唯僅ばかり其の他のものを伝ふるのみなり。況んや、今日のオモロといふものは神事若くば神と称せらるる彼等祝女、其の他の神職の間にのみ用ひらるるを以つて、今は、神歌と称せむも不可なかるべし。今も亦便宜のため常に神歌とかけり」と述べている。語源的には明らかではないが、かつては「おもろ」はただ単に歌（唄）程度に使われていたが、内容が神事に関するものに傾き、神職者が用いるようになってますます限定され、したがって今日では神歌と考えてもよい、というものである。

ところが、田島本『おもろさうし』の第一冊目のみかえしの余白に「円珠庵雑二、神のやしろ又みむろといへり／萬葉三　長歌　わがやどにみむろをたて、まくらべにいはひべをするゑ　たか玉をまなくぬきたれ云々／即チ神ノ居ス所ニテ唄フ故ニ　オモロウタナド云フヨリ　遂ニオモロトナリシカ／一　オモロハオモヒニテ即チ歌ト言フ意ナリ」とある。『万葉集』の例歌は、巻三ノ四二〇番歌である。

右のことから判断すると、田島は、本土古語の、神の来臨する場所を意味する「みむろ」（御室）と「おもろ」を同源の語としたものの如く、「み」や「お」を接頭語と見て、「みむろ」つまり「おもろ」でうたったので、「おもろうた」から「おもろ」になったと考えた。しかしもう一つは、「おもひ」という名で地方に出廻っている神事歌謡にも思いあたり、これとも同根の「歌ト言フ意」であると考えられ、この二者の可能性を認め、いまだいずれとも決断できずにいたものと思われる。

伊波普猷は、昭和九年（一九三四）に前掲「おもろ研究の草分けとおもろ双紙の異本」で、「オモロ及びオモリの語義について（中略）私は最初これが『思ふ』及び『思ひ』から来た語だと思ひ付き、拙著『古琉球』にもさう書いて置きましたが、それは甚だ見当違ひでした。其の後、オモロの同義語にセルムがあり、金石文にオモロの代りミセセルといふ語の使ってあることに気が付き、オモロにはもと、『形式化された神の言葉』の義があるのではないかと睨みましたが、果してそれを肯定すべき資料が見付かりました」と述べている。ところが『古琉球』でかならずしも「思ひ」説を展開しているのではなく、「オモロ七種」（明治四一年稿、昭和一七年改稿）にも「オモロは（中略）、古くは今日の歌人が三十字詩を詠むやうに一般に詠まれてゐたが、島津氏に征服された後頓に衰へて、いつしか祭司詩人の専有となり、元来詩歌といふ広い意義を有してゐたオモロは遂に神歌といふ狭い意義に解せられるやうになった」と述べているだけである。また『おもろさうし選釈』でも「オモロは普通神歌と記し、又神唄とも書く。その語原は詳にすることが出来ないけれども、唯、ウタという意味の言葉であることは、断言するを憚らない。兎に角祭政一致時代の産物であって、その大部分が神事に関するものであることや、島津氏の琉球入後オモロが頓に衰へて、神若くは神と称せられる彼等祝女、その他の神職の間にのみ用ひられることからいふと、語原はともあれ、今は神歌と称へても差し支ないのである」と、概略田島の『琉球文学研究』（青山書店、一九二四年）での主張を繰り返している。要するに伊波は、明確な「思ひ」説を展開しているのではないのである。語源の言及は避けながらも、おもろが神事歌謡と限定して見られていることに対して、本来琉歌のウタなどと同様に、その時代の歌謡一般をさすことばであったとしたのである。

ところが昭和七年（一九三二）に発表され、後に『古琉球』に収められた「琉球の口承文芸」には、田島本『おもろさうし』の余白にあったように、オを接頭語としモリ（モロ）を神の在所、神の在す丘又は嶽《たけ》とし、たとえば「おもろみひやし」の語は、「お杜《もり》で謡ふ歌」「神前で謡ふ歌」の義で、主体辞が落ちて、限定辞のオモロが残ったのであり、後世「神歌」の字が宛てられるのは、そうした理由からだとした。いわゆる「お杜」説である。それに『君南風由来記』の「おもろくわいにや」や「おもりくわいにや」も、やはり神前で謡うクヮイニャの意として補強した。同様の主張を繰り返した上で、翌年さきの「おもろ研究の草分けとおもろ双紙の異本」で、例の田島本『おもろさうし』余白の書込み資料をも紹介した上で、この「お杜」説を、たんに師説の発展に過ぎないと述べ、さらに続けて、自分の最初の「思い付き」にしか過ぎない「思い」説を、今ごろになって新説だと言って得意になっている人がいるが、「それは子供が大人の脱ぎ棄てた古靴をはいて喜んでゐるやうなものです」と、伊波一流の痛烈な揶揄で、当時抬頭してきたいわゆる新おもろ学派に応えている。

新おもろ学派といわれる人たちの「おもろ」に関する資料は、論文などが、戦争のためによくわかっていないが、その共鳴者だった仲原善忠は、『民族学研究』第一五巻二号（一九五〇年）の沖縄研究特集号に「おもろの研究―おもろ研究の方向と再出発―」を発表し、オモロ（ウムイ）は「日本語の思いで、人間の胸中の思いを意味する。人々の情感の激発するままに流れ出る律動的な言葉」（『仲原善忠全集』第一巻、沖縄タイムス社、一九七七年所収）とし、「思い」説を主張するとともに、伊波説を批判した。さらに『おもろ新釈』で「おもろは、ウムルの表記であることは前にもふれた。ウムルは、もともとウムイといったらしく、現在でも、地方の神女たちの謡うのはウムイといっている。ウムイは『思ひ』の転訛である。即ち胸の中の思ひ（オモイ）を美辞麗句をつらねて韻律的に表現したものの意であろう」といい、音韻論的説明としては、「おそらくウムルグト《オモロゴト》（思ふこと＝言）の省略形であろう」と述べている。

外間守善はこのことについて『新沖縄文学』四二号（一九七九年八月）に「オモロの語源」を発表して、まとまった考え方を提示している。まず仲原の言う「胸中の思ひ」とする考え方は、総体としては、呪禱もしくは叙事的なものとして内容を括らなくてはならない「おもろ」を、抒情のジャンルに組み込まなければならず、適当ではないとし、すでに『おもろさうし辞典・総索引』の「おもろ」の項に「ただし『胸中の思い』という『思い』の意味は、内側に向けられる内的思考ではなく、外に対する『宣《の》る』であり、『唱える』であると考えられる」としていたのであるが、奄美で「言う」の敬語にウムルリ、ウムリュンが使われているのに着目して、奄美の呪詞オモリ、沖縄のウムリ、ウムイ、オモロを「思い」の同義であるとして、これまでの「思い」説を意味論の側から強化している。同時にそれは本土古語の「思ふ」の語義にも通ずるとして、「神の言葉」「神言」という意味になるとする。

おそらく「思ひ」説のこの方向の説明はいっそう補強されたと思われる。現在の沖縄の方言で「思ふ」はウムユンであって、ハ行四段系動詞の連用形に補助動詞が付いて融合したものと思われ、まだ奄美のようにラ行化していない。したがって音韻的説明は依然残るのである。しかし「おもろ」の対語に使われる「せるむ」「せるも」は、「宣《せ》る物《も》」であると考えられ、「おもろ」と同様の内容であるはずである。「せる」は神託を意味する「みせぜる」の「ぜる」、神女名で頻出する「みぜりきよ」「みぢへりきよ」の「ぜり」（「ぢへり」は「ぜり」が口蓋化したもの）と同じく、神として物言うことか、神への言葉（祈り）の意だと思われる。「も」（む）は、神の依り代を意味する「もつき」（物付き）の「も」、「さしぶ」（差し者）の「ぶ」と同じく「もの」の縮まった形である。

## 六　信仰

### 霊力の種類

霊力を意味する語には「せぢ」のほか、「せ」（せい）、「しひ」、「すへ」（すゑ）、「けお」（けよ、けう、けふ）、「け」（けい）、「しけ」、「もの」がある。

霊力というのは、生命力、活力とも言いかえられる不思議な力のことで、それが付くことにより、そのもののもっている力が増加し、大きな能力を発揮することができる。「せぢあらかみ」「せぢあらきみ」「せぢあらとみ」「せぢあらみおうち」と使われる「あら」は、「新」であり、霊力が力強く揮う「荒」でもある。新しい霊力は荒々しいのである。ということは霊力は衰弱することがあり、たえず更新しなくてはならないということでもある。

またセヂは物について、「せぢまつるぎ」〔セヂ真剣〕、「せぢたまぐすく」〔セヂ玉城〕となり、切れ味するどい剣となり、いっそうすばらしい城となる。「よもつせぢ」〔世持つセヂ〕、「よそうせぢ」〔世襲うセヂ〕、「くにうちせぢ」〔国討ちセヂ〕は、王の支配力を強めるものである。王そのものに付いて「せぢたかあんじおそい」〔セヂ高按司襲い〕、「せぢまさるあぢおそい」〔セヂ勝る按司襲い〕となり、長寿をことほいで「ひやくさせぢ」〔百歳セヂ〕を奉っている。兵士について「いくさせぢ」〔兵セヂ〕、幸福を招来する「かほうせぢ」〔果報セヂ〕などがある。

セヂの発源については、天上の聖域から降ろした「おぼつせぢ」「かぐらせぢ」、太陽の霊力と思われる「おもかはのせぢ」「かみてだのせぢ」、海上かなたの楽土ニルヤからの霊力「にるやせぢ」、神女の持っている「きみぎやせぢ」〔君がセヂ〕、天地の間の霊力「ぢ天のせぢ」〔地天のセヂ〕がある。

「せ」〔せい〕はセヂと同じく、王に付いて「せだかすゑわうにせ」〔セ高精王にせ〕、「せだかあんじおそい」〔セ高按司襲い〕となる。霊力即ち生命力勝れた王の意となる。神女に付いて「せだかおわもり」〔セ高おわもり〕、「せだかきみおそい」〔セ高君襲い〕、「せだかきみとよみ」〔セ高君鳴響み〕、「せだかよゝせきみ」〔セ高世寄せ君〕となる。多く聞得大君の対語として使われる「せだかこ」〔セ高子〕、兵士を意味する「いくさ」に付いて「せくさ」「せいくさ」あるいは「せくさせぢ」「せいくさせぢ」となる。しかし、セヂと違って、セは決して下に付くことはない。その点では「すへ」〔すゑ〕のほうがセヂに似ている。霊力の根源である海のあなたの浄土「あまみやすへ」「しねりやすへ」、太陽の霊力「てだがすへ」〔太陽のスヘ〕、神女の霊力「きみぎやすへ」〔君のスヘ〕というふうに出ている。

「よがけせぢ」〔世を支配するセヂ〕と同じように、「よがけすへ」と言うのもある。しかしこの語は連綿と引き継がれるべき霊力（魂）をも意味するらしく、「ゑぞにやすゑ」〔英祖仁屋精〕、「すへつぎ」〔精継ぎ〕にあらわれている。「すへとまへて　おれわちへ」の常套句には、神女が神（女）としての霊魂を捜して、つまり依憑して、神の資格として現われることを言うらしい。神女に付いて「すへのきみ」〔精の君〕、「すへのゆきなわ」〔精のユキナワ〕、王に付いて「すへまさるわうにせ」〔精勝る王にせ〕、「すゑのわう」〔精の王〕、物について「すへのちやう」〔精の門〕、「すゑの御くら」〔精の御倉〕、「すゑのおどの」〔精の御殿〕となる。鼓を打ち鳴らして霊力を高める音に対しては「すへのひやし」〔精の拍子〕という。船の名に「すゑのすへとみ」というのもある。精の中の精、選りすぐった精の付いた船の意になる。

「しひ」の用例はわずかに三例しかない。「しひつくあんじおそい」〔精付く按司襲い〕、「てだしひ」〔太陽精〕、「しひつぎ」〔精継ぎ〕がすべてである。「すへ」の用法に似ているが、「す」「し」「せ」はかならずしも混同されているわけではない。したがって「すへ」と同じとは言いがたいが、一一ノ二六では「しらす」の対語に「せらす」とあるし、一四ノ四九では「せへ」の対語に「すへ」「すゑ」がある。つまり「せい」「せへ」「しひ」は、「すへ」「すゑ」と同じである可能性も考えられる。

「けお」は「けよ」「けう」とも表記されている。「けおのうち」「けおのおれ」「けおのせぢ」「けおのはねうち」「けおのよれ」のように「けおの―」の形で付いたり、「けおはんた」「けおまさりあぢおそい」「けおより」と、「けお―」の形があるが、いずれも上に付き、下に付くことがない。「せ」とその点似ている。「けお」（けよ）は「京」の字をあてるが、この京とは無関係である。たとえば「けおのうち」を「京の内」とするが、この表記からは不適当である。しかし一五ノ一一に「きやうのうち」が一例、「きやう」の「う」の脱落した形が九例ある。「きや」は「きやう」と同じで、「う」は音声的には存在していたと考えられる。母音ア・ウの時にウが脱落表記されている例は他にも多い。「けお」「けよ」「けう」の「け」の音声的価値がむつかしいが、「お」「よ」「う」は、ウであったろう。それが「きやう」「きや」と後にオの長音となり「京」の字があてられたものである。その傾向は、わずかだが「たたみきや」（一ノ三三・三四）があり、「ちよわちへ」「ちよわれ」を「ちやうわちへ」（一一ノ四九）、「ちやうわれ」（一一ノ五四、一二ノ六二・六三・六八・六九）とした例が見られる。『混効験集』にも「おちやいめしやれ」とあり、『仲里旧記』にも「たたみきやう」とある。尊敬の補助動詞「よわれ」は後世ヨーリとオの長音になっており、「やう」はその表記である。とすれば「きやうのうち」「きやのうち」をはじめ「きやのまがね」「きやうのよいこせ」「きやうより」の「きや」「きやう」も、「けお」系の霊力を意味する語と同じであると言える。

「け」（けい）は「けお」「けよ」「けう」と同じかも知れない。二〇ノ二〇の「けう有くにおそい」は、重複おもろでは「けあるくにおそい」と出ている。「けい」は一ノ三六に「けいやりよわれ」とあり、これは「せ」が一一ノ七六に「せいやりよわば」と出ていて、「け」と同じである。「け」は「けある」「けやる」と出てくるのが特徴である。

「しけ」は単独にも聖域を意味するが、「ましけず」「ましけづ」、「しけうち」や「しけかけ」もそうらしい。語源はよくわかっていない。「しけ〱と」（二〇ノ二二）も、神酒を意味する「しけち」もこれと関連のある語であろう。『琉球国由来記』の、玉城《たまぐすく》間切志堅原《しけんばる》村イヌリノ嶽の神名「敷地カナマンノ御イベ」、高嶺《たかみね》間切与座村《よざむら》大城《おおぐすく》嶽の神名「敷フサイノ御神ヅカサ」、中城間切伊集《いじゅ》・和宇慶《わうけ》村シキマタノ嶽の神名「シキ森ノセヂ御イベ」、渡嘉敷《とかしき》間切渡嘉敷村比良志《ひらし》御嶽の神名「シケカケ」などの「シキ」「シケ」もこれであろう。

「もの」は、「まもの」「まもん」の形でしか出ない。「まもんうちのみうち」〈真物内の御内〉、「まもんちやら」〈真物按司〉、「まもんひろみや」〈真物広庭〉、「まもんよのぬし」〈真物世の主〉、「まもんわかてだ」〈真物若てだ〉

といった例である。他に付く時に「まもん」となる。

これらの霊力の相互の相異や働きについてはよくわかっていない。霊力を強調した言い方に「けおのせぢ」、「せぢあらせぢ」、「せだかするゐ」、「せくさせぢ」、「するゐのすへ」と言った言い方がある。

「せちやり」「けやり」「けおやり」「せやり」と言った言い方はあるが、「すへ」「しけ」「もの」にはこの形はない。霊力を遣るのは多く神女で、神女から領主的人物へ遣されるのであるが、中には領主的人物から遣されることもある。

## 霊力のイメージ

仲原善忠は霊力を「不可視の霊力」とした（「セヂ（霊力）の信仰について」柳田国男編『沖縄文化叢説』中央公論、一九四七年）。しかしおもろ語の「もちよる」「もちよろ」「もどろ」は、光が放射発散するイメージではないかと思われる。

一八ノ二一（一七ノ六六）に、

一　きこへおわもりぎや
くもこもり　おれわちへ
なむぢや　こがね
もちろきゆる　きよらや
又　とよむおわもりぎや
（下略）

とある。一四ノ三六にも「さしきかなもりに／おわもり　あすばちへ／こがねの　もちろきよる　きよらや」とあり、一〇ノ三には「ぢ天とよむ大ぬし／ほしのかた　もちろちへ　ちよわれ」、一二ノ三一に「きこゑあおりやいや／ほしのかた　もちろちへ／けおのうちの／よりなおり　みもん」、一一ノ一には「あがるいの大ぬし／〳〵がおもいぐわ／てだのかた　もちろちへど　おわる」とある。黄金のように、星の型、太陽の型のように「もちろ」きて、というのである。

七ノ三六に、

一　わかさ　あしときや
　　たまきや　ゑらで　さちや物
　　ひやくさ　なてからは
　　こがねすへ　つきやり
　　御まへ　かゞおらに
又　わかさ　あしときや
　　よろい　ゑらで　きちや物

とある。「こがねすへ」〔黄金精〕の「こがね」は単なる美称になっているかも知れないが、山吹色のその光線のイメージもまだあるのではないか。その黄金色の精が付いたら、王の前で輝き居ろう、というのである。とすると尚真王の名ともなった「おきやかもい」〔御輝思い〕や、吉日を意味する「きやきやるひ」〔輝る日〕も、霊力が満ち満ちている意であろう。

六ノ二（四ノ五五、二〇ノ四五）の「きみぎやせぢ　もちよるなちへ　みおやせ」（君の霊力をもちよるになして奉れ）、一ノ三四に「しまうちせぢ　もちよろ」（島討ちセヂもちよろ）、「くにうちせぢ　もちよろ」（国討ちセヂもちよろ）の「もちよろ」も、セヂの充満・発散を言うのだろう。

従って神女名が出て来る「くにかさが　もちよる」（五ノ二二）、「おしかどが　もちよる」（一三ノ二〇）、「みぢへりきよが　もちよる」（一三ノ二二）、「そよめきぎや　もちよる」（一三ノ二〇五）、「よきなわが　もちよろ」（一三ノ二六・二八）、「なよくらが　もちよろ」（一三ノ三六）、「ほのころが　もちよろ」（二一ノ一〇七）などは、「もちろちへ」（一五ノ三五）の原注「清ら遊びなり」とあり、「もちよる」（一三ノ二二・一〇五）の原注に「清らかなる事」「きよらさの事なり」とあるように、神聖な神遊びを意味するのであろうが、やはり、神女主宰の祭祀の場で、セヂを集め高めて、それを輝やかすことと解すべきである。

一　あがるいの　あけもどろ　たてば
　とはしり　やはしり
　おしあけわちへ
　みもん　きよらや
又　てだがあなの　あけもどろ　たてば
　　　　　　　　　　　　　　　　（一三ノ八五）

この「あけもどろ」に原注は「あかつきの事」（一三ノ八五）とある。「あけ」は夜明け、朝明けの「明け」である。「もどろ」は、遠く本土古語の「しどろもどろ」の「もどろ」とも縁を引くと思われる。『沖縄語辞典』の「ムドゥルチュン」の項には「『もどろく』に対応する。㈠老衰して視力が衰える。物がぼっとしか見えなくなる。㈡決めかねる。判断に迷う。ためらう」とある。四〇歳頃になって老眼が入り物がはっきり見えない状態を「シジュウムドゥルチ」（四〇歳もどろき）という。「もどろ」はこれらの現在方言と関係があると考えられている。ところが「もどろ」には「もどろき」のような動詞形はなく、同じく朝日を形容した「あけもどろのはな」「あけまもどろ」の他は、「はやもどろ」「ふなもどろ」「うらひぢめもどろ」「うらよせのもどろ」、あるいは単独に「もどろ」と出て船を意味している。船を「もどろ」とよんだのは、太陽の霊力を受け航海を予祝された船と言うこともあるが、実は当時の船の艫《とも》には大鳥が描かれたものや、白地に日輪が描かれたものがあって、その下に「順風相送」と横書されている。帆柱の先の三角旗や四角旗にも日輪がかいてあった。船を「もどろ」としたのも、これらと関係があろう。

名詞形でよく出て来るのでは「もちよろ」「もちよる」がある。神女に付いて「―が　もちよろ」、聖域に付いて「―の　もちよろ」と出て来る。動詞形では「こいしのす　もちよろゑて　みおやせ」（一二ノ二六＝一二ノ一一三）の例がある。これだと「もちろき」とは別の動詞である。「もちよるなちへ」の例も数例あるが、「もちよる」は名詞形である。動詞形には「もちろちへ」がある。これには「こがね　もちろくやに」（五ノ三五）ともあって、これが「もどろく」に近い。また「もちろ」で「もちろやほう」「もちろうち」と使われる。

つまり「もどろ」「もぢよろ」「もちろ」は、この語の順序で変化したとも考えられる。しかし、これらの語は用法が異なっていて、混同することがない。したがって語学的な説明はまだ十分できないが、これらの三つの語が、関連のあるものであって、霊力の根源の一つである太陽の光が放射発散するイメージである点で共通しているように思える。

**太陽の神性**

尚寧《ねい》王の神号は、「てだがするゑあんじおそい」である。「ようどれの碑文」には「うらおそいよりしよりにてりあがりめしよわちやごと」〔浦添より首里に照り上り給うたので〕とある。王に太陽の精を受けた按司の支配者という意味の神号を冠し、それを太陽としてとらえて、浦添按司から首里の王へ昇ったというのである。

おもろにも「てたがすへあぢおそい」（三ノ一〇、四ノ五五）とあり、「てだがませうきゆくも」（三ノ三）とある。

五ノ一のおもろは、次のものである。

一　首里のてだと
　天にてる　てだと
　まぢゆに　ちよわれ
又　みかなしてだと
　てに、てる　てだと
又　てだいちろくと
　てに、てる　てだと
又　てだはちろくと
　てに、てるてだと

「首里のてだ」「みかなしてだ」〔御愛してだ〕は首里の王のことである。それが天に照る太陽《てだ》と共に在しませ、というものである。「てだいちろく」「てだはちろく」は、一〇ノ二のいわゆる創世神話のおもろにも出ていて、人格神的な日神である。これが王とオーバーラップしている。つまり王は太陽《てだ》とよばれただけでなく、太陽そのものでもあったのであった。

王だけが「てだ」だったのではない。「大ざとのてだ」、「かつれんのてだ」、「ぎのわんのてだ」、「いとかずのてだ」、「ごゑくのてだ」、「たなばるのてだ」、「はなぐすくのてだ」、「ゑぞのてだ」のように、小さな部落レベルの「てだ」から、間切レベルの「てだ」までいたことがわかる。

部落単位の「てだ」はかつて何だったのか。それはおそらく、部落の生命そのものを象徴していたのであろう。部落の生命の象徴としての地上の「てだ」が衰えると、部落の生命活力も衰えると考えられていた。それ故生命力のもっともすぐれた穀物の初穂を捧げ、生命の更新活化を願った。太陽は東方の海底下の穴（てだがあな）から生まれる。おもろのほとんどが、中空の太陽を讃えず（五ノ一の場合は珍しい）、さし上る太陽・旭日のみを多く歌ったのは、誕生したばかりの太陽が、もっとも霊力豊かと考えられていたからである。こうした太陽の誕生、別の言い方をすると復活が、部落の小宇宙でも行われたであろう。なぜなら地上の「てだ」は自然を模倣しているからである。この集落の「てだ」がしだいに階層化して、ついに王にまで成長したのである。

「てだ」の他に太陽を意味する語に「てるかは」と「てるしの」がある。「てるかは」の「てる」は「照る」で、「かは」は「日《か》」の長音と考えられている。表記上の懸念は、長音だとすれば「かわ」の表記があってもよく、これがないことである。「てるしの」の「しの」が光や太陽を意味する語であるというのは村山七郎の説である（「しなてる・てるしの考」『国語学』第八二号、一九七〇年）。『おもろさうし辞典・総索引』は「『てだ』が太陽の物質性をいうのに対して、太陽の神性を示す。『かは』が太陽の古名であり、新名称『てだ』の出現で神性を示すようになったと考える」と「てるかは」に注している。「てるしの」は原注に「御月之事」（五ノ二二）とあるが、「てるかは」と対で使われることが多く、やはり太陽のことである。たしかに、「てだ」と違い「きこゑ大きみぎや／てる

かはは　のだてゝ」（一ノ三二）、「又てるかはは　たかべて／又てるしのは　たかべて」（五ノ二二）といった、神女が崇《たか》べ祈る対象になっている。七ノ一に「てだがおざし　あぢおそい／てるかはと　あいちへなて　ちよわれ」〔太陽霊の依憑した按司襲いよ、テルカハと相手になって　在しませ〕とある。一五ノ六に「たくしたらなつけてだよ／（中略）／てだしひ　つかは／とのす　世は　ちよわれ」〔沢岻太郎名付けてだよ、太陽精が付いたら　殿こそ　世に在しませ〕ともある。「てだがおざし」が王に依憑するとすれば、「てるかはがおざし／てるしのがおざし」（一ノ三九）は神女に依憑するのである。即ち「てだ」が男性的であるのに対して、「てるかは」「てるしの」は神女的、つまり神女の信仰の対象としての太陽である、と言うことができる。しかも「てだ」が「て、　かか」〔照り輝き〕と、太陽そのもののイメージがあるのと同じく、「てるかは」「てるしの」も「てりよるやに」〔照っているように〕（三ノ五）とか、「てるかはわ　てりより」「てるしのは　おしより」〔テルカハは照って、テルシノは差していて〕（三ノ四）ともあって、太陽そのもののイメージを保っている。「てだ」と「てるかは」「てるしの」は、この点では区別が付かないのである。ついでに言えば、「しの」の付く神女名、「こいしの」、「なでしの」、「なしの」、「あけしの」、「なよしの」、「しのくりや」も、この「てるしの」の「しの」と関係があろう。

王や領主は、自ら太陽として振舞い、太陽霊を直接受ける一方、神女たちはいつく太陽神「てるかは」や「てるしの」の霊力をおろして、それを王や領主に遣うのである。七ノ一六「てるしのが　かいなでよわる　あんじおそい／てるしのが　まぶりよわる　あんじおそい」〔テルカハがいつくしみ給う按司襲い、テルシノが守り給う按司襲い〕と言う言い方は、いかにも神女からのものである。

太陽神の化身とされる「あかぐちや」「ぜるまゝ」についても一言しておく。「あかぐちや」は原注に「火の神なり」（三ノ一）、「火神也」（二一ノ二二）、「ぜるまゝ」も「火の神の異名也」（二一ノ二二）、「火神」（二一ノ六一）とある。「ぜるまゝ」はたえず「あかぐちや」の対語の形でしかあらわれない。しかし「あかぐちや」「ぜるまゝ」が何なのか、おもろの用例からはよくわからない。一首のおもろの終りごろに唐突に「あかぐちやが　はねて／ぜるま〻が　はねて」（二ノ四〇）とか「あかぐちやが　よいつき／ぜるま〻が　よいつき」（二ノ七一）と添えられているのが、もっとも多い形である。「あかぐちや」は赤い口の意であることは間違いないが、それは何をイメージしているのか。「ぜるま〻」の「ぜる」を地炉と解するのがふつうだが、これは表記上疑問がある。「ぜ」と「ぢ」が混同される例はない。「あかぐちやが　てるぢろ」（一一ノ二六）の場合は、あるいは地炉であるかも知れない。「ま〻」を娘とするのもまだよく了解されない。

宮古島で庭鳥のことをアカグチャという。庭鳥が太陽を招いて朝を告げる鳥であることは、記紀や昔話に散見されるところである。その鳥が口を開けて鳴くところからアカグチャというのだという。

「てだ」との関係はおもろだけでは明らかではないが、『仲里旧記』の「だう・比屋定《ひやじよう》、作物（の）ため、浜おれ之時、火之神前御たかべ言」に「あかぐちや、ぜるま〻の、生口、はじめ口、あがるいのてだがあなの、こもくぜの、まだまぜの、まなか」（アカグチャ・ゼルママの誕生は、東方の太陽の穴の、美しい真玉の瀬の、真中）とある。こうしたことを念頭において、一三ノ七五のおもろ、

一　あがるいの大ぬし
　ふゑのとりの　かこへの
　うら〳〵と　き〻きよらや
又　てだがあなの大ぬし

を見ると、「ふゑのとり」（火（日）の鳥）が、太陽を鳥として表現したものであることがわかる。

## カミと神女

神女は「きみ」「のろ」「かみ」と階層化している。そしてそれは、王（按司）、按司、根人《にっちゅ》にそれぞれ対応している。集団の代表を「おなり」（姉妹）と「ゑけり」（兄弟）でとらえる考え方がそこにある。「おなり」は自らの持っている霊力を「ゑけり」に遣わすことにより、「ゑけり」の生命力は強まる。いわゆる「おなり」神信仰、「妹の力」である。

「おなり」の神としての資格を「おなりがみ」と言う。五ノ一〇に「又　おなりかみ　たかべて／又　くせせりきよ　たかべて」とあり、一三ノ四七にも「又　こゑしのは　たかべて／又　おなりがみ　たかべて」とある。対語に具体的に神女名が挙げられている。かならずしも血縁的に兄妹でなくてもよく、擬制的神話的に兄妹であって足りたのである。また別の言い方をすると、「かみ」は「きみ」以下の上層の神女も含み、神女は同時にすべて「おなりがみ」でもあるのである。

注目すべきは、すでに若干述べて来たように、神女つまりカミは、神に仕え祈る人でもあれば、自ら祈られるカミ（神）でもある点である。「かみ」ということばの、この二面性は、おもろ時代以後も、長く沖縄社会にあったと言ってよい。たとえば『琉球国由来記』には、御嶽の神名に、多くの神女名が見られる。おもろとかかわりのある神名を抜き出すと次のようになる。

あおりやへ・さすかさ
アフライサスカサ御イベ（仲里間切儀間村イシキナハ御嶽、同島尻村黒洲御嶽、同比屋定村ケツマ御嶽、同比屋定村ヲベイ御嶽、同宇江城村仲里城御嶽）

あおりやへ
　アフライノ御イベ（真和志間切与儀村宮城ノ嶽）
おしかけ（一二ノ一〇、一二ノ四七、一三ノ一〇八など）
　ウシカケ（渡嘉敷間切渡嘉敷村前御嶽、同阿波連村ウシアゲ森御嶽）
　オシカケ（座間味間切阿嘉村奥ノクハゼ御嶽）
そできよら（三ノ四、一〇ノ四二、一三ノ九三）
　大城ソデギヨラノ御イベ（浦添間切中間村大城嶽）
　トモヨセ大神ソデギヨラノ御イベ（浦添間切中間村小城嶽）
めまよきよら（一四ノ五）
　大森中森ノ目眉清良若司ガナシ（久米具志川間切仲地村シライミ御嶽）
　目眉清良（渡嘉敷間切渡嘉敷村真川御嶽）
　目眉清良御イベ（仲里間切比屋定村上アミフシ御嶽）
　目眉清良ツカサ（粟国島テラチ御嶽）
おりかさ（一ノ四一）
　オリキヤサ（渡嘉敷間切渡嘉敷村黒島御嶽）
　ヲリカサノ御イベ（東風平間切富盛村比嘉森）
みぜりきよ（六ノ四三など）・みぢへりきよ（一二ノ六一など）
　モジヨルキヨノ大神（真和志間切茶湯崎村内金城之大嶽）
　ニギリキノミ神（真和志間切識名村上宮里之殿）

ニギリキノミカミ（真和志間切識名村下宮里之殿、同古波蔵村楚辺前之殿）
ムヂヨルキノミ神（真和志間切国場村下国場之殿）
ムヂヨルキヨノ大ツカサ（真和志間切識名村シンマ之殿）
モジロキヨウニギリキヨウ（真和志村ソノヒヤブノ御イベ）
よきげらへ（一二ノ二一、一二ノ二二、一五ノ三四など）
カヤウサヨキゲライ（渡嘉敷間切渡嘉敷村宜志保御嶽）
ヨキゲライ（座間味間切座間味村仲御嶽、渡嘉敷間切渡嘉敷村仲御嶽、前御嶽、ミサキ御嶽）
ヨキ家来ノ大神（真和志間切中井真村中井真大家之殿）
きみきよら（一五ノ六）
君キヨラ（渡嘉敷間切渡嘉敷村上マタ御嶽）
きみげらへ（一二ノ二一、一二ノ二二、一四ノ六〇など）
キミゲライミカミ（真和志間切古波蔵村古波蔵之殿）
きみよし（九ノ五、一一ノ一八、一一ノ四〇など）
キミヨシ御イベ（仲里間切宇江城村屋慶名御嶽）
こしらい（七ノ四七、一〇ノ三〇、二一ノ五三）・こしらへ（一一ノ三九、一二ノ四六）・こしらゐ（二一ノ六八）・こ
しりやへ（一三ノ一〇四）
クシライ（渡名喜島佐次御嶽）
クセライ（渡嘉敷間切前慶良間村ハン川御嶽）
コセライ（渡嘉敷間切渡嘉敷村船蔵御嶽）

コセライノ御イベ（小禄間切儀間村儀間ノ嶽）

くにかさ（五ノ二二、一三ノ一〇九、一三ノ一八二など）

国カサ（渡嘉敷間切渡嘉敷村安彌宜城御嶽）

さらめき（一二ノ一〇）

サラメキガナシ（伊江島ワキリ川、同アラ御嶽）

すづなり（三ノ四、一三ノ四四、一三ノ二〇八など）

スヾナリノツカサ御イベ（読谷山間切楚辺村禰覇ノ嶽）

しのくりや（一一ノ八二＝二一ノ一〇四）

セノクリノ御イベ（摩文仁間切石原村アシ川）

たけきよら（一六ノ二三）・たけきよらや（六ノ一六）

タケキヨラ御イベ（大里間切島袋村タケキヨラ嶽）

タケキヨラノ御神（与那城間切伊計村城内ノイベ）

てりやかり（一三ノ五七）・てりやあかり（一三ノ五七）

テリアガリ（渡嘉敷間切阿波連村東川上御嶽）

つきしろ（一九ノ二二、一九ノ二八）・月しろ（一ノ五、一九ノ一二）

ツキシロノ大神（真和志間切古波蔵村比屋根之殿）

なよくら（六ノ四三、一三ノ三二、一三ノ三六など）

ナイキヨラナヨタケノ御イベ（大里間切与那覇村安里ノ嶽）

ナヨクラ（渡名喜島大御嶽）

なよかさ（三ノ四、六ノ四三、一〇ノ四二など）
　ナヱカサノ御イベ（小禄間切赤嶺村赤嶺ノ嶽）
　ナヨカサ（首里城中アカス森ノ御イベ）
もちづき（二ノ九、一六ノ一一、一六ノ一三など）
　モチヅキ（座間味間切阿嘉村コバウ御嶽）
よきあかり（二〇ノ六）・ゆきあかり（一ノ四一）
　ユキアガリノ御イベ（東風平間切富盛村八重瀬嶽御イベ、同高郎村世名城ノ嶽）
　ヨナウシユキヤガリノ御イベ（摩文仁間切波比良村波比良城ノ嶽）
　ヨキヤアガリ（座間味間切阿嘉村仲森御嶽）
よきなわ（六ノ三七、六ノ四九、一二ノ二七など）
　ヨキナワ（座間味間切座間味村赤崎御嶽、渡嘉敷間切渡嘉敷村船蔵御嶽）
よたまし（一一ノ五九、二〇ノ三など）
　ヨタマシ御イベ（仲里間切真謝村黒石御嶽）
よらふさ（二一ノ一〇九、七ノ三七、一ノ四一など）
　ヨラブサ（渡嘉敷間切渡嘉敷村西御嶽）
　ヨラブサノアカゴチヤガナシ（久米具志川間切仲地村仲地ノロ火神）
　ヨラミサノ御イベ（高嶺間切屋古村中森）
　ヨラムサノ御イベ（南風原間切照屋村アヘダノ嶽）
わらいきよ（一二ノ六六、一三ノ一六九、一六ノ三八など）

ワライキヨ（伊江島ヲシアゲ川、渡嘉敷間切渡嘉敷村仲御嶽）
おしわき（一三ノ一六三、一三ノ一六四、一三ノ一七五）
ヲシワキノアカゴチヤガナシ（久米具志川間切西目村西目ノロ火神）
おもひきみ（九ノ二五、二一ノ四、二一ノ五など）
ヲモヒキミ御イベ（仲里間切宇江城村仲里城御嶽）

おもろにあらわれた神女名が、神名として出ている例であるが、他にも神女名らしき神名は多い。神女が神として祀られていると考えることもできる。しかしこうした単純な結論とはならないことは、嶽名と神名とが混同していることでもわかる。

「―御イベ」というのは多く神名に使われているが、嶽名にも相当出ている。「―森」「―御嶽」は勿論嶽名に多く使われるが、神名と出ている場合もある。また「神名ナシ」「神名未詳」「神名不伝」もかなり多いが、これらも単に神名を忘失したというのではなく、神名の概念の曖昧さから来ているものと思われる。

神女がどのように霊力を増勢し、それをどのように相手に付着させたか、具体的な行為についてはよく知られていない。三ノ七に「あまこ　あわちへ　めつらしや／みきやう　あわちへ　めつらしや」とあって、王と目や顔を合わせて霊力を遣わす儀礼があったらしい。一ノ一六（三ノ四七）に「又　てるかはと　とごゐ　やりかわちへ／又　てるしのと　ゐりぢよ　やりかわちへ」、七ノ三に「てだてるかはと　とごへ　やりかわちへ」とあって、日神に声を掛けて霊力を招き降ろしているらしい表現がある。一二ノ七三には「又　きこゑ大きみと　とごへ　やりかわちへ／又　とよむせだかこと　ゐりぢよ　やりかわちへ」とあり、首里大君が天降りして聞得大君に霊力を差し上げているくだりがある。斯して聞得大君の霊力で王を守護することになる。

聞得大君は、尚真王の妹オトチトノモイカネにはじまると言われる。その後代々、王妃や王母、王の一族の女性がこの職に就いた。神女組織の最高の位で、多くの大君、君々を従えて王の祭祀を執行した。

『女官御双紙』によると、聞得大君の下に三人の大《おお》阿《あ》母《む》志《し》良《ら》礼《れ》（大君）がいて、全琉の神女を支配した。首里大阿母志良礼、儀保大阿母志良礼、真壁大阿母志良礼の三人である［図1］。

首里大阿母志良礼の管轄は、南風原、大里、佐敷、知念、玉城、具志頭、金武、大宜味、国頭、恩納、伊江島、伊平屋島の諸間切である。儀保大阿母志良礼は、西原、浦添、宜野湾、中城、越来、美里、具志川、勝連、与那城、羽地、本部、今帰仁、慶良間二間切、粟国、渡名喜の十六間切。真壁大阿母志良礼は、真和志、豊見城、小禄、東風平、兼城、高嶺、喜屋武、摩文仁、真壁、北谷、読谷山、名護、久志、久米島、宮古、八重山の十六間切である。この三人の大阿母志良礼が各地の「のろ」、先島の「つかさ」を直接統轄していたのである（図参照）。彼女らには王府から辞令も出され

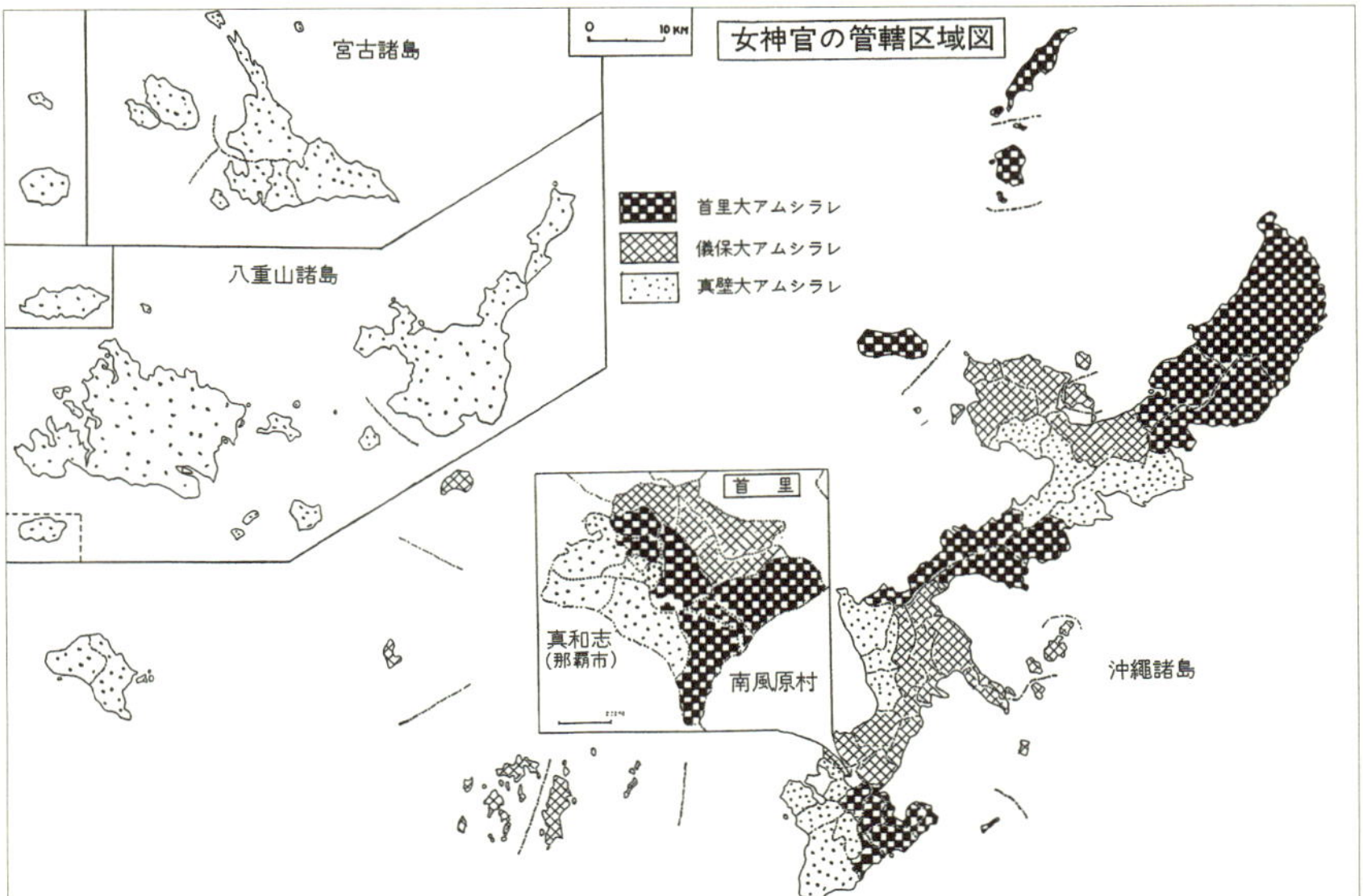


図1　中山盛茂編『琉球史辞典』（文教図書、昭和59年）より

ていた。

泊、那覇、久米村の都市部と、宮古と八重山には、「のろ」の上位の「大阿母」が任命されている。「のろ」や「大阿母」の下に「かみ」がいた。

彼女たちは、年中の農耕儀礼をはじめ、航海安全、王の長寿延命を祈った。

## 七　ふし名

おもろはすべて謡い物であって、かつて謡われたものであることは疑いを容れない。原則としておもろ一首の右肩に「ふし」名が付いている。しかし「ふし」名の表示のないものが一九一首あって、言いかえると、一五五四首中一三六三首（八八パーセント）には「ふし」名がある。

「ふし」名は節名で、曲節だろうと推測されるが、それが今日言われるような、形式的にととのった節名であるかどうか、よくわからない。

先述の、山内盛彬が、最後のおもろ主取と言われる安仁屋真苅翁から採録した、巻二二の五首、二二ノ一の「あおりやへがふし」、二二ノ二の「おしかけふし」、二二ノ一〇の「かぐらふし」、二二ノ四三の「あかずめづらしやがふし」、二二ノ四七の「しよりゑとふし」とあるが、微妙な点で相異があるものの、音楽的には相似したところの方が多い。「ふし」を立てるほどの差異ではない。もっとも巻二二の王府儀礼歌をもって、他のおもろのふし名に及ぼし、一般化することはどうかとも思われる。たとえば二二ノ四七のおもろは、以下のように歌っている。

**し**ーヰーヨーンーンーオーヰー**よ**ーヲ（wo）ーンーオーヰー**り**ーイーヨーオーンーウーンーオーヰー**う**ーヲ

(wo) ―ン―ウ―わ―アーン―オ―ヰ―る―ヲ (wo) ―ン―ウ、てぃだ―アーン―オ―ヰ―く―ヲ (wo) ―ン、
ン―オ―ヰ―か―ヲ (wo) ―ン―ウ、うむい―ヲ (wo) ―ン―ウ、あしび―ヲ (wo) ―ン―ン―オ―ヰ―な―
ヲ (wo)、ン―オ―ヰ―ゆ―ヲ (wo) ―ン―ウ、り―ヰ―ヨ―ン―ン―オ―ヰ―ば―ヲ (wo) ―ン―オ―ヰ―
ぬ―ヲ (wo) ―ン―ウ、みむん―ヲ (wo) ―ン―オ―ヰ―ン―ウ―ン―ウ

「しよりおわるてだこが、おもいくわのあすび、なよればのみもん」を歌ったものだが、「ン―ン―オ―ヰ」などの装飾的な挿入音が入っていて、聞いていては歌意を聞きとれないようになっている。もちろん他の四首も同様で、おもろ主取家に保存されたおもろは、このようになっていたのである。この傾向は地方ウムイと比べて著しく違うところで、おもろ主取に保管され、権威を強化するために、しだいに秘儀化し、意味の聴取を拒んだために起った変化だと思われる。

音楽と歌詞の両面から考えると、歌謡は、古ければ古いほど歌詞が優先されていたと思われる。たとえば祭式などにおける呪的歌謡がもっとも古いとすると、それは歌意を謡うことにより、願意を実現することになる。つまり実現してほしい内容を具体的に表現したり、ひたすらにかき口説いたりする形をとる。従って詞はよくわかるものでなければならない。神の存在以前にあっては、具体的叙事的な表現がよく、神に対しては抒情的主観的な表現が適しているとも言えよう。おもろ主取のいわゆる王府のおもろは、呪的レベルからはずれて、王以下の聴者に対して、主取家の権威を守る意図にかかわっている。現在各地で採取される祭式歌謡を見ても、巻二二の王府のおもろの如き謡い方はなく、その特異さがわかる。つまり巻二二の、山内盛彬採録のおもろをもって、他のすべてのおもろを推測することは、この点からも難しいのである。歌謡の普遍的な考え方、あるいは琉球諸島における古謡の全体的な傾向から見て、おもろも、もっと詞を中心にした、わかりやすいものであったと考えてよい。

歌謡の曲節を意味する「節《ふし》」が一般的に使われるようになったのは、近世中期以降のことだと言われる。それが、それより以前のおもろになぜついているのか、これが問題である。はたして「節」と「ふし」は同じか、解決できない問題が多い。

田島利三郎の『各間切のろくもいのおもろ』（一八九五年）には、ふつう「…ノオモイ」とあるが、金武村ののろくもいオモイには、「タウヤマガフシ」「アママスフシ」「フネコデブシ」「タケスラブシ」「イキガバァシブシ」「イナゴバシフシ」「チヤモトフシ」「イトマフシ」とあって、どういうわけかこの村（字）のオモイだけには、このように「フシ」「ブシ」がつかわれている。

一般に節歌は、沖縄諸島と八重山諸島にあって、三味線と結び付いていることが多い。節歌は詞形から言っても、音楽的に言っても新しいものである。ウムイに「フシ」の付く例は、他にない。田島のそれに譜面がないし、その後「フシ」の付いたウムイの報告例もないので、音楽的な面での、おもろ、あるいは節歌の関係はよくわからない。多くのウムイは素朴な旋律であるが、中には節歌のような旋律的に発達したものもある。これらは三味線音楽と関係があると認めてもよいだろう。

「ふし」の音楽的な面では不明のところが多いが「ふし」名の付け方については、世礼国男（「琉球音楽歌謡史論」『琉球新報』一九四〇年四月二日～九月二一日か）、仲原善忠（『おもろのふし名索引』沖縄文化協会、一九五一年）の研究によって、かなり明らかになっている。

仲原は、おもろのふし名の付け方を分類して「直接命名」と「間接命名」に分けている（『おもろ新釈』）。

### (1) 直接命名法

おもろのふし名が、そのおもろの歌詞の一部をとって付けられたものである。一八ノ一二（一七ノ五六）の「島中おもろ」の一首は、以下である。

一《ひやくなからのほてかふし》　ひやくなから　のほて
　ねくにから　のほて
　しま　そろて
　とも、する　みおやせ
又　しよりもり　ちよわる
　おぎやかもいがなし

第一句の「ひやくなからのほて」がふし名になったものである。二三ノ四三（一三ノ一）にも、

一《あかすめつらしやかふし》　あかずめづらしや
　いちらかず
　おみまぶてす　はりやせ
又　きみのめづらしや

とある。その他仲原は「きみがなしおもろのふし」も直接命名のおもろとする。「きみがなしおもろのふし」は、「きこゑきみがなし」を初句とするおもろを出所とすると考えられている。六ノ八から四四までの間に三七首のうち、三首を除いて（六ノ三八は二行目「きみがなし」とある）、第一句が「きこゑきみがなし」「きみがなし」「きこへ

きみがなし」となっており、これらのおもろを出所と考えると、直接命名と考えられる。ただし仲原は六ノ一三を出所としている。拙著『おもろさうし　ふし名索引』で、ひとまず六ノ八を出所としたが、代表のつもりである。しかしこのおもろは仲原のとおりだと直接命名だが、「きこへきみかなしおそてそろへわちへがふし」（一八ノ五、出所六ノ三三）、「きこへきみかなしねいしまいしがふし」（六ノ二三、二四、二五、出所六ノ二六）のふし名と同じだとも考えられ、これだと間接命名である。

歌謡のふし名の付け方は、場所、時、歌唱者などで、さまざまな付け方があってよいわけだが、歌詞の一部をそのままふし名とする、他の歌謡ならきわめて多い付け方が、おもろでは右の二、三例にしかすぎない。これもまた不思議なことだが、他がすべて間接命名法だというのも不思議なことである。

## (2) 間接命名法

他のおもろの歌詞をふし名とするものである。これを次々とつなぐと次のようにループとなって、一つのグループを形成し、これらは一つの曲節と考えている。たとえば一八ノ一六（一七ノ六〇、二三ノ三四）の「かつれんはいきやるかつれんがふし」は、以下である。

かつれんはいきやるかつれんがふし
一　あまつゞは　あめたもす　むらね
　　あまつゞは　あいづまは　いきやかせ
又　あまつゞは　くれたもす　むらね

このふし名は、次の一六ノ二一の第一句をとったものである。

やまぐすくげらいきよらのふし
一　かつれんは　いきやる　かつれんが
　しまのうらに　とよませ
又　きむたかは　いきやる　きむたかが

この「やまぐすくげらいきよらのふし」は、二〇ノ一六のおもろが、出所になっている。

たまぐすくあまつゞがふし
一　やまぐすく　げらへきよらもりに
　くによせ　げらへる　きよらや
又　ましやかずに　さりよこう　しちへ　みよれは
又　あかぐちやが　ぜるまゝが　ゆいつき

このふし名「たまぐすくあまつゞがふし」は一八ノ一六（一七ノ六〇、二二ノ三四）の一句をとったものである。これでループは完成するが、一八ノ一六の重複おもろ一七ノ六〇のふし名は「しまのうらのふし」で、これは一六ノ二一の第二句を取って付けられたものである。「やまぐすくげらへきよらもりがふし」（一六ノ一三、一六ノ一四）と「やまぐすくげらへきよらがふし」（六ノ三六、六ノ三七）も、二〇ノ一六の第一句をとったものである。

その他一七ノ二六のふし名「かつれんのとよみてだがふし」は、次の一六ノ一四のおもろ、

やまぐすくげらへきよらもりがふし
一　かつれんの　とよみてだ、

も、うらとよみてだ
又 きむたかの とよみてだ
又 かつれんの いちやぐち
又 きむたかの かなやぐち
又 かみからは てるまはま
又 下からは はまがはに

の第一句をとったものである。このおもろのふし名は二〇ノ一六の第一句をとったもので、これらをつなぐと全部で一五首あり、この一五首は同じふし名である。

これらの同一のふし名グループを見てもわかるように、対句部分の長さ、繰り返し部分の長さ、あるいはブレスと考えられている区切り点など、かならずしも一致しているのではない。こうした点が、ふし名を一層わからなくしている。しかもなぜこのような間接命名法が用いられたのか、この点も有効な考え方は出されていない。あまりに特異な命名法である。仲原善忠の考え方に従ってふし名を調査したところ次のような結果が得られた。

①一字違いも項目とすると、五五六項目になる。

②ふし名項目が二首以上にわたってグルーピングできるもの（同一のふし名で一字違いも含む）。　一〇四

③単独一項目しかなく、しかも類節のふし名項目もないが、出所のふし名のないおもろを含めて、

実質的に二首以上あってグループに分けられるもの。　一〇

④出所、類節ふし名とも不明でグルーピングできないもの。　九

合計一二三にグルーピングできる。

このグループは仲原の言う「曲」に相当するもので、仲原はこれを一二〇とし、世礼は二一一の曲節があるとしている。なお詳しくは拙著『おもろさうし　ふし名索引』参照。ただし、右の数字はそれと若干ことなっている。

## 八　形式

**詞型**

おもろの詞型は基本的には三つに分類することができる。(A)二節にまたがって対句を含むもの、(B)一節に対句を含むもの、(C)一節に対語と展開句（$a\,a'\,b$）を含むものの三つである。

A型

一　おぎやかもいが　おこのみ
　　ぢはなれは　そろへて
　　あまゑのぢやうは　げらへて
　　ともゝすへぎやめも
　　おぎやかもいしよ
　　するまさて　ちよわれ
又　あぢおそいが　おこのみ
又　大きみは　たかべて
又　をなりきみ　たかべて
又　けさよりも　まさり

又 むかよりむ まさり
又 するのわうやれは
（五ノ六九）

「一」と「又」は記号である。「一」は歌のはじまりを意味し、おもろはすべてこの「一」からはじめられている。「又」は音楽的な繰り返しで、「一」からはじまった音楽が「又」で「一」にもどることを意味している。右に例示したおもろで一段落とした、

ぢはなれは そろへて
あまへのぢやうは げらへて
とも丶すへぎやめも
おぎやかもいしよ
するまさて ちよわれ

を、繰り返し部分と言い、各節（又）の次に繰り返されているが、「又」記号によって省略されている。つまり「あぢおそいが おこのみ」、「大きみは たかべて」などの各行の後に繰り返されるのである。したがっておもろを鑑賞する時は、この繰り返し部分を復元してなされなくてはならない。

つまりおもろは、この対句（対語）部分と繰り返し部分から成っていると言える。小野重朗は対句進行部分を「叙事部」と言っている（『南日本の民族文化8 増補南島の古歌謡』第一書房、一九九五年他）。繰り返し部分は、比較的に抒情的で散文的であるのに対して、対句進行部分は、叙事的で八音定型への傾きが見られる。

対句部分が歌われたのに対して、繰り返し部分は歌われなかった可能性がある。たとえば右おもろは「あおりやへふし」であるが、同じふし名の四ノ四二は次のおもろである。

一 きこへさすかさが
　よかほう　あまへ
又 とよむさすがさが

このおもろは、繰り返し部分は「よかほう　あまへ」で、量的にまったくことなり、定まった「ふし」のわく内ではとうていまかなえないものである。「ふし」が歌う際の形式に対する名称であるとすれば、繰り返し部分は、歌ったものと考えることはできない。もし繰り返し部分を歌ったと解すれば、「ふし」そのものの考え方を改めなくてはならないのである。

繰り返し部分は、全くないものから、七、八行に及ぶものまである。

さてA型とは、二節にわたって対句が進行する型である。右のおもろで示すと、

おぎやかもいが　おこのみ
あぢおそいが　おこのみ
大きみは　たかべて
をなりきみ　たかべて
けさよりも　まさり

┌むかよりむ　まさり
├すゑのわうやれは
└欠

これらが対句になっている。
おもろではこのタイプがもっとも多く、全体の八五パーセントがこれで、おもろの代表的な詞型になっている。

**B型**

一　ゑんことよたしゆよ
　よかるとよたしゆよ
　　おもいきみ　げらへきみ　きよらや
　　てだ　げらへて　ちよわれ
又　たがためが　たぼう
　たがためが　よしも
又　おもいくわの　ためす
　きみよしきや　ためす
　　　　　　　　　　　　（一一ノ一二）

一節に対句があるもので、一段落とした「おもいきみ　げらへきみ　きよらや　てだ　げらへて　ちよわれ」が繰り返し部分である。繰り返し部分がないものから、相当程度にあるものまで幅があることは、A型の場合と同じである。このタイプが約二〇〇首ある。

C型

一　あおりぎみ
　　みものぎみ　てづて
　　　のちまさり　ちよわよる　きよらや
又　しよりもり
　　またまもり　ぐすく
又　あんじおそいぎや
　　た丶みきよが　お（この）み
又　いしべつは
　　かなべつは　こので
又　いしらごは
　　ましらごは　おりあげて
又　たけたかく
　　はりひろく　おりあげて
　　　　　　　　　　　　　（九ノ一）

一節の中に対語（句）と展開語（句）の付いた形で、わずかに二〇首あまりしかない。C型は、たとえば第一節の「あおりぎみ　みものぎみ　てづて」は、

あおりぎみ　てづて
みものぎみ　てづて

が変化したものである。つまり、

$a \cdot b$
$a' \cdot b'$ } → $a \cdot a' \cdot b$ ($b'$)

というふうに、二句にあった$b$（$b'$）が一句にまとめられたもので、以前は対句進行形であったことがわかる。一節の中に対句を含む点では、C型はB型からの変化ということになる。

A型とB型は、詞型上の相異は認めることができるが、歌うという機能から言えば、両者はそれほど区別されないのである。

一　しより大きみぎや
首里もり　おれわちへ
あんじおそいしよ
せぢまさて　ちよわれ
又　とよむくにおそいぎや
まだまもり　おれわちへ
又　あぢおそいぎや　おより
わうにせが　おより
又　きらのかず　おれわちへ

ゑかのかず　おれわちへ
又　おれらかず　みまぶら
あすばかず　みまぶら

（一二ノ九三＝四ノ五八・六ノ五・二〇ノ四八）

このおもろは、第一「又」まではA型であるが。第二「又」以降はB型になっている。その逆のものもあり、また短いおもろでは、A型かB型か判定できないものもある。

C型についてもこのことは言えるが、「よきげらへがふし」「くにおそいきみのふし」「しませんこあけしのののろのふし」関係一二首については、$a$・$a'$・$b$もしくは$a$・$b$・$c$と言った三句になる傾向が認められる。

おもろ全体でもっとも多いのは、「一」「又」だけのもので、七四〇首あまりおよそ半数がこれである。そのうちもっとも新しく成立したと思われる巻二二が四七首中四四首、九四パーセントがこれである。久米島関係の巻一一が九首で九パーセント、巻二一が七首で六パーセントと極端に低いほかは、地方おもろは、中城越来関係の巻二の八五パーセントをはじめ、第七、一五、一六、一七、一八、一九、二〇は平均六〇パーセントと平均を上まわっている。同じ「ゑと」おもろと言っても、「一」「又」だけのおもろは、巻一〇には一首もなく、巻一三には一四五首、六一パーセントに及んでいる。

もっとも古い巻一が六首一五パーセントと低く、神女関係おもろもやや低く、新しい巻二二や地方おもろがやや高いところから判断すると、対句（叙事）展開部分の衰退であり、逆に繰り返し部分の肥大化と言うことになる。[*5] 長い対句をもったおもろがしだいに短詞型化し、やがて繰り返し部分が発達したのである、と言われている。叙事的な表現から抒情的な表現へとその表現の重心が移動したということでもある。たとえば、次のおもろがある。

一　きこゑ大きみぎや
　やくの　きくたけに
　のぼて　おわちへ　ざりよく
　てだ　てるかはと
　とごへ　やりかわちへ
　しよりもり　ちよわる
　あが　たゝみがなし
　まぶて　まぶりよわれ
又　とよむせたかこが

（七ノ三）

このように七行にわたって繰り返し部分がある。繰り返し部分が叙述部分としてきわめて発達してきたことを意味する。「一」「又」のみの単純なおもろは、概してこの繰り返し部分が発達していて、対句進行部分と繰り返し部分は、代償的関係にあるようである。即ち「一」「又」のみのおもろは、もっとも少ない対句部分を残していて、抒情部分が肥大化しているのである。

「一」「又」のみのおもろが全体の半数を占めるに至った理由の一つは、叙事的時代から抒情的時代へ、つまり、願意を再現し叙事的に表現して実現しようとする原始祭祀の方法から、おもろが階級社会を迎え、支配層の抒情的気分、あるいは願意を述べたてる対象（神）の出現などによって、叙事的展開部分が勢力を失ない、それにかわって、抒情部分が発達したものと思われる。本来繰り返し部分は、願意のエッセンシャルな語句を、各節に繰り返すことによって、その呪力にあずかろうとしたものである。短い語句が発達して完結した意味をもつまでに成長するのである。

こうした社会の変化のほかに、おもろそのものにも理由を求めることができる。圧倒的多数を占めるA型の場合、「一」「又」対句（音楽的には二節）と、後の対句部分との間には断層が見られる。とくに神女関係、おもろ歌唱者関係のおもろに顕著である。*6 たとえば、もっとも単純な型を示すと、

一 きこへきみがなし
　とも、と　ちよわれ
又 とよむきみがなし
又 きこゑあんじおそいや
又 とよむあぢおそいや

（六ノ二七）

繰り返し部分の「とも、と　ちよわれ」は「一」「又」の第一句である神女に付いているのではなく、第二「又」、第三「又」の按司（王）についている。神女は按司（王）を祝福し主宰するものとして、名をあらわしているのである。前書《まえがき》のあるおもろで「きこゑ大きみの御まへよりたまわり申候」とあれば、おもろは例外なく「きこゑ大きみぎや」ではじまっていることからも、このことがわかる。もちろん、神女関係、おもろ歌唱者関係のおもろがすべてそうだと言うのではなく、繰り返し部分と意味の上で付いているのも多い。しかしこの断層が、「一」「又」対句という構造を促進する要因にはなったであろう。

B型の場合、この断層は、対句を含んでいる第一節にある。だが、それではそこで句切れた形が多いかと言うと、それは少なく、やはり「一」「又」二節となっている。A型の影響であろう。

繰り返し部分、つまり抒情部分の肥大化はたとえば、琉歌を生み出すだろうか。「一」「又」二節のおもろをさらに徹底すれば、対句部分をも落すことになる。論理的にはこの方向が予想されるものの、実際にはそう単純ではない。

一　なべだるがおもろ
　ぐすく　おどの　げらへて
　かみ　しむの
　み物する　きよらや
（五ノ三三）

「なべだるがおもろ」の対句にあたる「なべだるがせるむ」が欠落している。「なべだる」はおもろ歌唱者と考えられていて、「城御殿《ぐすくおどの》　造《げら》へて」の主体ではない。造営を祝福しているにすぎない。こうした「一」だけのおもろが、八首ほどあるが、いずれも、繰り返し部分がよく発達しているとは言えない。むしろ不完全おもろと見做したほうがよい。しかも繰り返し部分は量的にも一定ではなく、韻律的な傾きにも乏しく、琉歌の八音・四句に手がかりを与えていない。従ってストレートに琉歌形式を生み出したとは言えないのである。

繰り返し部分を除いた、いわゆる対句部分は、A型、B型、C型とも、おもろ以外の古謡に見られ、琉球諸島の古謡に普遍的に存在しているものである。逆に言えば、おもろの詞型は、繰り返し部分によって特徴づけられているのであって、対句部分は古謡の範疇のものである。もっとも古謡にあっても繰り返しはあるのであるから、ここでも絶対的な特徴とは言えない。

こうした伝統的な規範の中にあって、それを打ち破る修辞的な芽ばえも見られる。

一　きこゑきみがなし
　　おれて　とよま
又　かくらの　けわい
　　しない　やぢよこ
又　とよむきみがなし
　　おれて　とよま
又　おぼつの　けわい
　　しない　やぢよこ
又　きこゑおにぐすく
又　あかかね　そへつば
又　とよむおにぐすく
又　しろがね　たまきや
又　うちおけ　うちおけ　うちおけ、
又　いぢへきや　たまきや
又　たまこしけ　うちうけ
又　すもりやは　けつか

（六ノ四二）

各節交互に対句になっているもので、勿論他の古謡にも見られず、おもろでも珍しいものである。

**韻律**

おもろの文体上の最大の特色は、対語・対句と、八音へ傾斜した音数である。民俗学で言うハレとケという語を使うと、おもろはハレのことばである。

ハレのことば、詩の発生、文学への出発であるが、その方法は、各国の言語の事情によって一様ではない。ハレのことばとは、つまり非日常的なことばのことであるが、それは、願意を実現しうる力を持つ、呪的な祭式のことばでもある。呪的言語から呪的歌謡へ進んだとする考えもあるが、その境界すら明瞭ではないのである。

ハレの、非日常のことばは、日常のことばを、ハレの場、ハレの時間、あるいはハレの時の特別の執行者（たとえば、神女）、あるいは鼓といった楽器を付けることにより、生み出すことができる。祭の庭は、常に聖なる場所ではなく、ふだんの広場が、ある時をかぎって聖域となるのである。神女もまたしかりである。こうした祭りの場が区画されて、ハレとケの生活をとわず、常人の侵入をタブーとするようになったのは、常人の中から神女が確立していったことと対応している。

つまり、情況によっては、ハレの歌謡即ち祭式歌謡は、ハレの時間と空間に提供されるかぎり、日常のことばであっても、それは非日常のことばに転化しうるものであった。

非日常性がいっそう進んだところで、琉球語を含む日本語は、まず対語・対句という方法を生み出している。本土では、その後の音数律の出現によって、それほど資料も多くないが、それでも記紀歌謡や『万葉集』にそれを見ることができる。沖縄はこれを徹底させ、奄美諸島以南の島々の古謡の特色となっている。さきに示したA型、B型、C型いずれもこの特色を備えている。

この対語・対句を基礎にした上で、沖縄の古謡も音数律の方向もたどっている。韻律には音の量的な単位を繰り返す音数律のほかに、西詩や漢詩に見られる音の配列・対応関係による音位律（頭韻、脚韻など）、音の高低・強弱・長短を連続あるいは反覆する音性律（たとえば平仄など）がある。まれに音位律がないのではないが、日本語の詩の形式としては、音位律や音性律はついに発達せず、音数律がまず最初に得た韻律である。

ここで『古事記』歌謡を一首引用する。

八千矛《やちほこ》の　神《かみ》の命《みこと》は
八島国《やしまくに》　妻枕《つまま》きかねて
遠々《とほどほ》し　高志《こし》の国《くに》に
賢《さか》し女《め》を　有《あ》りと聞《き》かして
麗《くは》し女《め》を　有《あ》りと聞《き》こして
さ婚《よば》ひに　在《あ》り立《た》たし
婚《よば》ひに　在《あ》り通《かよ》はせ
太刀《たち》が緒《お》も　いまだ解《と》かずて
襲《おすひ》をも　いまだ解《と》かねば
嬢子《をとめ》の　寝《な》すや板戸《いたど》を
押《お》そぶらひ　我《わ》が立《た》たせれば
引《ひ》こづらひ　我《わ》が立《た》たせれば　（下略）　（記二）

いわゆる万葉調と言われる五・七音が基調になっていて、対句進行になっている。五音と七音が別々になっているのではなく、五・七音を一句とする対句になっているのである　この五・七音対句は、わずかながら万葉歌にも見られる。

　この五・七音対句は、琉球諸島の古謡の、五プラスなにがしかを一句とする対句進行形の歌謡に対応している。琉球諸島では、

| ① | ② | ③ | ④ |
|---|---|---|---|
| 5 | 5　3 | 5　4 | 5　5 |
| 5 | 5　3 | 5　4 | 5　5 |

といった対句がある。つまりこれから見ると、琉球語を含む日本語の最初の音数律は、五音プラスn音であったわけである。

　本土では、歌句が文芸化することにより緊張を要求され、対句はその一方を失なって単句となった。歌う歌から作られる歌への質的変化でもある。琉球諸島の古謡にも②③④が変化して、五・五・三、五・五・四、五・五・五単句となっているのがある。おもろのC型がこれに類する。

　ではおもろはどうか。

一　きみなおり　わかきみ　9（5・4）
　　うら〳〵と　おせ　7（5・2）
又　きみわかく　大きみ　9（5・4）
又　あさどれが　しよれば　8（5・3）

又 ようどれが しよれば 8（5・3）
又 いたきよらは おしうけて 10（5・5）
又 たなきよらは おしうけて 10（5・5）
又 ふなこ ゑらで のせて 8（5・3）
又 てかぢ ゑらで のせて 8（5・3）
（一〇ノ三四）

数字は一行（句）の音数、カッコ内はその内訳である。いずれの行も五音プラスとなっていて、三音、四音、五音が付いている（繰り返し部分を除く）。おもろの一般的な傾向から言えば、五音プラスn音の形が多く、中でも五音プラス三音が好まれている。五音プラスn音という古謡の一般的傾向（規制は古謡よりはるかにゆるい）と合致しながらも、八音化へも傾いていることを示している。しかし真の八音の問題は、五・三音という古謡の伝統、つまり五音プラスという音数からの脱却を意味するのであって、五・三音対句は五・三音対句であって、八音対句を生むものではない。五・三音対句の歌謡が現に存在していることからも、そのことは容易に理解できる。

一 ゑけ あがる 三日月や 8（3・5）
(又) ゑけ かみぎや かなまゆみ 8（3・5）
又 ゑけ あがる あかぼしや 8（3・5）
又 ゑけ かみぎや かなま、き 8（3・5）
又 ゑけ あがる ぼれぼしや 8（3・5）
又 ゑけ かみが さしくせ 7（3・4）

又　ゑけ　あがる　のちぐもは　　　8（3・5）
又　ゑけ　かみが　まなき、おび　　9（3・6）　（一〇ノ二四）

「ゑけ」は掛声でこれは音数には数えない。第五「又」と第七「又」が七音、九音になっているほかは、八音になっている。注目すべきはこれではなく、三音プラスの音数律になっていることである。つまり古い五音プラスの音数律が崩壊したことを意味している。こうした五音プラスの音数律が崩壊するという前提があってはじめて八音は成立するのである。

おもろは他の古謡ほど音数律の規制がきびしくない。八音への傾きがあるとは言うものの、厳密には無韻律とも言える。内容的には、地方領主や王の讃歌などがあり、おもろはかならずしも古いとは言えない。それがなぜ音数律の規制がゆるいのか。その理由の一つは五音プラス韻律の崩壊であって、八音への過渡的な形態ではないかと推測されるのである。その八音もいきなり琉歌へと発展するのではなく、八音対句の古謡へと行き、別の系から発達した不定形四句の抒情詩を、八音で再編成したのが琉歌である。*7

## 注

1　巻二二ノ四七のおもろ、
御冠船之御時おもろ
しよりゑとふし
一　しよりおわる　てだこが
おもいくわの　あすび

なよればの　みもん

の行間原注に「尚穆様御冠船之御時より、おぎもかなしきと云おもろに成る。文句上座に有る」とある。尚穆王の冊封のために全魁、周煌が来琉したのは一七五六年のことである。上座の「おぎもかなしき」というおもろは二二ノ四五のおもろであるが、二二ノ四七の原注を受けて二二ノ四四に「尚穆様御冠船之時より此のおもろに成る」とある。原注（言葉聞書）は、一七一〇年の再編の際に付されたものであるが、少なくともこの二つの「尚穆様云々」の原注は、一七五六年以降のものであることがわかる。つまり尚穆の即位以前までは二二ノ四七のおもろが使われていたが、尚穆になって二二ノ四五のおもろになったという意味である。尚象賢の『中山世鑑』（一六五〇年）には、尚宣威の即位式の時に二二ノ四七のおもろを歌い、かたわらに立っていた尚真を王にするよう暗示したため、尚真に位を譲ったとある。このおもろが即位式（冊封）に歌われていたからであろう。

ところでこのおもろは尚家本にはない。尚家本を調べてみても書誌的な欠落とは思えないので、一七一〇年の再編時にはなかったと思われる。つまり一七一〇年以降安仁屋本に挿入されたもので、おそらくそれは「尚穆様云々」の原注と同時ではないだろうか。

再編を含めた広い意味の成立はこれらの点も考えに入れなくてはならないだろう。ところが山内盛彬は、最後のおもろ主取安仁屋真苅（一八三七～一九一四年）から二二ノ四七のおもろを採譜して『琉球戯曲集』（春陽堂、一九二九年）や『琉球王朝古謡秘曲の研究』（民族芸能全集刊行会、一九六四年）に発表しているので、またこのおもろに戻ったのだろうか。採録は大正元（一九一二）年のことだという。

2　田島利三郎の『琉球文学研究』（青山書店、一九二四年）にも「おもろ主取は、おもろの謡ひ方及び其に関する儀式等を伝へ、及びおもろ双紙の散佚を守る役なりしなり。然しながら、彼等の謡ひ伝へたるは第二十二冊みおやだいりの一冊のみにして（中略）これだに、今は伝へずなりしもの多しといふ」とある。

3　巻二一の混入錯簡、その他の三箇所の混入、それに「首里ゑとのおもろ」「恩納より上のおもろ」といった標題も本来のものでなく、再編段階でそうなったのであろう。巻二〇の「米須おもろ」も、本来の標題ではないと疑っている。

おそらく再編時に表紙が欠落し、そのため一番目の「くめすよのぬしの……」の「くめす」をとって標題としたもののようである。

4 「ねやがり」「あかいんこ」の文学史的意味については、拙論「抒情詩としての琉歌の発生」（拙著『琉球文学論』沖縄タイムス社、一九七六年所収）参照。

5 小野重朗は、『南島の古歌謡』（ジャパン・パブリッシャーズ、一九七七年）所収の諸論文の中で、詞型についてさまざまな仮説を提出している。いちいち断っていないが多くの示唆を受けている。

6 すでに仲原善忠『おもろ新釈』（琉球文教図書、一九五七年）で指摘されている。

7 拙論「抒情歌の成立」（拙著『琉球文学論の方法』三一書房、一九八二年所収）参照。

付　記

・「五　『おもろ』の語意」の項は、『浦添市史』第二巻（浦添市教育委員会、一九八一年）所収、拙論「浦添関係おもろ」の解説の「語意」の項を修筆したものである。

・「六　信仰」の項は、一九八〇年五月十日、甲南大学総合講座「日本の民間信仰」のシリーズで講じた「『おもろさうし』にみるノロ信仰と神観念」の時のノートをもとにしたものである。

# 第二章　『おもろさうし』の世紀――歌謡が語る琉球の中世

## 一　「古琉球」と言う中世

沖縄の歴史研究では、一一・二世紀から薩摩の琉球入り（一六〇九年）までを「古琉球」といっている。つまりこの時期は、本土にあってはちょうど中世にあたる。中世ではあるが中世の視点で論じられることはあまりない。この「古琉球」というのは、「おもろと沖縄学の父」といわれる伊波普猷《いはふゆう》の著書『古琉球』に由来している。この著書は伊波が主に地元の新聞に発表した論文を集めたもので、明治四四年（一九一一）に刊行された。その序に「オモロの光で琉球の古代を照らして見た」とあるように、おもろを立証の手段根拠として、薩摩入り以前の琉球つまり古琉球を描いたものである。といってもまだ時代を確定していたわけではなく、漠然と薩摩入り以前の時代としているのであった。それゆえ「古代」とはいいながらいわゆる古代社会だけでなく、原始社会も含まれているもののようである。同じくおもろを手だてとして薩摩入り以前の社会を読み取ろうとした仲原善忠《なかはらぜんちゆう》は、「おもろ時代」というのを設定して、四・五世紀の「部落時代」からであるとした。*1 筆者にはそのいずれも、おもろ理解と方法に問題があると考えている。

琉球の中世期を語る歌謡と言えば『おもろさうし』しかない。現存の『おもろさうし』は、一七一〇年に再編集されたもので、必ずしも原本そのままとはいえないが、一六一三年から一六二三年にかけて王府によって編集されたもので、全部で二二巻一五五四首、分量にして『万葉集』くらいと考えていただけるとよい。第一巻だけは一五三一年に編集されたことが明示されているが、これには疑義があるとかねて述べてきた。[*2]『おもろさうし』は、誰が何時どの様に採録したのか、これを窺う資料は一切ない。普通沖縄にはこうした場合、家々の家譜などに現れるのであるが、これまでのところこうした記述は見当たらない。『おもろさうし』はいうまでもなく歌謡集である。採録者（おそらく官僚）はその歌謡の形を考慮しながら採録したことがわかり、歌の始まりを「一」とし、音楽的な繰り返しを「又」ではじめている。つまり歌を聞き音楽的な形を知っていたことになる。単に歌詞だけを収録したものではない。もう一つ、重要なことは琉球語のこの歌ことばの表記である。採録者は実に正確に記録している。この時期のおもろに現れたことばは、今日のように、オはウに、エはイになって、という具合にいまだアイウの三母音にはなっていない。オはすでにウになっているものの、エとイは区別されている。おそらくエはイに近くなっていると推定しているものであるが、依然区別されている。つまり書き分けられているのである。この『おもろさうし』の厳密な書き分け、表記がはっきり分かるようになったのはこの二〇年来のことで、それまでは『おもろさうし』の難解な表記を「おもろ表記」といって、曖昧な表記という意味にも解していた。だがおもろの採録者はきわめて理知的な言語観察にもとづいた表記法を持っていたことが、証明されている。この時期の仮名資料である辞令書や石碑の仮名碑文など共通した表記であることを勘案すると、琉球語の記載法（仮名遣い）が確立されており、同様の筆致筆跡である点から、熟練した書記者（官僚）が養成されていることも窺える。

洪武五年（一三七二）明の太祖洪武帝は、建国して皇帝に即位したことを内外に宣言する「即位建元の詔」を、使者を遣わして中山王にもたらした。その際中山王察度《ちゅうざんおうさっと》に、後の冊封《さくほう》の原理である、暦（大統暦）・冊封の詔勅・服（高級な織物）を下賜して、中国を宗主国とする冊封国の王に任命している。そして察度王はすぐさま王弟泰期《たいき》を王国の使者として派遣している。明史にはないが、沖縄側の正史『中山世譜《ちゅうざんせいふ》』にはこの時、山南王承察度、山《さん》北王帕尼芝《ぼくおうはねじ》らも、使者を立て表を奉じ方物を貢したことが見えている。その方物の中身は、馬・刀・金銀酒海・金銀粉匣《ここう》・瑪瑙《めのう》・象牙・螺殻《らかく》・海巴《かいは》・櫂子扇《とうし》・泥金扇・生紅銅錫《せいこうどうしゃく》・生熟夏布《せいじゅくかふ》・牛皮・降香《こうこう》・木香《もくこう》・速香《そっこう》・檀香《だんこう》・黄《こう》熟香《じゅくこう》・蘇木《そぼく》・烏木《こぼく》・胡椒・硫黄・磨刀石と言ったものであった。元来方物というのはその冊封国の国産の物資を朝貢するのが原則であるが、琉球は当初から馬や螺殻・生熟夏布・硫黄・砥石といった国産のほか、日本や朝鮮、あるいは東南アジアから調達したものを貢物としていた。この傾向は明朝を通じて行われている。一三七二年、泰期派遣当初からこうした交易品を朝貢していたかどうかはなお疑問が残るが、それほど荒唐無稽の事柄とは思えない。というのは、その二年後泰期が再び朝貢して来たことを明史は伝えており、中国側は陶器七万、鉄器千でもって琉球の馬を買わしめている。さらにその二年後、馬四〇匹を貢上している。驚くべきことに、その数年後つまり洪武一六年（一三八三）に、中国側は約千頭の馬を琉球から購入していることである。

これらの事実から、当時の琉球が孤絶した環境のなかにいるのではなく、日本・朝鮮を含む東アジアから東南アジアにかけての情報に詳しく、千頭の馬の飼育はもちろん冊封関係が成立してから始められたものではなく、それ以前にすでに中国の需要を前提にしたものと考えなくてはならない。冊封という形で中国のいわば同盟国となって突如国際舞台に姿を現す琉球は、それ以前少なくとも二・三世紀前に盛んに対中国交易を行っていたことが、このところの陶磁器の発掘で証明されている[*3]。

察度王はその後の三〇年間に三〇回余の貢船《こうせん》を中国へ派遣するとともに、朝鮮へも盛んに船を出して交流している。そして朝鮮との関係は一七世紀の三〇年代まで続く。察度王統は一四〇六年、その子武寧《ぶねい》が尚巴志《しょうはし》に滅ぼされて第一尚王統が開かれ、やがて山北、山南王統が滅ぼされ初めて統一王統ができる。そしてその第五代尚金福《しょうきんぷく》王以後、第二尚氏の第三代尚真《しん》王にかけて、首都の首里を中心に大小数十の寺院が建立される。その多くが当時本土でもっとも勢力があった禅宗であって、わずかに真言宗の寺が建てられたに過ぎない。住持も中国や本土から招かれたし、琉球僧もまた本土の京都五山や足利学校や鎌倉円覚寺、金沢文庫、遠くは瑞巌寺にまで足を運び、一〇年から二〇年という長期の修行を積んだ者もいる。戦前には筑土鈴寛《つくどれいかん》がこうした琉球僧の動きについて詳しく紹介しているし、[*4] 戦後は葉貫磨哉《はぬきまさい》にこの面の好論がある。[*5] にもかかわらず琉球の歴史研究はこれらの研究を十分に考慮し反映しているとはいえない。また一六〇三年から一六〇六年まではいわば古琉球に滞在して『琉球神道記』や『琉球往来』を書いた浄土宗の僧、袋中《たいちゅう》に師事して付き従い、袋中死後その草稿や遺品を本山に納めたのが、琉球僧寿安《じゅあん》であった。日本に戻った袋中は京都五条の橋詰に檀王法林寺を建立している。その寺宝に、袋中に深く帰依した尚寧《ねい》王が袋中の肖像画に寄せた画讃がある。自ら筆を揮った長い四言詩で師を讃えている。その筆跡といい、優れた詩句といい、また寿安の生き方といい、そのメンタリティーや知性は『おもろさうし』的なものでは説明できない。これまで述べてきたことはつまりまさに中世的なものであって、この同時代性をカウントに入れない時代の研究は、著しくバランスを欠くものといわねばならない。少なくともこれまでのところこうした同時代的な視野からの琉球史研究は大いに遅れている。まさにその時代のネーミング「古琉球」が依然使われているところにも、こうしたことが感得できるのではないか。

　さらに指摘しなければならないのは、『おもろさうし』観の誤りである。まず『おもろさうし』は、これまで漠然と考えられてきたような、琉球の原始社会や古代社会を写したものではない。「王府」が編纂したことにも現れているように、王府社会の上部の、それも一部を写しているのである。登場する人物は王を中心に按司《あじ》といった権力者、神女は聞得大君《きこえおおぎみ》とその周辺の上級神女が主に歌われる。またこうした上級神女の主宰する神事が歌われたものが多い。加えて、豊穣予祝、つまり農業といった生産を祈る歌謡はわずかに二首しかない。それも、どこどこの誰それが、高いところに登って「大田《た》」や「大田原《たばる》」を見ると、「白種《しろちゃね》（稲の美称）の　揺《よ》り靡《なび》く　清《きよ》らや」（一五ノ五二、一六ノ四一）とある類型で、実質一首といってもよい状態である。現在でも採録される神事歌謡に多く豊穣予祝を主題としたものが多いことをみれば、これは極端に少ない数で、『おもろさうし』の特色の一つともなっている。要するに『おもろさうし』は、ことばの呪力を信じた時代の歌謡を根拠にはしているが、生産に直接関与しない支配者の側のいわば儀礼的な歌謡になっているのである。したがって『おもろさうし』はそれほど古い歌謡ではないし、それゆえこの資料のみでこの時代を描くのは、当を得ない。

## 二　太陽と王

近世来琉した冊封使は、国王の住む、また行政の中心であり、国家祭祀の場である首里城を見て、きまって「西《せい》面《めん》」「西向《せいこう》」していると記述している。おそらく奇異の感を抱いたからに相違ない。これに対して琉球は、中国の皇帝に敬意を表すために西面西向しているのである、と説明している。中国の宮殿は当然のことであるが、墳墓や孔子廟・国子監《こくしかん》など公的な建造物はすべて南面している。北を上、南を下とし、神や皇帝・国王、身分の高い者は北から南を望むのである。本土の宮殿や建造物もまたしかりである。そればかりではなく中国の影響を受けた周辺諸地域はいずれもこうした原理にたっている。ところがひとり琉球だけはそうではない。冊封使が驚くのも無理はない。中国に絶えず接触しさまざまな分野で強い影響を受けてきたにしては、これはどう解釈すればよいのか。

首里城は第一尚氏および第二尚氏王統の居城である。琉球のもっとも規模の大きい城であり、最後まで生き残ったグスクである。西面・西向する首里城に収斂される直前のグスクはどうなのか。これを見れば首里城がいかなるものか分かるであろう。

首里城に次ぐ規模の比較的大きな城砦グスクのうちで、筆者が知っているものには、きまって七〇センチ前後の基壇がある。ここには二メートル四〇センチ間隔の礎石が配されて、格式の高い建物が建っていたことが想定されている。つまり首里城の正殿に当たる機能をもった建物があって、その前に首里城でいう御庭《ウナー》に相当する広場が必ず付いている点で共通している。筆者が見たところでは久米《くめ》島の宇江《うえ》城も同様のものであった。その礎石をもった建物と広場から方角を検討すると、例えば中城《なかぐすく》城・北谷《ちゃたん》城は南西方向、座喜味《ざきみ》城は西方向、今帰仁《なきじん》城は北西方向、勝連《かつれん》城は東南方向、宇江城は西方向に向いている。地形上や観念から来るいわゆる民俗方位から言えば、これらの方位はおおむね東西軸に建てられているといえる。その中で勝連の東南向は異例だが、これは『おもろさうし』一六ノ七に、

一　勝連《かつれん》は　てだ　向《むか》て
　　門《ぢやう》　開《あ》けて
　　真玉《またま》　黄金《こがね》　寄《よ》り合《あ》う
　　玉《たま》の御内《みうち》
　（下略）

勝連は太陽（東）に向かって
門を開けて
宝玉や黄金の集まる
立派な御殿

とあって、おもろと実際が対応している。おもろでは、真玉や黄金はたんなる財産としての関心ばかりではないので、「寄り合う」は「揺り合う」意も含み、セヂ（霊力）の視覚的な現れとし、そのセヂの霊力の根源である太陽を、門を東方に開けて入れることにより、霊力豊かな御殿（玉の御内）になることを期待したと解釈できる。要するに西向の一類型といってもよいだろう。

おもろをみると、国王も「てだ」（太陽）であるが、各地に割拠していた地方豪族按司も「てだ」であり、また集落単位でも「てだ」がいた。後の首里城でも改変と合理化があったにしても、こうした太陽的な人物（神）の面

影が見られた。これを正月儀礼で見ると、まず午前一〇時ごろから、唐衣装を着た王が百官を率いて北天を礼拝する。もともとは本土と同じようにその年の恵方《えほう》の明《あ》け方《ほう》を祈る、つまり歳徳神《としとくしん》を祭るものであったが、唐風の深化とともに中華風の天拝となった。これは皇帝が北極の天帝を拝する儀礼と同義のものであったはずである。つまり小国ながらも琉球国王は天帝から王権を授かる天子だったのである。しかし皇帝の他に天を拝するのはありえぬことであって、ついには中国の発展と皇帝の長寿を祝福する呪文を捧げるようになる。そしてこの天拝が終わると、国王は正殿二階の唐玻豊《からはふう》の御座に現れる。御庭では、中国紫禁城太和殿前で展開される朝賀の礼のように、諸臣が広場を埋めつくし、大竜柱前浮道《うきみち》には五方旗を立て、案上には竜蠟燭、金花、竜香炉等が置かれて、王妃を始め順々に香を上げる。式はすべて中国語で行われ、三跪九叩頭の礼を繰り返し、同じく中国語で「万歳」「万歳」を山呼する。王宮では古琉球以来合掌してお辞儀をする礼をしていたのであるが、こうして国王に香を上げ礼拝するのは、国王が単なる地上の主《あるじ》ではないことを意味している。その後王は琉装に着替えて一階下庫理《シチャグイ》の玉座《ウサスカ》に現れる。やがて手前の高官から順次盃がまわる「大通り《おおとおり》」が行われる。「大通り」を賜るにも、基壇上、御庭と身分によって差がある。

「歳暮の御捧げ」といって、近世中期以降一二月二七日に中頭《なかがみ》・島尻《しまじり》地方二六間切から生魚二一五斤、干魚一〇〇斤、生蛸一六〇斤宛の「贄《にえ》」が御内原《ウーチバラ》（内宮）に運び込まれ、そしてその「贄」は元旦の朝貢の当日御庭下手に積み上げられ、これを運びこんだ地方役人もそのまま居残り、朝賀に参加する。国頭地方は山の幸である猪の燻製や塩漬け、それに薑《はじかみ》を出すのを例としていた。

特に猪を食べる習慣は民間では豚に変わり、「正月豚」といって、各人の資力によって一頭、合力して一頭といった具合に、年の暮れに豚を屠し、正月に食する習慣があった。またこれを塩漬けにしてたくわえた。古く猪は山の神であって、その山の幸を正月に食して一年の無事を祝したものである。『琉球国由来記』には、地方の産物である「方物」とあるが、このように決まったものを出していた。王府はこの税外の収奪をしばしば改廃し、例えば『球陽《きゅうよう》』の一七四一年の条に元旦の「米蒔き」「御甕御酒御捧げ」「歳暮の御捧げ」「干瀬組《ひせぐみ》の御捧げ」を停止する、とある。しかし「歳暮の御捧げ」についていえば、久米島の家譜によると乾隆四〇年（一七七五）以降も続けられていることが分かる。古い習慣でそう簡単には廃止できなかったものと思われる。

方物を捧げて正月の儀礼に参加するこのスタイルは、一見紫禁城での朝貢の模倣のようにも見える。冊封を受ける国である琉球の使者は、他の外国の使者とともに、太和殿の闕庭《けってい》末西側貞度門近くに、やはり方物を積み上げて参加している。しかしこれが「贄」と呼ばれ、食べ物である点でまったく異っている。「贄」とはもともと神や天皇に捧げる食物のことであった。つまり神饌であって『延喜式』でもノリ・ワカメ・昆布・海草・魚介類であったから、むしろ本土古代のこの神饌の考えかたのほうに近い。この海産物について『琉球国由来記』は三月三日、「干瀬与（魚類、貝類、海草類）、海辺の諸郡より御内原献上也」とあるほか、八月一日には那覇の町からやはり贄として生魚が献上されるとある。また国頭地方では山の果物の初としてヤマモモと椎の実を御内原に献上するとある。しかしこうしたものばかりではなかったらしいのは、この時期の古辞書『混効験集《こんこうけんじゅう》』（一七一一年）には、元旦の捧物を特に「わか（若）むしゃもち」（「む」は接頭語「み」の変化したもの、「しゃもち」は「さかな」を意味する女房詞「さ文字」の転）といい、イカ、クボシメ、タコの類であるとある。これは上に記した歳暮の御捧物とは別である。また「干瀬ぐみ御捧物」には、サザエ、ミル、モズク、むけこ（センナリズタ）とあり、ヤマモモは国頭《くにがみ》と慶良間《けらま》からの捧物とあって、慶良間が加えられている。他に「寄物《よりもの》の御初《おはつ》」というのもあり、イルカやシュク（小魚で塩漬けにする）が知念《ちねん》・玉城間切から上る、とある。いわゆる「初物」が献上されているところに、租税の前身である神への捧物（神饌）の性格がみてとれる。王城御内原には、物資が寄り集まる倉庫を原義とする「寄《よ》り満《みつ》」という王の調理場、租税を意味して女官の日常の食事を調理した「かまへ」というのがあった。ここにも初物を食事とする神性を読み取ることができる。こうしたことが薩摩入り以前から、つまり中世にも琉球全域に行われたことは、与論島にピシグンという三月三日の浜下《はまお》りの儀礼があることでもわかる。

ついでに言うと、天拝のときに、祭壇ともなる北殿の張り出した基壇（『女官御双紙』で「あもと」（足元）といっているところ）部分を「せん誇《ほこ》り」といっている。「誇り」は喜びを意味する接尾語、「せん」は「饌酒」からの転である。さらに言うと、首里城正殿の二階（大庫理《ウフグィ》）の東南隅にある部屋を「せんみこちゃ」という。「みこちゃ」（御庫下）は部屋の敬語、この部屋には「御床」といわれる祭壇に「御火鉢《おひばち》」と呼ばれる香炉が据えられ、国王と作《さ》事《じ》の大あむしられが毎朝抹香を焚いて祈る。その先には美福門脇に「あがる獄《たけ》押《お》し明《あ》け森《もり》の御《お》いべ」と呼ばれる拝所があり、さらにその延長線の城下に首里殿内、遠くは第一尚氏の出身である佐敷《さしき》や島添大里《しまそえおおざと》、聖地斎場御嶽《さいはうたき》、久《く》高《だか》島などがあった。御火鉢は火の神を祀ると考えられており、その元は太陽霊であるとされる。同様の御火鉢は王国の最高神女とされる聞得大君《きこえおおぎみ》御殿にもある。『おもろさうし』三ノ二五に（原文は仮名を基本とするが、適当に漢字を当ててある。下は訳文。以下同じ）、

一　聞得《きこゑ》大君《きみ》ぎや
　　おぼつゑか　取《と》りよわちへ
　　けおの内《うち》は　押《お》し開《あ》けて
　　按司襲《あぢおそ》いしよ
　　十百末《ともゝすへ》　ちよわれ
又　鳴響《とよ》む精高子《せだかこ》が
　　かぐらゑか　取《と》りよわちへ

聞得大君が
天上の吉日を取りたまいて
京の内を押し開けて
王様こそ
永遠にましませ
鳴響むせぢ（霊力）高い者が
神座の吉日を取りたまいて

又 もぢる内《うち》は 突《つ》き開《あ》けて　　霊力輝く拝所を開けて
いけな君《きみ》 先立《さきだ》て　　この世の君（神女）を先立て
又 首里杜《もり》 降《お》れわちへ　　首里杜に降りたまいて
なりきよ君《きみ》 いぐまちへ　　成り子君（神女）を励まして
又 真玉杜《まだまもり》 降《お》れわちへ　　真玉杜に降りたまいて
按司襲《あぢおそ》いと よきやて　　王と行き合って
又 あまこ あわちへ 遊《あす》で　　眼を合わして神遊びして
王《わう》にせと よきやて　　王様と行き合って
又 御顔《みかう》 合《あ》わちへ 遊《あす》で　　お顔を合わして神遊びして
君々《きみぐ》が 祈《いの》らば　　君々が祈ると
又 てるかはが 守《まぶ》らば　　照《て》る日《か》＝神女が守ると

京の内というのは首里城の下の御庭《シチャヤヌウナー》の西南隅にある聖地で、城内十嶽の内の四嶽がここにあり、この京の内の拝所と正殿の後ろの御内原にある拝所を、ことあるごとに神女達は巡礼する習わしであった。この「おぼつ」「かぐら」は天上にある聖地のことである。地上の京の内が祭祀の幻想の中にあってはそのまま「おぼつかぐら」と想念される。聞得大君を始めとする神女達が京の内の扉を開けて聖域に入れば、これはすなわち「おぼつかぐら」から天降りすることでもある。神女が聖地に現れることを、ここの例のように絶えず天上から降りると想念されるのである。そして国王と会った神女達は、眼と顔を合わして神遊びをし、「照《て》る日《ひ》」である神女が王を守護するのである。神女があるいは女性が男性を守護する習慣を琉球では「をなり神」信仰といっている。これはまた柳田国男が

『妹の力』（一九四〇年）で論じたように、本土古代でも普通にみられた原理であって、琉球だけのものではない。その女性が神女となり太陽（神）の依り代となって「ゑけり」（兄弟）を守るのである。ただこの原理だけで行動していたのではなく、神女は例えそれが聞得大君でも、「てだ」（太陽）の依り代であって、太陽（神）そのものではないのである。かつて大小いくつもあった「てだ」とよばれる人物は、最後には中山王のみとなり、やがてそれも太陽の霊を受け継ぐもの、または太陽の末裔というふうに変化しながら、正殿唐玻風に現れ、西面して朝賀を受ける儀式を繰り返していたのである。

首里城では一七二九年まで、正殿では南を上位とし、御庭では北を上位としていた。正殿の玉座も南、御庭寄りにあった。王は見られるところにあらねばならなかったからである。「てだ」である王を見ることは、その霊を受けて「すでる」ことであって、琉歌《りゆうか》では「拝《おが》ですでら」、つまり拝見して生命力を更新しよう、の意になる。そして、元来正殿二階の後ろ半分にあった国王のプライベート空間でもある「内原《うちばら》」が、のちに後ろではなく南東方向へ黄金御殿・二階御殿と展開したのも、南が上位になっているからである。御庭の儀礼も、北を上位と定めてはいるが、王が正殿に現れる正月の儀礼では当然東が上位で、御庭の品級を示す磚瓦《せんが》も正殿に平行に配列してある。つまり正殿が西面していることじたい東を上位とする構造になっているのである。

神女が王を守護することは繰り返し述べてきた。しかし彼女らはセヂの根源たる太陽（神）の依り代ではあっても、太陽そのものではない。ただ単に「てだ」と言えば、集落の男性であり、按司でありついに王に収斂される。『おもろさうし』では王の呼び名を、

按司襲いてだ

てだきよら

てだが末按司襲い
てだが末王にせ
てだなさいきよ
てだなさいきよ按司襲い
てだの若きよら

などといい、これを神性化したものに、

あがるいの大主（東方の大主）
てだが穴の大主
てだこ大主

などがある。いずれも「てだ」にまつわるものだ。

天上の神としての太陽に「てだいちろく」「てだはちろく」というのもある。有名な太陽讃歌のおもろ、

一　天に鳴響《とよ》む大主《ぬし》
明《あ》けもどろの花《はな》の
咲《さ》いわたり
あれよ　みれよ　きよらやよ

又　地《ち》天鳴響《とよ》む大主《ぬし》　（七ノ三五、一三ノ一〇六）

と、東方の朝日を花と譬え讃えたおもろであるが、単なる自然讃歌と捉えるべきものではない。東方の、いましもさし上る太陽（陽光）はもっとも瑞々しく、強いセヂ（霊力）を発散していると観念され、これを讃えているのである。そしてつまりそれは太陽である王の霊力を讃えることにつながる。というよりオーバーラップしているのである。太陽は東方の海の彼方にある「てだが穴」から誕生する、とされる。「もどろ」というのは、本土古語の「まだら」「もどろ」とも縁をひく語であるが、若々しい陽光がパッとさす、光の発散放射する状態をいっている。その変化形「もぢよる」「もぢよろ」のついた神女名が冒頭に出てくる、例えば「くにかさが　もぢよる」（五ノ二二）、「おしかどが　もぢよる」（一三ノ二〇）、「みぢへりきよが　もぢよる」（一三ノ二二、二三、二四）、「聞得《きこゑ》大君《ぎみ》ぎや　けおの内《うち》の　もぢよろ」（一二ノ七二）、「よきなわが　もぢよろ」（一三ノ二六、二八）などがあり、「もぢる内」「もぢろ内」と聖域をいうなど例は多い。動詞で「もぢよろなちへ」「もぢよろゑて」「もぢろかちへ」「もぢろきよる」「もぢろちへ」などとこれもまた多い。これらの語はいずれもセヂが充満し発散する表現である。セヂは太陽を淵源とするので輝いて見える。神女が聖域を「直《なお》ちへ」（直して）と表現するのも、そういう状態にすることである。「ゑか（吉日、ゑは良い意）直《なお》ちへ」の対句「きら　直《なお》ちへ」の「きら」も輝く意である。後に輝ける太陽王尚《しよう》真《しん》の神号ともなった「おぎやかもい」は、「御輝《おぎや》か思《も》い」（思いは接尾敬称辞）であって、ここにも太陽の想念がある。

一二ノ三一のおもろ、

一　聞《き》こゑあおりやいや　　聞こえたアオリヤエ（神女）は
星《ほし》の形《かた》　もぢよろちへ　　星のように輝いて

けおの内《うち》の　揺《よ》り（踊り）
直《なお》り　みもん
又　鳴響《とよ》むあおりやいや
又　首里杜《しょりもり》ぐすく
又　真玉杜《まだまもり》ぐすく

京の内での神踊りの
直りの見事さよ
鳴響んだアオリヤエは
首里杜ぐすく
真玉杜ぐすく

京の内での神女達の、体を揺らしながら踊る群舞が、やがて聖域一杯に霊力を充満させ、望ましい聖域に直る。首里杜ぐすく・真玉杜ぐすくは首里城域全体を聖地と捉えた言い方で、後には下の御庭、奉神門前の「首里杜」となり男性《オモテ》も参加する最も権威のある聖域となる。

一ノ一六に「てるかは（日神）と　と声《ごゑ》　遣《や》り交《かわ》ちへ／てるしの（日神）と　ゑりぢよ　遣《や》り交《かわ》ちへ」とあり、一三ノ四二に「聞《き》こへせの君《きみ》（神女）と（王が）つゝ（霊力）取《と》り交《かわ》ちへ」とあり、先の「あまこ」「みかう」を合わせてとあるのを合わせ考えると、一方が一方的に守護するというのではなく、双方向であることが察せられる。これは王と神女の二面性による。つまり王は王であるとともに太陽（神）であって、至尊の存在である。だが王は聞得大君や「三十三君《さんじゆうさんくん》」とも言われる王国の神女から祝福や守護を受ける存在でもあるのである。神女もまた祈られるカミ（神）の性格と、太陽から霊力を受けるというもう一つの面をもっている。

## 三　「尚」という王統

明史の洪武五年（一三七二）、琉球が初めて登場するところに、「洪武の初め、其の国に三王有りて、曰く中山、曰く山南、曰く山北と。皆、尚を以て姓と為す。而して中山最も強し」とある。中山王察度も、ついで朝貢を果たした山南王承察度も、山北王帕尼芝もそれぞれ「尚」という姓を持っていたことになる。これについてこれまで琉球史研究はまったく言及されたことがないが、中国側の単なる誤認であろうか。なお付け加えていえば、この時期の三山の諸王が「尚」姓を使用した形跡はみあたらない。「尚」姓が使われるのは、尚巴志が中山王の武寧を滅ぼし、父尚思紹を王位に付け冊封を受けて以来である、とするのがいわば常識である。

これについては以前から蔡鐸《さいたく》本『中山世譜』の記事に注目している。蔡鐸本の尚巴志の記事には、巴志が父の後を継いで佐敷小按司となり、暴虐を極めているとして山南王を滅ぼし、自ら山南王になり、中山王を滅ぼして父親を中山王に即け、次いで永楽二〇年（一四二二）に山北王を諸按司とともに攻略して、ここに琉球が「一統」されたと記している。これだと思紹が中山王になる以前に山南王の中国への朝貢はなくなっていなければならないが、実際は一四二九年まで使者を派遣している。父思紹が死んだのは前年の永楽一九年で、この年中山王に即位していたことになる。山北にしても、後の雍正三年（一七二五）の蔡温《さいおん》本『中山世譜』では永楽一四年（一四一六）に中山に滅ぼされている。山北はその前年までは中国へ進貢しているので、この時期に滅亡した可能性は高いが、その後もほそぼそと存在していたことも考えられる。とにかくこれを裏付ける確かな証拠はこれまでのところ確認されない。そして蔡温本の『中山世譜』では、宣徳四年（一四二九）に山南王を滅ぼして三山が統一されたと記されている。一般には蔡鐸本の記事は誤りと一蹴されているが、どちらも正誤を含み、佐敷《さしき》から勢力を張った小按司がまず眼前の島添大里（これも山南王と称していたのであろう）を討ち、次いで中山王、山北王、島尻大里に蟠踞した山南王を討ったというのが、真実のように思える。特に問題にされない島添大里は重要である。『朝鮮王朝実録』一四六三年（尚徳王の三年）の条に、朝鮮漂流民肖徳誠《しょうとくせい》らの見聞として「旧宮は居る所の南に在り。其の層閣・城郭の制度は、常居の宮と同じ。時々往来す。或は二三日或は四五日留居す。国王行く時は侍衛の軍士約三百余、皆甲を著し馬に騎す」と記されている。南にある旧宮と言われるところは、島添大里城しか思い当らない。

『おもろさうし』六ノ四三のおもろに、

（前略）
又　首里《しより》杜《もり》親《おや》のろ　　首里杜の親祝女
なよかさの　親《おや》のろ　　なよかさ（神女名）の親のろ
又　金杜《かねもり》の親《おや》のろ　　金杜の親のろ
みぜりきよの　親《おや》のろ　　みぜりきよ（神女名）の親のろ
又　西杜《にしもり》の親《おや》のろ　　西杜の親のろ
なよくらの　親《おや》のろ　　なよくら（神女名）の親のろ
（下略）

とある。ここの首里杜の親のろは、聞得大君の下にあって全琉の神女を統括する三殿内の筆頭である「首里大あむしられ」のことである。その拝殿が首里城の東南にあって「首里殿内」といっている。その名の通り首里城での儀礼では他の二殿内より主導的な役割を果たしていることが、一七〇四、五年ころに成立した『女官御双紙《にょかんおそうし》』にも窺える。これにも神名が「なよかさのおやのろ」であることが記されて一致している。真壁《まかべ》の大あむしられは「みぢりきよふ大神」とやはり一致しているが、儀保《ぎぼ》の大あむしられだけは「にぢれきう大主こてろま大神」と付いている。この理由は分からないが、『琉球国由来記』も同様である。

さて『女官御双紙』には、これら三殿内の管轄地域が、首里殿内の場合島尻東部、真壁殿内は島尻西部、儀保殿内は中頭が実に画然と区画されている。国頭はまだブロック化してなく、首里殿内に恩納《おんな》・金武《きん》・大宜味《おおぎみ》・国頭《くにがみ》が入り、真壁殿内に久志《くし》・名護《なご》、儀保殿内に羽地《はねじ》・本部《もとぶ》・今帰仁《なきじん》が入って三分されている。中頭から北谷《ちゃたん》・読谷山《よみたんざん》が真壁殿内に入っているのは不自然である。この構図は『琉球国由来記』も同じだが、真壁殿内から書きはじめているところに、真壁殿内の地位の向上があるのかもしれない。注目点は三殿内の中で中心的な殿内である首里殿内が、島尻東部を管轄していることである。これはおそらく王権を解く重要な鍵だと思われる。

当然のことだが、山北は国頭地方、中山は中頭地方、山南が島尻地方であると信じられている。『球陽』の英祖王統の西威の箇所で、国が乱れて三山に分裂したことが記されていて、兼城《かねぐすく》・真壁・喜屋武《きやん》・摩文仁《まぶに》・東風平《こちんだ》・豊《と》見城《みぐすく》・具志頭《ぐしかみ》・玉城・知念・佐敷・東大里《あがりおおざと》が大里按司に靡き、山南王を称するようになった。同様に国頭地方は今帰仁按司が山北王を称するようになったのだという。ただし英祖王統は学問的にはまだ確認されていない。したがって島尻が東西一統されている南山は、近世的な認識である。また『琉球国由来記』には島尻方代官、中頭方代官、国頭方代官ともあり、これもまた三山と共通している。しかしそれとは異なる一種潜在化した認識もあったと言うべきである。同じく『琉球国由来記』には巻一二が「真和志《まわし》、豊見城、小禄《おろく》、高嶺《たかみね》、真壁、摩文仁、喜屋武」、巻一三が「南風原《はえばる》、大里、東風平、具志頭、佐敷、知念、玉城」、巻一四が「西原《にしはら》、浦添、宜野湾、中城《なかぐすく》、越来《ごえく》、美里《みさと》、北谷、具志川《ぐしかわ》、勝連《かつれん》、与那城《よなぐすく》、読谷山」となっている。国頭は巻一五にあり、ここでも島尻東部と島尻西部それに中頭が一つのグループに括られている。これらのグループの最初の「真和志」や「南風原」「西原」は、東恩納寛惇《ひがしおんなかんじゅん》がかつては首里であったというように、*6 首里城を中心にした三つの領域、真和志の平等《ひら》、南風の平等《ひら》、西の平等《ひら》とかつては接続していたもので、これを切り離して間切にしたものである。筆者はこの三間切をそれぞれの筆頭間切とよんでいる。つまり『琉球国由来記』はこうしたグループと筆頭間切を記憶しているのである。手続きが複雑なので、ここで詳しく述べることをしないが、*7『おもろさうし』のうち地方おもろといわれるものの中で、巻一七が国頭地方、巻二と巻一五と一六が中頭地方、巻二〇が島尻西部、巻一八と一九が島添大里を除く島尻東部を区切っている。重要なのは島尻を東西二つに区切っていることがハッキリしていることである。またこのことは中本正智が言語地理学的な方法で、*8 安里進が考古学の立場から、ここに東西の境界が存在すると発言していることとも対応している。*9

さて問題は、首里城で中心的な役割を果たす首里殿内が、島尻東部を根拠にしているのに、なぜ政権は中山なのかということである。島尻東部は第一尚氏の故地である。久高島行幸、聞得大君の新任式（御新下り《おあらお》）に見られる知念半島の聖地巡礼等は、太陽の復活儀礼といった「てだ」の儀礼でもあったであろうが、もとは第一尚氏の儀礼だったとも思える。それにしても第一尚氏の尚徳《しょうとく》を倒して政権を握った金丸《かねまる》は、どうして子供ほども歳の違う尚徳を父国王として訃を詐し、自らを「琉球国中山王世子尚円《しょうえん》」（『憲宗実録《けんそうじつろく》』成化七年三月の条）として朝貢したのであろうか。中国は政権を打倒して王朝を開くことを禁じてはいない。むしろこうした易姓革命を当然としているのである。その理論的な装置が天拝であるともいえる。王権は天によって授けられるのであって、天に背かない政治を執り行うことを誓う儀式といってもよい。天拝を行う皇帝や国王は天に対して責任を負うのである。王権は天帝から神授されることによって権威付けられる。しかし琉球においてはこの天帝の発想はむしろ近世に入ってからのものであると思われるのである。そのため例えば創世神話も変化するのである。『おもろさうし』では日神イチロク・ハチロクがアマミコ（シネリコ）に命じて国土の創造と人間の生産をさせている。『琉球神道記』も、日神が登場しないだけで、だいたい同じ内容である。ところが『中山世鑑』になると、天帝がアマミキュに国土の創造を命じ、天帝が派遣した男女神（天帝子）が三男二女を生むのである。この天帝もしくは天帝子が『おもろさうし』神話の日神に相当するのはいうまでもない。三男のうち一人は王、一人は士、一人は人民である。そして『中山世譜』ではその天帝は見えず、天帝子が三男二女を生んだとしている。天帝子すなわち天子は、天拝をする国王でなければならないが、ワン・クッションおいて冊封国としての立場を滲ませた不完全なものになっている。とすると、『おもろさうし』における太陽讃歌や国王讃歌はまさに古琉球タイプの王権強化のロジックだったのである。

第二尚氏、こういう言い方じたい近代の史家のものだが、金丸は尚徳を倒したにもかかわらず、新姓を立てるのではなく、自らも尚氏を名乗ることにより王統の連続性と永続を図ったのである。本土が天孫降臨説話と結んで万世一系を正当化し、易姓革命を退けたように、琉球にあっても、明史にあるように、場合によっては察度王統も、当時の山南・山北もそれぞれ尚氏を称していた可能性が、こう考えると捨てがたいものになるのである。その琉球的な論理や保証が「てだ」であった。「てだ」としての神性を持つことで、その永続性と不可侵性を確保しようとしたのではないだろうか。

ここでのべた島尻東部と島尻西部それに中頭の三地域は、中世琉球王国を支えた三つの勢力圏でもあった。これが行政の最高責任者三司官《さんしかん》や城内の役所を三つにわける三庫理《さんこおり》（大庫理・南風庫理・西庫理）、出仕者を三つに分けた三番《みばん》、三の倍数でできているひき（引）の制度と、琉球の組織はすべて三分されているといってよい。この秘密も上の三地域に由来している。

近世末期の『聞得大君御規式次第《おぎしきしだい》』によると、王国の神女組織も、真壁殿内が島尻東西を合わせた島尻圏、首里殿内が中頭圏、儀保殿内が国頭圏になっている。近世末期になってやっと、女性のウチの認識が男性のモオテの歴史に同化するのである。

**注**

1 『おもろ新釈』琉球文教図書、一九五七年。

2 拙論「おもろさうしの成立」『解釈と鑑賞』第四七巻一号、一九八二年一月(拙著『琉球文学論の方法』三一書房、一九八二年所収)。

3 矢部良明「中国陶器から見た琉球の大航海時代」図録『琉球王国―大交易時代とグスク』沖縄県立博物館、一九九二年。

4 筑土鈴寛『中世芸文の研究』有精堂出版、一九六六年。

5 葉貫磨哉「日本禅宗の琉球発展について」『駒沢史学』第七号、一九五八年一二月。

6 東恩納寛惇『南島風土記　沖縄・奄美大島地名辞典』沖縄文化協会沖縄財団、一九五〇年。

7 詳しくは拙論「地方おもろの地域区分」本書、II第四章。

8 中本正智『図説琉球語辞典』力富書房金鶏社、一九八一年。

9 安里進『グスク・共同体・村　沖縄歴史考古学序説』榕樹書林、一九九八年。

# 第三章　王と王権の周辺――『おもろさうし』にみる――

## 一　『おもろさうし』のなぞ（成立）

『おもろさうし』の研究は、明治二六年（一八九三）に来琉した二人によって始まる。一人は、近代言語学をわが国に扶植した英人B・H・チェンバレンである。彼は、わが国で最初に近代的な手法で琉球語研究を着手して、その著、いわゆる『琉球語文典』（一八九五年）にまとめるが、「一種不可解な韻文」と評して、『おもろさうし』一冊を筆写させて持ちかえっただけで結局めぼしい成果をあげることはできなかった。

もう一人は田島利三郎である。彼は現在の国學院大學の前身皇典講究所を卒業し、東京で、琉球語で書かれた五〇冊余の文書があることを聞き、沖縄中学の教師となって赴任してきたのである。結局それは丸岡莞爾知事が収集して県庁に設置した琉球資料であることが後で分かるが、田島はその中にあった『おもろさうし』を筆写し、さらに後におもろ主取《ぬしどり》家に保存されていた、いわゆる安仁屋《あにや》本の二本と校合し本格的な研究を開始している。安仁屋本の二本と言うのは、一七一〇年『おもろさうし』を再編した際安仁屋家に設置されたものと、明治になって作成された副本のことである。

現在の『おもろさうし』は、一七〇九年王城が火災炎上して焼失し、翌年王府が編纂した唯一の琉球語辞書『混《こん》効験集《こうけんじゅう》』の編集スタッフをもとにプロジェクトを組み、「女官座」や各家に保管されていた『おもろさうし』を捜し出して再編したものである。その時の編集主任津嘉山《つかざん》按司《あじ》朝睦《ちょうぼく》の家譜には「もとの如く」二二冊に清書進上したことがみえるが、現在の『おもろさうし』には、まったく元の如くとはとても思えない齟齬が見られる。例えば『おもろさうし』は、安仁屋本系で総数一五五四首であるが、その中約二〇パーセントは重複していて、実際には重複の認定の仕方や重複の認識に相違があり、人によって違うと思うが、私の計算では重複を除いた実数は一二四九首である。おもろは歌謡なので、偶然の一致もあってこれも重複に含めることがあるが、その殆どは書誌上の重複である。つまり再編上の問題である。

次の箇所が主な重複箇所である。

①一ノ一から三〇までと、三ノ三二から六〇までの約三〇首。

②一七ノ四五から七四までと、一八ノ一から三〇までの三〇首。

③一九ノ三八から五〇までと、二〇ノ五一から六三までの一三首。

④一一と巻二一。両巻総数三〇六首、重複を整理すると実数は一二五首。

①の場合、巻一が「きこゑ大きみがおもろ」、巻三が「きこゑ大君がなしおもろ御さうし」といい、いずれも最上級神女、聞得大君《きこえおおぎみ》関係のおもろを集めたものである。そして一五三一年（嘉靖一〇）の編纂年のある（と信じられている）巻一が、そっくりそのまま天啓三年（一六二三）に編集された巻三の後ろにもある。これはどう考えていいのか。

また④の場合、巻の一一は「首里ゑとおもろ御さうし」と表題があり、成立年は記載されていない。ところが巻二一は、「くめの二まぎりおもろ御さうし」と題され、成立年も天啓三年と表記されているものの、巻二一は、世《せ》礼国男《れいくにお》が錯簡を指摘するまで、両者はまったく別のものではないかと思われていたほどである。それに巻一一にしかないもの、巻二一にしかないものがあり、両者ともに完本ではない。巻一一の表題「首里ゑと」はおそらく「首里ゑとのふし」から出たものであろうが、これは巻一三の「船ゑとのおもろ御さうし」にしかないものである。

## 二　『おもろさうし』の再編

表題に疑問があるのは、他に巻二〇の「くめすおもろ」がある。この巻は、南山の領域である。摩文仁《まぶに》・兼《かね》城《ぐすく》・島尻大里《しまじりおおざと》、嘉屋武《きゃん》、真壁《まかべ》、豊《と》見城《みぐすく》、小禄《おろく》のおもろが、比較的に順序よく配列されている。地方おもろは、巻二の「中城《なかぐすく》・越来《ごえく》のおもろ」のように、間切名を表示するのが普通で、その下の小地名を表示するのは異例である。おそらく再編の段階で、表題を失っていたのを、冒頭に「くめすよのぬしの／きみくらよ／きみくらす／あんじはやせ」とあるので、これを表題にしたものと思われる。同様の理由で巻一八の「恩納より上のおもろ」も、疑問が残る。「恩納より上」とは、つまり北山圏と思われるが、恩納が間切になったのは近世に入ってからで、これも間切名が適当で、それに合わせれば「金武《きん》」とするのがよい。おそらくこれも再編段階でのものであろう。

これらのことから、再編者が「もとの如く」二二冊にしたと言う文言が、巻一一と二一の重複を見ても、その他についても、内容が「もとの如く」に再編されていないことは明らかである。

巻一は、前に述べたように、一五三一年に成立したものである。その次が巻二の「中城・越来のおもろ」で、一六一三年に成立したことになっている。巻二二の「みおやだいりのおもろ」を除いてその他の各巻は、成立年が表示されていない巻も含めて、一六二三年に成立したものと思われる。ここまでは殆どの研究者で異論はあるまい。ところが、巻一だけがどうして巻二の成立より八二年も前に成立したのか。おもろの採録編集に関する記事はこれまで一切分かっていないが、それにしても八〇年余も存続するのであろうか。そうした役所が存続したとも思えない。しかもこの一冊だけがどうして飛び抜けて古く成立したのか。何とも奇妙なことではある。

伊波普猷《いはふゆう》は、『校訂　おもろさうし』（一九二五年）[*1]の序で、北山監守《ほくざんかんしゅ》として父王尚真《しょうしん》によって派遣された今帰仁《なきじん》王子朝典《ちょうてん》（尚韶威《しょうしょうい》）の家譜の記事を引用して、この家にあった二二冊を一七一〇年の書き改めの際写したものであるとし、これが尚家本（現存、沖縄県立博物館美術館蔵）と安仁屋本の直接の親本「具志川《ぐしかわ》本」であるとしている。いわゆる具志川本（実はこの頃まだ今帰仁を称していたので、厳密には「今帰仁本」というべき）、二二冊揃いの完本であったとすれば、これまで挙げた数々の編集上の疑問をどう説明すればよいのか。

具志川家の該記事を読むと弘治年間に朝典が北山へ赴く時、父王から、脇差、鎧、盃、盃台、紳《おび》を特に賜ったとあり、割注のかたちで、これまで家宝としてきたが、（一六〇九年の）兵火で紳だけが残っているとし、その次に「且つ唄双紙一冊を賜ることを蒙る」（原漢文）とあって、ここにも割注で、康熙己丑年（一七〇九）王城が火災にあい唄双紙を失ったので、家に伝えられている唄双紙を差し上げてお役に立てた、とある。巻一はまさにこの「唄双紙一冊」と対応するもので、系図座が一六八九年に設置されていることからも、二二冊揃いと見るべきではない。この一冊は巻一の聞得大君関係のもので、今帰仁で代々王の平安を祈っていたのではないのか。「嘉靖一〇年」は朝典の北山への赴任年であると再編者が推測したからではないのか。

## 三　『おもろさうし』の編纂

『おもろさうし』がどういう役所で、どういう人達が、どのように採録したのか、これまでのところまったく不明であることは、先に述べたとおりである。おもろの始まりの記述を「一」とし、音楽的な繰り返しを「又」とするアイデアはどこからきたのか。これと同じ「一」と「又」の記号としての使い方はこの時期の辞令書にみられる。これにヒントを得たのであろうか。繰り返し部分の省略といい、音楽的な繰り返しといい、採録の役人は音楽的な感覚がなくては叶わない方法である。表記も、近世の琉歌集とは比較もならないほど正確で、個人的なクセといったものはみられない。つまり個人を越えた正書法といったものがあったことを窺わせるものになっている。

この編纂に関わったおもろ主取は、安仁屋おもろ主取家ではなく、『球陽《きゆうよう》』の尚清紀《しようせい》に、嘉靖年間（一五二二～一五六六年）国王が久高島《くだかじま》行幸の時、おもろを歌って風波を静めた功績により神歌の頭に任ぜられ、奄美大島の数《すう》明《みよう》（住用《すみよう》）の地頭に補せられたという首里の湛《たん》氏であった。この一族から次々と「御唄勢頭《せど》」（おもろ主取に相当）が任命されている。しかしこの人たちの家譜にもおもろの採録編纂を窺わせる記事はみられない。またどういう経緯によるのか分からないが、一六〇〇年代のなかばごろに安仁屋家にとってかわられ、湛氏は士身分（筑登之親雲上《ちくどうんぺーちん》）となり、安仁屋家は百姓身分のまま大山《おおやま》に留まり、おもろ歌唱の家として近世には珍しく世襲して近世を生き抜くことになる。伊波普猷は先の「序」で、具志川家のほかこの安仁屋家にも二二冊の『おもろさうし』があったのではないかと述べているが、まずこれは可能性が薄い。かの安仁屋家が関わったとすれば、巻二二の「みおやだいりのおもろ」、つまり王府の儀礼に当時供され実際に歌っていたおもろを集め一冊としたもので、『琉球国由来記』の記事とも対応することから、成立は一六〇〇年なかばごろから一七〇〇年前後ごろのものと考えられる。

以上のことから、『おもろさうし』の成立は、巻一はまずおくとして、巻二の一六一三年、巻三から二一までの一六二三年、その後の巻二二の成立と、少なくとも三回以上にわたっているものと思われる。

さらにいうと、奄美関係の約三〇首が、外洋航海のおもろを集めた巻一三の「船ゑとのおもろ」にまとまって採られている。航海に関係のないおもろもあり、島ごとにまとまりを持っていることから判断すると、島津入り以前に奄美地方を含むおもろの採録作業は、完了していたと思われる。これが遅れたのは、やはり未曾有の騒乱に遭遇した混乱によるもので、一六一三年に一冊、一六二三年に一九冊（?）というのも、これをよく表しているように思われる。奄美関係の約三〇首は概ね航海のおもろであるが、そうでないものも含まれている。このことは、奄美と沖縄の関係から見て、地方おもろを幾冊か用意できたはずである。これが、「やまと・やしろ」〔大和・山城〕、「たう・なばん」〔唐・南蛮〕を含む外洋航海のおもろに含まなければならない事情が、この間に生じた結果だったのではないのか。

『おもろさうし』の編纂・成立は、未知のことが多く、また採録編纂の過程も島津入りを挟んで平坦ではなかった。それも一七〇九年の王城火災によって炎上し、今日のテキストは、王府が「回文」を発して各家から収集して大急ぎで再編集したものであった。今後の研究はこうした点を念頭に置かなければ、砂上に楼閣を築くことになりかねない。

## 四　史資料としての『おもろさうし』

「おもろと沖縄学の父」伊波普猷は、その著『古琉球』の序で、「オモロがわかりかけると今までわからなかった古琉球の有様がほのみえるやうな心地がした。私は歴史家でもないのに、オモロの光りで琉球の古代を照らして見た」と述べているように、おもろを使って古琉球を解明しようとした最初の人である。現在琉球史研究の時代区分のいわば学術用語ともなっている「古琉球」の語は彼の著書から出ているのは、よく知られている通りである。伊波ははじめ近世以前の漠然とした琉球社会を「古琉球」としたのであるが、現在では一〇世紀前後から一六世紀にかけての社会をさすことになっている。

仲原善忠《なかはらぜんちゅう》は、その著『おもろ新釈』〔琉球文教図書、一九五七年〕で「おもろ時代」と言う言葉を使い、「おもろ時代というのは、部落時代の末期から、按司時代、三山対立時代を経て、第一尚氏による統一王国の成立、次に第二尚氏の革命から、中央集権を行い、全沖縄を統一し、更に、島津の進入による従属政権への変質まで、大凡六世紀間をさす」と述べている。

古琉球の研究は、この時代の資料が希薄なこともあって、おもろを使って説明することが行われて来ているが、これは『おもろさうし』が何であるかという理解とも関わって、重要な問題である。北山茂夫に『万葉の世紀』(東京大学出版会、一九九一年)というのがある。北山は史家として万葉の歌われた数世紀を史資料をつかって解きあかしているのであって、『万葉集』の歌でこの時代の歴史を解明してはいない。『おもろさうし』も、広い意味で歴史的資料であることは自明だが、『おもろさうし』は歌謡集であって、これでもって歴史を解きあかすことはできないし、史資料として使う際も慎重な手続きがいる。

おもろは、首里王府が集めた歌謡集である。それも、概していえば祭式歌謡である。祭式の内容をここで詳しく説明する余裕はないが、ここでは、生産予祝、長寿延命、神女・神官、儀礼など、言語に霊力を認め(形骸化していても)、執行されるさまざまな場面で歌われるものをいう。

古琉球の時代は歌謡を一般に「おもろ」といったという認識が広がっているが、「おもろ」は一つの歌謡の形式であって、歌謡一般ではない。またおもろを概して叙事詩とするのも、祭式歌謡の範囲で認められるのであって、その場合も、神や集落の来歴(物語)をのべるという意味の「叙事詩」(折口信夫「国文学の発生」)なのか、西洋で言うエピック(古代叙事詩)なのか、といった区別がある。後者ならば民族的な共通の想像力にまで高まっていなければならないのだが、こうした検証が行われているのか。

祭式歌謡であるおもろを使って古琉球をみるやり方のもっとも大きな問題は、この時代をマジカルな社会であるかのように印象づけたことである。確かに王を頂点として、その対なる女性として聞得大君を置き、その女性(神女)が王を霊的に守護するとする思想がある。つまり柳田国男の『妹の力』を持ち出すまでもなく、それは女性の霊的な優越を認める「をなり神」信仰であるが、一対の男女は、「をなり」「ゑけり」の関係にあって、神女のきみ、のろ、かみ（根神）と、按司や地方の有力者が対応して重層化していった。

しかし、この時代がこうした世界ばかりでなかったことは、つまり中世の同時代の時空を共有していたことは、つとに真境名安興《まじきなあんこう》の『沖縄一千年史』（一九二三年）*2に読み取れるし、数一〇の寺院が建立され、多くの琉球僧が京都、足利学校、金沢文庫、鎌倉円覚寺、あるいは遠く瑞巌寺まで足を延ばし、一〇年から二〇年かけて修行を積んでいた僧たちがいる。いわば中世的なインテリジェンスをも共有していたはずである。

最近の研究者がおもろを持ち出して古琉球を論じないのは、まったく正当と言わねばならない。

## 五　『中山世鑑《ちゆうざんせいかん》』のおもろ

羽地朝秀《はねじちようしゆう》が一六五〇年編纂した『中山世鑑』には、五首のおもろが引用されている。この引用された意味がその後のおもろの有り様をいかにも象徴しているようで、また広く引用されてよく知られていることでもあるので、若干のコメントをすることにする。

『中山世鑑』は、どういうわけか尚真王紀を欠いているが、尚宣威《せんい》王紀に、尚円《えん》王が死に、尚真がまだ幼かったので、円の弟宣威が後を襲って王位に就いた。即位の年（成化一三年）の二月、陽神《ようしん》キミテズリが現れ、宣威はきっと自分を祝福するために現れたものと思い、玉座に座り、久米中城《くめなかぐすく》王子尚真を脇に立たせて待ち受けた。ところが、何時もは、君々神々が内原《うちはら》（後宮）から出て、君誇り《きみほこ》御門《ウジヨー》の前で東を向いて立つのが普通だが、今回は西面するという異例のもので、居並ぶ面々が固唾を飲んで見守っていると、「首里ヲハルテダコウガ、ヲモヒ子ノアソビ、ミモノアソビ、ナヨレバノミモノ」と、「をもろ」を歌った。宣威王は、これを聞いて、徳がないことを悟り、位を尚真に譲り、結局在位六ヶ月にして死んだことになっている。

これに対して仲原善忠は、『朝鮮王朝実録』にもほの見えるように、幼王を擁して権勢を誇った国母の陰謀だったのではないか、などと憶測されているが、はたしてそうなのであろうか。

このキミテズリ神、『中山世鑑』の別のところに、「キミテヅリト申スハ、天神也。国主世継ノ後、一代ニ一度、出現有テ、国主万歳ノ寿ヲシ給也。二七ノ託遊也。ヲモルハ、其時ノ託遊也」とある。国王が即位して一度だけ出現して国王を祝福する儀礼で、これを「きみてずりのも、がほうごと」〈君手摩りの百果報事〉という。しかしこれは毎年出てもいい王権強化の儀礼である。『琉球神道記』にも、一〇月には必ず王宮に出現するとある。

右の『中山世鑑』のおもろは、『おもろさうし』の一二ノ一二に、

一　首里《しより》おわるてだこが
　　思《おも》ひ子の遊《あす》び
　　見《み》物遊《あす》び
　　なよればの　見物《みもん》
又　ぐすくおわるてだこが
又　鷲《わし》の羽《はね》　差《さ》しよわちへ

とある。これは首里城におわします太陽子《てだこ》（＝王）の慈しまれている子（ここでは神女）の神遊びの見事さよ、体を揺らして踊る踊りの素晴らしさよ、鷲の羽を頭に差して、というもので、神女の儀礼を讃えたものであった。そしてこのおもろは、後々まで王府の儀礼に供されていて、二二ノ四七にもあり、「御冠船之御時《おかんせん》おもろ」とある。冊《さく》封使《ほうし》歓待の七宴の内第三宴の中秋宴の冒頭に安仁屋おもろ主取らがおもろを歌うところがある。この中にこのおも

ろも含まれていたものと思われる。ここでの「思《おも》ひ子《ぐわ》」はおもろ歌唱者以外の出演者を差している。つまり転用である。

また同『中山世鑑』の尚清王紀にも、即位の寿として天神キミテズリが嘉靖二五年の八月一九日と二四日に現れたとあってその時のおもろを載せている。即位一八年目のことである。『おもろさうし』にはさらに三年後の嘉靖二八年一〇月一三日と二一日にも執り行われている。その後の尚永《えい》王、尚寧《ねい》王の時も一〇月、複数回この儀礼が、それぞれ聞得大君や上級の神女たちによって行われている。王権強化の儀礼ではあっても、即位そのものに付随する儀礼ではなく、まして即位を左右する儀礼であったとはまったく思えない。文字資料やおもろを過大に評価した一例である。

## 六　せぢの種類

祭式には願意を実現するためのさまざまな装置が用意されている。神女の存在も、音楽（歌や楽器演奏や韻文等）もそれである。言い換えると非日常的な世界の実現である。民俗学では日常をケ、非日常をハレというが、祭りとは、そのケの人や場所、時間を特定してハレのものにすることである。ハレの場所や人を予め恒常的に特定すれば、神官や神社（琉球では御嶽《ウタキ》や御願所《ウガンジュ》）が区画されることになる。祭式歌謡について言えば、これに霊力を認めることも、そうした装置の一つである。

『おもろさうし』には、この霊力を意味する語を「せぢ」、「せ」「せい」、「しひ」、「すゑ」「すへ」、「けお」「けよ」「けふ」「けう」「きや」「きやう」、「け」「けい」、「しけ」、「もの」といい、それらはそれぞれ微妙にニュアンスが異なっている。ここでは、これらを代表して「せぢ」としよう。霊力という日本語も、はなはだ曖昧で、ましてこれらの「せぢ」をさすことばとしては不適当でさえあるが、これまで諸学兄が使用してきたこともあり、いちおう便宜的に使うことにする。

せぢは、霊の力ではない。それそのものは人にも物にも付いて、そのものの能力を著しく高めるのである。人に付けば、その人の活力を高め、長寿を保証することにもなる。物の場合、例えば「せぢまつるぎ」（セヂ真剣）はその剣の切れ味をいっそう鋭くするのである。

「せ」「せい」は、多く「せだか」の形で王や神女に付くが、ほかに「せいくさ」のように兵士を意味する語に付くこともある。物や語の下に付く例はない。その点で「せぢ」とは若干異なる。現在の方言で、ユタになったりする人のことを「サーダカンマリ」（さー高生まれ）というが、これはこの「せだか」から出て、ア母音に調和したものである。「シーダカンマリ」ともいう。

「すへ」（すゑ）は、「よがけせぢ」（世を支配するセヂ）と同様に「よがけすへ」ともあり、「すへのぢやう」（すへの門）ともあって、霊力を意味する語であることは間違いないらしいが、「末」の意味もあるらしい。同様に「しひ」「せい」「せへ」にも、同様の意味があるらしい。「しひつくあんじおそい」は「しひ」（霊力）のついた按司襲《あじおそ》い（王）と解されているが、「しひ」を継ぐ按司襲いかも知れない。同じく「てだしひ」「しひつぎ」も、太陽の末裔とか、そうした霊力を引き継いでいるものの意とも考えられる。『中山世鑑』には尚清《せい》王の神号を「天継アンヂヲスエ末続ノ王ニセイ」、『中山世鑑』には尚寧王のことを「日賀末按司添」（てだがすへあんじおそい）と出ている。『混効験集』「すへませ」に「子孫の事」、「ませ」に「人の筋目　真筋と言事なり」、「すへとまへて」に「筋目を尋てなり」とそれぞれ注され、「すへ」「ませ」（この「せ」も「すへ」と考えられている）が、末つまり末裔、子孫のことであることが分かる。こうした点も考慮しておく必要があろう。

「けお」の系統は、「けおのせぢ」、「けおのはねうち」（けおの羽撃ち＝船）など、すべて上に付く。「け」（気）からの変化であろう。首里城南隅の京の内は「けおのうち」の変化で、少数だがすでに「きやうのうち」「きやのうち」がある。「京」は当て字で、元来は聖地を意味することばである。

「しけ」の語源は不明。「もの」は本土古代でもデモーニッシュなものを意味したが、おもろでも「まもの」「まもん」の形で人（神）をいう。

## 七 霊力のイメージ

仲原善忠は一九四七年（昭和二二）「セヂ（霊力）の信仰について」（柳田国男編『沖縄文化叢説』中央公論社）を発表して柳田の激賞を受けたと言われる。そのなかで仲原はせぢを規定して「不可視の霊力」としている。上に挙げたせぢや、神女や王、長寿者のように、霊力の満ち満ちた者が発する霊力が、見えないと言う場合、それはどの状態をいうのであろうか。確かに、現在のすっかり衰えたシーやシジは、視覚的なイメージとしては想念しようもないが、『おもろさうし』のなかでは目に見えるものとしてはっきり表現されている。祭りあるいは呪術のイメージ・想念は、その枠外の者には幻想に過ぎないが、その共同体のなかでは紛れもない「事実」としてあるのである。例えば、一四ノ三六は、次のものである。

一 佐敷金杜《さしきかなもり》に
おわもりは 遊《あす》ばちへ
黄金《こがね》の もぢろきよる
きよらや

又　根国《ねくに》金杜《かなもり》に

佐敷の金杜でおわもり神女が神遊びして、黄金《こがね》のように輝いているさまの美しさよ、と言う意である。「もぢろきよる」は「あけもどろ」の「もどろ」とも関わり、「もどろく」（動詞）の語幹が名詞化したものである。本土古語の「もどろ」（名詞）、「もどろく」（動詞）とも縁を引くものであろう。おもろの例では光が発散放射するさまのように思われる。神女が神遊びをすると、せぢが充満して、黄金のように眩しい光を発散するのである。一八ノ二（一七ノ六六）に、次のオモロがある。

一　聞《き》こへおわもりぎや
くもこ杜《もり》　降《お》れわちへ
なむぢや（銀）　黄金《こがね》
もぢろきゆる　きよらや
又　鳴響《とよむ》むおわもりぎや
（下略）

これも、神女おわもりがくもこ杜に天降りすると、金銀が光を放つように輝いている、というもの。一〇ノ三にも「地《ぢ》天鳴響《とよ》む　大主《ぬし》／星《ほし》の形《かた》　もぢろちへ／とよわれ」とあり、一二ノ三一にも「聞《きこ》こゑあおりやいや／星《ほし》の形《かた》もぢろちへ／京《けお》の内《うち》の／よりなおり／見物《みもん》」と、「星《ほし》の形《かた》　もぢろちへ」とある。また一一ノ一には、「東方《あがるい》の大主《ぬし》／大主〈が思《おも》い子《ぐわ》／てだ（太陽）の形《かた》　もぢろちへど／おわる」とある。

特にこの「もどろ」「もぢよろ」「もぢよる」「もぢろ」「もぢる」「むぢよる」と表記の違いはあるが、いずれもせぢの視覚的な発散放射の状態を表すことばである点で重要である。この語、「よきなわが　もぢよろ」（一三ノ二六、二八）、「おしかどが　もぢよる」（一三ノ二〇）のように、神女名について第一行に歌われることが多い。これはその神女主宰の神事であって、その神女の霊力を讃える表現でもある。「百歳《ひゃくさ》　なてからや／黄金《こがね》すへ　付《つ》きやり／御前《まへ》　輝《かゞ》おらに」（七ノ三六）、長寿者は長寿なるが故に黄金（美称）の霊力を持ち、それを尊者の前に出て輝かすのである。この輝かすことももとは太陽に起源している。尚真の童名「おぎやかもい」、その母「おぎやか」も、この輝くの意の語幹部分が敬称として付いたもので、せぢが体内に充満し発散して輝いている意である。これは王がてだ（太陽）であることとも関連している。琉球の王はまさに太陽王だったのである。

## 八　王と神号

王には神号が伝えられている。神（女）が授けた名前ということであろうか。史書から拾うと、次のようになる。

舜天王《しゅんてんおう》・「尊敦」（そんとん）
舜馬順熙《しゅんばじゅんき》・「其益」（不明）
英祖王《えいそおう》・「英祖日子」（ゑそのてだこ）
察度王《さつとおう》・「大真物」（おほまもの）
武寧王《ぶねいおう》・「中之真物」（なかのまもの）
尚思紹《ししょう》・「君志真物」（きみしまもの）

尚巴《は》志《し》・「勢治高真物」（せぢだかまもの）
尚思《し》達《たつ》・「君日」（きみてだ）
尚金《きん》福《ぷく》・「君志」（きみし、『海東諸国記』には「金皇聖」とある）
尚泰久《たいきゆう》・「那之志与茂伊」（なのしよもい）または「大世主」（おほよのぬし）。
※ただし『海東諸国記』には「真物」とある。このほうが神号らしい。「なのしよもい」は童名、「おおよのぬし」は尊称か。
尚徳王《とくおう》・「八幡之按司」（はちまんのあぢ）、「世高王」（せだかわう）。
※「せだかわう」が神号らしく思われる。『海東諸国記』には「名は大家」とある。
尚円王・「金丸按司添末続之王仁子」（かまるあぢおそいすへつぎのわうにし）
尚宣威・「西之世主」（にしのよのぬし）
尚真王・「於義也嘉茂慧」（おぎやかもい）
尚清王・「天続之按司添」（てにつぎのあぢおそい）
尚元王《げんおう》・「日始按司添」（てだはじめあぢおそい）
尚永王《えいおう》・「英祖仁耶末按司添」（ゑぞにやすへあぢおそい）、「日豊操王」（てだふさうわう）。
※沖縄タイムス社の『沖縄大百科事典』（一九八三年）では「日豊操」を「てだほこり」と読んでいるが、「豊操」の読みになお疑問が残るので試解を示した。「てだふさう」は太陽に相当する意。
尚寧王・「日賀末按司添」（てだがすへあぢおそい）
尚豊王《ほうおう》・「天喜也末按司添」（てにぎやすへあぢおそい）

以上が、王の神号の全例である。括弧「　」内は『中山世鑑』、続く括弧（　）内は筆者の読みで、歴史的表記にしてある。見て分かるように、察度王から第一尚氏までは「真物」系の神号が多い。この「モノ」は、霊力の一種であるが、一般の人から畏怖尊敬される対象であることを示している。おもろにも、前に述べたように「まもの」「まもん」の形が出ている。「天」「日」が第二尚氏から顕著になっていること、為朝の子と言われる舜天（尊敦）や英祖を始祖として数えるのも、第二尚氏からである（この時期に建立された「国王頌徳碑文」参照）。「英祖日子」の「てだこ」という神号も従って第二尚氏以降と考えられる。英祖王統まであまり神号が伝承されていないことと、これらの王統の存在が確認されていないこととも対応している。

おもろでは、「てだ」は、小規模の首長から王にまで及んでいる。例えば、小規模の首長には、「糸数《いとかず》てだ」「宜《ぎ》野湾《のわん》のてだ」「棚原《たなばる》のてだ」「花城《はなぐすく》てだ」「山城《やまぐすく》てだ」とあり、中規模の首長には、「大里《おおざと》のてだ」「勝連《かつれん》のてだ」「北谷《きたたん》のてだ」「越来のてだ」「伊祖《いそ》のてだ」がある。首里のつまり第一尚氏の王は、単に「てだ」「てだこ」とも言うが、「首里のてだ」「天のてだ」「てだが末按司襲い」「てだが末王にせ」「てださいきよ」「てださいきよ按司襲い」と多様である。

テダと呼ばれる、共同体の中で太陽として振る舞う男性が、各段階にいたらしい。もちろん古くは小さい共同体にいたものであろう。それが階層化するに従い、王も太陽《てだ》と称するようになったのである。言うまでもなく王も太陽として振る舞ったのである。

## 九　支配者をさす言葉

上述の神号にもあったように、王は「按司襲い」とも言う。各地に割拠していた按司を支配する者の意である。しかしおもろでは、「久米の按司襲い」ともあり、また一六ノ一六には勝連按司を「せぢ高按司襲い」といっており、中規模の按司にもこの語が使われている。これと似たような語に「按司の又の按司」と言うのがある。按司の中の按司、按司の更なる按司ということで、これも王を意味する。これらは王と言えども「按司」の一人であることを意味してもいる。

按司は「あぢ」「あんじ」とおもろでは表記されている。おもろでは「ぢ」と「じ」は混同しているのであるが、「あぢ」「あんじ」は混同することがない。つまり書き分けられている。「あぢ」（あじ）が元来で、「あんじ」は「按司」の漢字が背景になった表記ではないかと思っている。というのは、この「アジ」は、宮良当社《みやらとうそう》の『南島採訪語彙稿』[*3]をみると、曾祖父を意味するアジ（西表《いりおもて》平民）、ウファアジ（喜界島《きかいじま》）、祖父を意味するアジ（喜界島）などが暗示しているであろう。曾祖母を意味するフーアジ（沖永良部島《おきえらぶじま》）、祖母を意味するアジ（沖永良部島）や、曽祖父を意味する宮古のマタ・ウプジ、黒島《くろしま》のウブジ、小浜《こはま》のオーチ、ウォーチ、ウヲーチにみられる「ジ」「チ」もアジの縮まった形かもしれない。要するに琉球列島では、長老の男女を「アジ」といったらしいことが窺える。それが男の活躍で男に傾き、各地を支配した英雄たちを「按司」というようになったが、なお女性を「按司」というのも近世まで残されているのは、こうした名残であるのであろう。

「なさ」「なさい」、これも小規模の集落単位の代表者である。これが「なさいきよ」となる。「きよ」は「こ」（子）が前のイ母音によって「きよ」（キュ）に変化したもので、単なる接尾語というより敬意を含んでいる。これがさらに「なさいきよもい」となり、ついに「なさいきよもい按司襲い」「なさいきよもい王にせ」ともなって王を意味している。「なさいきよもい」の「よもい」は「思い」の意でこれも敬称で、このあたりですでに王を意味している。

これとほぼ似た語に「あさ」「あさい」がある。沖縄本島で種付け用の大きな豚をアサーッワーといったが、この「アサー」がこれに関わるであろう。与那国では曾祖父・祖父をそれぞれウミ・アサ、アサというのだという。

これもそれに関わるのであろう。この語はついに大規模の首長には使われていない。

「た、みきよ」は、尊い方の意で、「きよ」は「子」の変化したもので、すでに説明したとおりである。「た、み」は「たうとみ」（尊み）の変化したもの。「山城た、みきよ」「玉城た、みきよ」「勝連た、みきよ」の、中小の首長をさす例以外はすべて王を指している。

世の主は、尚泰久の神号「大世主《おおよのぬし》」、尚宣威の「西《にし》の世主《よのぬし》」を思い起こすが、おもろでは、石原、金武、米須、永良部、上江洲、北谷、越来、保栄茂《びん》など、中小の首長をさしていることが多い。王を言う場合、「世の主の按司襲い」（中山）、「下の世の主」（南山）、「大世の主按司襲い」といった使い方をする。「世」と言うのは現実世界、物質的な豊穣を意味するが、「世の主」にはそうした豊穣と平安を保証する祭祀の主宰者の面影がみられる。

## 一〇　太陽としての王

おもろで、支配者を太陽になぞらえる表現ははなはだ多く、今さら例を出すまでもないが、例えば七ノ二〇に「吾《あ》が掻《か》い撫《な》で按司襲《あんじおそ》い　てるしの（太陽）が　上《あ》がる様《や》に　照《て》り襲《おそ》て」とか、次の七ノ二一「（王は）てるかは（太陽）が　てるしの（太陽）が　照《て》り居《よ》る様《や》に　御肝《おきも》　生《う》まれわちへ」など、様々な表現がある。ここの「てるかは」（照る日）・「てるしの」（照るシノ）も太陽の神性をいうことばである。「東方の大主」「天に鳴響む大主」などの「大主」を、太陽の擬人化した表現と考えているが、これはむしろ支配者（王）の太陽的表現と見たほうが妥当であろう。これに関して一つの記事を思い出す。

『球陽』の尚敬王の一七年（一七二九）の条に、これまで玉座は国殿の隅に設けてあったが、君臣の分、正しきを得ないので、伊江《いえ》按司《あじ》朝良《ちょうりょう》・目取真《めどるま》親方《おやかた》朝儀《ちょうぎ》の建議を入れて、国殿重修の際真ん中に移した、とある。現在復元しようとしている首里城をみると、玉座は二階中央後ろにある。ここからは下の御庭は望めまい。唐玻風の上（二階）手前に小さな部屋があり、ここからは御庭《ウナー》が望めるが、しかしおそらく御庭の手前三分の一ほどは見得ないであろう。ここの小間はかつてここに玉座があった名残ではないかと推定している。そのころはいまだ唐玻風《からはふう》はなく、やがて唐玻風が付くことによってここに玉座が狭まり、これも推量だが南側手前の「長《なが》みこちゃ」と呼ばれているところに玉座を移設して、そこから視野を確保したのであるが、この時期になって、玉座を中央に移したのではないのか。

王は、正月の元旦と一五日それに冬至に、諸臣を正殿前の御庭に集めて三跪九叩頭の儀礼を受ける。その儀礼の様は、『首里城入門　その建築と歴史』（首里城研究グループ編、ひるぎ社、一九八九年）に生き生きと再現してあるので、これに譲るとして（一四八～一四九頁）、元旦米蒔きといって浜砂を撒いて御庭を清め、城門を開いて福神を招き、中国の座楽を奏するうちに、諸臣は国王の長寿、国家の安泰を寺社に祈願するために参詣する。午後からは諸臣が美々しく束帯して登城し、久米村の長史大夫が発声して中国風の礼法があり、終わると上士は城内一階で、他は御庭などで酒肴をたまわる。一五日にもあり、さらに冬至にも同様の儀礼があることが、『琉球国由来記』や『球陽』（尚敬王の一六年の「冬至・元旦・元望に百官、乃ち九叩の見朝を行ふ」）に見える。

この中で特に元旦と冬至の儀礼には、王が太陽である側面が出ている。正月元旦、いわゆる初日の出を拝む風習が、今日の私達の心にも残っているが、それは元旦の太陽が最も若々しく霊力豊かなものと信じていたからに他ならない。冬至はまたその太陽が最も衰えたころで、この時期に、新嘗《にいなめ》や春祭りといった復活の儀礼が行われることは、フレイザーの『金枝篇』などに詳しい。いわば世界的な傾向である。

王はこれを祭る者の側面もあるが、彼自身が太陽として、臣下にまみえてもいるのである。玉座が二階中央に移されて、もうそこからは御庭を見ることができなくなっているが、かつては二階中央手前から臣下を見下ろし、自らも太陽として拝まれるという関係にあった。「拝《おが》ですでら」という琉歌《りゅうか》の常套句は、王のようなせぢ高い者を見て、見たものがその霊力を受けて活化することである。

冊封使が渡来し、冊封の儀が終わると、王は正殿前で、冬至元旦と同じ様な「天《てん》の御拝《みはい》」という儀礼を行う。「天」はいかにも中国めいているが、「てだ拝み」の儀礼であることは、玉座の位置からも分かる。それも一七二九年に中央に移設した段階で王のてだ的存在が著しく希薄になる。

## 二 せぢの根源

霊力が不可視ではなく、黄金や銀のように輝いていることは既に述べた。有名なおもろは、次のものである。

一 天に鳴響《とよ》む大主《ぬし》
明《あ》けもどろの花《はな》の
咲《さ》い渡《わた》り
あれよ
みれよ
きよらやよ
又 地《ち》天鳴響《とよ》む大主《ぬし》

七ノ三五（一三ノ一〇六）のおもろである。朝明けの空を差す陽光を「明けもどろの花」と表現したのである。いま生まれたばかりの日は、黄金色の瑞々しい霊力を振り掛けるように差しているのだ。その感動が、「あれよ」

「みれよ」「きよらやよ」の、感動をそのまま発したフレーズなのである。「天に鳴響む大主」「地天鳴響む大主」の対句は、太陽の擬人化とばかりはいえない。むしろ太陽的人物（ここでは王）に太陽がオーバーラップしているのである。

太陽的人物は太陽でもあるので、太陽から発散するせぢを臣下や神女にまでも及ぼす立場にある。『琉球国由来記』に馬天《ばてん》のろがかつて「てだしろ」といっていたが、聞得大君に遠慮して改名したとあるように、太陽霊の依り代でもあったのである。そしてそれを王へ奉る。ただ神女と王は、姉妹が兄弟を守護するという、別の原理が基本にあって、てだが支配者に上昇するにつれて、せぢの根源を太陽に求めるようになったものと思われる。太陽から求めた霊力を太陽でない王に供し、太陽であるテダ（王）からまた霊力を受ける。王が二面的であると同時に、神女もまた二面的である。

神女の二面性とは、祈る者と祈られる者、あるいは祭る者と祭られる者と言ってもよい。そもそも祭祀はハレとケの二面性を有していることはこれまでも述べてきたことである。ここでいうのはそうしたことではない。もう少し進んで神女がいわば神官として古琉球のように全琉的にネットワークされたころには、ケのふつうの女性の暮らしは問題にならない。神官としての二面性が問題なのである。「大君《きみ》は崇《たか》べて／押笠《おしかさ》は崇《たか》べて／親《おや》のろは崇《たか》べて」（五ノ二二）とあるように、この「たかべて」は尊崇して祈る意で、神女達が祈られているのだ。しかし彼女達には、祭るべき神々がいる。その神々の名は、本来明かされるべきではないので、おもろではあまり明瞭ではないが、『琉球国由来記』には多くの神名が記録されている。原則的には神名と神女名は別だが、例えば、仲里《なかざと》間切《まぎり》儀間村《ぎまむら》イシキナハ御嶽などに「アフライサスカサ御イベ」とあり、これは「あおりやへ」「さすかさ」という有名な神女名である。そのほか「おしかけ」「そできよら」「めまよきよら」「おしかさ」「みぜりきよ」「よきげらへ」「きみきよら」「きみげら」「きみよし」「こしらい」「くにかさ」「さらめき」「すづなり」「しのくりや」「たけきよら」（以下略）の神女名が、各地の神名として挙げられていて、神名と神女名が混同されているのである。これは神女の二面性の反映とも言えよう。しかもこれらの神女名も、固有名詞とはいえず、各地に神女名、神名で出回っている。

## 一二　航海と太陽

『おもろさうし』巻一〇の「ありきゑとのおもろ」（四五首）と巻一三の「船ゑとのおもろ」（二三六首）が航海のおもろといわれ、『おもろさうし』ばかりでなく、日本文学でも特異なものになっている。両者は、巻一〇が、沖縄本島と周辺離島といった比較的に近海の航海を歌ったもので、巻一三は、唐（中国）や南蛮（東南アジア）や本土といった遠洋の航海を歌ったもので、両者にはそれなりに違いがある。奄美関係の三〇首余も巻一三にしかないし、「東方の大主」で始まる太陽賛歌のおもろも、集中二〇数首のうち二一首までも巻一三に出ている。なぜ航海のおもろに太陽賛美のおもろが多数出てくるのか。これを考えてみよう。

外洋船は初め中国政府（明朝）から支給されていた。中国からは好字を選んで「宇」とか「宙」といった一字の船名が付いている。これに王府の神女があらためて「せぢあらとみ」とか「ておりとみ」「うきとよみ」といった琉球側の船名を付けるのである。

遠洋航路は季節風を利用する。季節の変わり目のまだ風向きが定まらない時に北上したり、南下したりする。それだけに大変危険な航海で、難船することもしばしばあった。

そのために、船は様々な呪術で飾られた。へさきに鬼面、両舷には大きな目玉、ともには鳳凰（鷲）あるいは日の丸が描かれ、三本の帆柱にもやはり三角旗四角旗の日の丸がはためいている。メーン・マストには、十数メートルもあるかと思われる見事な百足《むかで》旗が翻っている。後ろのマストにも小さな百足旗、北極星旗が靡いている。このあたりに菩薩《ぼうさ》（天妃）を祭る祠があり、菩薩旗も立てられている。岬を目標とする古い航海の伝統から、岬を霊的に支配する神（女）への賛歌となり、菩薩（天妃）信仰と習合して神女に航海の安全を祈ることが古琉球で広く行われる。「（神女名）は　たかべて（祈って）あん（我）守て　このと（海）渡しよわれ（たまえ）」の常套句は、これをよく表している。交易もしくは進貢は王府の官僚が乗り込む公の航海であった。聞得大君以下の上級の神女たちは、発船するごとに航海の安全を祈って仰々しい儀式を執り行ったのである。

上に挙げた船の呪術は中国船に共通に見られる習俗ではない。およそ福州で作られた船の特徴であった。わが国の日章旗とも縁を引くと思われる日の丸（沖縄でも古くそう呼んでいた）は、天気を期待するものだし、百足旗は水神（龍）を威嚇して好天を確保する呪術であった。

おもろは、これに対して、一三ノ八〇がある。

一　東方《あがるい》の大主《ぬし》
　　明《あ》けまもどろ　見《み》れば
　　へにの鳥《とり》（鳳凰）の　舞《ま》やへ
　　見物《みもん》
又　てだが穴《あな》の大主《ぬし》

一三ノ七五にも「日の鳥《ふゑとり》」とある。いずれも日輪のイメージで鳳凰を意味している。また、古琉球の石碑にも日輪が彫られている。太陽賛歌には違いないが、一三ノ八四に、次のオモロがある。

一 東方《あがるい》の大主《ぬし》
今帰仁《みやきせん》 金比屋武《かなひやふ》
按司襲《あぢおそ》いす
掛《か》けて ふさよわれ
又 てだが穴《あな》の大主《ぬし》

東方の生まれたばかりのせぢ豊かな太陽つまり王が、今帰仁カナヒャブの神に祈ったからには、按司襲い（王）こそ、支配して幸あれ、の意である。航海のおもろに見られる太陽賛歌は、古琉球の根源的な習俗というより、国王賛歌のおもろを転用したもので、天気乞いと国王賛歌の両義を狙ったのかも知れない。

また船は、一三ノ一五六に「はねうちがま すだちへ とぶとりと いそいして はりやせ」（羽撃ちがま＝船を孵化させて、飛ぶ鳥と競争して走らせよ）とあり、鳥のイメージである。中国はどちらかというと水鳥、琉球のそれは鷲鷹、隼といった猛禽で、船を鳥と見る思想は本土を含めて古いものである。

## 一三 神女の原郷

『琉球神道記』「キンマモン（梵字）事」に、開闢神話があり、国土が成り、人が増えキンマモンという守護の神が海底の宮から現れ、毎月託宣がある。あちこちの「拝林《オガミバヤシ》」で「御萱《ミゲン》」（カヤ）を持ち、神遊びをする。唱は「御《オ》唄《モリ》」で、まるで竺土の唄のようである。とあって、梵字で次のようなおもろを紹介している。

①キケイキミカナシ、ネイシマイシ、アラキヤメ、キユワレ
②キケイオホキミギヤ、ヲレテ、イニユリユヲワレバ、マンマン、アスラ、マン、チユワレ

①は、六ノ二六に、

一　聞《き》こゑ君加那志《きみがなし》
　　根石《ねいし》　真石《まいし》の
　　有《あ》らぎやめ（迄）
　　ちよわれ
又　鳴響《とよ》む君加那志《きみがなし》

とあるおもろに対応する。②は、三ノ四五（二ノ一四）に、

一　聞得《きこゑ》大君《きみ》ぎや
　　祈《いの》り奉《たてまつ》れば
　　万々　あすら万《まん》
　　ちよわれ
又　鳴響《とよ》むせ精高子《せだかこ》が

に相当している。ただ、「祈《いの》り奉《たてまつ》れば」が、『琉球神道記』では、「ヲレテ、イニユリユヲワレバ」（降れて祈りよわれば）となっていて、異なっているが、「万々　あすら万《まん》」という語は、ここの例しかなく、このおもろに比定されることは疑いの余地がない。意味は千年も万年も数えられないほどの年月の意で、王の長寿を祈ったものである。『琉球神道記』の「降れて　祈りよわれば」は三例あり（三の三一＝一二の三、四の二四）、「降れて　遊びよわれば」などとともに常套句で、こうした歌われ方もあったかもしれず、袋中の記憶違いかもしれない。ともあれ、この二例は、『おもろさうし』以前のおもろの姿を伝える数少ない例である。「梵唄」のようであるというのも、後の王府おもろの面影とも一致していて、面白い。

「降れて」というのは、神女が天上から天降《あも》りすることである。一二ノ八一に「君々《きみぐ》や　おぼつより　帰《かゑ》ら」とあり、オボツ・カグラという天上から持ってきた「おぼつせぢ」「かぐらせぢ」を王に奉るのである。では神女はどこに降りるのか。

三ノ四に「おぼつより　帰《かゑ》て　けよの内《うち》（京の内）に　戻《もど》て」、四ノ五四に「けおの内《うち》（京の内）に　戻《もど》て　もぢろ内に　戻《もど》て」とあり、神女は、ここでは王府の上級神女のことだが、天上の聖地から地上の聖地である京の内に降り立つのである。神女は、天女のようにひらひらと天上から地上に舞い降り、祝福しては舞い昇る。このイメージが長く保持されて、近世になってもしばしば神女が地上に天降りしている（『球陽』、後述）。これに対して、水平軸つまり海上もしくは海底からやって来るカミもあるらしいが、おもろでは天上のカミに対してきわめて影の薄いものである。『琉球神道記』は天下るカミと海からやって来るカミを単純に取り違えているが、それを正すと、天下るカミをオボツ・カグラのキンマモン、海から来るカミをギライ・カナイのキンマモンというのだという。おもろでは、ギライ・カナイはニルヤ・カナヤと言っていて、「にるや地」「にるや底」「にるや鳴響む大主」「にるや照り上がり」「にるやせぢ」とあるところから判断すると、東方の海上かなたの楽土、あるいは海底で、そこは太陽の生まれるところでもあるらしい。そこからせぢ（霊力）がもたらされ王に捧げられる。

## 一四　天下る神女

琉球の歴史でその実在が確認されるのは察度王からである。彼は明の太祖の招諭を受け、一三七二年王弟泰期（おもろでは宇座のタチヨモイという）を遣わして以来、三〇年の間に三〇回余中国と交流したことが明史に見えている。その察度の父奥間大親《おくまおおおや》という人と天女の間に出来たのが、察度であると『中山世譜』に出ている。またこれと全く似た話がいわゆる「銘苅子《めかるし》」伝説であるが、これは古く例の『琉球神道記』にも出ていて、この天女と銘苅子との間にできた娘が、尚真の夫人の一人サスカサ按司ガナシであることが、やはり『中山世譜』に出ている。銘苅子に賜ったという居宅が、現在の首里大中の尚詮《せん》氏の屋敷で、ここには見事なサスカサ・ガー（井戸）が保存されており、『琉球国由来記』にはこの井戸にまつわる白鳥伝説（白鷺）を伝えている。

天上にいる女性が地上に降り立ち、地上の男性と交渉をもつ話は、奄美以南の琉球列島に普遍しているが（テンチアモリ、アモロウナゴ、アモレ）、先の話はそれに伝説がついたものである。他にも一七二七年に時の三司官《さんしかん》西平親《にしひらおや》方《かた》朝叙《ちょうじょ》らによって建立された、宜野湾市森川《もりかわ》の「西森碑記」に、尚清王の第七子尚宗賢《そうけん》伊江《いえ》王子朝義《ちょうぎ》の母親は、宜野湾間切謝名《じゃな》村の野国掟の娘で、尚清王の夫人となった城の大按司志良礼《しられ》と言う人だが、この人は奥間大親の流れを汲む人であるらしい、という意味の碑文である。さらに近くに「大山御嶽《おおやまうたき》」碑があり、これは、このあたりに住んでいる一族が、一七六一年大山の村建てを記念して建てたものだが、南風原《はえばる》間切与那覇の宮城川《みやぐすくがわ》（井戸）に天降りした天女の子孫である伊波子《いはし》が、この大山の地を見立てて村建てをしたとある。

『球陽』尚敬王の三〇年（一七四二）には、何と天女の天降りを目撃した者まで記録してある。現在の与那原町与那原にある公民館内にある井戸がその現場だが、一七四二年五月一日の朝、近くで遊んでいた如古という一〇歳の女の子とその従姉妹の武樽《むたる》という八歳の子と真牛《まうし》という六歳の子が遊んでいると、たちまち黒雲が覆い、中から二つの円い光が降りてきた。従姉妹は驚いて逃げたが、如古だけは止まり見ていると、赤い着物を着た女と青い着物を着た女が現れた。容貌は尋常ではなく仙女のようである。水浴びを済ませると天女はゆっくりとクワデサの木に登り、衣を打ち振って舞い上がり、やがて円い光になって消えた。如古はあまりのことに、家に帰りそのことを祖父母に告げ、転達して王の耳に届いたとある。

　水浴びのために水辺に降りてくる話が白鳥伝説《スワンメイド》の一つの特徴で、世界に普遍しているものである。これが伝説でなく、「現在」も実見でき、この不思議を王府正史に記録したところに、この物語の根深さがある。察度の母は『中山世譜』によると「天上神女」ともあるように、袖の広い白衣の神衣装を着て、深夜あるいは薄暮に聖地（井戸も聖地の一つ）に出現する。白鳥と習合するのはまたもう一つ別のことだが、神女が白衣を翻して天の道を通り、クバやクロツグ、ガジマル、あるいは涼傘《りやんさん》を梯子にして地上に降りてくる。そうした幻想を広範に共有していたことをこうした記事は証明している。

　航行する船は鳥に譬えられ、疾飛するようすをおもろは「袖垂れて」と表現している。これは、神女が手を広げて袖を垂れているようすを、鳥が翼を広げている飛ぶ姿に譬えたものであるが、逆にいえば神女の広袖の神衣装は、飛御衣《とびみそ》（羽衣）を容易に連想したのであった。喜界島漁業民俗には、船の帆のことを「ミスディ」（御袖）というのだとある。

## 一五　神女組織

上級神女を俗に「三十三君《さんじゆうさんくん》」という。これはどうやら実数ではなく、ただ単に数の多さをいうことばらしい。尚真王のとき、つまり一五〇〇年前後、尚真の妹オトチトノモイカネが、王国の最高神女聞得大君に初めて就任している。それ以前は、大君、君といわれる上級神女がいた。その下にノロ（祝女）がおり、さらにその下にカミといわれる神女がいた。つまりカミ―ノロ―君―大君―聞得大君と階層化したのであるが、発生から言えばカミがもっとも古く、聞得大君がもっとも新しいはずである。

この上級神女というのは、『おもろさうし』の表題に、例えば次のように、巻一と巻三に「聞得大君がおもろ」、巻四に「あおりやゑ・さすかさのおもろ」、巻六に「首里大君・せん君・君かなし・百度踏上《ももとふみあがり》・君のつんじ」とある、これらの神女がそれである。その外、君鳴響み、望月《もちづき》、君きよら、おしかけ、せぢあら君、みもの君、せ高君、めづら君などと多い。

一八世紀の初めころに編纂された『女官御双紙《にょかんおそうし》』によると、琉球の神女組織は、聞得大君の下に、三人の大君つまり首里の大あむしられ（首里大君）、真壁大あむしられ（大君）、儀保《きぼ》大あむしられ（大君）と、さらにその下に、那覇泉崎《いずみざき》の大あむ、宮古の大あむ、八重山の大あむ、久米島の君南風《きみはえ》などが居り、さらにこの下に各地ののろがいた。古琉球では、これらの神女に辞令書が王府から発給されている。つまり神女は王府体制の女神官だったのである。これを見ても神女が誰のために祈ったか分かるであろう。

さてこの『女官御双紙』によると、首里大あむしられの支配地域が次のように記されている。

南風原《はえばる》間切、大里間切、佐敷間切、知念間切、玉城間切、具志頭《ぐしかみ》間切、金武間切、大宜味間切、国頭間切、恩納間切、伊江《いえ》島、伊平屋《いへや》島

南風原間切を中心に島尻地方の東半分と、国頭地方の一部が含まれ、南風原間切が最初に書かれている。真壁大あむしられは、

真和志《まわし》間切、豊見城間切、小禄間切、東風平《こちんだ》間切、兼城《かねぐすく》間切、高嶺《たかみね》間切、摩文仁《まぶに》間切、真壁間切、北谷間切、読谷山間切、名護《なご》間切、久志間切、久米島、宮古島、八重山島

と真和志間切が初めに書かれ、だいたい島尻地方の西半分が中心で、例外として中頭地方から北谷と読谷山が入っている。他に国頭地方の一部それに本島最大の離島である久米島と、両先島がここに属している。

儀保の大あむしられは、

西原《にしはら》間切、浦添間切、宜野湾間切、中城間切、越来間切、美里間切、具志川間切、勝連間切、与那城間切、羽地《はねじ》間切、本部《もとぶ》間切、今帰仁《なきじん》間切、慶良間《けらま》間切、粟国《あぐに》島、渡名喜《となき》島

が支配下にある。西原が最初に書かれ、これは中頭地方が中心で、これに国頭の一部と本島に四方の離島が含まれている。これは何を意味しているのか。

## 一六　三殿内と首里三平等

おもろには、この三殿内の神女を次のように歌っている。三ノ四に、

（前略）
又　首里杜親《もりおや》のろ
　　なよ笠《かさ》の親《おや》のろ
又　真《ま》壁杜親《かびもりおや》のろ
　　御宣《みぢゑ》り子《きよ》の親《おや》のろ
又　西杜《にしもり》の親《おや》のろ
　　鈴鳴《すづな》りの親《おや》のろ
又　平良杜《たいらもり》の親《おや》のろ
　　御宣《みぢゑ》り子《きよ》の親《おや》のろ
（下略）

とあり、六ノ四三にも、

（前略）

又 首里杜親《しよりもりおや》のろ
又 なよ笠《かさ》の親《おや》のろ
又 金杜《かねもり》の親《おや》のろ
又 御宣《みぜ》り子《きよ》の親《おや》のろ
又 西杜《にしもり》の親《おや》のろ
なよくらの親《おや》のろ
（下略）

とある。また、三ノ一二にも次のようにある。

（前略）
首里《しより》のろ親《おや》のろ
又 なよ笠《かさ》の親《おや》のろ
又 金《かね》の杜《もり》の親《おや》のろ
又 御宣《みぢ》り子《きよ》の親《おや》のろ
西杜《にしもり》の親《おや》のろ
十百末《ともゝすへ》の親《おや》のろ
（下略）

首里杜の親のろと言えば、決まって「なよ笠」という神女である。真壁（金の杜）の神女も「御宣り子」である。しかし西杜儀保の神女は「鈴鳴り」「なよくら」、美称辞らしい「十百末」とそれぞれ異なっている。また首里・真壁・儀保の順序で絶えずでているのも、そうしたいわば序列を反映しているものと思われる。一二ノ六一にも「又　首里《しより》のろ　先立《さきた》て／なよ笠《かさ》よ　先立《さきた》て／又　真壁《まかび》のろ　先立《さきた》て／御宣《みぢへ》り子《きよ》　先立《さきた》て／又　儀保《ぎぼ》のろよ　先立《さきた》て／鳴《と》響《よ》ましよ　先立《さきた》て／又　遣《や》り襲《おそ》いよ　先立《さきた》て／親《おや》のろよ　先立《さきた》て」とある。これらのことから、首里殿内という言い方といい、聞得大君の日常の祭祀は首里大君が代わって行っていたことが『聞得大君御規式次第《おぎしきしだい》』に窺えることから、首里殿内が三殿内の上格であることは、疑えない。その首里殿内が島尻地方の東部を押さえていること、真壁殿内が島尻地方西部、儀保殿内が中頭地方であるのに、国頭地方は三分されている。またそれぞれの初めに書かれていた南風原・真和志・西原は、それぞれのいわば筆頭間切とでもいうべきもので、これらの支配地域から判断すると、三殿内は、言われているように南山・中山・北山の三地域を根拠にしているのではなく、島尻東部・西部、中頭を根拠にしていることが分かる。

こう考えると、王がかつて久高島に行幸し、聞得大君が斎場御嶽に参籠して即位の秘儀を執り行い、島尻東部一体に王府の聖地が集中しているのは、単にそこが太陽の昇る東方であったというばかりでなく、第一尚氏の出自の地の儀礼を王府に持込み維持していたものと思われるのである。第一尚氏は、浦添に都していた中山王察度王統を滅ぼして自らも中山王と称したが、祭祀は自らの出身であるもう一つの南山（島尻東部）を継承しているのである。

## 一七　地方のおもろの区分

先に紹介した『女官御双紙』に見られる三殿内の支配地域は、儀保殿内に属すべき北谷と読谷山が真壁殿内に入っている以外、三つの支配地域が画然としている。このことは『女官御双紙』だけのことではなく、『琉球国由来記』にもみられる。念のために間切名を『琉球国由来記』のとおりに列挙することにする。

巻一二・真和志、豊見城、小禄、兼城、高嶺、真壁、摩文仁、喜屋武
巻一三・南風原、大里、東風平、具志頭、佐敷、知念、玉城
巻一四・西原、浦添、宜野湾、中城、越来、美里、北谷、具志川、勝連、与那城、読谷山

巻一五が恩納より北の国頭地方、巻一六が伊是名《いぜな》・伊平屋、巻一七が粟国・渡名喜・出砂《いですな》・鳥島《とり》、巻一八が座間味・渡嘉敷、巻一九が久米島の二間切、巻二〇が宮古、巻二一が八重山となっている。注目してよいのは、真和志と南風原と西原がやはり初めに書かれていて、それぞれのグループが『女官御双紙』よりいっそうはっきり区画されている。

さて、これをもとに『おもろさうし』に戻ると、『おもろさうし』には「地方おもろ」というのがある。巻二が「中城・越来のおもろ」、巻一一と二一が「久米の二間切のおもろ」、巻一五が「浦添・北谷・読谷山のおもろ」、巻一六が「勝連・具志川のおもろ」、巻一七が「恩納より上のおもろ」、巻一八が「島中おもろ」、巻一九が「知念・佐敷・玻名城おもろ」、巻二〇が「米須おもろ」となっており、これらの巻が「地方おもろ」である。これらは、先の『女官御双紙』や『琉球国由来記』ほどに鮮明に地域区分をしていないが、巻二〇の「米須おもろ」がほぼ真壁殿内のつまり島尻西部に相当し、巻一九の知念・佐敷・玻名城と、玉城間切にあたる島中を加える（島添大里はおもろにない）と、島尻東部に相当する。中頭はどうかというと、これまで見てきたような前提に立って、中城と越来が一つの巻に括られていること、浦添・北谷・読谷山、勝連・具志川がそれぞれ一冊に纏められているのは、

これらの地域が政治経済文化あるいは歴史的に深いつながりを持っていたからであろう。察度が浦添に都し、明の招待を受けて読谷山宇座のタチ思い（泰期）を王弟として派遣したのも、いわば浦添城の豪族だったからである。これらのブロック化は、尚氏王統の登場以前の古い伝統を反映しているのであろう。

第一尚氏の尚巴志は佐敷按司から身を起こして、浦添中山王武寧を滅ぼし、ついで北山、最後に南山を滅ぼして、全島を一統したことになっている。しかし『中山世鑑』では、佐敷按司はまず南山王を滅ぼして南山王となり、それから中山と北山を滅ぼしている。ところが、蔡鐸《さいたく》本『中山世譜』では、巴志の南山王即位をわざわざ誤りであると注しているが、むしろこれが正しいのではないか。巴志はまず島添大里按司（南山王）を滅ぼし、ついで中山・北山を攻め、最後に島尻大里の南山王を滅ぼしたというのが、真実ではないかと考えている。少なくとも島尻の東半分を支配統括した共同体が第一尚氏以前からあったことを認めないわけにはいくまい。とすると、南山は、島尻地方に二つあったというのが、私の結論である。切れ切れの「歴史的事実」を繋ぎあわせてもこのことがいえるが、この地域を母体とするが、奉神門西の広場に、言わば政治的な場である男ゾーンの中央に、唯一例外的にある首里杜を管理している。いわば国家レベルの主宰神官で、聞得大君と一体となった最高の権威であった。『おもろさうし』巻五は「首里おもろ」、巻七が「南《はひ》のおもろ」である。いずれも首里杜と首里大君を中心にしたものである。なお王の直轄地であったろう南風原・真和志・西原は「地方おもろ」にない。巻五と七に解消しているのであろう。

## 一八　王府の三分制

首里に都城した尚氏政権が、島尻東部・西部それに中頭を権力の足場にした王国経営は、王国の行政組織を知る手掛かりを与えてくれる。例えば近世以降も引き続き認められる三司官や三番の制度など、王府行政に顕著にみら

| | | |
|---|---|---|
| 王 | | |
| 摂　政 | | |
| 三司官 | 三司官 | 三司官 |
| 不明こおり | にしのこおり | はゑのこおり |
| 真壁殿内 | 儀保殿内 | 首里殿内 |
| 真和志平等 | 西平等 | 南風平等 |
| 真和志間切 | 西原間切 | 南風原間切 |
| 島尻西部（島尻大里、下島尻） | 中頭地方 | 島尻東部（島添大里） |
| 三　番 | | |
| ヒ　キ | | |

王府の三分制・概念図

れる三つに区分される制度が、これら三地域を根拠にしたことによるものと思われるからである。

第一尚氏は、中国に対する建前としては、察度王統の武寧を継いだことにしたが、祭政ともにその本貫に依拠し優位に置き続けていた。これらの三地域を代表する南風原・真和志・西原が、近世に到るまで、なおそうした立場を記録していることに驚くが、この三間切は、『おもろさうし』からみても、また真栄平房敬も述べているように、首里城（王府）の直轄地であったのであろう（『沖縄大百科事典』沖縄タイムス社、一九八三年、「首里三平等」の項）。やがてこれを間切として切離し、首里城域内に限って南風の平等、真和志の平等、西の平等として残ったのであった。

三司官もこれと関わるであろう。三人の最高の臣下がいるというのは、権力構造としてははなはだ特異なことだが、これも、かつてはこの三地域を代表し統括する者が三司官になったのであろう。これと表裏をなしているのが、三番の制度である。臣下を三分し、丑の日番、巳の日番、酉の日番とし、それぞれ四日ずつ輪番で出仕する。

古琉球の辞令書に「にしのこおり」の誰それ、「はゑのこおり」の誰それとその所属が出ている。これらは西の平等の「にし」（西）、南風の平等の「はゑ」（南風）であるが、もう一つの真和志の平等に相当するものが、これまでのところ見当らない。嘉靖二〇年（一五四二）八月麻《ま》氏《うじ》真命《しんめい》（まさぶろ＝真三郎）に発給された辞令書は、「こおり」名が判読出来ないが、「にし」でも「はゑ」でもないことは明らかで、「まかび」か「まわし」であると推定される。つまりこれらの「こおり」も、三区分を反映しているのであろう。なおこの「こおり」、後に庫理（庫裏）

を当てられているが、これだと「くり」が正書で、辞令書には例外なく「こおり」が当てられていて、私は「郡」と見ている。要するに三地区をそれぞれ郡としているものと思われる。そしてその役所が首里城内にあって、当所はそれぞれ出身者がそれぞれの「こおり」の役所に所属していたが、しだいに地域所属の意識は無くなったのであろう（「こおり」のみえるもっとも古い田名家文書麻氏の一五三六年以降の辞令書にすでにその傾向がみえる）。単に王府内の官僚組織の区分になっているのである。

　同じく辞令書にみられる何々「ひき」といって「ぢやくにとみ」（謝国富）とか「うきとよみ」（浮豊見）といった「とみ」や「とよみ」の付く官船に所属する人達がいた。この人たちは後に「勢頭役《せどやく》」として首里城の守備や王の乗り物の警護に従事するようになるが、元来は中国や東南アジアへ向かう王の船の乗り込み員であった。守備と警護は本国での職務の一半であったのであろう。『琉球国由来記』には、古くは一二ヒキだったが、現在では九ヒキであるという。ヒキ（船）の数は、近世当時の解釈であって、本当はもっと多くの船があった。これらの船も三の倍数であって、ことごとく三番の制度に織り込まれていることが分かる。

　この三分制は『琉球国由来記』の「官爵列品」を見れば分かるように、三司官ばかりでなく、御物奉行吟味役、総山奉行、山奉行等々、三人ないし三人の倍数になっている。また地方でも夫地頭《ぶうじどう》（大屋子《おおやこ》）や大掟《おおうつち》・西掟《にしうつち》・南風掟など三人制の痕跡が認められ、王国に広く普及していたといってよい。

## 一九　古琉球とおもろ

　これまで述べてきたように、王と王権の問題は、さまざまな問題を孕んでいる。おもろで照射して浮かび上がらせる側面もあるにはあるが、それだけでは古琉球は明らかにならない。また記載資料だけでもそれは解決されない。

ましてこれまで通史で何ら疑うことなく『中山世鑑』や『中山世譜』等近世の王府正史から敷衍されてきた感すらあるのである。

一四六六年琉球の使者が、足利将軍義政に拝謁して退出する際火砲を放って驚かしたという年、『蔭涼軒日録《いんりようけんにちろく》』には琉球正使芥隠《かいいん》と大軸から「南蕃酒」(南蛮酒)の小さい樽を贈られ、早速賞味したとある。この時期王国の外交にこれら五山の禅僧の活躍が目立つが、彼らは宗教者としても、本土の各地で、一〇年、二〇年と修行を積んでいる。また古琉球に二四ヵ寺の寺院が首里を中心に各地に建立されている。これも詳しくは筑土鈴寛《つくどれいかん》『中世芸文の研究』(有精堂出版、一九六六年)＊4や、葉貫磨哉《はぬきまさい》が発表した「日本禅宗の琉球発展について」(『中世禅林成立史の研究』吉川弘文館、一九九三年)に譲るが、おもろには見られない、中世的な広がりのある世界があった事実をカウントに入れる必要があることはいうまでもないだろう。

これまでの王朝史は、真に科学的な意味での歴史とはいえない。もしそれが事実であれば、どうして第一、第二尚氏とも伊平屋島から出自するのであろうか。こうした必然を、例えば、軍事的に、経済的に、政治的に、各面から妥当な理論を展開しなければならないはずである。中山の根拠地であった浦添よりも優位にたてる条件を考慮しなければならない。かつて王朝の交代や王の継承に伝説(昔話)的な骨格がみられることを述べたことがあるので、ここでは繰り返さない(拙著『琉球文学論の方法』三一書房、一九八二年所収「王統継承の論理」)。

天降りする神女の話、これを本土神話と比較すると、本土では天照大神以外は天皇に繋がる男性の神々のみで、『万葉集』では「高照らす」「天照らす」と天皇や皇子に冠せられる。しかし琉球の王は「てだ」ではあるが天降りする表現はない。神女(聞得大君・大君)と王は、太陽の霊力を受け、また太陽のイメージを背景にして、複雑な重構造をなしている。これについて幾つもの論文が提出されているが、なお議論の余地がある。

せぢを仲原善忠が、「不可視」とするのに対して「可視」とした。せぢは輝き発散しているのである。「あけもどろ」も「もぢよろ」「もどろ」もみなそうしたイメージである。常套句の「よかる日」に対する「きやかるひ」(輝く日)も、「ゑか」(良日)に対する「きら」も、せぢが光りのように輝き放射発散する表現である。これはおもろのせぢを考える上で重要なポイントだと私は思っている。

王が王としてまた太陽的な性格をもったものとしての儀礼に冬至元旦の儀礼がある。その様子はよく分かっていないが、これまで述べて来たことのほかに、沖縄県立芸術大学所蔵の「図帳《ずちょう》」(一八六六年か)にある「冬至元日勅書御迎之時供奉御餙之図」「冬至元日十五日唐玻豊出御之時御備之図」をみると、若干その儀礼をビジュアルに確認することができる。御庭は祭りの場所であり、大龍柱小龍柱、朱塗り柱で彩色された唐玻風は、太陽である王を祭る祭壇でもある、という趣である。

『おもろさうし』はその成立をはじめ、いまだ解説を見ない未詳語や、それらの理解を含めて実に多くの解決しなければならない問題を残している。そのおもろで王と王権を考究することはおのずと限界がある。こうした限界を承知の上でいくつかの論文を書いてきた。本論はこれらの論文を概略したもので、詳しくは後記の参考文献にかかげた拙論を読まれたい。

**注**

1　『伊波普猷全集』第六巻、平凡社、一九九三年所収。
2　真境名安興著、富島壮英他編『真境名安興全集』第一巻、琉球新報社・ロマン書房本店、一九九三年所収。
3　『宮良当壮全集』第七巻、第一書房、一九八〇年所収。
4　『筑土鈴寛著作集』第四巻　中世・宗教芸文の研究　二、せりか書房、一九七六年所収。

**参考文献**


『金石文―歴史資料調査報告V―』沖縄県教育委員会、一九八五年。

拙論「『おもろさうし』概説」本書、II第一章。

拙論「『おもろさうし』の成立」『解釈と鑑賞』第四七巻一号、一九八二年一月、『琉球文学論の方法』三一書房、一九八二年所収。

比嘉　実「琉球王国・王権思想の形成―若太陽から太陽子思想へ―」『球陽論叢』ひるぎ社、一九八六年所収。

拙論「武装する神女」、拙論「岬航く船」、L・Aセラフィム「首里三殿内の君々」、拙論「酒と土地と太陽的人物」、拙論「祭儀の時間」、嘉手苅千鶴子「『おわもり』と『こしらへ』」（おもろ研究会『おもろさうし精華抄』ひるぎ社、一九八七年所収）。

拙論「地方おもろの地域区分」本書、II第四章。

知名定寛「沖縄の太陽信仰と王権―ニライカナイと民衆の太陽信仰を中心に―」『神女大史学』五号、一九八七年。

知名定寛「沖縄の太陽信仰と王権―『てだこ』思想の形成過程について―」『沖縄の宗教と民俗』第一書房、一九八八年所収。

拙論「『中山世鑑』所出のおもろ」琉球大学法文学部紀要『国文学論集』三二号、一九八八年。

拙論「古琉球」『浦添市史』第一巻通史編、一九八九年。

末次　智「古代琉球の王権儀礼と王の即位」『立命館文学』五〇号、一九八八年。

玉城政美「神女が降りるモチーフ」『沖縄文化』七二号、一九八九年。

ろ」も「もぢよろ」「もどろ」もみなそうしたイメージである。常套句の「よかる日」に対する「きやかるひ」(輝く日)も、「ゑか」(良日)に対する「きら」も、せぢが光りのように輝き放射発散する表現である。これはおもろのせぢを考える上で重要なポイントだと私は思っている。

王が王としてまた太陽的な性格をもったものとしての儀礼に冬至元旦の儀礼がある。その様子はよく分かっていないが、これまで述べて来たことのほかに、沖縄県立芸術大学所蔵の「図帳《ずちょう》」(一八六六年か)にある「冬至元日勅書御迎之時供奉御飾之図」「冬至元日十五日唐玻豊出御之時御備之図」をみると、若干その儀礼をビジュアルに確認することができる。御庭は祭りの場所であり、大龍柱小龍柱、朱塗り柱で彩色された唐玻風は、太陽である王を祭る祭壇でもある、という趣である。

『おもろさうし』はその成立をはじめ、いまだ解説を見ない未詳語や、それらの理解を含めて実に多くの解決しなければならない問題を残している。そのおもろで王と王権を考究することはおのずと限界がある。こうした限界を承知の上でいくつかの論文を書いてきた。本論はこれらの論文を概略したもので、詳しくは後記の参考文献にかかげた拙論を読まれたい。

**注**

1　『伊波普猷全集』第六巻、平凡社、一九九三年所収。
2　真境名安興著、富島壮英他編『真境名安興全集』第一巻、琉球新報社・ロマン書房本店、一九九三年所収。
3　『宮良当壮全集』第七巻、第一書房、一九八〇年所収。
4　『筑土鈴寛著作集』第四巻　中世・宗教芸文の研究　二、せりか書房、一九七六年所収。

では、なぜ王統の始祖は、伊平屋出身でなければならなかったのか。それは、アマミキョ伝説にも見られるように、神は北方から、高い獄を目差して島渡りすると言ったまったく異なる原理が支配していたのではないのか。要するにこの説話は、若干飛躍した言い方になるが、九州縄文人の絶えざる南下の記憶を伝えているのかも知れないのだ。近年の考古学の成果は、とくに南九州との、数千年前からの交流を証明しているし、「交流」以上に同質の文化圏にある時期が長く続いている。九州方言と琉球方言との近しい関係から言っても、地理的条件から言っても、これはまったく当然と言えよう。

　神やすぐれた指導者が北からやって来て政権を築く。伊平屋はその象徴的北方の島であったのである。そしてこの水平の、神の古郷とも言うべき聖地伊平屋島は、「おぼつ」「かぐら」のような、天上聖地の垂直の想念を生むと、そのイメージをも被覆したのである。

　第一第二尚氏の始祖は、故郷を追われ苦難の旅に出る。これまた昔話などに広く見られる貴種流離譚ではないのか。少くともそのように説明できる。

　勝連のアマワリが、後世言われるように逆臣でなかったと、はじめて言ったのは田島利三郎である。[*2] これを伊波《いは》普猷《ふゆう》が継いで、[*3] 今日常識になっている。それよりも何よりも、この頃の王は、按司《あじ》の中の按司、または按司襲《あじおそ》いであって、王と各地の按司の間にはまだ強力な主従関係はなかった。王の力が弱まれば按司によって討たれるだけで、だからと言って「逆臣」とは言わない。この時期各按司は王に（第一尚氏まで）臣従していないのだから逆臣であろうはずがない。だまし討ちも智略として許されるし、要するに後世の道徳はまだ確立されていない。つまりこの時期は文学史で言う英雄時代の終末期である。

　ゴサマルが山田の城主だったのは、山田が古く読谷山村と言われていたことを考えれば当然である。読谷山地方の豪族ゴサマルは、より強固な城を座喜味《ざきみ》に移した。そこまではわかるが、まもなく工事を途中から放棄して中《なか》城《ぐすく》へ築城する。名城として今日でもその遺構がしのばれる豪壮な城塞であるが、どうして読谷山を放擲して中城へ移らなくてはならなかったかということもさることながら、移り得たことも不思議と言わなくてはならない。というのは、この時期の支配者は、土地と人民が深く結ばれていたのであった。支配者だけが勝手に移動して築城できるものではない。受ける中城の側でも、新来の支配者を受け入れる何らかの要件がなくてはならない。ゴサマルが読谷山按司だった頃、東隣の越来按司だったのは、尚泰久《しょうたいきゅう》だった。その後、思いがけず、尚泰久は首里中山の王に就く。そしてゴサマルは娘を王妃に入れ、[＊4] 泰久の後楯で中城に移ったことになっている。しかしアマワリの讒言で、ゴサマルは首里と勝連の連合軍によって滅ぼされてしまう。「讒言」もこの時代の価値観にはない。智謀は作戦の一つなのである。首里軍のこの時の大将は鬼大城《おにおおぐすく》ということになっている。やがて、アマワリも首里軍によって滅ぼされる。この時も鬼大城が総大将であった。鬼大城は、尚泰久の娘モモトフミアガリをアマワリに嫁がせる時つき従ったとある。そしてアマワリの謀反を知り、モモトフミアガリともども勝連城を抜け出し、首里城に急を訴え、自ら大将になって、かえってアマワリを討ったことになっている。仲原善忠《なかはらぜんちゅう》が言う「大城は具志川村喜《き》屋武《やむ》に生れ、美里村《みさとそん》知花《ちばな》に育ったというから、アマワリの家来であったかも知れない」[＊5] というくだりが気になる。鬼大城とモモトフミアガリの脱出というのも、歴史の説話的説明であろう。つまり鬼大城も具志川按司で、むしろアマワリの一員であったが、首里軍と連合してアマワリを滅し、その後はモモトフミアガリを室に入れて（これも説話的表現か）、越来按司に任ぜられている。金丸《かねまる》が尚徳《しょうとく》を克《う》ち尚円王になった時、越来城に攻めて、これを知花城で滅したという。鬼大城はアマワリ亡きあと、勝連・具志川を手中におさめ、一大豪族になっていたものと思われる。ここまでの理解には、『おもろさうし』の巻二が「中城・越来のおもろ」、巻一六が「勝連・具志川のおもろ」としてまとめられていることが参考になる。

もう少し古いところで、一三七二年、明の太祖の招諭を受けて、察度王《さっとおう》が、読谷山の、おもろで言う「おざのたちよもい」〔宇座の泰期思い〕を遣わしたのも、巻一五が「浦添・北谷・読谷山のおもろ」と、ひとまとまりの地域だったからであると考えられる。王弟とあるが、読谷山地方の按司で、中山王察度と同盟関係にある豪族であったと見ることができる。

第一尚氏をうち立てた尚巴志《しょうはし》について、「五尺ニモ不レ足、小勢ノ人ニテ、御座シケレバ、時ノ人、佐鋪小按司トゾ申シケル」（『中山世鑑《ちゅうざんせいかん》』）とある。一種の異常出生譚である。察度王に日光感精説話があり、アマワリが七歳になるまで足が立たなかったとする民間伝承もあって、これらも、生誕の尋常でないことを示して、人物の偉丈夫さを表わしたものである、昔話の一寸法師や、朝鮮の始祖伝説、秀吉の日吉丸など例は多い。「小勢」だから小按司と言ったというのも従って事実ではなく、単なる説話にすぎない。その佐敷《さしき》小按司（尚巴志）は、『中山世鑑』によると、まず山南王を滅し、次いで浦添の中山王武寧《ぶねい》を攻め、自ら中山王になった後、最後に山北王《さんぼくおう》を討っている。蔡鐸《さいたく》本もほぼ同じ筋である。ただ山南王に金の屛風を贈り、嘉手志《かでし》川と換え、これによって山南王が滅んだとする愚王伝説をつけ加えている。城下の、命とたのむ泉井を敵にわたすなどとても考えられず、滅び王に対する気の毒な付会にすぎない*6。

『中山世譜』は、少し異なり、また詳しく、まず島添大里按司を滅し、次に浦添の中山王武寧を滅した所で「諸按司、巴志を推して君と為さんとするも、巴志固辞し、父思紹《ししょう》を奉じて君と為す。自ら能く父王を翼輔し、政を興し、治を理め、臣民及び諸按司、皆服す。後山北を滅し、遂に山南を平らげ、以て一統之治を致す」（原漢文）とある。ところがその後宣徳四年（一四二九）になって、「山南王他魯毎《たろまい》、中山の滅する所となる」とある。蔡鐸本にあった金の屛風と嘉手志川をひき換えた話が、ここでも「遺老伝云」とあって記されている。注目されるのは、「付山南王」として、

大里（在位年数不レ詳）
承察度（在位年数不レ詳）
汪応祖（在位十一年）
他魯毎（在位二十五年）
元の延祐年間に起り、明の宣徳四年己酉に尽く。凡そ四主、一百余年歴《ふ》る。

とあることである。山北を平げて山南を滅したように書かれているが、島尻大里を中心にした山南は、この時期にやっと滅亡したのであった。中山にとってもっとも手強い相手はおそらく山南王であったろう。中国にもしばしば朝貢し、朝鮮の史書にもあらわれる。惜しむらくは政権が安定的でなかったらしいことである。

『中山世譜』が、まず島添大里按司を滅すと記しているように、『中山世鑑』や蔡鐸本はこれを山南王としたために、島尻山南王を欠落させてしまったのである。あるいは中国の史書に見られる山南王の中には、島添大里がまぎれ込んでいるのかも知れない。これはこれからの課題である。ともあれ、この島添大里つまり大里城のある大里を中心に、島尻の東半分を統轄する一まとまりの勢力圏があったことを窺わせる。大里をはじめ、佐敷、知念、玉《たま》城《ぐすく》、具志頭《ぐしかみ》の諸間切がそれで、『おもろさうし』の巻一八の「島中おもろ」と巻一九の「知念、佐敷、花城おもろ」が、ほぼこれに相当する。同様に、巻二〇の「米須おもろ」が、島尻大里（山南）の範囲にオーバーラップする。

佐敷小按司は、頭上の勢力を打倒してその勢いで中山を討って中山王を名宣り、中国へ冊封《さくほう》を要請し、それを実現するいっぽう、山北を征し、さらに山南（島尻大里）を討伐して、三山を一統したのである。二つの山南討伐はこのように理解すべきである。

以上概略を述べただけでも、地方おもろのそれらが、長い歴史を反映した有意のものであることが了解されるはずである。

地方おもろ所出の地名と間切名を整理すると、次のようになる。

| 巻 | 所出地名 | 関係間切名 |
| --- | --- | --- |
| 2 | ・中ぐすく　やぎ　ひが　よしのうら（以上中城）<br>・ごゑく　こぢやひら　ちばな　いけばる（以上越来） | 中城　越来 |
| 11 21 | 中ち　あらかき　大ざと　いなみね　よなは　ぐしかわ　かなふく　ふくじ　ぎま　うね<br>またいら　中ぐすく　かねぐすくもり　だう　だうかわ　くめ　なこ　あふ　かでかわ<br>おとしよかわ　しまじり　いしけなは | 久米具志川<br>久米中城（仲里） |
| 15 | ・あさと　あめく　たくし　中にし　ゑなん　ぢいだか　おゑやふそ　またよし<br>ぐすくま　ゑぞ　うらおそい　とかしき　たなばる　かかず　ぢやな　中ぐすく<br>しらみちよ　ぎのわん　ゑさもり　よほしみね（以上浦添）<br>・きたたん　たまよせ　やら　ぐすくま　やらざだけ　大け（以上北谷）<br>・よんたむざ　おざ　とけす　大にし　せなは　ひる　きなわ（以上読谷山） | 浦添　北谷　読谷山 |
| 16 | ・かつれん　いけ　はま　ひやもざ　たかへす　はまがわ　てるま（以上勝連）<br>ぐしかわ　ゑず　てくらん　たいら　おほた　あげな　おきん　おゑず（以上具志川） | 勝連　具志川 |
| 17 | きん　おんな　あふそ　なご　はねじ　あわ　やぶ　きせ　きちり　ゑざしか<br>がぶすか　かわかみ　ぎんか　いけぐすく　へど　みやきぜん　ぐしけん　うちま<br>せりかく　かつおだけ　いぢへな　中ぐすく　なかち　かにきや　ゑひや　いゑ | 金武（恩納）　名護<br>羽地　国頭　今帰仁<br>伊是名　伊平屋　伊江 |
| 18 | ゑなふく　大ぐすく　ひやくな　わな　たまぐすく　やかぶ　いとかず　ちゑねん<br>さき　ふなこし | 玉城 |
| 19 | さしき　なわしろ　よなみね　ちにや　くでけん　ちゑねん　あざま　くだか<br>はなぐすく　やふそ | 佐敷　知念　具志頭 |
| 20 | ・くめす　いしやら　まぶに　はひら　ふくじ（以上摩文仁）<br>・やまき　やまぐすく　かねぐすく　大ざと　おゑず　おゑざと（以上喜屋武）<br>・大ざと　しまじり（以上島尻大里）<br>・かねぐすく（以上兼城）　・がなは　うらさぎ　大みね　やらざ（以上豊見城） | 摩文仁　喜屋武<br>真壁　島尻大里（高嶺）<br>兼城　豊見城 |

地方おもろのうち巻五の「首里のおもろ」は右に含めていない。「首里のおもろ」は首里三平《みひら》等内のおもろである。首里の三平等、つまり西の平等、真和志《まわし》の平等、南風《はえ》の平等より成っているが、それは西原《にしはら》間切、真和志間切、南風原間が、首里地区に区切られたのが各平等で、本来は中山が首里に居を移して政権を確立した時、その直轄地であったが、後に切り離され、間切として独立させたものである。序に言うと古辞令書に見られる「にしのこおり」「はゑのこおり」それにもう一つの不明こおりの三つは、この三つの地域の反映で、かつて王府の行政組織であったと考えられる。

つまり西原、真和志、南風原は他の地域に比べて新しい地域で、そのためであろう、地方おもろにこの三間切のおもろがない。後に述べるように、この三間切が、首里の直轄地であった無意識の記憶は近世になってもなお残っていたようである。とすると、この三間切の祭祀は大君たちの各殿内の祭祀に収れんされてしまっていた、と考えねばならぬ。

その他大里間切と東風平《こちんだ》間切も含まれていない。この二間切については、理由がはっきりしない。大里間切は、すでに述べて来たように、もう一つの南山王国《なんざんおうこく》の盟主であったわけで、巻一九あるいは巻一八あたりにあったと思われる。当初からなかったとする積極的な理由も見あたらないのである。後にもう少し詳しく述べるが、巻一九、一八は、一七一〇年の再編のさいもとの形を失なっているのではないか、と考えられる。それ故大里間切は、元来はあったと見たほうがよい。

東風平間切の場合は、大里間切の場合とは異なる理由であるようだ。東風平間切は、南風原間切とともに、島尻の海岸線のない内陸部で、他地域に比べてこれも比較的新しく拓けた地域であるらしい。間切名の「東風」は、島尻大里（南山）の東に位置していたからで、つまり島尻大里地域に含まれている。おもろで言えば巻二〇の中にあるべきだが、それがない。

巻二〇は、「米須おもろ」という。原則として地方おもろは間切名で表示されているのに、「米須おもろ」と、村名で表示するのは例外である。これも再編のさい、たとえば冒頭のおもろが米須おもろであったため、便宜的に「米須おもろ」と命名したのではないかと推測される。島尻大里地域と東風平はこの巻に元来収められるべきものだったと思われる。

このように地方おもろを見くらべてみて、整然と間切単位にまとめられているのと、混乱しているのがある。整然としている巻のうち、巻二には、中城おもろの終りに「てんかず　廿七」とあって、おもろの歌数が示してある。右の場合「廿七」は「廿九」の誤りだが、おもろ一編を「てん」〔点〕と数えている。ただしこの巻、越来おもろの終りには「てんかず」がない。脱落しているものと思われる。このような「てんかず」表記のある地方おもろは、きわめて整然としている。

巻一五も、浦添おもろに「てんかず　五十二」、北谷おもろに「てんかず　十二」、読谷山おもろに「てんかず　十一」とある。

なお「てんかず」表記には、「首里おもろ」にも「但一てんかず　七十九」とある。但しこの一冊で七九点〔首〕あるの意であろう。

他に巻八の「おもろ音上《ねやが》り・阿嘉犬子《あかいんこ》のおもろ」にもあって、前半おもろねやがり関係の終りに「てんかず　四十三」、「阿嘉犬子」関係の終りにもあるべきだが、巻二と同じくそれがない。これも本来はあったのであろう。

巻一六は「てんかず」表記はないが、前半は勝連間切、後半は具志川間切と截然としている。

巻一八はすべて玉城間切のおもろで、そのかぎりで整然としている。

巻一九は、佐敷、知念、花城のおもろで、順序に混乱はない。さきに述べたように、大里がないし、具志頭間切のおもろはなくて、そのうちの花城のおもろのみが入っている。後述するように、巻一八と巻一九で、全体としては混乱があるかと思われる。

巻二〇は、表にも示したように、摩文仁《まぶに》間切（六首）、喜屋武間切（一六首）、真壁間切（二首）、島尻大里間切（九首）、兼城《かねぐすく》間切（一首）、豊見城間切（七首）と、間切による増減があるものの、整然としている。比較的ラフというか、混乱しているのは、久米の二間切（巻一一と二一）のおもろと、「恩納より上のおもろ」（巻一七）である。久米島おもろは、明瞭ではないが、前半は具志川間切関係、後半は仲里（おもろ時代は中城）間切関係のおもろを集めている。巻一七は、いわゆる山原北部地方のおもろで、ところによって、やや順序だったところがあるものの、全体としては整然としていない。

端的に言ってこれら地方おもろの地域区分は、近世以前の姿を反映していると思われる。したがって近世になって立てられた美里間切（一六二九年）、本部間切（一六六六年）、宜野湾《ぎのわん》間切（一六七一年）、小禄《おろく》間切（一六七二年）、大《おお》宜味《ぎみ》間切（一六七三年）、恩納間切（一六七三年）、与那城《よなぐすく》間切（一六七六年）、久志《くし》間切（一六七八年）は、主にその別れた間切に含まれていて当然のことながらあらわれない。それ故村単位の地名、あるいはそれ以下の地名も古い以前の地域に含まれている。たとえば、美里間切の知花、池原は越来間切（巻二）に、西原間切の棚原、宜野湾間切の嘉数《かかず》、謝名《じゃな》、宜野湾、伊佐《いさ》が浦添間切（巻一五）に、恩納間切に属した読谷山（後に山田に改める）、美留《びる》（塩屋村の内）が読谷山間切（巻一五）に含めている。おもろで勝連に出ている高江洲《たかえす》は、勝連間切を二分して与那城間切を立てた時、具志川間切に出している。

巻一八「島中おもろ」がすべて玉城間切だというのは、さきに述べたが、稲福と大城は一七〇〇年代の初めまでに大里間切に出されたものである。この巻の三〇番に「ちゑねん　おわる」「さきに　おわる」という対句がある。「ちゑねん」と「さき」が対語になっていて、勿論知念間切の知念であってもよいが、奥武島に「赤崎原」「知念堂原」とあって、奥武島内の地名である可能性もある。もっとも一首に「船越　こましや」が繰り返されており、玉城のおもろであることは間違いない。一七〇〇年代の初め頃までに、おもろに出ている和名《わな》村は垣花《かきのはな》に合わせ、これまで村ではなかった屋嘉部が村立てされている。

巻一九、具志頭間切の屋富祖《やふそ》村は、『琉球国高究帳《たかきわめ》』（一六三五～一六三六年）にはあるものの、『絵図郷村帳』（一六四九年）には「当時無之」とあって、わずかの間に廃村になったことがわかる。

これらの間切区分は、たんに新しい間切立て以前、あるいは近世以前と言うにとどまらず、もっと古い意識を反映しているのではないかと思われる証拠に、巻一五の浦添おもろの初めに、安里《あさと》と天久《あめく》が出ていることで察せられる。安里は真和志間切、天久は西原間切、後に真和志間切に属している。西原間切と真和志間切は、南風原間切とともに、かつて首里中山の天領のような特別行政区で、つまり近世以前の間切の中では比較的新しいだろうと述べたが、安里川の北が浦添に属するのは、中山が浦添に居城していた頃を反映しているのではないかと思われる。これが認められれば、おもろの地域区分意識は予想外に古く、第一尚氏以前を反映していることになる。もしこれが正しく、少なくとも意味のある区分であることが承認されれば、ひとりおもろ理解にとどまらず、考古学、民俗学、方言学、歴史学等を考える上で重要な資料となることは言うまでもないことである。

ここに、おもろの間切区分の保守性を証する資料がある。一七〇〇年代の初め頃に出来た『女官御双紙《にょかんおそうし》』に首里大あむしられ、真壁大あむしられ、儀保大あむしられ三大君の支配地域が記されている。これをおもろと対比しながら整理すると次の表のようになる。

なお間切名の書出しは『女官御双紙』の記載の順序そのままである。これも意味があってなかなか面白い。

このことによって次のことが言える。

(1) 南風原、真和志、西原の各間切は、各殿内の所轄の初めに書き出され、つまり筆頭の間切で、王府祭祀の重要な間切であることがわかる。先述のとおり、かつて王府直轄の地域であったのだろう。*7

(2)　おもろで言う「中城・越来」(巻二)、「勝連・具志川」(巻一六)、「米須おもろ」(巻二〇)、「久米島」(巻一一、巻二一)は、『女官御双紙』も同じく完全にひとまとまりになっている。

(3)　巻一五の浦添、北谷、読谷山は、浦添と宜野湾、北谷と読谷山と、南北に二分されている。

(4)　巻一八の玉城間切と、巻一九の知念、佐敷、花城(具志頭)は、大里を加えてひとまとまりであったらしい。巻一九の標題「知念・佐敷・花城」は不自然である。というのは、おもろと『女官御双紙』は、佐敷・知念の順に書いてあるからである。しかも、玉城を飛び越して花城(具志頭)をひとまとまりにするのは、まったくの例外で不自然である。おもろには、編集上の齟齬があるかと思われる。おそらく一七一〇年の再編の際の錯誤であろう。標題に具志頭がなく、おもろも花城のものしかないのも、混乱を示していると考えられる。先にすでに述べたがここでもう一度整理すると、標題は原則として間

| 殿内名 | 支配間切名 | おもろ巻 |
|---|---|---|
| 首里 | **南風原間切** | × |
| | (大里間切)・佐敷間切・知念間切 | 巻一九 |
| | 玉城間切 | 巻一八 |
| | 具志頭間切（→知念間切） | |
| | 金武間切・〈大宜味間切〉・国頭間切・〈恩納間切〉・伊江・伊平屋 | 巻一七 |
| 真壁 | **真和志間切** | × |
| | 豊見城間切・〈小禄間切〉・(東風平間切)・兼城間切・高嶺間切・喜屋武間切・摩文仁間切・真壁間切 | 巻二〇 |
| | 北谷間切・読谷山間切 | 巻一五 |
| | 名護間切・〈久志間切〉 | 巻一七 |
| | 久米島 | 巻一一・二一 |
| | 宮古 | × |
| | 八重山 | × |
| 儀保 | **西原間切** | × |
| | 中城間切・越来間切・〈美里間切〉 | 巻二 |
| | 浦添間切・〈宜野湾間切〉 | 巻一五 |
| | 具志川間切・勝連間切・〈与那城間切〉 | 巻一六 |
| | 慶良間 | × |
| | 粟国 | × |
| | 渡名喜 | × |

※カッコ(　)はおもろにうたわれていない間切名、カッコ〈　〉は近世に新立された間切名を示す。×印は相当する地方おもろがないことを示す。

切名で出ている。「てんかず」表記のある巻二一「中城・越来」、巻一五「浦添・北谷・読谷山」が典型的であるが、巻一六の「勝連・具志川」もそうである。巻一七の「恩納より上」の恩納は間切名であるが、恩納間切は一六七三年に間切になったので、おもろ時代の間切ではない。したがって再編時に付けられた標題であろう。

巻二〇の「米須おもろ」の米須についても、さきにのべたように、これも本来の標題ではないと思われる。

巻一八の「島中おもろ」は、初編時独立していたかどうか別にして、玉城間切を意味する別称だったと思われる。元来は普通名詞で各地にある。湧上元雄先生の御教示では、玉城村の海よりの地帯を今日でも、「しまなか」と言うのだそうなので、玉城間切を指した語ではあったのだろう。毛色の変わった名前である。

(5) 巻一七「恩納より上」つまり国頭地方は三分されて、首里殿内に金武間切と恩納間切、国頭間切と大宜味間切、真壁殿内に名護間切と久志間切、儀保殿内に羽地間切と今帰仁間切、本部間切が分割されて入っている。新しく建てられた間切はかならずもとの間切と一緒に、つまり切り離されることがない。越来と美里、勝連と与那城、浦添と宜野湾も切り離されていない。ここにも歴史的文化的まとまりが反映している。

右の『女官御双紙』とほぼ同じ地域割りが、『琉球国由来記』に見られる。簡単に提示する。

(巻一二) **真和志**、豊見城、小禄、高嶺、真壁、摩文仁、喜屋武
(巻一三) **南風原**、大里、東風平、具志頭、佐敷、知念、玉城
(巻一四) **西原**、浦添、宜野湾、中城、越来、美里、北谷、具志川、勝連、与那城、読谷山
(巻一五) 恩納、金武、名護、本部、今帰仁、羽地、久志、大宜味、国頭
(巻一六) 伊江、伊平屋
(巻一七) 粟国、渡名喜、同島離れ出砂、鳥島

（巻一八）　慶良間、渡嘉敷

（巻一九）　久米島、具志川、仲里

だいたいのところ『琉球国由来記』の巻一二は、おもろの巻二〇、巻一三はおもろの巻一八と巻一九に相当する。東風平が巻一三に入っているのが注目される。

『琉球国由来記』の巻一四は、おもろの巻一五、巻二、巻一六が入っているが、北谷と読谷山が離れている。巻一五と巻一六は、おもろの巻一七に相当している。ここでは名護と久志が離れている。だが全体としては、『女官御双紙』の神女支配よりまとまったものになっている。『琉球国由来記』を見ていると、巻一二、一三、一四をベースに、つまりはじめに書き出された真和志、南風原、西原を中心に祭祀の形にまとめあげられたようすがわかる。北部山原地方は、それら三平等の祭祀に三分割されたものであった。このことから、真和志の平等、南風原の平等、西の平等は祭祀で言えば真壁殿内、首里殿内、儀保殿内に対応していて、尚氏が（第一、第二とも）島尻地方の東域島添大里を中心にした地方の出身で伝説（史書）とも合致していることを証しているのである。

地方おもろが、沖縄本島および周辺離島を含み、奄美、先島を除いていることは、すでにのべたことがある。[*8]だが、おもろの採られていない間切もいくつかあり、しかも再編後の改変不備もあるらしい。それに『琉球国由来記』の巻一七、巻一八の、粟国、渡名喜、出砂、鳥島、慶良間、渡嘉敷各島のおもろもない。『琉球国由来記』を見ていると、数多くの「御唄」が記録されているし、その中で麦粟祭《むぎあわ》の時、出砂へ渡って根神が海上で歌う「御唄」が出ている。これはおもろの巻一〇ノ二五のおもろがこの時期まで伝承されていたもので、この地域におもろがあった証拠である。しかも豊富にあったらしく思える。祭祀歌謡をことごとく「御唄」と言って長い詞章であること、珍しく『おもろさうし』おもろが伝えられていることなどがそれである。即ち『琉球国由来記』の巻一七と巻一八の地域のおもろは、『おもろさうし』の焼失再編の時に何らかの原因で欠落させたのではないか。つまり焼失後の書き改めのさい再現できなかったのではないかと、想像することができる。

以上、地方おもろの地域区分が、『女官御双紙』や『琉球国由来記』にまで色濃く反映していることがわかったが、逆に『おもろさうし』再編時にこれら『女官御双紙』や『琉球国由来記』の影響を受けたと見られなくもない。だが、間切の各地名は近世に入ってからの新しい間切立て以前のものであることが明らかになっている。したがって『女官御双紙』や『琉球国由来記』の影響ではありえない。しかもその各巻々の間切区分は、王国成立以前つまりグスク時代以来の伝統を反映しているものの如く、近世に入りかなりの行政的な手入れをしたにもかかわらず、なお、おもろと共通の基盤が残存していることが読みとれる。この地域区分は我々が考えている以上に根深く強固なもののようである。ということは、精査すれば現代でもこれを実証することが可能であろう。たとえば、中本正智の「沖縄南部の一、二音節語のアクセント」[9]では、勿論地方おもろの境界を求めた調査ではなかったにもかかわらず、旧摩文仁・真壁と具志頭の村境から、大里・佐敷の村境へ至る、境界線を示しているし、まったく同じではないが、おもろの地境との重なりがだいたい読みとれる。また高橋俊三は、「私も」にあたる「ワヌン」と「ワ(ン)ニン」の方言分布を勝連、与那城、具志川、美里を中心に調査している。[10] それによると、勝連と与那城は離島も含めて「ワヌン」地帯、具志川は、勝連、与那城に近いところは「ワヌン」地帯だが、美里に近いところと、美里、コザ、北谷、嘉手納、読谷は「ワ(ン)ニン」地帯になっている。ここにもゆるやかな地域区分および境界を認めることができる

こうした地域ブロックがあるという話は、考古研究者からも聞いたことがあるが、まだ論攷を見ていない。[11] これからの成果に待ちたい。

ではこのような地域ブロックは、いつ頃どのように形成されたかということになるが、無論詳細は今後に残され

るものの、概略して言えば、すでにのべたように沖縄の歴史の歩みを急速に進めたグスク時代に起源を持つと考えるが、歴史が進展するにつれて、強固なブロック化が促進され長く安定した一時期があって、そしてその影響がその後長く残存したのである。即ち地方おもろの地域区分は長い伝統を負っていたのである。

※特に島尻地方を中心に、地方おもろの区分が歴史を反映していることを、一九八三年八月六日、東風平町の南部総合福祉センター（島尻博物館）で催された、沖縄県地域史協議会の「島尻シンポジウム」で述べたことがある。その後沖縄県博物館の「グスク展」（一九八五年一一月一日～一二月一日）に合わせて行われた、「グスクシンポジウム」（一一月二日、RBCホール）で、上に紹介した『女官御双紙』の間切所轄と地図を補助資料として提示して、同趣旨のことをのべたことがある。これに先だって、論旨を『沖縄タイムス』に発表した（「地方おもろとグスク」一月二一日付）。参照されたい。

## 注

1　『中央公論』第八七巻第六号、一九七二年六月号（『琉球文学論の方法』三一書房、一九八二年所収）。
2　「阿摩和利加那といへる名義」『沖縄青年会報』一八九八年五月（『琉球文学研究』青山書店、一九二四年所収）。
3　「阿麻和利考」『琉球新報』一九〇五年七月九日～一九日（『古琉球』沖縄公論社、一九一一年所収）。
4　『毛氏元祖由来記』にある。『中山世鑑』は「母、妃不伝」とある。しかし次男尚武に注して、越来按司の時妾を娶った世理休、江洲按司かとする。『球陽』は「護佐丸の女は尚巴志の妃と為る」と尚泰久の条にある。
5　『仲原善忠全集』第二巻、沖縄タイムス社、一九七七年所収。

6 蔡鐸編『中山世譜』、『球陽』ともこの説話を伝えている。

7 この原型とも言うべきものが、各地の城塞グスクにあって、西原とか南風原と言った地名が残っているし、西掟、南風掟、大掟といった地方役人名もある。

8 「『おもろさうし』概説」本書、II第一章。

9 『国語学』第四一号、一九六〇年八月。

10 「言語より見た沖縄の文化圏」『沖縄歴史研究』第九号、一九七一年三月。

11 島尻について安里進より、またおもろの区分が考古学上興味があることについて安里嗣淳からグスクシンポジウムで聞いた。

# 第五章　『おもろさうし』にあらわれた異国と異域

## はじめに——公事のおもろ

『おもろさうし』はいわゆる古琉球社会を反映する殆ど唯一の詩歌集である。この詩歌集に大交易時代の諸国がどのように歌われ、認識されているのか。これを見ていきたいと思う。

『おもろさうし』は古琉球の産物ではあっても、一部は近世を通じて生きていた歌謡でもある。とりわけ巻二二の「みおやだいりおもろ御さうし」は、王府の公式の行事に使われたもので、所収おもろ四七首のうち初めの九首が、五月に北殿のたもと（テラス）を祭壇にして行われる「稲の穂祭」の時のおもろで、当日宜野湾《ぎのわん》間切《まぎり》大山《おおやま》からおもろ主取が配下のメンバーを連れて参上して歌った。冒頭のおもろ（二二ノ一）は次のように歌われる。

一　あまみきよが　おざししよ　　アマミ子（創世神）の御命令で
　　この大しま　おれたれ　　この大島（沖縄島）に降りたり
　　ともゝすへ　　千年末まで
　　おぎやかもいす　ちよわれ　　輝ける御方こそましませ
又　ほうばなとて　ぬきあげは　　稲の穂花を採って差し上げたら

ちりさびは　つけるな　　　　　塵錆をつけるな

戸部良熙《とべよしひろ》の『大島筆記《おおしまひっき》』（一七六三年）には、琉歌《りゅうか》「穂花咲じれば　ちりひぢもつかぬ　しらちやねや靡き　あぼしまこら」に注して、「これは至て久しき曲なるよし。稲祭の時の神楽歌にも用ゆといへり」とあって、続けて「しらちやねは白稲也。好稲也。あぼしは疇なり。まこらは枕也。稲のみのりしなひなびきて疇を枕にしたる也」とある。琉歌だから当然三線を伴奏楽器とする琉楽で、恐らくは作田節《ちくでん》で歌われたであろう。この日おもろも三線楽曲も同時に演奏されたのである。同巻一〇番から二一番までの一二首は稲の大祭の時に歌われた。順次、王の東方聖地巡礼の時の「知念久高行幸之時おもろ」が一六首、「雨乞の時おもろ」が一首、「百浦添御普請御祝ひの時」のおもろが二首、「唐船すらおるし」と「御茶飯之時」のおもろが各一首で、「祝ひの時」のおもろが三首、最後が「御冠船之御時おもろ」一首が、王府の行事の際におもろ人数《ニンジュ》といわれる人々によって歌われた。古琉球のおもろは、幾人かの男性おもろ歌唱者のほかは、大抵は神女が歌ったものであるが、近世の首里城では男性の歌唱者が歌った。

この巻の最後の「御冠船之御時おもろ」（二二ノ四七）は、

一　しよりおわる　てだこが　　　首里におられる日子（国王）の
　おもいぐわの　あすび　　　　思い子が神遊びして
　なよればの　みもん　　　　　踊れば　見事

とある。これは、国王代替わりごとに、国王を信任（冊封《さくほう》）する中国皇帝の使者である冊封使が来琉し、先の王の御霊を崇元寺で諭祭した後、次いで首里城で挙行される冊封の儀で歌われるおもろである。ここで思い出すのは、尚象賢《しょうしょうけん》の『中山世鑑《ちゅうざんせいかん》』の、尚円王の弟尚宣威《せんい》即位の条である。成化一三年（一四七七）、即位の年の二月陽神キミテズリが現れる。尚宣威は自分を祝福するために降りたのかと思い、自らは玉座に座り幼い尚真を傍らに立たせた。通例では御内原から出てくる君々神々の神女たちは、君誇りの前で東面して立つのだが、このたびは西面して立った。そして託宣があって右のおもろを「首里ヲハルテダコウガ、ヲモヒ子ノアソビ、ミモノアソビ、ナヨレバノミモノ」と歌った。尚宣威はこれを聞いて「我其徳ニ非ズ」として、在位六ヵ月で退位して尚真に位を譲ったとあるくだりである。史実の当否はおくとして、このことは、このおもろが古くから王の即位に歌われたおもろであったことを窺わせている。

　ところで巻二二のおもろには、再編成立後の尚穆《しょうぼく》即位（一七五二年）後に記された原注がある。おもろ研究者がここで原注というのは、一七一〇年に安仁屋《あにや》本に書き入れた注のことである。前年首里城が回禄して『おもろさうし』も焼失、翌年再編したのが今日みられる『おもろさうし』である。この時王府に一セット、おもろ主取《ぬしどり》家である安仁屋家に一セットが保管された。安仁屋本の一つの長所は、再編当時に理解、認識、伝承を示す「言葉聞書《ことばききがき》」という「原注」があることである。上に挙げた「御冠船之御時おもろ」（二二ノ四七）には「尚穆様御冠船之時よりおぎもかなしきと云おもろになる。文句上座に有る」と原注がある。尚穆が冊封を受けた年にはこのおもろではなく、上にあるおもろに変わったという意である。そのおもろというのが二二ノ四四の、次の「祝ひのとき」のおもろである。

一　きこゑきみがなし　　聞こえたる君さま
　　ねいし　まいしの　　根石　真石が

あらぎやめ　ちよわれ　　あるまでましませ
又　とよむきみがなし　　鳴響む君さま

根石・真石に譬えて王の治世と命の永続を予祝しているのである。おもろで「おもいぐわ」というと殆ど神女のことをいうので、この点を不都合に思ったのだろうか。これに対して「ねいし　まいし」に譬えて王の永続を願うのは、端的な表現で分りやすい。ところで、山内盛彬《やまうちせいひん》は最後のおもろ主取安仁屋《あにや》真苅《まかる》から六フシの王府おもろを採譜して紹介してるが、冠船の時のおもろは「おもいぐわのあすび」（二二ノ四七）に戻っている（山内盛彬『琉球王朝古謡秘曲の研究』民族芸能全集刊行会、一九六四年）。しかも「ねいし　まいし」のおもろはもはや伝承されていない。いつの王の代にまたもとのおもろに戻ったのか、これも今となっては分からない。

『おもろさうし』のおもろが古琉球の産物でありながら、王府儀礼と密接に結びつき、近世を通じて活きつづけた点をまず理解することが大切である。

## 一　「かわら」は咬留巴（からぱ）か

七ノ一二のおもろに、

一　きこゑおわもりや　　聞こえたおわもり神女は
きや　かまくら　　京　鎌倉
かわら　なばんぎやめ　　カワラ　南蛮までも

たう　みやこ　そろへて　　唐　宮古も揃えて
かなわしよわれ　　王は思いどおりにしたまえ
又　とよむおわもりや　　鳴響むおわもりは

とある。ここでは日本のことを「きや　かまくら」といっている。こうした対語がおもろには五例ある。ここでの一番の問題は「かわら」である。「なばん」と「たう」（唐）については後に取り上げる。ともあれこれらの国々は交易などで関係が深い外国であったと思われる。

この「かわら」については伊波普猷《いはふゆう》がインドネシアの「瓜哇の別名を交剌巴といふが、古琉球では、瓜哇に往くことを『カラハ』旅と称して、利益の多い旅の義に用ゐられ、転じて長い旅の意にも使はれた。カラハは音の錯置でカハラに転じ、オモロには大方かわらと書くやうになつてゐる」（『犯罪科学』一九三二年、『伊波普猷全集』第一〇巻、平凡社、一九七六年所収）と述べ、東恩納《ひがしおんな》寛惇《かんじゅん》をはじめ従う人は多い。その前伊波はまた「琉球の戯曲に現れた玩具」（『旅と伝説』一九三〇年、『伊波普猷全集』第九巻、平凡社、一九七四年所収）でこのことにふれ、沖縄で「カラファー」と発音しているとも述べている。注意しなければならないのは、おもろは「かわら」と書いてあるのであって「からは」とは書いていない点である。かりに倒置したとしても「からわ」にしかならない。当のジャワ、ジャカルタを、西川如見《にょけん》の『増補華夷通商考《ぞうほかいつうしょうこう》』（一七〇九年）には、カラパ、カラバァとなっている。これは「からは」ならばこそパやバになれるのである。それにおもろの時代にすでに「かわら」と倒置していて、伊波の時代にはカラファーと原型に近づくというのは、ことばの変化の論理が逆立ちしてはいないのか。この点を合理解されないかぎり、「かわら」という表記に注意して新たに国名・地名を比定するしかない。

「かわら」の「かわ」は、おもろの表記では、例えば「みつかわ」（瑞日）の「かわ」は、「か」（日）をカーと長く延ばした表記と考えられている。「てるかは」(照る日)とある場合も、「かは」は「かわ」と読み、同じく「か」(日)の長音表記である。従って「は」が「ぱ」や「ば」となるとは限らないのである。さすれば「かわら」はカーラと発音したと思われるのである。一音節語を延音して二音節にする例は、「ひい」(日)、「ふう」(報)、「ほう」(穂、帆)などがみられる。つまり「かわら」は「から」を延ばしたものと思われる。「から」といえば古くから韓や唐にあてて「から」と呼んでいた。琉球では唐はおもろにもあるように「たう」(トー)と呼んでいて、「かわら」はここのおもろ以外みあたらないが、「京・鎌倉・かわら・南蛮・唐・宮古」と並ぶと、「かわら」は韓であろう。

朝鮮へは察度《さつと》王の晩年、高麗王朝に一三八九年遣使して以来、朝鮮王朝になって尚円王代一四八〇年頃まで四〇回ほど派遣し、当時垂涎の的だった大蔵経を贈られるなどしている。序にいうと、高良倉吉によると、ジャワ島の西部地域を一般に「スンダ・カラパ」と称されるのが常であるという(『琉球の時代　大いなる歴史像を求めて』筑摩書房、一九八〇年)。同氏が本書で調製した「東南アジア派遣琉球船隻状況」表によると、スンダには僅かに二隻しか派遣されていない。

## 二　なばん(南蛮)

「なばん」は南蛮をさす琉球語である。南蛮という語は室町時代以降東南アジア諸国を指しているが、琉球でも同様である。一三ノ三五のおもろは、

一　まはへ　すづなりぎや　　真南風を吹かせる鈴鳴り神女が歌います

まはい　さらめけば
たう　なばん
かまへ　つで　みおやせ
又　おゑちへ　すづなりぎや
おゑちへ　さらめけば

真南風がさらさらと吹くと
唐や南蛮の
産物を積んで奉れ
追い手風を吹かせる鈴鳴り神女が
追い手風がさらさらと吹くと

とある。ここの「なばん」もやはり東南アジアをさしているのであろう。だが接頭語を付けて「まなばん」というと特定の国をさしているらしい。例えば、一三ノ一七のおもろは、次のものである。

一　大きみは　たかべて
せぢあらとみ　おしうけて
大きみに　おゑちへ　こうて　はりやせ
又　せだかこは　たかべて
又　あぢおそいぎや　おさうぜや
むかうかた　しなて
又　おぎやかもい　御おさうぜや
むかうかた　しなて
又　あぢおそいぎや　おやおうね
おしうけかず　まぶりよは

大君を祈って
せぢ新富（船）を押し浮けて
大君に追い手（順風）を乞うて走らせよ
精高子を祈って
按司襲い（王）がお考えは
行く先に合致して
輝ける御方（王）のお考えは
行く先に調和して
按司襲いが親御船の
押し浮けた船のすべてを護りたまえ

又 げらへせぢあらとみ　　見事なせぢ荒富（船）の
　くりうけかず　まぶりよは　　繰り浮けた船のすべてを護りたまえ
又 ぶれしまのかみ〴〵　　群れ島の神々
　あよそろて　まぶりよは　　心揃えて護りたまえ
又 きみはへは　たかべて　　君南風を祈って
　せぢあらとみ　おしうけて　　せぢ新富を押し浮けて
又 のろ〴〵は　たかべて　　のろたちをいのって

「大きみは　たかべて」は、大君が神に船の安全を祈って、とも理解できる語序ではある。しかしそうではない。勢頭《せど》を始めとする乗組員は、聞得《きこえ》大君《おおぎみ》御殿をはじめ神女を祈るのである。なぜなら、『混効験集《こんこうけんじゅう》』の序にあるように、琉球国は神国であって、本地は弁財天だからである。航海安全を神女の神威で保証することは、琉球の神女の主要な職分の一つである。

実は、このおもろには前文があって、「正徳十二年十一月廿五日ひのとのとりのへに、せぢあらとみ、まなばんに御つかいめされし時に、おぎやかもい天の御みてづからめされ候ゐと」とある。このおもろが、正徳一二年（一五一七）尚真王の時に、せぢあらとみという官船が真南蛮に遣わされた時に、尚真王が自ら歌ったゐとである、というものである。この時の「真南蛮」はどこか。実はこの年に派遣された船はただ一艚しかなく、暹羅《シャム》（タイ国の古名）に赴いている。前掲書『琉球の時代』で高良倉吉が調製した「東南アジア派遣琉球船隻状況」によると、最も多いのがこのシャムであって、五八回の派遣、二位のマラッカでも二〇回にすぎない。シャムが南蛮の中の南蛮、つまり真南蛮だったことがこれで頷けるだろう。

## 三　かうち（交阯）

『おもろさうし』一三ノ五には、次のオモロである。

一　すざべ大さとが　　　　　兄部大里が
　　かぢとたる　こまさよ　　熟達した舵とり
　　大きみに　　　　　　　　大君に
　　まはへ　こうて　はりやに　真南蛮を願って走れ
又　よかる大さとが　　　　　良かる大里が
　　かぢとたる　　　　　　　舵をとった
又　あぐでおちやる　かうちぢよ　待望していた交阯にこそ
　　そでたれて　わたたる　　袖垂れて渡った

一首の主題は、交阯へ航海する船の船頭大里の航海術を褒めたたえて、航海の安全を願うものである。ただ不思議なことは琉球船が交阯へいった形跡がないことである。交阯というのは、交阯支那ともいったベトナム南部地方の古名である。同じく北部を東京《トンキン》といい、中部を安南といった。この安南には一五〇九年に一度だけ船が出ている。東南アジア貿易の主要相手国はシャムだったわけだが、そこへ向かう時の目標の地が、地理的に近い「かうち」だったことをこのおもろは表しているのかもしれない。

おもろには他に二例「かうち」が出ている。一三ノ六二のおもろは、次のものである。

| | |
|---|---|
| 一　かうちすづなりが | 幸地鈴鳴り（神女）がおもろを歌います |
| かみぐ　あまへて | 神々を欣び迎えて |
| ほこてす　はりやしよわ | 喜んでぞ走らせたまえ |
| 又　みもんすづなりが | 立派な鈴鳴り神女が |
| かみぐ | 神々 |

一三ノ一三八の「かうちすづなり」の「すづなり」も交阯としている。しかし神女につくものはすべて神女の出身をあらわす琉球の地名であって、外国の例はない。ここでは地名と考えてよいだろう。巻一五の浦添おもろのなかに「見《み》物鈴鳴《すづな》り」の対語に「嘉数《かゝず》鈴鳴《すづな》り」（一五ノ四四、四五）とある。「添継《そえつぎ》御門之《おじようの》北之《きたの》碑文《ひもん》」（一五四六年）に三《さん》司官《しかん》の一人が「河内大臣」、「南のひのもん」に「かうちの大やくもい」とある。これも西原《にしはら》の幸地であろう。

## 四　たう（唐）

琉球は中国皇帝の冊封を受けることによって、中国との交易を開始継続してきたのである。それればかりか、冊封国同志の交易もできた。小さな海洋国琉球はその地位を十二分に利用して、舟楫をもって万国を橋梁として物貨を交易して栄えたのだった。なかでも圧倒的に中国との交易が多かった。『おもろさうし』にもそのことが反映している。一五ノ六六、読谷山《よみたんざん》関係おもろに、

一　おざのたちよもいや　　　　宇座の泰期さまは
　　たうあきない　はゑらちへ　唐商いを流行させて
　　あんじに　おもはれ、　　　按司に愛されよ
又　いぢへきたちよもいや　　　出来者泰期さまは

とある。一三七二年明の太祖が楊載《ようさい》を使者として遣わし、中山王察度を招諭する。実質的な冊封である。これに対して察度は王弟と称して泰期《たいき》を派遣する。進貢貿易の開始である。一四ノ一に、

一　ぢやなもひや　　　　　　　謝名さまは
　　たがなちやるくわが　　　　誰が生んだ子か
　　こがきよらさ　　　　　　　こんなにも美しく
　　こがみぼしや　　　　　　　こんなにも見たくなる
　　あよるな　　　　　　　　　あるよまあ
又　も、ぢやらの　　　　　　　大勢の按司の
　　あぐでおちやる　こちやぐち　待ち望んでいた倉庫の扉を
　　ぢやなもいしゆ　あけたれ　謝名さまこそ開けた
又　ぢやなもいが　ぢやなうへばる　のぼて　謝名さまが謝名上原に上って
　　けやげたる　つよは　　　　蹴りあげた露は

つよからど　かばしやある　　　　露さえも香ばしい

とある。確かな根拠は示されているとは言えないが、ここの「ぢやなもい」は察度のことと言われる。王朝を開き中国との関係を始めた偉丈夫として、尋常ならざる生誕、按司《あじ》たちが羨望した異国の至宝が充満した宝庫、まさにその扉を開いた英雄として、おもろでも讃えられている。

おもろは、この他にも「唐の道」を拓いた人として二人の人をあげている。一四ノ三七に、

一　てどこんの大やこ　　　　手登根の大屋子が
たうのみち　あけわちへ　　　　唐の道を開けたまいて
てどこんす　　　　手登根こそ
にほんうちに　とよめ　　　　日本中にとどろけ
又　てどこんのさとぬし　　　　手登根の里主が

とある。このおもろは、『佐銘川《さめがわ》大ぬし元祖由来記』によれば、佐敷《さしき》小按司が中山王尚巴志《ちゅうざんおうしょうはし》になったときに、請封のために弟の平田大屋子の子の手登根大比屋《てどこんおおひや》を明に派遣し、首尾よく成就して帰国したことを讃えたものとなっている。この時手登根大比屋が明国から持ち帰ったのが「フッチャー石」（福建石）というものだという。

一三ノ一六にも、次のおもろがある。

一　しよりおわる　てだこが　　　　首里におられる日子が

　　たうのみち　あけわちへ　　　　唐の道を開けたまいて
　　わうともいが　なんだいむ　かにある　　王様の何代もかくあらん
又　ぐすくおわる　てだこが　　　　首里城におられる日子が

ここの「てだこ」は一四二〇年ごろに首里城遷都をしたと思われる尚巴志を指しているのだろう。いずれにしても中国への交易路を開拓した偉人伝承がいくつもあっとことを、これらのおもろは窺わせている。

## 五　唐の船

唐の船とは琉球と中国を往き交う船のことであろう。琉球では中国へ往く船のことを唐船といった。琉球の船が福州船の構造に近く、というより、倣って造ったために、航海安全を祈願する菩薩《ボーサ》や、関帝旗、北斗、ムカデ旗、日の丸旗等々、あるいは乗組員の構成等まで、共通するものが多い。一一ノ二七（二一ノ一一四）に、次のおもろがある。

一　ぐしかわのまだまうちは　　　　具志川の真玉内を
　　げらへて　　　　造営して
　　よく　げらへて　　　　良く造営して
　　まさりゆわる　せだかこ　　　　勝りたもう精高子（神女）
又　かなふくのまだまうちは　　　　金福の真玉内を
　　げらへて　　　　造営して

又　たうのふね　ぜに　こがね　　唐の船から銭・黄金を
　　もちよせるぐすく　　待ち寄せるグスク
　　よく　げらへて　　良く造営して
又　やまとぶね　ぜに　こがね　　大和船から銭・黄金を
　　もちよせるぐすく　　待ち寄せるグスク

具志川の真玉内というのは、久米島具志川グスク内の聖域のことである。『琉球国由来記』には具志川ノロの火の神の名に「具志川ノカナフクノアカゴチヤガナシ」とある。唐の船と同じように、大和船も大和（日本）を往還する船のことかもしれない。銭も貴重な財貨として将来された。

## 六　たうど（唐土）

一三ノ一九には、次のおもろである。

一　あかがにが　ふなやれ　　赤金が船遣れ
　　げらへこがねとみ　　立派な黄金富（船）
　　大きみに　　大君に
　　まはい　こうて　はりやに　　真南風を乞うて走れ
又　げらへこがねとみ　　立派な黄金富

あかがにこ　せど　しやり
又　たうど　いで、　はりよれば
たうのぼうさ　たかべて

赤金子が船頭して
唐土を出て走ったら
唐の菩薩を祈って

赤金という船頭と彼が操船する黄金富を讃え、聞得大君に真南風を乞うて走れと願う。船はまだ中国にあり、南風を受けて無事帰国することを願っているおもろである。ここの「たうど」は唐渡とも解されるが、中国にあっていまだ航海していないことを考えて唐土がよいのではないかと思い、提案した。戌《いぬ》の御冠船《おかんせん》（一八三八年）の重陽宴で若衆麾《わかしゆぜい》踊り辺野喜節《べのきぶし》で「波の声もとまれ　風の声もとまれ　唐土按司がなし　拝ですでら」と歌っている例もある。ここでは冊封使のことを「唐土按司がなし」と呼んでいるのである。ほかに「北斗打ち向て　夜々に拝みゆすや　唐土天加那志《とうどてんがなし》　千代もちよわれ」という琉歌もあるが、ここの「唐土天加那志」というのは中国の皇帝のことである。首里城では毎年、お庭で国王が冬至に北極に向かって礼拝する「天《てん》の御拝《みはい》」が行われ、皇帝の長寿万歳が唱えられた。この「唐土」ではないだろうか。

## 七　たう・みやこ（唐・宮古）

六ノ二一に、

一　いげりきみよしや
だにす　なさいきもよい

兄者の君良しはおもろを歌います
きっと父老さま（王）は

たう　みやこ　きや　かまくら　　唐　宮古　京　鎌倉を
かなわせ　　　　　　　　　　　望みどおりになりますように
又　なさいぎやきみよしや　　　父老さまの君良しがおもろを歌います

とある。ここの「みやこ」が宮古であることは誰も疑わないだろうが、それがどうして異国・外国の中に「みやこ」だけが入っているのか。はじめに紹介した七ノ一二のおもろでも「きや　かまくら　かわら　なばんぎやめ　たう　みやこ　そろへて　かなわしよわれ」とあって、ここでも諸外国と並んで「たう　みやこ」の語序で出ている。こういう並びが宮古を王府にとって異域であることを意味しているのか、今後検討されるべきかもしれない。

『おもろさうし』には、奄美地方の沖永良部島以南の島々から採録されたおもろが、巻一三を中心に三〇教首収められている。それより以北は「とく」(徳之島)、「大みや」(奄美大島)と歌われている。この点が先島とは大きく違っている。この奄美大島を意味する語「大みや」は「大しま」の「ま」が前のイ母音によって「大しみや」となり、「シ」が脱落して「大みや」(ウウミャ)となったものである。おもろの時代にはウウミャと呼ばれていたのである。おもろには「あまみ」「あまみや」の語が多く見られるが、これは太古、往昔を意味するもので、他に、これに連動して神話的な始祖神「あまみきよ」が見られるだけである。今日奄美をさすことである「大しま」もおもろでは奄美ではない。はじめに紹介した稲の穂祭のおもろ中「この大しま　おれたれ」とあるが、この「大しま」は沖縄島のことである。古琉球、奄美は上のほか何と呼ばれたのか。『日本書紀』や『続日本紀』にあらわれる「海見嶋」(六五七年)、「阿麻弥」(六八三年)、「奄美」(六九九年、七一四年、七一五年)はどこなのか。もっとも早くに開け、多くの人口を擁した沖縄島ではないのか。

## 八　やまと・やしろ

日本（本土）を意味することばは今日でも「やまと」（大和）が主流だが、すでに紹介したように、おもろには「にほん」の例が一例あるだけで、多くは「やまと」という古名が使われている。これに対する対語が「やしろ」である。一一ノ八二（三二ノ一〇四）に、

一　しのくりやは　世なれがみ　やれば　　しのくりや神女は世馴れた神女なので
　やれ　このゑ　　ヤレ　コノエ（囃子）
又　しのくりやが　やまとたび　のぼて　　しのくりや神女が大和旅に上って
　やれ　このゑ　　ヤレ　コノエ
又　かみにしやが　やしろたび　のぼて　　神女様が山城旅に上って
　やれ　このゑ　　ヤレ　コノエ
又　やまとたび　なおかいが　のぼて　　大和旅で何を買いに上っていくのか
又　やしろたび　なおかいが　のぼて　　山城旅に何を買いに上っていくにか
又　あおしや　てうだま　かいが　　青い上玉を買いに
又　ふくしや　てうつじや　かいが　　青い上粒（珠）を買いに

とある。「てうだま」「てうつじや」の「てう」を上《じゃう》と同じ表記とするのにはいささか不消化な点があるが、対案も

見いだせず、しばらく通説にしたがった。「つじや」は粒を意味する「つづ」に指小辞アが付いて変化したものである。やまと・やしろの旅で買い求めたものが、神女が欲しがる数珠玉であった。「ふくしや」も分らないが、「あおしや」の対語で似たような色と判断されている。『仲里旧記』にも「あふさばい」「ほくさばい」とある。仲原善忠は「青味がかった白色、おそらく水晶の色のことをふく色というのではないだろうか」といっている。「やまと」の対語「やしろ」についても一言すると、原注に「日本也」「日本国之事也」と出ているし、『混効験集』にも「昔ハ大和山城ノ国ニ通融シタルトナリ」とあって、「やしろ」が「やましろ」からきたとしている。おもろでは意味不明の対語を付けることがよくあることで、山城説は当時の合理解とみるべきものである。「やまと」「やしろ」の旅で「かはら」（勾玉）や「てもち」（手巻き珠）買い求めるおもろが、一〇ノ二八にもある。近世では「やまと」の中に薩摩をさすこともしばしばあるが、こうした狭い特定の地域さす例はない。

一例だけ、八ノ六五に「やまとゐむ　せんどう／つくしゐむ　せんどう」（大和へも船頭／筑紫へも船頭）とあって、「やまと」と「つくし」が対語になっている。「つくし」についてはあとで述べる。

## 九　きや（京）・かまくら（鎌倉）

『おもろさうし』には「きや」「かまくら」が対として使われているのが五例ある。京と鎌倉の意である。京は「きやう」と書くのがただしいが、おもろではアウと母音が重なるときにウが脱落する傾向がある。一六ノ八は、次のおもろである。

一　かつれんのあまわり　　　勝連の阿麻和利

たまみしやく　ありよな
きや　かまくら
これど　いちへ　とよま
又　きむたかのあまわり
又　しまぢりの　みそでのあんじ
又　くにじりの　みそ（での）あんじ
又　しより　おわる　てだこす
たまみしやく　ありよわれ

玉のような御酌（神酒）があるよ
京　鎌倉
此れを言って鳴響もう
肝高の阿麻和利
島尻の御袖の按司
国尻の御袖の按司
首里におられる日子こそ
玉の御酌　ありたまえ

「たまみしやく」はウンシャク（神酒）のことで、これを褒めた言い方である。初穂で造られたウンシャクを領主的な人物に捧げて、その人物を活性化し、そのことで共同体が活化するとする思想にもとづく。「きや・かまくら」つまり日本全域にこのことを吹聴して誇ろうというもの。

一　かつれんわ　なおにぎや　たとゐる
やまとのかまくらに　たとゐる
又　きむたかわ　なおにぎや

勝連は何に譬えん
大和の鎌倉に譬える
肝高は何にか（譬えん）
（一六ノ一八）

勝連が繁栄していた時代は室町時代で、当時鎌倉は地方の小都市に過ぎなかったはずだ。なのにおもろが鎌倉にこだわった理由がわからない。ちなみに、おもろには室町にあたる語はない。

# 一〇 つくし（筑紫）

「つくし」（筑紫）は現在の福岡県、筑前・筑後の古名。おもろでは特異な使われかたをしていて、玉に関することと太刀に関することの二つに「つくし」が出てくる。一二ノ四一に、

一 つくしたま　みたま　　　筑紫玉　御玉
　 しまかねる　みたま　　　島を支配する御玉
　 こくらのてもち　　　　　たくさんの手持ち玉を
　 もちちへ　みおやせ　　　持ってきて奉れ
又 つくしおそい　みたま　　筑紫を支配する御玉

とある。筑紫からもたらされた玉が、島を支配するのに効力があるものと考えられていたようである。もう一つ筑紫からもたらされたと考えられていたものに「つくしぢやら」がある。六ノ三四のおもろに、

一 きこゑきみがなし　　　　聞こえ君加那志
　 とよむきみがなし　　　　鳴響む君加那志
　 これど　だにの　までだやれ　　これぞ本当の真テダだ
又 きこへあんじおそいや　　聞こえ按司襲い（王）は

とよむあぢおそいや　　　鳴響む按司襲い（王）は
又　つくしぢやら　はきよわちへ　　　筑紫だら（長脇差し）を佩きたまいて
てがねまる　さしよわちへ　　　手金丸を差したまいて
又　たまあしぢや　ふみよわちへ　　　玉の足駄を履きたまいて

とある。「つくしぢやら」に付けられた原注に「てがねまる御腰物異名也」とある。一七ノ六三にも「宝剣手金丸の異名なり」とある。これにまつわる話が『琉球国由来記』と『遺老説伝《いろうせつでん》』にある。中山王尚巴志に攻められて落城を悟った北山王が、霊剣千代金丸で首を切って自害しようとするが、さすがに霊剣、主人の命を奪うことができない。しかたなく志慶間《しけま》川に千代金丸を放擲して他の剣で死ぬ。その後夜々川原から天に光るのを、遠く伊平屋《いへや》人が目撃し、渡ってきてこれを拾い上げ、中山王に献上した、という。「今に王府の宝物、手金丸御腰物、是れなり」（『琉球国由来記』）とある。「つくしぢやら」の「ぢやら」は、長い脇差を意味する「だら」から出たもので、「つくし」の「し」のイ母音によって「だら」の「だ」が影響（口蓋化）されて「ぢゃ」（＝ジャ）になったものである。おもろの脇差といえば、これも尚王家所蔵の宝剣の一つである北谷菜切《ちゃたんなっちらー》があるが、これだとは伝えていない。「つくしぢやら」は手金丸であり、千代金丸なのである。序に言えば、現存の千代金丸は、総長九二・一センチ、刀身七一・三センチ。尚真王の時に仲宗根豊見親《なかそねとよみおや》から献上されたという治金丸《じかねまる》は、総長七三・六センチ、刀身五三・八センチで、治金丸の方が一回り小さく、比較的にいえば治金丸の方がおもろの「つくしぢやら」＝手金丸に近い。名前が入れ代わったのか、物が入れ代わったのか。少しばかり気懸かりなことである。

最後に関連する筆者の論文を紹介する。合わせて参考にされたい。

・「『おもろさうし』における航海と船の民俗」本書、II第六章。
・「『おもろさうし』の世紀—歌謡が語る琉球の中世」本書、II第二章。
・「渡唐船の準備と儀礼」第三巻、II第五章。

# 第六章　『おもろさうし』における航海と船の民俗

## 一　『おもろさうし』とは

『おもろさうし』は古琉球で歌われた歌謡集で、この時代の言語、言語的な創造力や想像力、ひいては民俗（信仰）や生活を知る、ほとんど唯一最大の資料である。

全巻二二冊、一五五四首（重複が多く実数は一二四九首）のおもろが収められ、ほぼ『万葉集』と同程度のボリュームがあり、沖縄の『万葉集』ともいわれている。

だいたいのところ、編集作業は、王府の手によって、一六〇九年の島津氏の侵入以前から、奄美・沖縄諸島を中心に進められ、一六一三年から一六二三年ごろにかけて完成されたものである。ただし現存のテキストは、一七一〇年に再編されたものである。

おもろというのは、『おもろさうし』に収録された歌謡をさすことばであるが、語義も、祭祀の場所である「お杜《もり》」で歌う歌という説と、心の思いを述べる「思い」説があって定まっていない。またその歌謡そのものも、本土歌謡に比定できるものがなく、本土古代歌謡のうち祝詞《のりと》・神楽《かぐら》歌・催馬楽《さいばら》にやや近いともいえるが、形式・内容ともそのどれにもあてはまらない、きわめて独特のものである。

ふへのとりのふし

一　天にとよむ大ぬし
あけもどろの　はなの
さいわたり
あれよ　みれよ
きよらやよ
又　ぢ天とよむ大ぬし

天に鳴響《とよ》む大主（太陽）
明けもどろの花が
咲きわたり
あれ！　見よ！
美しいことよ
地天に鳴響む大主
（七ノ三五）

右のように、「ふし」名が表示されて歌謡であることがわかるが、「一」は始まりの記号、「又」は音楽的な繰り返しで、「ぢ天とよむ大ぬし」の次に、四行を繰り返す。つまり『おもろさうし』では省略してある。全体は、若干の漢字と平仮名で表記してある。

おもろは、概していえば祭式歌謡である。つまり祭りに供せられる歌謡で、その主な担い手は神女とごく一部の男性であった。

最も古い時代にはカミ（神）と呼ばれる神女が集落単位にいて、地域が統合拡大するにつれて階層化してノロ（祝女）―キミ（君）―オオキミ（大君）と呼ばれるようになる。第二尚氏尚真王のころには、最高の神女として王妹オトチトノモカネが聞得《きこえ》大君《おおぎみ》に就任して、琉球王国の祭祀組織が完成する。

したがって、おもろは、まず(1)神女関係おもろ、(2)地方おもろ、(3)航海のおもろが目立っているが、いずれも王や神女、または地方の支配者をたたえ祈るもので、祭式歌謡といっても、当時の生産の基盤であった農業に関するものがほとんどないのは、支配者の祭式いわば儀礼的な歌謡であることを意味している。

ここで材料として主に使う航海のおもろ二八一首（巻一〇の四五首と巻一三の二三六首）は、琉球文学ばかりでなく、日本文学全体からみても珍しいものである。

## 二　船のイメージ

### 船は鳥

『おもろさうし』では、船は鳥とイメージされている。これは本土古代もそうであったらしく、『古事記』神代の、神々の生成のくだりに「次に生める神の名は、鳥之石楠船《いはくすぶね》神、亦の名は天鳥船《とりぶね》と謂う」とある。石はその船の堅固を願った物言いであろうし、楠は、やはり『おもろさうし』にもみられ、船の代表的な建材であった（下段は標準語訳したもの、以下同じ）。

一　きみはいは　たかべて　　君南風を崇べて
　　たすこやま　のぼて　　タスコ山に登って
　　なでまつは　げらへて　　撫で松を切り出して
　　はねうちがま　すだちへ　　羽撃ち小（船）を孵化させて
　　とぶとりと　いそいして　はりやせ　　飛ぶ鳥と競って走らせよ
又　うまのこが　さゑく　　ウマノコ（人名）が細工
　　まいとのなわ　かけて　　真糸の縄掛けて
（一三ノ一五六）

『おもろさうし』の巻一〇「ありきゑとのおもろ」（四五首）と巻一三「船ゑとのおもろ」（二三六首）は、仲原善《なかはらぜん》忠《ちゅう》以来それぞれ漕行と帆走の歌を集めたものといわれている（仲原善忠『おもろ新釈』琉球文教図書、一九五七年）。しかし両者は、漕行と帆走を明確に分けているとはいえず、むしろ巻一〇の「ありきゑと」は沿岸航路のおもろ、巻一三の「船ゑと」は遠洋航海のおもろと考えられる。つまり前者は島影を見ながら航海する「地乗り」であり、後者は時には島影を見ないで「おくと」（沖戸）を航行する「沖乗り」ということになる。両者にそれらしい区別があることは、後に少しずつ明らかにする。

それでは、ひとまず右のおもろに戻って、「きみはいは　たかべて」は、久米島の最高神女君南風に祈って、ということである。君南風は、琉球王の王権を守護する上級神女の一人でもあるが、航海安全にひときわ力があると信じられた神女だった。冒頭のこの一句は、この神女に祈る心情をまず表白したものである。タスコ山に松の木を植えて、これを切り出して里まで運び、製材して、造船する。「はねうちがま」は船のこと、「はねうち」は羽をばたばたさせることで、羽ばたこうとする動作である。これを船のこととしているのである。つまり船が鳥としてイメージされているのである。「すだちへ」（孵化させて）も鳥が卵からかえることを表している。次の句の「とぶとりと　いそいして　はりやせ」（飛ぶ鳥と競って走らせよ）も、やはり船が鳥として、実際の鳥と競うようにして疾飛することを期待しているのである。

**船は女**

ところが先島《さきしま》（宮古・八重山《やえやま》）ではこれと異なる船のイメージがみられる。八重山の古謡「いきぬぼうじぃゆんた」に、次のようにある。

（前略）

片目から　どぅすぬ木
片耳から　とぅむね木
山踏みゃん　見やおーり
山当りん　しきゃおーり
かいしゃ生《む》いたる　どぅすぬ木
ちゅらささすたる　とぅむぬ木
取りはだぬ　どぅすぬ木
生りはだぬ　とぅむぬ木
夫婦《みいとぅ》たな　取らりよーら
親子だな　切さろーて
前ぬ浜　下るされ
白《しす》ゆにに　むちゃろってぃ
いしゃじょーにば　はがろーてぃ
嘉利吉《かりゆしき》ば　つくろってぃ
ゆぬ親に　乗られて
ゆぬ主に　上ぶられ
生肌に　乗らるな
死肌に　上ぶられ

片目からはドゥスヌ木が
片耳からはトゥムヌ木が
山踏み役人も見ていかれ
山当たり役も聞いておられ
見事に生えたドゥスヌ木
立派に差したトゥムヌ木
（材木として）伐り時のドゥスヌ木
（材木として）生まれ頃のトゥムヌ木
夫婦の船材に切られて
親子の船材に切られて
前の浜に下ろされ
白洲浜に持ち運ばれて
石垣船に造られて
嘉利吉（船）に造られて
同じ頭親に乗られて
同じ主に乗られて
生き肌に乗られないで
死に肌に登られて

※ドゥスヌ木（モクレン科オガタマノキ）、トゥムヌ木（ハスノハギリ科タブノキ）

美しく生まれたイキヌボージィ家のヌズゲーマは、年頃になると、偉い役人たちから結婚を申し込まれるが、それを嫌って山に入り死んでしまう。その彼女の死体の目や耳から、船の用材であるドゥスヌ木が生える。結局この木で船材を切り出し、石垣船を造るのである。そして生前拒絶した頭役人《かしらやくにん》に乗られることになった、と歌っている。

本土の歌謡であれば、恨みをのんで死んだのであるから、祟る神になるのであろうが、おそらくは、霊力優れた女性の化身としての船は、船そのものの平安を保証するものとなっている。これとほとんど同様の構造と内容をもった古謡が宮古にも伝承されている（「まっさびがアーグ」）。もちろん八重山にも、おもろと同じような、鳥をイメージすることばがあって、たとえば公用船や八重山在番の船を「親鷺」とか「ペンサー」（隼《はやぶさ》）といっていた。しかし先の例歌は、船が女性のイメージでとらえられている明確な例である。その点特異な例といわねばならない。

沖縄島では琉歌（『琉歌百控《りゆうかももびかえ》』一三八番歌）に「久高思里《くだか》が　乗りめしやいる船や　伊集の木どやすが　紺地染めて」（久高の思い人がお乗りになる船は、イジュの木なのに紺地に染めてしまって）とある。イジュの木は、琉歌では可憐な女性に象徴される。そうした女性に深く思いを寄せてしまったというのが「紺地」なのである。しかしこのイジュの木の船は、そうした比喩とばかりはいえない。

奄美の、喉にかかった刺を落とすときの呪文「にぎグチ」（大島瀬戸内町与路《よろ》）に、

（前略）
いじゅがま　うけてぃ　　イジュ小（船）を浮けて
ううと　いじてぃ　　大海に出て
やばしょ　いじてぃ　　広い海に出て

にぎいゅば　とぅてぃ　　　　　　　　骨の多い魚を捕って
さねいゅば　とぅてぃ　　　　　　　　小骨魚を捕って
（下略）

とある。この「いじゅがま　うけてぃ」は、『南島歌謡大成Ⅴ　奄美編』（田畑英勝他編、角川書店、一九七九年）では「いじゅがま（地名？）に船を浮けて」と訳しているが、琉歌の例からみて船と考えるとわかりやすい。船がイジュの木で造られることがあったのであろう。とすれば、奄美でも、船を女性的なイメージでとらえることがあったらしいことが察せられる。これは、どこからきたのか。沖縄・奄美でも、おなり神信仰を基底に据えた乗り物としての連想からか、それとも同じく女性的にとらえられる媽祖《まそ》（天妃）や観音の影響なのか、この由来については今後の課題である。

## 三　船の名

**おもろの船の名**

おもろの船の名は、実に多様である。その機能や美称は、次のようなものがある。

A　はたらき
うらはり（浦走り）、うらまわり（浦廻り）、しまとつけ（島伝え）、たまのみつかい（玉の御遣い）

B　ほめことば
ア　「とどろ」の付くもの――うみとどろ（海とどろ）

イ 「もどろ」の付くもの――うらひぢめもどろ（浦治めもどろ）、うらよせのもどろ（浦寄せのもどろ）、なみもどろ（波もどろ）、ふなもどろ（船もどろ）、はやもどろ（早もどろ）、もどる（もどろ）、やもどろ（弥もどろ）

ウ 「めづら」の付くもの――おきめづら（沖珍ら）、たまめづら（玉珍ら）

エ 「きみ」の付くもの――おうねのきみ（御船の君）、きみなおり（君直り）、わかきみ（若君）、きみとよみ（君鳴響み）

オ 「とみ」「とよみ」の付くもの――あまへとみ（歓え鳴響み）、うきとよみ（浮き鳴響み）、うらとよみ（浦鳴響み）、おしあけとみ（押し明け鳴響み）、きみとよみ（君鳴響み）、なむじや金かくとみ（銀金掻く鳴響み）、はねうちとみ（羽打ち鳴響み）、まやいとみ（舞い合い鳴響み）、わしがまやいとみ（鷲が舞い合い鳴響み）、以下省略

カ 鳥に関わるもの――おやみふさ（親御隼）、けおのはねうち（霊力のある羽打ち）、こはいふさ（小隼）、はねうち、はねうちがま、はねうちとみ、はやぶさ（隼）、まやいとみ、わしがまやいとみ

キ 材料によるもの――くすぬき（楠）、しちようぎ（不明）、しとぎや（不明）、まきしや（槙?）、ましちよぎ（不明）

ク その他――いたきよら（板きよら）、うけたから（浮け宝）、すづなり（鈴なり）、そやけご（不明）、たなきよら（棚きよら）、とくまさり（疾く勝り）、ともまさり（艫勝り）、はやつかい（早遣い）、ひといちよ（一本の糸）、まはねじ（真羽地）、ゐそこ（良い底）

## 『歴代宝案』の船の名

また、一五世紀までの『歴代宝案』をみると、『おもろさうし』とは異なる船名も散見されるので以下列挙する。

ア　一四三四年三月、尚巴志から中国へ（咨文《しぶん》）「巴年之船」（はねじぶね＝羽地船）

イ　同年、「小梯那之麻魯」（こてなしまる？）

ウ　一四六三年八月、尚徳から中国へ（奏文《そうぶん》）「杜古麻沙里　勝字号船」（とくまさり＝疾く勝り）

エ　一四六三年八月、尚徳からマラッカへ（咨文）「控之羅麻魯　恭字号船」（こじらまる＝小次郎丸）

オ　一四六三年八月、尚徳からスマトラへ（咨文）「呉羅麻魯　安字号船」（ごらまる＝五郎丸）

カ　一四六四年八月、尚徳から中国へ（咨文）「恭字一号　控之羅麻魯船、安字二号船　呉羅麻魯船、徳字三号徳固之麻魯船（徳次丸）」

キ　同年、尚徳からマラッカへ（咨文）「勝字号　杜固麻沙里」（とくまさり＝疾く勝り）

ク　一四六五年八月、尚徳から中国へ（咨文）「読麻査理船」（とくまさり）

ケ　同年、「固志羅（麻）魯船」（こじらまる＝小次郎丸）

コ　同年、尚徳よりビルマへ（咨文）「吾刺麻魯舟」（ごらまる＝五郎丸）

サ　同年、尚徳よりマラッカへ（咨文）「読固至麻魯船」（徳次丸）

一六世紀の半ばごろまで、外洋船は中国から支給されている。その船には、右にあるように、安とか勝とか、徳、恭、宇、宙といった一字の船号が付けられている。琉球側はこれに対して、『おもろさうし』にもある「とくまさり」といったおめでたい名前を付けたり（「はねじ」は『おもろさうし』に「まはねじ」「きこゑはねじおうね」と出ている）、船頭の名と思われる「こじら」や「ごら」「とくじ」に「まる」を付けた船名がみられる。

この丸号船は、あるいは本土から渡来した航海技術者であったのかも知れない。

麻氏の一五二三年（嘉靖二）の「辞令書」にも、

たうへまいる／たから丸が／くわにしやわ／せいやりとみがひきの／一人しおたるもい／てこくに／たまわり申候／しよりよりしおたるもいてこくの方へ／まいる（唐へ参る宝丸が官舎（役名）は勢遣富ひきの一人、小太郎思い文子に賜り申し候。首里から小太郎思い文子の方へ参る）

とある。つまり首里王府から小太郎への、宝丸の官舎を給付するという辞令である。人名以外にもこうした丸号船名があったことがわかるが、「せいやりとみひき」とあることからすると、もう一つ中国の一字号船のほかに、官僚組織として整理されつつあった「とよみ」「とみ」号［表1］も、すでにこの「たから丸」に付けられていたかも知れない。

## 「ひき」と船団

この「ひき」は所属を意味する言葉で、「せいやりとみがひき」とは、すなわち「せいやりとみ」という船に所属する官僚であることを示している。そしてこの「ひき」が後に、南蛮貿易の衰退に伴い、三つの船団に整理されて、王の公的な航海のほか、王城の警備にも従事するようになったらしい。

『琉球国由来記』巻二「勢頭役《せどやく》」の項に「何《いずれ》の御代より始まりたるか、未だ詳らか

| せぢあらとみ | ふさいとみ | せもちとみ | くもことみ | 世つぎとみ | あまへとみ | よひきとみ | 世々すとみ<br>よよすとみ |
|---|---|---|---|---|---|---|---|
| 勢治荒富 | 相応富 | 世持富 | 雲子富 | 世次富 | 安舞富 | 世引富 | 世寄富 |
| | | | 雲子富 | | | | 世寄富 |
| ぜちあらとみ<br>(1541)<br>(1563) | ふさいとみ<br>(1562) | | | よつきとみ<br>(1537) | | | |

ならず、此の職、古へは十二引あり。中頃より三引を除きて九引となる」とあり、たとえば勢遣富《せいやりとみ》は、丑の日番で、引の頭、アザナの守備二人、中門のセド一人、中門の守備一人、げらい赤頭《あくかべ》一人、城内常住者一人、という具合に、もっぱら城中の守衛に従事するようになっている。

まとめると、これらは次の三つのグループの「ひき」に分けられる。

勢遣富（丑日番引頭）、世高富《せだかとみ》、浮豊見《うきとよみ》
謝国富《じゃくにとみ》（巳日番引頭）、島内富《しまうちとみ》、押明富《おしうけとみ》
勢治荒富《せぢあらとみ》（酉日番引頭）、相応富《ふさいとみ》、世持富《よもちとみ》

『琉球国由来記』によると、このほかに昔は、雲子富《くもことみ》・世次富《よつぎとみ》・安舞富《あまえとみ》の三引があったといい、その他家譜にも、世引富《よひきとみ》・世寄富《よよせとみ》の名もみられると付け加えている。『おもろさうし』の船名の例ですでにみてきたように、さまざまな船の美称名があった。そのなかで「とみ」系の船名だけが官船の名として、「まる」系をはじめとするさまざまな船名を抑えて残ったのである。ここに琉球国風を古琉球王国が意識したらしいことが感得される。

なお、ここの三分された九引、三引を加えた一二引は、三司官《さんしかん》、三平《みひら》等、三庫理《さんこおり》、三殿内《みどんち》等々の、王国の三分制に由来しているのであろう。

また『琉球国由来記』が家譜にみられるという世寄富は、一六〇九年の琉薩戦争の

| おもろさうし | せいやりとみ<br>せやりとみ | | うきとよみ | ぢゃくにとみ | しまうちとみ | おしあけとみ |
|---|---|---|---|---|---|---|
| 琉球国由来記 | 勢遣富 | 世高富 | 浮豊見 | 謝国富 | 島内富 | 押明富 |
| 喜安日記 | | 勢高富 | | 謝国富 | 島打富 | |
| 田名文書 | 勢遣富<br>(1634)<br>せいやりとみ<br>(1523) | 勢高富<br>(1660) | | ちゃくにとみ<br>(1606) | | おしあけとみ<br>(1606) |

表1 諸書の「とみ」「とよみ」号船名

ときは船として出ているので、船団としての役割を失って名のみとなったのは、近世に入ってからであろう。

## 四 船の呪術

### 神々に祈る

久米島の君南風御殿には「普済」という扁額が掲げられている。これは、福州を中心に中国の航海安全の神とされた媽祖の尊称である。琉球から薩摩へ渡るときは、「上り口説」に「あれに見ゆるは御開聞」と歌われた開聞岳《かいもんだけ》が、航海者の目標であった。

北見俊夫氏はその著『日本海上交通史の研究 民俗文化史的考察』（法政大学出版局、一九八六年）で「薩摩半島南端にそびえる開聞岳は、南西諸島方面からの船にとって何よりの目当てであった。また同半島指宿《いぶすき》の海岸にある知《ち》林《りん》ヶ島は、山川港に入る船の目標であった」（二三七頁）と述べている。

この開聞岳を神体とする麓の枚聞《ひらきき》神社には、一七八三年に浦添王子朝英《ちょうえい》が奉納した「妙霊普済」の扁額、一七九一年に宜野湾《ぎのわん》王子朝陽《ちょうよう》（後に朝祥《ちょうしょう》）が奉納した「普済群生」の扁額がある。そのほかにも数面の扁額が琉球の使者から奉納されていて、いずれも無事帰国後なされていることからすると、薩摩の神社に無事を祈願してそれが実現したときにこうした神徳をたたえる扁額を供えたものである。

枚聞神社のほか、花尾神社にも数面、江戸上りのときの出発港だった川内《せんだい》の新田八幡にも扁額があるし、霧島神社にも四国の金毘羅宮にもそうしたものがあった（『薩陽往返記事《さつようおうへんきじ》』）。その媽祖のやはり尊称である「天妃」や「天后」のつく廟（上天妃宮、下天妃宮）が古くから那覇にあって信仰されており、また久米村のような旅役の家では、観音が祭られていた。

前述の「普済」の例は、琉球の固有信仰を支えた神女や本土の航海交通の神と媽祖とオーバーラップしている例である。

## 真南蛮（タイ）へ行く船の祝福

『おもろさうし』一三ノ一七は、次のオモロである。

正徳一二年一一月二五日丁《ひのと》の酉《とり》の日に、せぢ荒富、真南蛮に御遣い召されし時に、おぎやか思い天の御み手づから召され候ゑと

一　大ぎみは　たかべて　　　　大君を祈って
　　せぢあらとみ　おしうけて　　勢治荒富（船）を押し浮けて
　　大きみに　　　　　　　　　大君に
　　おゑちへ　こうて　はりやせ　追手風を乞《こ》うて走らせよ
又　せだかこは　たかべて　　　霊力高い子を祈って
又　あぢおそいぎや　おさうぜや　按司《あじ》襲い（王）がお考えは
　　むかうかた　しなて　　　　向こう方と和合して
又　おぎやかもいが　御さうぜや　オギャカモイ（尚真王）が御企画は
　　むかうかた　しなて　　　　行く先々と調和して
又　あぢおそいぎや　おやおうね　按司襲いが大御船
　　おしうけかず　まぶりよは　　押し浮ける毎に守りたまえ

又　げらへせぢあらとみ　　見事な勢治荒富
くりうけかず　まぶりよは　　刳《く》り浮ける毎に守りたまえ
又　ぶれしまの　かみ〴〵　　群れ島の神々
あよ　そろて　まぶりよは　　心を揃えて守りたまえ
又　きみはへは　たかべて　　君南風《はえ》を祈って
せぢあらとみ　おしうけて　　勢治荒富を押し浮けて
又　のろ〴〵は　たかべて　　のろ（神女）たちを祈って

一五一七年（正徳一二）一一月二五日、北風がしきりと吹き込むころ、真南蛮（タイ国）へ行く船の安全を祝福して、尚真王自ら歌ったおもろであると、詞書にある。

まず聞得大君に祈って、その加護を祈り、ほかに久米島の君南風、列島の神々、ノロたちにも加護を求めている。「大君《ぎみ》に　追手《おゑちへ》　乞《こ》うて　走《は》りやせ」（聞得大君に順風を乞うて走らせよ）の句が、もっとも期待されるものだから各フレーズに繰り返されている。琉球の船はこれら神性をもったおなり神によって守られていたのである。

航海の目標となるところは、高い山ばかりではなく、海中の岩礁であるとか、航海の難所ともなる岬もその対象になる。わが国の古い習俗によると、そうした難所は、褒めたたえてなごめようとする心意があった。その箇所を通過するときは、その土地の名を挙げて賛美するのである。

『おもろさうし』一〇ノ四四＝一三ノ一二三のおもろは、奄美の喜《き》界《かい》島から那覇港までの、いわゆる道の島々の地名や古名、信仰の場所である御嶽《うたき》や杜が読み込まれている。これはその土地や嶽杜に神女が居ついているからで、名を挙げるということは、つまり神女を呼び出すことであり、その神女のテリトリーに入ったときには、その神威に浴しようとする心意なのである（拙論「岬航く船」『おもろさうし精華抄』ひるぎ社、一九八七年）。
一〇ノ二四の「ゑけ　上《あ》がる三日月や／ゑけ　神《かみ》が金真弓《かなまゆみ》」のフレーズで有名なおもろは、古琉球人が航海中天体の美しさに感動して、即興で詠んだものといわれているが、ここの「神」も神女のことで、輝く星や月、夕焼けに染まった雲を神女の採物《とりもの》や着物とみたもので、神女の偉大さをたたえたおもろになっているのである。これらのおもろは、要するに神女をたたえることによって守護を願っているのだ。

## 常套句の呪力

古謡にみられる、羅列や反復、常套句の多用、それは試験済みのマジカル・ラング（呪言）の使用であった（拙論「羅列と反復」『解釈と鑑賞』一九八〇年二月号、『琉球文学論の方法』三一書房、一九八二年所収）。したがって『おもろさうし』にはこれが多くみられる。たとえば、嘉手苅《かでかる》千鶴子氏の調査によると（傍線は筆者）、

一　やかびもり　おわる　　　屋嘉比杜におわす
　　おやのろは　たかべて　　のろ殿を祈って
　　あん　まぶて　　　　　　我れを守って
　　このと　わたしよわれ　　この海を渡したまえ
又　あかまるに　おわる　　　アカマル（地名）におわす
　　てくのきみは　たかべて　テクノ君（神女の名）を祈って
（一三ノ一七六）

この「あん　まぶて　このと　わたしよわれ」の句が、巻一三だけに一四例出ているという（「我守て此の海渡し

よわれ」『おもろさうし精華抄』)。奄美関係三十余首がすべて巻一三に、また南蛮行きの船の予祝やそれを主祭する神女、「大和真五郎船頭《やまとまらせど》」(一三ノ三八)のような航海者などが歌われていて、巻一〇と共通のおもろも若干あるにはあるが、両者は異なる航海関係のおもろを集めたことがわかる。

歌謡は詞章ももちろん重要だが曲も見逃せない。いうまでもなく『おもろさうし』は謡い物で、それぞれに「ふし」が付いているのであるが、巻一三にしかでない「しよりゑとのふし」「首里ゑとのふし」「しよりゑとふし」が八九首、このふしの類節「おくらつがふし」「おくらつがふなやれがふし」「すざへ大里がふし」を加えると九六首、実に四〇パーセントが同じふしで歌われていることになる。おそらくこのふしが巻一三の表題である「船ゑと」なのであろう。

祭祀は、時間、場所、人、詞章などをいわば非日常化することで呪的な力を増加もしくは強化する装置とするのである。詞章はそれを、日本語(琉球語も含む)の場合、対語や対句、一定の音数の繰り返し(五音や七音など)、その他ことばに音楽を取り込むかたちで、非日常化する。さらにそのことばの外に音楽を装置してマジカル・パワーの発現を強化しようとするのである。「しよりゑとのふし」は、王府官船の航路安全を保障する最も代表的な「ふし」だったと思われるのである。

## 「ありきゑと」の常套句

巻一〇の「ありきゑと」を特徴づける詞章も指摘できる。[表2]は、常套的な句を分析のため区画したものである。巻一〇の四五首のうち三分の一にあたる一七首までが、この常套句をもち、それも一六首(五・七・一三・一四・一八・二〇・二一・二三・三二・三三・三四・三五・三七・三八・三九・四〇)までがIIの123タイプである。IIIIの全体が完備しているのは『おもろさうし』全体でも一〇ノ四一だけで、四三番歌は、IIの1・2・3にIIIが一連を隔てて入っている。いずれにしても最も多くしかも整然とこの常套句が入っている巻である。

巻一三では、変形も含めて、IIの1・2・3タイプは二首（九三・二三〇）だけで、IIの1だけのものが五首（二・四三・四八・六五・一〇八）、IIの1・2タイプが四首（一〇四・二一四・二一五・二二七）、その他IIの1の前句だけ（九四）、IとIIの1だけ（七八）、IIの2だけ（二〇三）、IIの1と3だけ（二二三）となっていて、巻一〇のまったくおなじIIのタイプは一例もない。その意味でこの常套句は巻一〇のものといえよう。

さらに『おもろさうし』全体をみると、巻一一にIIの1タイプ（六四）、IIの1・2前句タイプ（六八）、IIの1・2・3前句タイプがそれぞれ一首、巻一二にIIの1タイプが二首（四六・六三）、巻一五にIIの1タイプ一首（九）、巻一七にIIの1タイプ一首（二）だけである（巻二一はすべて巻一一と重複しているため省略）。つまり航海のおもろの特徴でもあるのである。

| I | II |  |  | III |
|---|---|---|---|---|
|  | 1 | 2 | 3 |  |
| けおのよかるひに<br>けおのきやかるひに | あさどれがしよれば<br>ようどれがしよれば | いたきよらはおしうけて<br>たなきよらはおしうけて | ふなこゑらでのせて<br>てかぢゑらでのせて | あがるいにあよみよわ<br>てだがあなにあよみよわ |

表2　「ありきゑと」の常套句

「けおのよかるひ」（今日の良き日）、「けおのきやかるひ」（今日の輝く日）というのは、祭祀の日を特定強調するきまり文句である。そしてIIIに「あがるいにあよみよわ」（東方に歩みたまえ）、「てだがあなにあよみよわ」（太陽の穴に歩みたまえ）の句があることを思えば、「ありきゑと」の「ありき」は、本土古語にある「波にこぎただよい歩《あり》きて」などの「歩く」と同じで、「あちこちでする」「あちこち…してまわる」であって、ここでは神女達が聖地を船で巡礼する意であったはずである。

# 五 太陽賛歌

## 唐船の民俗

中国へ行く旅役の家では「観音」を信仰していたが、ほかに「ぼうさ」(菩薩)も祭っていた。同じく旅役の家だった蔡《さい》氏の冠婚葬祭のしきたりと日常生活の規範を記した『四本堂規模帳』にも、この「ぼうさ」が出ている。また『おもろさうし』一三ノ一九にも「たうのぼうさ たかべて」(唐の菩薩を祈って)とあって、古琉球に行われた航行にもこれを祭ったことが裏付けられる。中国船(ジャンク)の導入とともにこうした神も将来されたのだった。船尾の部屋の中にそれを祭り、船が着岸するとそれを陸上の祠に安置している。航海中は、「香工《こうこう》」なる者がいて「菩薩ニ香華灯明ヲ勤メ朝夕ノ倶拝ヲ主《つかさど》ル役ナリ」(『増補華夷通商考』一七〇八年)とある。この菩薩は媽祖のことである。この媽祖はまた観音菩薩の化身とも考えられていたので、旅役の家でこれを祭るのも、これと習合している側面もみられるのであろう。近世の進貢船にはこの「香工」がいないが、この役は、唐船では事務長的な役割をする「総官《そうかん》」がすることになっていた。「総官」が船中の諸事を管掌することは唐船と同じなので、総官が菩薩を祭るのは琉球での合理化であろう。

これ以外に本土でいう「船玉《ふなだま》」信仰は、だいたいのところ琉球ではなかったことに研究者の間ではなっている。しかし北見氏は八重山の近世文書に「船玉」の語があることを紹介しているし(前掲『日本海上交通史の研究』)、ほかに本島粟国《あぐに》島西のオタカベ「船ウルシの御願」にも「ふなだま」(船霊)の語が出ている(外間守善編『南島歌謡大成I 沖縄篇上』角川書店、一九八〇年)。近世の移入なのか、それとも媽祖をそのようにいっているのか、事実だけをここに紹介しておく。

### 巻一三の航海のおもろと太陽賛美の謎

さて中国から導入された船とともに伝えられた民俗の、琉球側における顕著な展開の例に、太陽賛歌のおもろがあるのではないかと思われる。たとえば、有名な、

一　てにゝとよむ大ぬし　　天に鳴響む大主（太陽）
あけもどろのはなの　　明けもどろの花が
さいわたり　　咲きわたり
あれよ　　あれ！
みれよ　　見よ！
きよらやよ　　清らかさよ
又　ぢてにとよむ大ぬし　　地天鳴響む大主
あけもどろのはなの　　明けもどろの花が
（一三ノ一〇六）

があり、太陽をたたえる歌がどうして「船ゑと」として収められているのか。次の「あがるいの大ぬし」のおもろは、『おもろさうし』に二十数例あるが、そのうち二一例までが巻一三にある。その一例をあげておく。

一　あがるいの大ぬし　　東方の大主（太陽）
あけまもどろ　みれば　　明け間もどろ　見ると

べにのとりの　まゆへ　みもん　　紅の鳥（鳳凰）の舞いの見事さ
又　てだがあなの大ぬし　　てだが穴の大主　（一三ノ八〇）

**日和乞いの呪術**

そのほか丹念に調べると相当数の太陽賛歌のおもろが巻一三に収められている。なぜこれらのおもろがここに収められているか、ということに疑問をもった人はこれまで一人もいないが、これは、これまで述べてきた唐船の民俗に琉球側が対応したものと思われる。

元来これらの太陽賛歌のおもろは、太陽が霊力《せぢ》の根源の一つでもあったことと、太陽《てだ》の霊力を受けた者としての領主的人物（王、按司、集落の代表）とがオーバーラップしていたために、つまり太陽賛歌であると同時に支配者賛美でもあったのである。要するに、そうしたおもろを日和乞いの呪歌に転用したのである。それはなぜか。

評定所文書「朝鮮人送候日記」、一七三四年（雍正一二）の資料に次のようにある（琉球王国評定所文書編集委員会編『琉球王国評定所文書』第一巻、浦添市教育委員会、一九八八年）。

覚

一、牛皮　弐拾五枚

一、ぼうさ御前てだ旗壱　但日丸共

一、大檣むかでばた壱筋　但日丸共

一、弥帆檣はた壱筋

一、大檣凬見はた壱筋

一、弥帆檣同はた壱筋
一、七星はた壱　但むかでばた共
一、振はた弐ツ
一、打かね壱
一、鼓壱
右の員数、渡唐持用ニ而御座候間、船手より拝借可被下候以上。
寅二月五日
安富祖里之子
田湊里之子親雲上
仲井真里之子親雲上

この記事は、沖縄県立博物館所蔵の「進貢船の図」と照応してみれば、いっそうよくわかるであろう。本帆を掛ける中央の大檣《たいしょう》のてっぺんには、日輪の三角旗と見事な百足旗《むかで》が翻っている。舳《へさき》の弥帆柱の上にも日輪の旗がへんぽんと翻っている。後部の柱にも、日輪の三角旗と百足旗それに七星（北斗七星）旗、そしてぼうさの祭ってあるところにも日輪の旗が立てられているのである。

この文書にはないが、各種の進貢船（唐船）図には、艫《とも》に大きく白地に日輪が描いてあるものがあった。つまり唐船は多くの日輪の旗と日輪のデザインであふれていたのである。これらの図柄は唐船の一般的なものとはいえないのは、松浦史料博物館の「唐船之図」（唐船とその系統の船一一隻と蘭船一隻）や、スペンサー・コレクションの「唐船蘭船図」をみると、やはり福州船に近いことがわかる。

真栄平房昭《まえひらふさあき》氏は「明代前期に建造された琉球の大型ジャンク船の多くは、東アジア沿岸における造船技術の先進地帯であった福建で造られた可能性が高い。この地方は後背地に多くの山林があり、松・杉・楠など豊富な船材に恵まれていたからである。つまり、技術・材料ともにすぐれた条件を兼ね備えていたのである。鄭和《ていわ》の大艦隊も福建や浙江で造られ、また琉球船に限らず、一六世紀の日本の朱印船でも、福建に建造を発注した例がある」(「南蛮貿易とその時代」『琉球新報』一九八九年一一月一八日)という。

**福州船の民俗**

先の松浦史料博物館の「唐船之図」のうち日輪のデザインはまったく認められないが、百足旗は、南京船、福州造り南京出し船、台湾船に認められる。これからもこれらの民俗が福州あたりの船の民俗であったことが推測される。百足旗がどのような意味を表しているのか、これまでのところはっきりしたことはわかっていないが、甲南大学の高阪薫氏と雑談している間に、中国辺りでは百足が龍を威嚇するらしいと聞いた。あり得る話のように思われた。

この話は中世の本土にも伝えられていたもののようで、京都金戒光明寺所蔵の「俵藤太絵巻」には、藤原秀郷が、近江勢田の橋の下に古くから棲むという老翁(龍宮の主)の求めに応じて怪物の百足を退治する話がある。ここでは百足は龍よりはるかに大きく強いのである。しかも百足と龍はまったく同じように描かれている。おそらく百足と龍にはこうした関係があったのであろう。

すなわち、おもろの太陽賛歌も日輪の旗も、航海の日和を乞うためのものであったし、百足旗も、航海の日和を、気まぐれな水神・龍王を脅して確保するマジックであったと思われるのだ。その百足旗は、地上に上陸して農村の祭礼にみられる。これも、現在はその由来をすっかり忘却しているが、作物に適当な天候を期待して龍神に睨みを利かせていたのだとみれば、大方は無理なく理解できる。やがて旗頭や旗指し物の、赤いヒラヒラの縁も、単なる飾りやデザインというより、百足の威力を期待してのものと思われる。

なお、唐船の前方両舷には大きな目が描かれている。また艫の先に白地に日輪が描かれたところに、極彩色の鳥が描かれている。その上に「順風相送」と書かれていて、この鳥は鷲のようにも見える。しかし日輪を描いてある同じ所にあるところをみれば、鳳凰《ほうおう》とも思える。前例したおもろの「べにのとり」（紅の鳥）も鳳凰であり、一三ノ七五の「あがるいの大ぬし　ふゑのとりの　かごへ」（東方の大主　日の鳥の　佳声）の「ふゑのとり」も鳳凰であった。

宮良当壮《みやらとうそう》氏の『採訪南島語彙稿』（郷土研究社、一九二六年）によると、首里・那覇では鳳凰のことをフイヌトゥイ（日の鳥）というのだとあるので、近年まで使われていたことばである。古琉球の王府が建立した石碑の頭部に鳳凰と日輪が彫られていたし、神女の儀礼用の扇にも同種の絵柄がある。しかしおもろに「鷲が舞やい富」とあったことを思えば、これを鷲としても「はやぶさ」や同種の猛禽類の鳥類としてもよく、これも納得できる。そのうえで、唐船の目をみると、あるいは唐船も鳥のイメージであるのかも知れないのである。つまりおもろの船を鳥とする想念も、唐船とともにもたらされた可能性がある点を注意するにとどめる。

# 第七章　神女と白馬と馬の口取り

## はじめに

次に記すおもろは伊波普猷《いはふゆう》が一九二四年に刊行した『おもろさうし選釈』（『伊波普猷全集』第六巻、平凡社、一九九三年所収）で、馬上《ばじょう》の知花《ちばな》の按司《あじ》を「白馬金鞍に跨がる貴公子の風貌は、肉躍り腕なるの慨がある」と述べ、語釈をした上で、「知花に在す眉目秀麗なる按司が、知花に在す口許の美しき領主が、鉢巻を手強く頭に巻き給ひ、絹の帯を引きしめ給ひ、大刀を佩き給ひ、腰刀を佩き給ひ、山羊の草履を穿ち給ひ、馬丁供を召し具し給ひ、白馬に金鞍をかけさせ給ひ、前鞍には日輪の絵を画かせ給ひ、後鞍には月の絵を画かせ給ひ、といふ程の意である」と、このおもろを訳している。仲原善忠《なかはらぜんちゅう》もこれを受けて著書『おもろ新釈』（琉球文教図書、一九五七年）において「馬上の若按司」として紹介し「知花（美里《みさと》村知花）の美貌な若按司の姿を謡」ったものとしている。いずれも若く美しい按司（男性）を歌ったものと理解している。

これに対して筆者は、『沖縄市史』第二巻（沖縄市教育委員会、一九八四年）「沖縄市関係おもろ」で馬上の神女を歌ったものではないかと提案し、『おもろさうし精華抄』（ひるぎ社、一九八七年）に「目眉美ら按司と馬引の小太郎」と題して再掲した。話を進めるために、先ずそのおもろ（一四ノ五）を掲げる。

一 ちばな　おわる
めまよきよらあんじの
又 ちばな　おわる
はぐききよらあんじの
又 みはちまき
てぢよく　まき　しよわちへ
又 しらかけみしよ
かさべみしよ　しよわちへ
又 といき、おび
まやし　ひきしめて
又 大かたなよ
かけさし　しよわちへ
又 こしがたなよ
いかささし　しよわちへ
又 ひぎやかわさば
うちおけくみ　しよわちへ
又 うまひきの
みちやひきの　こたら
又 ましらはに

知花におられる
目眉美ら按司が
知花におられる
歯茎（歯）美ら按司が
御鉢巻を
手強く巻きしたまいて
白掛け御衣を
重ね御衣にしたまいて
十重に巻くキキ帯を
腰に回して引き締めて
大刀を
掛け差ししたまいて
腰刀を
厳しく差したまいて
山羊革の草履を
打ち浮け踏みにしたまいて
馬曳きの
御馬曳きの小太郎
真白歯（馬）に

こがねくら　かけて　　黄金鞍を掛けて
又　まへくらに　　前鞍に
てだのかた　ゑがちへ　　日輪の形を描いて
又　しるいくらに　　後ろの鞍に
月のかた　ゑがちへ　　月の形を描いて

この『おもろさうし精華抄』には筆者は別に「武装する神女」というものも書いている。一ノ五＝三ノ三六のおもろにも「聞得大君《きこゑ》ぎや《ぎみ》／朱《あけ》の鎧《よろい》　召《め》しよわちへ／刀《かたな》うちい／謝国《ぢゃくに》　鳴響《とよ》みよわれ」と歌われ、鎧を着用して刀を差した聞得大君が歌われている。刀を差すこともそうだが、騎馬の風もさして珍しいものではなかった。恐らくこれはハレつまり祭祀の時のことであるが、ケ・日常でも女子の騎馬の風が南島では広く見られた（伊波普猷『沖縄女性史』小沢書店、一九一九年、『伊波普猷全集』第七巻、平凡社、一九七四年所収）。

ここの、例えば、「しらかけみしょ」「かさべみしょ」の対語も、白い打掛けを上に重ね着することと考えれば、これは神女の衣裳である。神女は御嶽や聖地を巡拝するときには、白い繊細な芭蕉布や白い苧布《ちょふ》を羽織ることが王国の終焉まで続いていた。

「めまよきよらあんじ」「はぐききよらあんじ」という表現も、どちらかと言うと女性に対する表現で、少年や青年に使われることはない。ウムイにも神女を「目眉美ら」「歯茎美ら」と対句で讃えているものが幾つもあるし、琉歌の「目眉美ら童」と言えば、目元涼しい娘を言う。あの謝敷《じゃしき》節の元歌の、干瀬に打ち寄せるさざ波の白さに譬えられる謝敷乙女の口許「目笑いはぐき」もそうである。ここの「はぐき」も、上に述べたように歯を意味する本土古語と同じである。つまり明眸皓歯は美人の表現であって、美少年の表現ではなかった。

「あぢ」「あんじ」も男性だけの尊称ではなかった。おもろ一〇ノ二五に「肝痛女《きもちゃおな》ぢゃらの／女按司《おなごあんじ》　やれども／ゑどむ按司《あんじ》　やれどむ／女童《めやらべ》が　御衣《みしゅ》　選《ゑら》で／白口《しらくちゃ》が　よ衣《そ》　選《ゑら》で」とあり、ここの白口は女童の対語で、白い歯並びは乙女の健康な美しさを表しているのである。このおもろのように「あんじ」も女性の尊称である。近世まで按司は幅広く使われていた。王子もその子弟や、王妃を始め多くの身分の高い女性を按司と呼んでいた。首里城の裏、内原から入る一階北側の小部屋を「按司下庫裡《あじしちゃぐり》」といっていた部屋は、身分の高い女性の部屋だったし、二階大庫裡の北側の御庭よりの小部屋を「按司《あじ》みこちゃ」といっていた。そこは王に面謁する身分の高い女性たちの控えの小間である。

## 一　奄美の「小太郎」と沖縄の「三郎」

山下欣一の「奄美のユタの呪詞『マレガタレ』について」（『奄美説話の研究』法政大学出版局、一九七九年）に、この「知花の目眉ら按司」のおもろとよく似た、奄美《あまみ》のユタの成巫儀礼で自らの出自を神に唱える呪詞「マレガタレ」（生まれ語れ）があり、このおもろとよく似た箇所が見られる。ここで再び所要の箇所だけ紹介する。

（前略）
ましろけ　わかさんぜ　　真白毛若三歳の馬
きんぬくら　うちかけて　　金の鞍を打ち掛けて
まえはるび　しめじめと　　前腹帯をしっかり締めて
しりはるび　しめじめと　　後ろの腹帯をしっかり締めて

（中略）
まえぐらや　てだぬかた　とらさげて　　前鞍には日輪の形をとり
うしろぐらや　つきぬかた　とらさげて　　後ろ鞍には月の形をとり
（中略）
わんどごち　はりはめて　　くつわをはめて
いそたぢな　ひきまわし　　糸手綱を引き回して
まひきぬ　こたらじよ　　馬曳きの小太郎よ
わんぬてだがみが　うちのりかけて　　私の日の神が打ち乗りかけて
（下略）

若い白馬に金の鞍を掛け、前後ろに腹帯をしっかり締めて、馬曳の「小太郎」なる者が馬の口を取っているといった構図である。この馬の口取りが奄美と沖縄でともに「小太郎」であったのは、偶然ではない。つまり馬の口をとる定まった役回りの者を差す名であったことを窺わせるのである。ここはユタの呪詞の例だが、山下欣一はつづいて大熊ノロの「のりがみのおもり」をあげている。それには、口取りの「小太郎」の語はないものの、ノロの乗馬の様子を歌い、マレガタレと共通の章句も多く見られる。

これとは別に沖縄の古謡には、こんどは「三郎」の例が散見される。『沖縄県国頭郡志』（一九一九年）の「大宜《おおぎ》味村《みそんじゃ》謝名城《なぐすく》 海神祭《うんじゃみ》のおもろ」は、次のものである。

（前略）

さんらー、さんらー、よせてくー
うくらがたや　うてだがた
あぶいがたや　おつきがた
あぶいがたや　むかじがた
てぃながたや　あけじがた
よかてさめ　間切のろ
あぐるしち　遊ぶ
我身のねらがみや
じゃんの口ど　取ゆる
いとうみ　はやみり

三郎、三郎、寄せて来い
御鞍形は御テダ（太陽）の形
鐙の形はお月の形
鐙の形はムカデの形
手綱形はトンボの形
よきことかな間切のろ
鐙を引いて遊ぶ
我がネラ神は
じゅごんの口を取る
急ぎはやめよ

また『島尻郡誌』（一九三七年）には、粟国《あぐに》島の「たきむどいうむい」が採られていて、

んまひちぬ　さぶらめ
ぬじやいちぬ　いしらめ
かみがとち　なたんどう
ぬしがとち　なたんどう
なんじやくら　ふぃたてり
くがにくら　うしたてり

馬曳きの三郎前
御駄曳きのイシラ前
神が時になったよ
主の時になったよ
銀の鞍を振りたてよ
黄金の鞍をおしたてよ

（下略）

とあって、大宜味村と粟国島と両者の地理はへだたっているが、ノロの乗り馬の口取りをする「三郎」なる者がいたことが分かる。この「三郎」も固有名詞というより、神事における代々の口取りの名称だったのであろう。

## 二　聞得大君の御新下り《おあらおり》時の馬曳き「儀保掟《ぎぼうっち》」

『女官御双紙《にょかんおそうし》』によれば、神事のさい三殿内《みどうんち》の大あむしられには、配下の村から乗り馬と馬方が提供される例だったことが記されている。また同書には康熙一六年（一六七七）尚貞王妃の聞得大君任職儀礼「御新下り」の規式の次第がある。行列の先頭はあし毛の馬で、右に馬方、左に儀保掟、次いで時の大屋子《おおやこ》、南風《はえ》の大屋子《おおやこ》、御みこし主部と続いて、聞得大君は御轎《ウチユー》に乗って移動している。注目すべきことは、馬方とは別に馬の口取りをする「儀保掟」なる者がいたことである。この儀保掟について、『琉球国由来記』巻五には、

> 勝連間切、儀保掟事。昔ハ自分ニ相考、御神事三日前、聞得大君御殿へ参上、御神事近付為レ申由、申上、御馬飼撫拵仕也。其通三日ニ御神事有レ之。聞得大君加那志御馬ノ口取仕故、馬駄ト為ニ申伝一也。彼掟、于レ今、代々子孫ヨリ相続トナリ。

とある。他に『琉球国旧記』や『球陽《きゅうよう》』外巻『遺老説伝《いろうせつでん》』巻二にも、ほぼ同様の記事が出ている。連絡も受けないのに遠く勝連《かつれん》間切にいる儀保掟が、神事の三日前になると聞得大君御殿に参上して神事が近づいたことを告げ、

その準備のために乗り馬を仕立て、三日後にはそのとおりに神事が行われるというのである。それ故聞得大君の馬の口取りをする儀保掟を「御馬駄」と言い、代々子孫がこの職を引き継いでいる、と言うものである。この奇妙不思議の部分を『琉球国旧記』と『遺老説伝』では「自ら吉日を選び」三日前に神事を知るとあり、尋常ではない占者の一面を覗かせている。単なる口取りではない。

『球陽』の尚穆王《しょうぼくおう》の二九年（一七八〇）五月の条に、津嘉山翁主が聞得大君を継承する時に、付随する紫冠の大親以下の役々を定めた中に、やはり「御馬駄一人」とある。むろんこれも儀保掟であろう。下って道光二〇年（一八四〇）の『聞得大君加那志様《かなしさま》御新下日記《おあらおりにっき》』にも、「月毛」の「御馬」を曳く「御馬駄儀保掟」が加わっていることでわかる。

では、この馬は聞得大君の御新下りでどのように使われていたのだろうか。『琉球国由来記』巻一三によれば、首里を出発した聞得大君一行は、与那原の浜御屋敷に入り、そこから天女伝説のある親川《おやかわ》（井戸）へ御轎で行き、年直りの神女が天目茶碗に井戸の水を汲み移し、脇付きの女官がこれを献上して、聞得大君がこれで水撫でをする。そしてここから「白御馬」に乗り与那覇浜へ移動、与那原ノロと一緒に、ナデルワノ御セジを祭り、水際で東方へ向かいオタカベを唱えて終わる。しかし道光二〇年の御新下りの時には、「親川之側より御馬被レ遊二御召一筈候へ共」御馬并金縁御笠を先備にして自らは御轎で与那古浜神の庭へ行き神事を行っている。本来は、馬は行列の先頭部分、金縁御笠は長柄や大御団扇とともに、聞得大君の御轎の後ろに従う儀杖で、赤頭《あくかべ》らが捧げ持った。金縁御笠というのは金糸の縁取りのある涼傘のことである。同治一四年（一八七五）の御新下りの記録である『聞得大君御殿并御城御規式之御次第』の場合も、「御金縁御笠并御馬被二御召一筈候処、御馬御召候儀者御遠慮」したとあり、与那原《よなばる》御仮屋《おかいや》から直接御轎に乗り親川へ赴き、そのまま与那古浜へ行っている。これには儀保掟の名は見えないものの、道光二〇年の御新下りからは三五年しかたっていない。儀保掟の存在は当然記憶されていたではずである。

ともあれ王国末期のこの二度の御新下りでも、聞得大君が本来はこの場所で騎乗すべきだったのに、それに乗らなかったことを記しているのである。なお、ここの与那古浜は『おもろさうし』には見えず、これに相当する与那覇浜が、『おもろさうし』や『琉球国由来記』に出ていて、『おもろさうし』の巻二二の「みおやだいりおもろ」二四番に、聞得大君が知念久高行幸の時に、与那原御仮屋になる稲福《いなふく》親雲上《ぺーちん》宿を出発して、親川をへて、与那覇浜あきり口に参る時に、その出立にさいして、

一　よなはばま　　与那覇浜
きこゑ大きみ　　聞得大君
やちよ　かけて　　八千代かけて
とよまさに　　鳴響まそう
又　あきりくち　　アキリ口
とよむ大きみ　　鳴響む大君
やちよ〔かけて　　八千代〔かけて
とよまさに〕　　鳴響まそう〕

と、このおもろを歌うのだとある。「与那覇浜」の対語である「あきり口」は、『琉球国由来記』に「アキリ嶽　神名　アキリマキウコバヅカサノ御イベ」とある所で、その入り口ということであろう。『おもろさうし』の巻二二は、一七一〇年の再編のさいの編集とも思えるので、少なくともこの時期までは「よなはばま」だったのである。

こうしたハレの場合の馬が神や貴人を含めた高貴な存在のものの乗り物であったことは、容易に想像できること

だが、他にどのような信仰やシンボルがあるのかは、明瞭ではない。馬に対する一つのこだわりは、『琉球国由来記』にもある「白御馬」とあるように、白馬でなければならなかった。白馬といっても、『女官御双紙』にある康熙一六年の御新下りのさいは、「あし毛」だったし、道光二〇年の時には「月毛」だった。「あし毛」は葦毛で、白毛に黒毛や褐色のさし毛が混ざったもの、月毛はやや赤味がかった白い毛色の馬をさし、実際は純白の馬ではなく、白味がかった馬だったのである。しかしこれらは役人が実際を記録したものであって、幻視の要素を属性として持つ祭祀にあっては白馬でなければならないであろう。

ヤマトではもともと馬は神の乗り物として「神馬《しんめ》」と呼ばれ、神社に奉納されたりしている。琉球にはそもそも神社に奉納するという習慣が希薄だが、高貴な人や「カミ」でもある神女の神事のさいの乗り物ではあった。さきの「目眉美ら按司と馬引きの小太郎」にも引用紹介したが、次のおもろをここでも再掲して紹介して理解の一助とする。『おもろさうし』一〇ノ四のおもろは、次のものである。

一 さやはだけ　みちやけ　　斎場嶽　御嶽
　ゑよ　ゑ　やれ　おせ　　ヱヨ　ヱ　ヤレ　押せ
又 そこにやだけ　みちやけ　　底にや嶽御嶽
又 さんこおり　あつる　　三庫裡にある
又 さんみやあしやげ　あつる　　三庭神屋にある
又 よきのいろの　つまぐろ　　雪の色の爪黒＝馬
又 ましらよきやの　つまぐろ　　真白雪の爪黒＝馬
又 金きやぐら　よりかけ　　金京鞍をより掛け

又　なむぢやきやぐら　よりかけ　　銀京鞍をより掛け
又　玉しりぎや　よりかけ　　玉の鞦をより掛け
又　玉くみぎや　よりかけ　　玉の首掛けをより掛け
又　ておのいと　まはるび　　上の糸の真腹帯
又　くもこたづな　よりかけ　　立派な手綱をより掛け
又　大きみの　めしよわちへ　　大君がお乗りになって
又　くにもりぎや　めしよわちへ　　国守りがお乗りになって
又　よなはばま　おれわちへ　　与那覇浜に降りたまいて
又　ばてんばま　おれわちへ　　馬天浜に降りたまいて
又　浦まわり　めしよわちへ　　浦廻り（船）にお乗りになって
又　さきまわり　めしよわちへ　　崎廻り（船）にお乗りになって
又　あがるいに　あよみ（よ）わ　　東方に歩みたまえ
又　てだがあなに　あよみ（よ）わ　　テダの穴の方向に歩みたまえ

このおもろは巻二二の「みおやだいりおもろ」の二七番のおもろとしても採られ、聞得大君が知念《ちねん》久高《くだか》行幸《みゆき》の時の一連のおもろの一つである。これによるとこのおもろは「さやは御桟敷《おざしき》」で歌われている。この「さやは御桟敷」は斎場御嶽の中に御新下りのさい仮設される建物のことである。このおもろを歌いおわると、聞得大君ら一行は船で、「あがるい」（東方）の「てだがあな」（太陽の穴）にある久高島へ向かう。

このおもろでも、表現としては「よきのいろ」（雪色）・「ましらよき」（真白雪）に譬えられる、やはり純白の白馬でなければならなかった。神女（聞得大君）と馬（白馬）の構図がここでも明確になってくる。同時に近世の神女と馬と馬の口取りの関係が、古琉球以来のものであったことがいっそう明らかになる。

この場合、鞍の前輪尻輪に日輪と月の形を描く意味も考慮すべきであろう。聞得大君はテダのセヂを受けるテダの依代つまり「てだしろ」でもあった。王は対して日神テダであり、現世の王は聞得大君からテダセヂを受ける立場にもあるのである。つまり聞得大君の引き馬の鞍上は、日と月のセヂの乗り物でもあることを明示したものとも理解される。とすれば、日や月のセヂの体現者である聞得大君やテダでもある国王を頂点とする支配者の乗り物であってもよい。こうした関係は集落単位でもみられたので、地方のノロや神役の騎馬も広く見られたのである。また例えば多良間《たらま》の「若神のエーグ」にも、若神という男性神が強引に美女をものにしようとする歌がある。

（前略）
ばんやてかー　ゆびどす
かんやてかー　まつわすど
ぬーまぬふら　うしゅいよ
たてうま　すだしい
まいふらぬ　かたんや
うてだを　びらし
すしふらぬ　かたんや
うつきかた　びらし
（下略）

私なら結婚できる
神ならいのままになる
乗り馬の鞍乗せて
立て馬　用意し
前鞍のほうには
お日様をつけ
後ろ鞍のほうには
お月さまの絵をつけ

若神である私が、前輪尻輪に日月の描かれた鞍を乗せて行けば、美女と結婚できると歌う。宮古でも日月の鞍と馬は広く貴人の乗り物だったのである。

御新下りの時の聞得大君一行は、聞得大君はじめお付きの神女たちは、白朝《しるちょう》という白衣の正装で臨み、迎えたり案内したりする村役人も白朝を着ていた。白衣の正装は、首里城内御庭以外の、城内外の神事や葬礼の衣裳でもあった。つまり「白」は清め慎みを表す色で、こうした祭事にも葬礼にも着用された。白馬もこの清浄の世界に相応しいが、それればかりではなく、天馬が天帝の天翔ける乗り物であったり、白駒が日の光を意味することを思うと、白馬そのものがテダやテダの依代のイメージを持っていたのかも知れない。つい見過ごしてしまうところだが、先に紹介したマレガタレの最後の句に「わんぬてだがみが　うちのりかけて」（私のテダ神が打ち乗りかけて）と、テダ神の騎乗を歌っている箇所がある。とすれば、白馬はテダの依代である聞得大君やテダそのものでもある至尊の存在の乗り物でもあったし、場合によっては白馬そのものがテダ的存在だったとも思われるのである。ともあれ、高貴な女性（または神女）の騎馬と口取りの構図は、琉球に広く見られる典型だったのである。

# 第八章　『おもろさうし』における踊りを意味する語「より」について

## はじめに

『おもろさうし』には踊りを意味する語がいくつかある。その代表的なものが「こねり」「なより」それに「より」と、他に「しのくり」と「まい」がある。中でも「より」の例がもっとも多く、次いで「なより」「こねり」の順になっている。しかるにどういう訳かこれまで「より」についてあまり関心が持たれていない。殆どコメントらしいコメントが見られないのである。浩瀚なおもろ研究を残した伊波普猷《いはふゆう》ですら、この語について一言も触れていないのはどうしたことであろうか。いろいろ理由は考えられようが、その一つは『おもろさうし』の巻九が「いろ〳〵のこねりおもろ御さうし」とあって、「こねり」に最大の関心が寄せられたこと、また次のおもろのように、

一　平良《たいら》の殿《との》ゝ　なよら
　　ぐすくの按司《あぢ》の　こねら
　　ゑけ　島寄《しまよ》せ　せるむ

又　首里《しより》のみやに　なよら
　　ぐすくのみやに　こねら
又　按司《あんじ》や　按司《あぢ》と　なよら
　　下司《げす》わ　下司《げす》と　こねら
（一二ノ四五）

とあるように、「こねら」（「こねり」の未然形）の対語に「なよら」（「なより」の未然形）が生真面目に使われていたり、一二ノ一九（一五ノ四）に「天久真《あめくま》ひやり思《よも》ひ　こねり　なよる　かなしげさ」とあるし、九ノ一八には「綾《あや》手打《てう》ちへ　なよら、奇《く》せ手打《てう》ちへ　こねら」ともあって、両語が密接な関係にあり、その分「より」への関心を失わせたのではないか。

例えば、安仁屋《あにや》本系の『おもろさうし』にある原注、「なよら」に「こねり也」（一ノ二三、二ノ一六）、「こねら也」とあり、「なよれば」に「鼓にておもろの拍子を舞之風情之事也」（一九ノ五）とある。同じことが『混効験《こんこうけん》集《じゅう》』の「なよれ」にも出ている。鼓のリズムに乗って（神女が）舞うことを言うのだというのである。『遺老説伝《いろうせつでん》』に、神女の舞いを「鼓ねり」[1]と書くのも、右の「なよれ（ば）」と同じく「こねり」も神女が打楽器に合わせて踊る踊りであることを示している。

田島利三郎は彼の自筆稿本「受剱石《じゆけんせき》」に「こねり　安仁屋曰く、舞ノ事也　おすで、こねりで、をがみでの三ツアリト」とメモがあり、これを受けて伊波普猷は「古琉球の歌謡に就きて」[2]で、「田島先生から貰ひ受けた手帳」（「受剱石」メモ）に出ている、最後のおもろ主取安仁屋真苅《まかる》の話として、こねりについて「舞の事也、おすで、こねりで、をがみでの三つあり（中略）、おすでは手の甲を上にしておし出す手、をがみでは掌を上にしておし上げる手、こねりではおがみでをこねまはして、おすでのやうにおし出す手です」とあって、こねりおもろの内容を詳しく説明している。そして続けて「こねりは（中略）踊りといふことで（中略）しのぐの同義語《シノニム》です」、「又踊ることをなよら（将然言）といつてゐる（中略）が、これにはもとなよぶ、なよらか等の意味があつたやうです」とあって「しのぐ」や「なよら」との関連についても言及している。以後は概略伊波の考えを受け継いでいると言って良い。

伊波の他に戦前の論文といえば、世礼国男《せれいくにお》の「コネリ（舞踊）といふ語の分化[*3]」がある。それによると「こねり」と「なより」は次のように説明されている。即ち「コネリの対語ナヨリは、古語『馴寄る』（親しく寄り合ふ）或は『なよ〳〵する』の何れかであらうと思はれます。前者ならば舞踊者群の状況を表し、後者ならば舞踊の體付を表した語だと考へられます。コネリとナヨリは、コネリが主でナヨリは添物であります」と言い、「なより」が本土古語「馴れ寄る」や「なよ〳〵する」意の語と関わりがあると指摘している。「なよ〳〵する」は伊波の提示した「なよぶ」「なよらか」とも縁を引く語で、「馴れ寄る」が新しいが、何れにしても実体に迫っているとは言えない。第一「なより」は「こねり」の添え物ではないし、後述するように、「なより」は、「より」とともに、ある意味で「こねり」以上におもろ理解にとって重要な意味を持っているからである。なお伊波は、不思議なことに、「こねり」に関する語源についてまったく言及していないが、平凡社刊『大辞典』（初版、一九三四年六月～一九三六年一一月）の「コネリ」の項ではじめて「拝み手を捏ねまはし」と漢字を宛てている程度で、これ以上深く追求することはなかった。しかるに世礼はやや詳しく、「こねり」の「原義は『捏る』（クニーン）の意味で」「手で土を捏る様な恰好の舞の手の名称から舞踊の意味になつたのでありませう」と、「こねり」が「土を捏る様」であることをはっきり認めている。

戦後を主導した仲原善忠《なかはらぜんちゅう》はその著『おもろ新釈』（琉球文教図書、一九五七年）で、二ノ一六のおもろの「きみもなよら」の「なよら」に注して「なよりは主として胴体の、こねりは主として手の動作ではないかと考える。胴体をしなやかに、撓曲《どうきょく》させるのがなよりで、手をくねらせることがこねり。あやより、くせより等の省略形が多く用いられる」（一四九頁）とあって、ここにきて初めて、「なより」が体の動き、「こねり」が手先の動き、「より」がその省略形であることが述べられている。当然のことながら、仲原善忠・外間守善《ほかましゅぜん》の『おもろさうし辞典・総索引』にこれが反映されていることになり、「こねら」の項に「踊ろう。動詞『こねる（踊る）』の未然形。身振りのつく踊り「なより」に対して、手の舞いを『こねり』という」とまとめられ、「なより」の項に「踊ろう。『なよる』は、手の舞いの『こねり』に対して、身振りのつく踊り。古代国語の『なよらか』（『源氏物語』）に通ずる」と説明されている。が、「より」には「踊り。『なより』に同じ」とだけあって、きわめて簡潔な記述に終わっている。『日本思想大系18　おもろさうし』（外間守善・西郷信綱校注、岩波書店、一九七二年）もしかり。省略形云々もない。これに対して鳥越憲三郎は、「より」を「なより」の省略形・名詞形としている（『おもろさうし全釈』*4、『詩歌の起源』*5）。名詞形の指摘がいささか新しいか。ついでにいえば、「こねり」について、鳥越はこれまでの捏ねる説に対して、曲がりくねるの「くねる」が原義であるとし（ただし『おもろ新釈』にすでに出ている）、「手を曲げて舞う踊りのこと」とする。これと同じ考えに立ったのが宮城信勇《みやぎしんゆう》である。宮城は「くねくね」とか「まがりくねる」の「くねる」が原義だとして、折れ曲がる意と解し、手だけではなく「体がくねくねとくねることである」とした（『こねり』と『なより』*6）。ただ、安仁屋おもろ主取から聞いた田島メモ、それを受けた伊波の理解、それに巻九「こねりおもろ」の、いわゆる舞いの手注が、ことごとく手の動きの指示である点（後述）を考慮すると、依然として捏ねる説が妥当であると思われる*7。よほど有力な議論が展開されないかぎりこの点は動かないだろう。

## 一 「より」について

「こねり」と「なより」より「より」と「なより」のほうが、密接な関係にある語である。「より」がもっぱら名詞形(中止形・連用形)でしか出ないのに対して、「なより」は動詞しかない。その点で、関連のある語ではあるが、「なより」の省略形が「より」になったといった単純なものではない。おもろでは名詞形しか見られないが、これもかつては動詞であった。だとすれば、「なより」のほうが、かえって「より」から派生したと考えることができるのである。

さて、論を進める前に「より」の用例について概観してみよう。

**天降り**

(前略)
又 大君《きみ》は い乞《きよ》て
君《きみ》〳〵は い乞《きよ》て
又 けおのより 降《お》れわちへ
もちろかちへ 遊《あす》べば
(下略)
(一ノ三七)

大君と君々が霊力(けお)優れた踊り(より)を踊るために天降りしたまいて、セヂを発散させて神遊びをすると、というものである。

一　聞こゑ君《きみ》よしや
　見物《みもの》より　降《お》れわちへ
　やゝのくせ　なよびかせ
又　鳴響《とよ》む君《きみ》よしや
又　首里杜《しよりもり》ぐすく
又　真玉杜《まだまもり》ぐすく
（九ノ二一）

ここでも神女が見事な踊りを踊るために、美しい差し羽根を靡かせて、杜に天降りしているのである。鷲の羽根を差して踊る（なより）さまを讃えたおもろが他にもある*8（一二ノ一二＝二二ノ四七）。また一六ノ二六には「げに見《み》物　降《お》れたる」とあって、この「見《み》物」も「見物《みもの》より」と同じであるらしく、これに続く「神選《かみゑら》びぎや　けおのより　しよわて、」（神選び〔神女〕がセヂある踊りをせよとて）とあることで、このことが察せられる。

**打つ**

一　佐敷金社《さしきかなもり》に
　綾手《あやて》　打《う》ちちへ　なよれば
　せの君《きみ》と　君《きみ》と
又　西《にし》の金杜《かなもり》に

又　上下《かみしむ》の見《み》る目《め》　（一九ノ五）

これは「なよれば」の例だが、杜で神女が手拍子に合わせて踊っている。鼓の語が見えないが、勿論鼓を打ち鳴らしにぎにぎしく踊っているのである。「上下《かみしむ》の見《み》る目《め》」に踊りを讃え鑑賞する姿勢が窺える。

一　照《て》る日《ひ》が　ひやし（拍子）
手打《てう》ちちゑ
よりぎや　清《きよ》らや
又　思《お》ひぎや　ひやし　（一七ノ三五）

神女照る日の鼓拍子で神女たちが踊っている。「清《きよ》らや」と、美しいものとして捉えられている。九ノ九にも「世寄《よゝ》せ君《きみ》の　降《お》れて　遊《あす》べば　ひやし　打《う》ち上《あ》げれば　君《きみ》も　なよら」と同趣のおもろがあり、九ノ一八に「綾《あや》手打《てう》ちへ　なよら　寄《く》せ手《て》　打《う》ちへ　こねら　上下《かみしも》の見《み》る目《め》　地離《ぢはな》れの見《み》る目《め》」とあって、共通する。

**見物**

一　城間《ぐすくま》の真大和《まやまとう》（人名）
げに　見《み》物　おわちゑる
よりかさ（神女）が　けお（霊力）のより　見物《みもん》
又　又吉《またよし》の腰当《こしや》て子《こ》　（一五ノ一三）

「げに　見物《み》　おわちゑる」は、前に挙げた一六ノ二六の「げに見物《み》　降《お》れたる」と同じ形で、天上から実に見事な踊りを踊るために来られた、よりかさ（神女）が踊る、セヂ豊かな踊りが見事である、の意である。「見物《み》」は、言うまでもなく、目で見て感動する意の表現である。七ノ二三「見物《みもの》より　めづらしや」の「見物《みもの》」も「めづらしや」も目で賞美することである。一二ノ三一の「けおの内《うち》の　よりなおり　見物《みもん》」もこれと同じ。ただ「よりなおり」の「なおり」は、諸本「直り」とするが、踊りの意の「なより」と見るべきものなのである。一三ノ五二に「大旗《うきはた》のなおれよる　清《きよ》らや」とあって、「なより」の「り」を「れ」と表記する例がある。[*9] ただし「うきはた」は「大母た」または「うきはわ」〔大母〕の誤写である可能性もある。その他「見《み》にる」（一三ノ七七）、「見《み》ちやる」（二〇ノ四〇）、「見《み》らな」（一四ノ五〇）とあって、これも見ることによって賛美する心意である。

**神女**

一　よきげらへ　けよの内《うち》の　綾《あや》より
　　いぐまちへ　もちるちへ　遊《あす》びよわ
又　君《きみ》げらへ　もちろ内の　奇《く》せより
（一二ノ三一＝一五ノ三四）

一　屋宜《やぎ》の金杜《かなもり》に
　　真人部《まべ》の　拍子《ひやし》　打《う》たば
　　君《きみ》も　なよら
又　比嘉《ひが》の金杜《かなもり》に
（二ノ一六）

これまでの用例にも見られるように、神女たちが杜の祭場で神遊び（祭事）をし、そこに神女たちの踊りである「より」「なより」が提供されるのである。名詞形と動詞形の違いはあるが、天上から現れ、鼓や手拍子にあわせ、拝所で踊られる点で両者にそれほどの差異を見出しえない。ほぼ同じ内容と見做してよいと思われる。

## 二「より」の意味

では「より」はどういう意味か。これを解くのに先に紹介した宮城信勇の論文に重要な手掛りがある。宮城は「なより」につき、「これにずばり対応する語は中央語にも又、現在の本島方言にも見当たらない」として、宮古の歌謡にその原義となるべきものを見出している。即ち『南島歌謡大成Ⅲ　宮古篇』（外間守善他編、角川書店、一九七八年）所収の「豆が花」（三二一頁）の、

（前略）
ぱいかじぬ　はやらしばよ　　南風の吹かば
なぐがじぬ　なゆらしばよ　　和風の吹かば
ゆだなゆりなりゆ　まみゆ　　枝もたわむほどみのれよ　豆よ
またなゆりなりゆ　さやゆ　　叉もたわむほどみのれよ　莢（豆）よ
（下略）

を示し、「なより」が風の吹くままに「たわみ」「しなう」意であることを明らかにしている。ここの例に見られる、作物が風に吹かれて揺れ撓むさまに原義を認めたことは、まさに慧眼であって、「より」を考える上できわめて重要な意味を持っている。

宮城は、踊りの意まで進んだ例として「真津真良《まづまら》のフサ」の、「むむふさ　なゆら　やソふさ　なゆら」（百フサを踊ろう、八十フサを踊ろう）や「ミャームギのフサ」の同様の詞章を例示している。そこまで進んでいると言い切って良いようでもあるが、フサが草の意であることを考慮すると、この「なゆら」ももう少し植物の揺れのイメージに近づくのではないかと思われる。そしてそのフサの神事が、草を手に持って踊る所作である点が、これまた見逃せない、注目すべきところである。

『南島歌謡大成Ⅰ　沖縄篇上』（外間守善他編、角川書店、一九八〇年）の田名《だな》のティルクグチに「石みてて　ゆらみしろり、金みてて　なびかしより」（石実といって揺らせて下さい、金実といって靡かせて下さい）とある。『南島歌謡大成』は「寄らせて下さい」と訳すが、靡くの対句だから揺れがよいことは言うまでもない。

『琉球国由来記』、渡名喜《となき》島の御唄《ウムイ》に、次の歌が記されている。

（前略）
おろい南風の　吹きよい　　　おろい風が吹くと
しぢよい南風の　吹けば　　　しぢよい南風が吹くと
もとつくて　よゝい　　　本作て　揺れ居り
ふさつくて　よゝい　　　房作て　揺れ居り
（下略）

風に作物が揺れている。恐らくそれは稲であろう。

八重山の「牛馬の生まれ繁盛」のフチィ（『南島歌謡大成Ⅳ　八重山篇』角川書店、一九七九年、二七頁）にある「うーとぉーどう、くぬとのち、ふうしゅーまい、ぐずたれーまいぬ、うしぃ、んま、まりぱんじよーですーや、いばみちぃに、おーば、しだまぬ、ゆんなーゆる、ふうーぬーんで、おーばしん、まん、ういかない、すぬかふーで、かんかざるびんとぉーどぅ」（ああ尊《とう》と、この殿内の大主前、グスタレー前の牛・馬の、生まれ繁盛と言うのは、狭い道に追ったら、数珠玉のように揺れに揺れ、大野に出て追ったなら、千頭万頭も追い囲むとの果報だと、こう唱えます。尊と）の、「しだまぬ、ゆんなーゆる」は稲の豊穣予祝詞章に見られる常套句である。しかるにこの「ゆんなーゆる」は、「よりなより」に復元でき、あるいは訳のように、揺れに揺れと見てもよい。いずれにしても、数珠玉のように大きな稲穂を実らせて靡いている、そういう句が紛れ込んでいるのである。稲が風に揺れ靡いているさまは、豊穣を約束する景色であって、当然八重山にも広く出回っていた語句だったはずである。これがすっかり忘れられているのだ。

大嶽に登て　押下い見れば
稲粟のなをり　今年世果報
（『琉歌百控《りゅうかももびかえ》』乾一四六番）

この「なをり」は今日では一般に直りと解されて豊穣の意に理解されているが、「なより」が忘れられた結果ではないのか。上から見下ろして見たものは、風に揺れ靡く作物か穂波であったはずである。

『諸間切《しょまぎり》のろくもいのおもり』[*10]恩納《おんな》間切の「ジラチンオモイ」に、

じらちんもい　ぬぶて　みれば
いすきや　うさいしち　みより
からよいなびく
やへまどし　ならば
くらに　かいみちて
かみぶくい　みそり
しぢぶくい　みそり

ジラチン杜　登ってみると
貴人が見下ろしてみる
から（不明）揺れ靡く
来年になると
倉に刈り満たして
神誇り下さい
シヂ（神）誇り下さい

とある「よいなびく」は、おもろの「よりなびく」と同じであることは明らかだが、「より」が単に接頭語でないことも、これまでの用例で明白と言わねばならぬ。

一　平良《たいら》勝《まさ》り子《きよ》が
赤崖《あかはんた》　登《のぼ》て
大田原《おほたはる》　見《み》やれば
白種《しらちやね》の
よりなびく　清《きよ》らや
又　鳴響《とよ》む勝《まさ》り子《きよ》が

（一六ノ四一）

一五ノ五二の「よりなびく」とともに「揺り靡く」であって、「よりなおり」（一二ノ三一）と同じ構造である。

また一五ノ二三「島のより　なよれば」は、「より」と「なより」系語を含んだ、これに準ずる表現である。「より」が揺れの意を留めていることとは、船を「より清《きよ》ら」（三一ノ一〇八）、「より清《きよ》ら御船《おうね》」（一二ノ五八）とあることで、裏付けられる。一三ノ七七「波《なみ》ぎやより」の「より」は踊りと訳されるが、その前の揺れの意であろう。とすれば一三ノ二一九の「よりあいなみ」も揺れ合い波である。つまり、寄り、依りと訳される多くの「より」の中には、慎重に吟味すれば、かなり多くの「揺り」「踊り」が選り出せるであろう。

**中盛《なかも》らち　端《はた》ゆらち**

おもろにはないが、「より」系語には、もう一つ常套的な使い方がある。「中盛らし、端ゆらし」がそれである。
『南島歌謡大成Ⅰ　沖縄篇上』大宜味《おおぎみ》村《そん》喜如嘉《ぎじょか》のウムイ（四八七頁）に、

赤椀ぬ　ゆらわしく　　　赤椀の世直し
黒椀ぬ　ゆらわしく　　　黒椀の世直し
中盛《なかむ》らち　　　　　中盛らして
端《はた》よらち　　　　　　端揺らして
うさぎやびら　　　　　上げましょう

いちいち用例を出すまでもあるまい。豊穣予祝歌謡に実に頻繁に出てくるのである。世直し椀の中になみなみと注がれたものは、言うまでもなく神酒である。神酒は穀物のいわばエッセンスで、生命を活性化させるセヂの籠った飲みものだったのである。これを揺すり器からこぼす。これは、溢れ、有り余る穀物を表すと同時に、その神酒に内在する力を揺り動かすことにより、いっそう活力に満ちたものにすべき願意に出たものであった。ここで断っておかなければならないが、「端ゆらち」は一般に「端寄らち」と解されるのであって、「端揺らち」とした例は絶えてないことである。しかし「揺らち」と考えてこそ古謡の真意に迫れるのであって、寄りでは意味をなさない。

『南島歌謡大成I　沖縄篇上』伊平屋島のウムイ（三九一～二頁）に次のものがある。

（前略）
黒わんのんちゆうもく　　　黒椀の御天目
赤か丶にのうゆのし　　　　銅のお世直し
中ゆらち　のやしら　　　　中揺らして差しあげましょう
はたゆらち　むやしら　　　端揺らして差し上げましょう
やじら　ふるみかち　　　　屋面を震わせて
いるちや　とどみかち　　　甍轟かせて
九月が　ならば　　　　　　九月になると
十月が　なりば　　　　　　十月になると
しらちやねは　まちうるち　白種は蒔き降ろして
あまちやには　まちゆうるち　甘種は蒔き降ろして
もちあはち　かうしゆんどう　茂り合って　果報するよ
さけあはち　かうしゆんどう　繁り合って　果報するよ
西風の　うちじみ　　　　　北風の吹き初め

南風の　しちじみ
六月が　なりば
しれんちゆた　頼で
模合んちゆうた　頼で
秋のいらら　もち〳〵
秋の鎌《かま》　もち〳〵
（下略）

南風の吹き初め
六月になると
知った人たちを頼んで
模合の人たちを頼んで
収穫時の鎌を持ち持ち
収穫時の鎌を持ち持ち

世直し椀だけでなく、家屋や甍までも揺り動かすのである。そして田圃の稲を南風や北風が揺すり豊作を保障する。もっともこの風はこれまでの揺れの心意とは異なる原理であるらしい（後述）。

## まとめ

これまで述べてきたように、おもろで踊りと解されている「より」の原義は「揺り」であった。例えば、現在の沖縄方言で地震を、ネー　ユインという。また単にネーともいう。本土古語では「なゐ　ゆる」「なゐ　よる」「なゐ　ふる」という。これでみてもわかるように、元来「なゐ」は土地そのものを意味しているのであって、地震の意味はなかった。伊豆八丈島や壹岐では地震のことを「ゆり」（東条操『全国方言辞典』東京堂、一九五一年）というのは、その名残である。おもろの「より」はこの「ゆる」「より」に淵源していることは疑う余地がない。

もう一つの踊りを意味する「なより」は、この「より」と同源なのである。ナとこれに接続する半母音ヨットj

を考慮すると、先学が指摘しているように、「な」は、なよなよ、なよらか、なよびか、なよぶ、なよよか、なえ（萎え）などの同根「なよ」「なえ」に由来していることは言うまでもない。つまり、「なより」は、しなやかにやわやわと揺れる意であって、「より」（揺り）から出てこれを限定修飾したものであったのである。

では、その「より」が如何にして踊りの意にまで上昇したのかということが問題になるが、その前に「より」がすっかり踊りの意になりきっていたのかどうかも検討しなければなるまい。この「より」は、舞踊を意味する形では、『おもろさうし』以外に例を見出し得ないのである。この点は「なより」も同様である。これまで見てきたように、おもろ以外の古謡に、植物あるいは穀物（稲）の揺れる表現としてのみあるものである。この点が「こねり」との著しい際立った相違になっている。「こねり」は無論植物・穀物の表現には見られないが、後世の冠船《かんせん》踊りに「神歌こねり」とあり「こねり手」などのことばも残っていて、この方が舞踊らしい受け取られかたをしたことが分かる。要するに、『おもろさうし』の巻九が「いろ〳〵のこねりおもろ」と、「こねり」とあって、舞いの手注が施され、そこに「より」や「なより」がないのは、それなりの理由のあることであって、彼我に内実の相違があると見るべきである。

いまだ揺れの意を搖曳している「より」「なより」を考える上で示唆にとむのは、伊波普猷の「南島の稲作行事について」*11 にみられる記述である。伊波はそこで識名《しきな》の種子取の時に歌われるアマウェーダー（天親田）の詞章を紹介して詳しく解説しているが、「南《はえ》の風の押せば、北《にし》の畦枕《あぶしまくら》しち、北風《にしかぜ》の押せば、南《はえ》の畦枕《あぶしまくら》しち」を解説したくだりで「或る田舎では種子取《たんとり》の時に、出居《でゐ》の前の庭《にわ》に、ニクブク（描播《ねこがき》の御座《ござ》）を敷いて、下男たちが、ずらりと居並んで、この歌を合唱し、『北《にし》のあぶし枕しち』と唱へると、一斉に右に傾き、『南《はえ》のあぶし枕しち』と唱へると、一斉に左に傾く、といったやうな動作をするとのことだ」と伝聞を記している。こうした所作がアマウェーダーの、種降ろしから収穫までを叙事的に述べた豊穣予祝歌謡の所作であることが注目される。この、男たちの、南風・北風に揺られる所作こそ、踊りの「より」「なより」の原形ではないのか。つまり神女たちが祭祀の場に天降りして、鼓や手拍子に合わせて踊る「より」「なより」も、こうした単純なものであっただろう。しかしこの単純な所作は、稲そのもの、あるいはそれから立ち上がってそれを模倣し、いささか舞踊化した程度のものであった。「より」に寄せられた「みもん」「きよらや」「みにる」「みちやる」の、目で愛でる表現は、それが鑑賞にたえるものの意にも理解できるが、これはまた古謡によく見られる参加の一般的なかたちでもあるのである。おそらくおもろの「より」「なより」は、稲の表現をどの程度リアルにしたかは別にして、その所作には、豊穣予祝的な意味合いが籠められていたと考えられる。

いっぽう「こねり」は、小野重朗が雑誌『沖縄文化』に「おもろさうし」巻九の「こねり」の舞いの手注を分析して、次のようにまとめている。*12

おす〔押す〕一五
おしかけて〔押し掛けて〕五
おしあはちへ〔押し合わせて〕一
おしおろちへ〔押し下ろして〕三
おち〔押して〕二
おちへ〔押して〕一一
うちあげる〔打ち上げる〕三
こねる〔捏ねる〕二四
こねて〔捏ねて〕四

おのきり〔仰ぎ〕一
おうのきりして〔仰いで〕二
のきやけて〔差し上げて〕一
おがで〔拝んで〕三
まうて〔舞いて〕一

『南島の古歌謡』（小野重朗、ジャパン・パブリッシャーズ、一九七七年）に依り若干整序してあるが、数字はそのままである。なお数字は舞いの手注に出てくる回数である。巻九の「こねりおもろ」三五首のうち二八首に記された舞いの手注である。小野も言うように「おのきり」や「まうて」が舞いの手であるかどうか疑問が残るが、「おす」系の三七を中心に、「こねり」系二八が目立っている。「より」「なより」が一例もないことも注目してよい。「より」は名詞形なので当然としても、動詞形の「なより」系語彙が見られないのはどうしたことか。「こねら」と「なよら」は対句でも使われる（一二ノ四五）。しかしその間には大きな隔たりがあると見られる。それは小野の言うように「みな単純でゆるやかな動作であるらし」く、ついには古典女踊りの振りに繋がると予想される。小野はまた、同一の「ふし」には同じ箇所で同じ手振りが「厳密に」記されている、とも指摘している。いよいよ様式的舞踊化への傾きが、そこに見られるものである。おもろは概していえば、祭祀歌謡である。従っておもろの芸能は祭祀芸能であって、狭い意味の芸能に到達するには、祭祀から離陸し、自立するまでの長い経過をたどる必要がある。しかし、ついに「より」「なより」の語は、踊りを意味する琉球方言として発展させることも、また定着させることも出来なかった。おもろの衰弱とともに衰微し、消滅してしまったのである。おもろになかった「おどり」〔踊り〕の語は、「あすび」〔遊び〕と対で、地方の古謡に出回っている。この地方の神遊びの「おどり」からも、自立した狭義の意味の踊りへの道程は遠いが、少なくとも、後世の獲得であるにしても、現代に繋がって生きている。『おもろさうし』には、「白種《しらちゃね》の　揺《よ》り靡《なび》く　清《きよ》らや」の句のある一五ノ五二、一六ノ四一のおもろ以外、典型的な豊穣予祝的なおもろはない。祭祀歌謡とは言うものの、これは琉球諸島の古謡の中では、きわめて異例のことである。おもろが、王や上級神女の讃歌が目立ち、農耕に関するものが少ないのは、そうした生産点から遊離して、王の儀礼に聞得大君や大君、君々が奉仕することをことしたことと対応する。「より」「なより」の儀礼も農業神としての王に奉仕するためのものであったはずである。

植物（稲）の揺れのイメージを曳いている「より」「なより」、それは風によって起こるのである。風は植物（稲）を孕ませる力があると信じられていた。袋中《たいちゅう》の『琉球神道記』にある、琉球の創世神話によると、アマミキョとシネリキョは「陰陽和合は無けれども、居所並が故に、往来の風を縁して、女胎《はら》む」とあり、こうした風によって女（生物）が孕むというモチーフは、世界的に広布していると言われる。[*13]「より」「なより」は、神女たちが、風に吹かれる稲のさまを実習再現する振りであったはずである。つまり風に吹かれる稲の模倣である。そして稲の懐妊結実を実現し、豊穣を約束させるのであった。その典型的常套的な表現が「南の風吹けば、北の畦枕、北の風吹けば、南の畦枕」である。アマウェーダーやティルクグチだけでなく、クェーナやウムイその他幅広くこの詞句が見られる。そしてそれは、例えば琉歌に、

穂花《ほばな》咲き出れば　塵泥《ちりひぢ》も付かん
白種《しらちゃね》や靡《なび》き　畦枕《あぶしまくら》
今年作たる米や　すす玉の実さめ
南の風の押せば　北の畦枕

北風の押せば　南の畦枕
我嫁なてきよすや　得米ど抱きよる

と、例は多い。これに着目したのが小野重朗である。小野は「畔枕考」[*14]で、この問題を追求し、南島歌謡の中から多くの用例を例示した上で「畦枕」の生まれてくる過程を「はじめ、古いクェーナ形の歌謡やオモロでは稲穂のより靡くという語を用いていたが、その後にクェーナ歌形のウムイやクェーナの中で、稲穂が畦に靡くという表現をへて、畦を枕にする―畦枕という語が用いられるようになり、更に後の琉歌の中で畦枕は定着することとなる」とその経路を構想している。また同論文に奄美大島龍郷村秋名《たつごうそんあきな》の旧八月のアラセツでは、シチョガマという小屋をつくり、屋根に男たちがぎっしり登り、歌と太鼓に合わせて「小屋を右に左にと揺って揺り倒してしまう」のだという[*15]。その歌は、次のものである。

今年ある年や　果報年と有ゆる
来年の稲がなしや　畦枕
西《にし》からも揺りゆり　東《ひが》からも揺りゆり
西東《にしひぎゃ》の稲玉《いにゃだま》　招《まね》き寄《ゆ》しり

そこに、揺れの霊力と、豊穣、稲と畦枕の一連のキーワードが見られる。

もう一つ、小野の紹介で興味深いのは、下野敏見《しものとしみ》の『種子島正月習俗』（種子島科学同好会、一九六三年）にある、「チイナビキ」（露靡き）の正月儀礼である。それによると、各家の戸主が未明に或る家に集まり、長老が「稲の実入りも大へん良かった。西の風がそよそよと吹けば、東の方に畦を枕に寝申す」と言うと、一同は東の方に隣の人の膝を枕に寝る。「又、風が東の風えなっちぇ、西の方さな倒れ申した」と言うと、またみな起きて隣の者の膝を枕に西の方に寝るのだと、紹介している。これは伊波の、前述のアマウェーダーの振りにまったく同じである。「稲の実入りが良かった」と言う点からも窺えるように、風に揺れ靡く稲の豊穣予祝儀礼であったことが分かる。その他本土の「田植歌」の「畦枕」の例を紹介して、「より」「なより」に直接かかわるのはないが、いずれも生産予祝に繋がる点では一致している。

さて、そろそろ稿を締め括らなくてはならぬ。つまり、繰り返し述べて来たように、「より」の原義は揺れであった。稲を揺らすものは風であり、風は物を孕ませる力があると信じられていた。元来は穂花つまり稲の花が咲くころが稲の孕む時期であったが、しだいにそれも忘れられて、たわわに実った稲穂が畦を枕にする光景と考えられるようになったのである。

『おもろさうし』には、生産予祝歌が極端に少ない。おもろが生産点から切り離された擬制的な古謡であってみれば、それは当然のことであるが、「より」「なより」の中に生産予祝儀礼の影を、我々は見ることができる。支配層の儀礼が、この方面の信仰を希薄にすればするほど、「より」「なより」は影の薄いものとならざるをえなかったのである。琉球諸島の古謡の総体の中に『おもろさうし』を据え、「より」「なより」に生産予祝歌と儀礼の影を認めることにより、『おもろさうし』の古謡としての要素を再現し、おもろの特異性を古謡の一般性に近づけることが出来るのである。

**注**

1 『遺老説伝』に、宮古の禰間の伊嘉利が竜宮から「鼓練祭」を授けられたことが見え、「十二年に一次、九月の間、必ず吉日を択び、神人五名、根所に聚会し、伊嘉利、白鷺の尾を拾取し、串連して冠と為し、白衣を穿ち、此の冠を帯び、正中棹上に坐し、西に向かひ歌（俗に名蔵双紙と曰ふ）を唱ふ。其の余の二十四人、鶏尾の冠を着し、四面より伊嘉利を囲繞し、毎節鼓を打ちて、其の曲詞に答受し、以て祖宗を祭祀するの典を致し、而して父母に孝順するの道を訓迪す。已に十三日を歴て止む」とある。頭に鳥の羽根を差し、神女たちが輪になって鼓に合わせて踊る。同様のことはおもろにも見え、奄美の『南島雑話』には白鉢巻き白打ち掛け、手に草を持って輪踊りをする神女の図が出ている。こうしたものであったのであろう。なお『遺老説伝』には「鼓練祭」を父母に孝行するために行ったように述べられているが、その引用箇所の前にこれを行えば「子孫繁盛し五穀豊饒せん」と竜王に言われていて、これが目的であったことは明らかで、「父母に孝順」云々は合理化である。

2 『琉球古今記』一九二六年（『伊波普猷全集』第七巻、平凡社、一九七四年所収、二一七頁）。

3 『沖縄県中央図書館報』第九号、一九四一年九月、一〇月号、同年一〇月。

4 清文堂出版、一九六八年。一ノ二三の「なよら」の注。

5 角川書店、一九七三年。

6 雑誌『青い海』第一〇〇号、一九八一年二月、『おもろさうし精華抄』ひるぎ社、一九八七年。

7 捏ねる、曲るとも、現在の沖縄方言にないが、『琉球館訳語』「泥」に「个乜禄（クニル）」とある。ただし訓は大友信一・木村晟編『琉球館訳語─本文と索引』（小林印刷出版、一九七九年刊）による。

8 注1参照。

9 「うきはた」は「うきはわ」（一一ノ三六）の誤写か。「うきはわ」は大母。あるいは大母達か。「うき」は奄美で大水を「ウクみじ」という、そのウクと係わるか。ついでに言えば、「なよれ」（連用形）の「れ」の表記は例外。「なより」

の誤写か。

10　田島利三郎稿本、琉球大学附属図書館伊波文庫蔵。『南島歌謡大成Ⅰ　沖縄篇上』角川書店、一九八〇年所収。ただし訳は筆者。

11　『をなり神の島』楽浪書院、一九三八年（『伊波普猷全集』第五巻、平凡社、一九七四年所収）。

12　「こねりオモロについて」『沖縄文化』第四四号、一九七五年一一月、『南島の古歌謡』ジャパン・パブリッシャーズ、一九七七年所収。

13　大林太良「琉球神話と周囲諸民族神話との比較」『沖縄の民族学的研究―民族社会と世界像』民族学振興会、一九七三年。

14　雑誌『田唄研究』第一六号、一九七九年八月。

15　安田のシヌグの時、青年男女が丸太棒を神アシャゲにぶつけるヤーハリコーという行事があるが、これも揺すり衝撃を与えることによる再生活化が目的だったのではないかと思われる。

# 第九章　おもろのふし名ノート

## はじめに

一九四〇年（昭和一五）『琉球新報』紙上に発表された世礼国男《せれいくにお》の「琉球音楽歌謡史論」は、おもろのふし名研究としても画期的なものであった。後述する(17)で示すようにグルーピング（曲節）の考え方も詳細に示されているし、それがなによりも曲節であるとするところに重要な点がある。世礼は歴代研究者の中でもっとも音楽に造詣が深く、それだけにこの方面からする指摘にはするどいものがある。世礼は「潮来節、松坂節、博多節、オイトコ節などの如く、音曲歌謡の名称に、何々節と称へることは近世（徳川時代）以後のことで、上古近古時代に於てはさう言ふことはなかつた。節廻しといふ意味のフシといふ語は用ゐられてゐるが、音曲の名称としては、歌、ふり（曲、振曲）などが用ゐられ（中略）文献の上で始めて一の独立した音曲名として節の接尾語を附して呼ばれてゐるのは文禄慶長の頃に流行した隆達節であるが、これも寛文貞享の頃まで『竜達が小歌』『隆達流』などと呼ばれ、同時代の平九節も『平九流』と称へられ、元和寛永頃に流行した弄済節も単に『らうさい』などと呼ばれてをつて、（中略）明暦の頃から流行した投節に至つて初めて固定名称とな」った、と「ふし」について概略して述べておられる。しかるに『おもろさうし』は、ふし名のない一九〇首を除いてすべて「……ふし」「……のふし」「……かふし」となっており、傾向としては本土よりもいっそう早い時期に、曲、節をあらわすことばとして「ふし」が固定していたことがわかる。世礼は、おもろがなぜこの時期に「ふし」とよんだかという点に触れていないが、注目すべき点だと思われる。

他に、本土では、ションガヘ節、ノホホン節、ホンニサ節、ヨイワイナ節、ドンドン節、サノサ節、ドドイツ節等の如く囃子詞による命名法も、古くは見あたらず、寛保延享以後の流行であると述べている。世礼はおもろを引き合いに出していないが、たぶんおもろを念頭においてのことだろう。おもろには囃子をふし名とした例は全くないのである。ところが『屋嘉比工工四《やかびくんくんしー》』になるとイヨノシ節、エイサ節、ホロホロ節、カンキャイブシ、ソレカンブシ、ヤレコノシイ節、シホライブシ、ヨシヤイノウブシ、智留連《ちるれん》節、楚与楚与《そよそよ》節、シヤウンガナイブジ、謝武名《じゃんな》節、長謝武名《ながじゃんな》節と相当あるのである。

仲原善忠《なかはらぜんちゅう》は世礼の研究を受けて、一九五一年（昭和二六）『おもろのふし名索引』（沖縄文化協会、一九五一年）を出版した。それは、ふし名を五十音順にならべて番号をうち、これをグルーピングして「曲種《きょくしゅ》」でくくり、そのグループ内のふし名の相関関係を、ふし名の所在、出所の巻数番号で示し、備考にはそのグループのおもろの数を示している。文字通り検索の便に供した「索引」であるが、初心者にはかならずしも便利なものとは言えない。なぜなら、この索引は、おもろのふし名全項目五五一のうち三〇一しかあげてなく、(22)の例で言えば、一六項目のうち六項目しか示していない。とすると、「索引」に記載されていない他の一〇項目で検索する場合、きわめて不便になるのである。しかし、グルーピングの根拠となる所在と出所の関係は、一、二を除いて正確に示してあり、この面の研究をする場合貴重である。

仲原はその「あとがき」で、ふし名の概説をしている。その中で、私の興味に則してひろいあげると、「おもろ双紙に出ているふしの名は約三〇〇あるが曲は一二〇程度で、実際はそれよりももっと少ないと思う」とし、「（おもろのふし名の）本流は三味線歌となって今日の音曲となったものと想像せられる」と述べておられることである。

前者は、前述の方法で処理した結果三〇〇のふし名を得たのであるが、それをグルーピングすれば一二〇曲節になるとするのである。世礼は二一一の曲節があるとし、両者とも実際はそれより少なくなると予想している。私は後述の方法で調査した結果、一二四のグループに分けることができた。各グループ内の連絡がつけば当然グループの数は減るわけで、さらに少なくなる可能性はある。

後者については、世礼は積極的に明言しているのではないが、「三十字歌詞が出来ると一首で一曲又は二曲しか歌へない関係上」とか、干瀬《ひせ》節は「伝屋嘉比工工四（尚穆《しょうぼく》王代）には干瀬に居る鳥節と記され、如何にもおもろの節名に彷彿たるものがある」とか、『屋嘉比工工四』の「仲節」はおもろの「なかふし」であるとする見解に垣間見ることができる。だが仲原もすぐあとで「三味線歌のふし名とおもろのふし名と比較して見ると、不思議にも一致するものは一つもない」と述べ、「おもろ音楽から三味線音楽への変化、両者の関係は今日まで少しも明らかにされていない」のであり「この暗点を明らかにすることが音楽史家の大きな課題である」としている。

仲原の評言以上のことを言うことは私もできないが、仲原がおもろのふし名の支流とした巻二二の「公事《みおやだいり》おもろ」（その一部は山内盛彬《やまうちせいひん》が採譜してある）や、各地の古謡、俗謡、古典音楽といった、要素の違う音楽を、音楽学的立場から分析的に把握する必要がある、そのためには音楽学者の基礎的な研究の積み重ねがなくてはならぬ。従来のこの方面の言及は印象の域を出ていない。

おもろのふし名の文献上の研究は、世礼、仲原の研究につくされており、以後有力な論文は出ていない。今度私はおもろのふし名五五一項目をどこからでも検索できて、しかもグループの内の他のふし名、グループ内のおもろの数、ふし名の出所、所在を一目でわかるカードを作った。以下はその製作の過程で知り得たことである。新しい結果もあるが、前者の見解と重複する部分も少なくない。ふし名研究を喚起する意味もあって初歩的な考察の過程なども示した。少しでも益するところがあればと願うしだいである。

(1) 一字違いのふし名もすべて一項目として数えると、おもろのふし名は五五一項目ある。

(2) ふし名の記されていないおもろは、一五五四首中わずかに一九〇首で、その中には他のふし名の出所となったものがあるので、グルーピングできない全くの「ふし名ナシ」はこれよりも下まわる。なお「ふし名ナシ」がはたして歌われないおもろであったかどうかも調べる必要がある。たとえば一三ノ一のおもろは「ふし名なし」だが重複の二二ノ四三では「あかずめづらしやかふし」となっており、一三ノ一もそれである可能性がある。

(3) とくに「ふし名ナシ」は巻一四に集中している。「ふし名」がない一九〇首中六二首は巻一四で、巻一四の七〇首中ふし名があるのはわずかに八首だから八九%はふし名がないのである。

(4) もっとも短いふし名は「同ふし」(おなじふし)だが、よみで言えば「ながふし」である。

(5) 「同ふし」「おなじふし」は、「同ふし」が四首、「おなしふし」が二首あるが、これらはすべて、その前のおもろと同じふし名であることを示している。したがって厳密にはふし名ではない。

(6) 「ながふし」も厳密にはふし名ではなく、長いので「ながふし」(長ふし)と略称したものと思われる(世礼は「仲節」とする)。たとえばこのふし名でグルーピングできるものに、

ゑんことよたしよあちおそいてたとわかてたかふし (二一ノ五六)

ゑんことよたしよも、あちやらはやちよもかふし　（二一ノ四〇）
ゑんことよたしよおもいきみけらへきみかふし　（二一ノ五七、二一ノ九二）
ゑんことよたしゆも、あちかふし　（二一ノ一四）

とあって、いったいに長い。

(7)　だがもっと長いふし名がある。

あかのおゑつきねはのおゑつき月てたのやにて、か、ちよわれかふし　（一五ノ三一）
きこへさすかさかつ、みのあちなりかなしふうくにうちよせるかふし　（六ノ三四）

といずれも三一字もあって最も長いふし名である。

(8)　「うちいてはとまりみちへりきよかふし」といったように、「うちいて（は）」「うちいちへ（は）」「おちいて（は）」のついたふし名があるが、これは打出しはの意で、右の例で言えば「とまりみちへりきよかふし」と同じである。

(9)　特異な例としては一一ノ九四のように、一行目は「かねくすくのろのふし」ではじまりながら、二行目から「うらおそいふし」ではじまることを指示した「くまからうらおそいふし」というのもある。一首に二ふし指示したのはここだけである。

(10)　仲原善忠の考え方にしたがって、五五一項目のふし名をグルーピングすると、

① ふし名項目が二種類以上にわたってグルーピングできるもの（同一のふし名で一字違いも含む）。一〇四

② 単独一項目しかないが、集中にふし名の出所があり、同類のふし名項目がない場合、出所のおもろ（ふし名ナシ）を含めて、実質的に二首以上のグループに分けられるもの。一〇

③ 出所、類同ふし名ともに不明でグルーピングできないもの。一〇で、合計一二四グルーピングできる。

(11) このグループは仲原の言う「曲」に相当するもので、仲原はそれを一二〇としている。世礼は二一一の曲節があるとしている。

(12) ただし、このグループは最上限であってもっと少なくなることが考えられる。

(13) もっとも多くうたわれているふし名は次のグループである。カッコ（ ）内の数字はそれぞれのふし名の頻度数である。

あおりやへかふし（一七五）
あおりやへふし（六四）
あふりやへかふし（一九）
あおりやいかふし（一）
あをりやへかふし（一）
おちいてはあおりやへかふし（一）

きこゑあおりやへふし　(一)
うちいちへきこゑあおりやへかち天のせちおろちへかふし　(一)
あかいんこかおりるかふし　(一)
きこゑ大きみのふし　(一)
きこゑせのきみかとかはさめかふし　(一)
はつにしやかふし　(三四)
あかるへの大ぬしきこゑくにせりきよかふし　(一)
きこゑくにせりよかふし　(一)
以上三〇二首にわたってうたわれている。二番目に多くうたわれているグループは次のグループである。
うらおそいふし　(四五)
うらおそへふし　(三)
うらそいふし　(一)
おらおそいふし　(一)
おらおそへふし　(一)
うらおそいおもろのふし　(四六)
うらおそいおもろかふし　(一)
うらそいおもろのふし　(三)
うらそいおもろかふし　(一)
おらそいおもろのふし　(一)

うらおそいのおやのろかふし　(二三)
うらおそいおやのろかふし　(三)
うらそいのおやのろかふし　(五)
くすくまのまみやにしよりあくかへもちなちへかふし　(一)
うおさけかふし　(二)
うさけかふし　(一)

で、一三七首にわたっている。またこのグループはふし名項目が一六あってもっとも多いグループの一つである。

ついでに第三番目に多くうたわれるグループも紹介しておく。次のグループで、

しよりゑとのふし　(九〇)
しよりゑとふし　(一)
おくらつかふなやれかふし　(二)
おくらつかふし　(二)
すさへ大里かふし　(一)

の九六首ある。

(14) これらのグループの「あおりやへかふし」や「うらおそいふし」「しよりゑとのふし」には、共通した要素がある。それはある一つのおもろを出所とするのではなく、ある一まとまりのおもろを出所とすると思われる点である。たとえば「あおりやへかふし」は巻四の「あおりやへさすかさのおもろ御さうし」の第一番歌から二一番歌までの「きこゑあおりやへや」ではじまる一連のおもろが出所であろうが、どれがそれかわからない。二一首

中一三首は「あおりやへ」系のふし名だから全体によったと見るべきだろう。「うらおそい」系のふし名の場合も同様である。いちおう仲原にならって一五ノ三三のおもろの第一句「うらおそいのおやのろ」を出所としたが、それだと「うらおそいのおやのろかふし」と、その下略形と思われる「うらおそいふし」は説明できるが、「うらおそいおもろがふし」は説明できない。「うらおそいおもろがふし」は、巻一五の「うらおそいきたたんよんたむさおもろの御さうし」の第一番から五二番歌までの「うらおそい」関係のおもろのうち「(きこゑ)うらおそい」ではじまるおもろを一まとまりで指しているのであろう。「うらおそいおもろのふし」というのはそういうニュアンスをもっている。なお五二番までに「うらおそい」系ふし名でうたわれたおもろは九首ある。

「しよりゑとのふし」は、巻一三の「しよりおわるてたこ」を初句とするおもろ(一三ノ四、六、七、八、九、一〇、一三、一四、一五、一六)が出所ではないかと言われるが、特定できない点では同前である。しかも「しよりゑとのふし」は八八首すべて巻一三にあり、二首だけ巻二一にあるが、これも巻一三と重複したおもろで、結局このグループは巻一三にしかあらわれない珍しいふし名である。巻一三の「船ゑと」という題名と関係があろう。

(15) ややこれらと似たような意味で、「中城おもろのふし」(五首)、「中くすくおもろのふし」(五首)、「なかくすくおもろのふし」(二首)がある。巻二の「中城・越来のおもろ」が出所かと思われるが、中城関係の二九首にはこのふし名ないしグループは一例もなく、巻一七、一八の「島中おもろ」関係に六首、巻一二に三首、巻一九に三首、巻一九に二首、巻二〇に一首である。とするとこのふし名の出所は不明になるわけだが、『おもろさうし』のワクを越えた中城風のおもろといったことが考えられるかも知れない。

(16) 「きみかなしおもろのふし」(五首)も、「うらおそいおもろかふし」や「なかくすくおもろのふし」などと同じ構造のふし名で、巻六の「首里大君せんきみ君かなしも、とふみあかりきみのつんしのおもろ御さうし」の八番歌の第一句「きこゑきみかなし」から出所したと言われる。八番歌から四四番歌までは「きみかなし」関係のおもろで、三首を除いて、他は「(「きこゑ」又は「きこへ」)きみかなし」を初句としているから、八番歌が出所と特定できるものではない。「きみかなし」関係おもろ三六首のうち一五首までが「きみかなしおもろのふし」(五首)、「きみかなしかふし」(一〇首)でうたわれているので、一群を出所としたものであろう。ちなみにこのグループは「きみかなしふし」「きみかなしのふし」を含めて六三首にわたっている。

(17) グループピングの考え方は次のような考え方にもとづいている。たとえば「ちやなのよ、きよらかふし」は一五ノ六九のふし名だが、このふし名は一五ノ五〇のおもろ

大にしのたらつかふし
一　ぢやなの世々きよら
せめうち　かねまる
うらきらしや　かにある
又　きとむなわのともり
おもかけのともり
(下略)

の第一句を取ったもので、このおもろふのふし名である「大にしのたらつ」と同じふし名である。「大にしのたらつかふし」は、逆に一五ノ六九のおもろ

一　大にしのたらつ

たらつみちへづきや
おきむ　さかやかせ
又　さきよだのたらつ

の第一句によったものである。つまり「大にしのたらつかふし」と「ちやなのよ、きよらかふし」は同一のふし名である。ところが「大にしのたらつかふし」でうたわれる五首のうち、「ひるのやしゑのしかふし」の出所となるオモロがある。一五ノ七三がそれで、

一　ひるのやせのし
い、い、い、
ゑのちふつくろに
おやひやし　あまへて　つかい
又　けおのよかるひに
けおのきやかるひに

の第一句をとったものである。結局「ちやなのよ、きよらかふし」「大にしのたらつかふし」「ひるのやしゑのしかふし」は同一のグループであることがわかる。

(18) おもろのふし名は右のように、他のおもろの第一行目を出所とするのがほとんどであるが、なかには第二行目を出所とするものもある。「しけちなはかふし」は九ノ二三のおもろ

しよりもりくすくのふし
一　きこゑぐしかわに
い、い、い、
しけちなわまさうず

しま世の　かほうさうずいぢへみ
又　とよむぐしかわに
（下略）
の第二行目を出所としている。

(19) 三行目を出所とするふし名もある。一ノ四〇のふし名「せちやり〳〵やまとしまひちめかふし」は、三ノ一〇のおもろ

一　ぢ天とよむ大ぬし
にるやせぢ　しらたる
せぢや　やり　やまとしま　ひぢめ
又　だしまとよむわかぬし
（下略）

を出所としている。

(20) きわめて稀には、第二節第一行目を出所とする場合もある。たとえば九ノ八の「しよりおやひかわふし」は、八ノ四四のおもろ

一　あかのおゑつきや
ねはのおゑつきや
しよりしゆ

も、うら　ひく　ぐすく

又　しよりおやひかわ

みづからど　世かける

又　ぐすくおやひかわ

の第二節第一行目に依っている。

(21) 同じおもろの第一行目と第二行目から二つの異ったふし名が出ている場合もある。たとえば、「かつれんはいきやるかつれんかふし」と「しまのうらかふし」は、一六ノ二一のおもろ

一　かつれんは　いきやるかつれんが

しまのうらに　とよませ

又　きむたかは　いきやるきむたかが

に依ったものである。

また「つよつけたはりやかふし」と「もちよるふなさきのふし」もこの例である。一三ノ六〇のおもろ

一　みぢへりきうが　もちよる

ふなさき　つよ　つけた　はりやせ

又　かみにしやが　もちよる

又　あぢおそいが　おうねや

を、このように出所としている。第二行目、第三行目、あるいは右のように一首のおもろから二つのふし名が生まれている場合、上略、下略形であることが考えられる。右のふし名で言えば、フルネームは「みちへりきうか

もちよるふなさきつよつけたはりやせかふし」で、その上略下略形が、「もちよるふなさきのふし」で、上略形が「つよつけたはりやせかふし」であるとも考えられる。こうしたことは次のグループを見ることによって一層よく理解される。

(22) あるグループをアトラムダムにならべると次のようになる。

うちいちへはすゑのちにやうるわしかふし
おもろねあかりかひやくさきやめかふし
すへのちにやうるわしかふし
ちにやうるわしかふし
おもろねやかりひやくさかふし
たつなかふし
たんなかふし
おもろねやかりしまたつなかふし
おもろねやあかりやすゑのちにやうるわしかふし
おもろまこいしかふし
せしきよかなくすくかふし
おもやけのくすくのふし
たんなふし
たつなふし

おもろねあかりしまら《(た)》つなかふし
すへのちなうるわしかふし

これをさらに小さなグループに分けると

(a) おもろねやかりやすゑのちにやうるわしかふし
すへのちにやうるわしかふし
すへのちなうるわしかふし
うちいちへはすゑのちにやうるわしかふし
ちにやうるわしかふし

(b) おもろねあかりかひやくさきやめかふし
おもろねやかりかひやくさかふし
おもろねやかりしま《(た)》たつなかふし
おもろねあかりしまらつなかふし
たつなかふし
たつなふし
たんなかふし
たんなふし

(c) おもろまこいしかふし

(d) おもやけのくすくのふし

(e) せしきよかなくすくかふし

となり五つの小グループになる。(a)は八ノ一〇のおもろ

一　おもろねやがりや
　　せるむねやがりや
　　すへのちな　うるわし
　　こやり　うちやべら
又　しもの世のぬしや
　　あぢのまたのあぢ

を出所としている。とすれば(a)群の第一番のふし名は「せるむねやかりや」が省略されている。つまり(a)群は、「おもろねやかりやせるむねやかりやすへのちなうるわしかふし」といった長いものから「せるむねやかりや」を落して「おもろねやあかりやすへのちにやうるわしかふし」になり、さらに「おもろねやかりや」も落ちて、八ノ一〇の第三行目だけの「すへのちにやうるわしかふし」となり、それも省略され「ちにやうるわしかふし」となったものである。

(b)群は八ノ一一のおもろを出所とする。

一　おもろねやがりや
　　ひやくさぎやめ　ちよわれば
　　しまたづな　くにごしやん
　　みおやせ
又　せるむねやがりや

つまりこの場合もフルネームとしては「おもろねやかりやひやくさきやめちよわれしまたつなかふし」が考え

られる。この下略形が「おもろねあかりかひやくさきやめかふし」で、さらに「きやめ」を下略したのが「おもろねやかりかひやくさかふし」である。途中の「ひやくさきやめちよわれは」を省略したのが「おもろねやかりしまたつなかふし」で、「たつなかふし」はこのふし名の上略形であり、「たんなかふし」はその変化である。以上(a)(b)群一三のふし名も整理すると二つのふし名が変化したものであることがわかる。おもろのほとんどのふし名はまずこのようなふし名の付け方と上略、下略、途中略といった省略法による変化がほとんどである。(c)(d)(e)は変化形がなく問題はない。

(23) これまで述べてきたものは、仲原が「間接命名おもろ」と言ったもので、集中、「直接命名のおもろ」とよばれるものは一例しかないと言われる。巻一八「しま中おもろ」の一八ノ一二（重複一七ノ五六）がそれである。

ひやくなからのほてかふし
一　ひやくなから　のぼて
　ねくにから　のぼて
　しま　そろて
　とも、する　みおやせ
又　しよりもり　ちよわる
　おぎやかもいがなし

第一句がそのままふし名になっている。ただし、一三ノ一（ふし名ナシ）を出所とする「あかすめつらしやかふし」は、一三ノ一と重複関係にある二二ノ四三にあり、これも直接命名法と認めてよい。すなわち二二ノ四三に、

あかすめつらしやかふし
一　あかずめづらしや
　いぢらかず
　おみまぶてす　はりやせ
又　きみのめづらしや

とある。

ふつう歌謡はこうした歌詞の一部をそのままふし名にすることがよくあるが、おもろでは全く例外であって、これがおもろのふし名の特徴と言える。

(24) 次のふし名は出所、類節不明でグルーピングできないものである。

あんのつのけたちてたやれはかふし　（二ノ四二）
しらしよきなわかふし　（一〇ノ三三）
ちやうかねよらめきふし　（一七ノ一四）
あちおそいかみしよわちやるきやうちやかふし　（七ノ四〇）
うちいてはきやのしかふし　（一三ノ三一）
しやこのおやかふし　（七ノ三六）
おしかけかねいしまいしかふし　（四ノ一九）
御さけやらはかふし　（二ノ二七）
大ゑとのふし　（一三ノ一五三）

おもたかふし　(二〇ノ三五)

(25) 次のふし名は二首あってグルーピングはできるが出所、類節ともに不明である。

きこへあけしのかふし　(二ノ一六、二ノ一七、二ノ一八)

おもろねやかりかふし　(二一ノ三四、二一ノ一二、二一ノ八三)

(26) 安仁屋《あにや》本系の本文には濁点があるが、ふし名には原則として濁点はない。ただし、大さとの、げすの、おもい、あんしきやふし　(一ノ二九)は例外で、この一例しかない。

(27) 次のふし名には句切り点がある。

あかのおゑつき、ねはのおゑつき、月てたの、やにて、か、ちよわれか、ふし　(一五ノ三一)

いちの、なりきよか、さはね、よらふさかふし　(一五ノ六四)

いちやはなか、おもろのふし　(一五ノ五六)

いやや、とよたしよ、まくし、とよたしよ、うらきらしや、みほしやかふし　(二一ノ二八)

いやや、とよたしよ、まくし、とよたしよ、おやより、このてかふし　(二一ノ二九)

うちいちへは、こゑしのか、さしふ、とのはらかふし　(二一ノ三三)

うちいちへは、なこの、こてるわかふし　(二一ノ三〇)

うちいちへはなこの、こてるわかふし　(二一ノ三五)

おきやか、へともいかふし　(一五ノ二七)
大さとの、げすの、おもいあんしきやふし　(一ノ二九)
おもろねやかりか、あまへわちへから、いみやと、よわまさりかふし　(五ノ五〇)
おもろ、ねやかりや、せるむ、ねやかりか、おもろと、そないかふし　(五ノ四一)
かさす、わかてたの、御みしやくの、きやけかふし　(二一ノ三四)
きこへきみかなし、かみ下の、天とよみかふし　(一五ノ五五)
きこへ、くしかわに、しけち、なはかふし　(二一ノ三二)
きこゑあおりやへか、とすゑやすゑ、きやめもかふし　(五ノ五九)
くしかわの、ちやうくちのふし　(一五ノ五九)
くすくまの、まみやに、しより、あくかへもちへかふし　(一五ノ三三)
さはちこか、おもろのふし　(一五ノ四三)
しませんこ、あけしの〳〵、のろのふし　(一五ノ三四、一五ノ三五)
しよりもり、ちよわる、みかなしの、てたかふし　(一五ノ四六)
たまつも、きやうの内かふし　(五ノ五八)
ちやうや、おゑまのしかふし　(一五ノ五四)
ちやなの、よゝきよらかふし　(一五ノ六九)
つるこ、にくけしきやふし　(一五ノ一〇)
つるこ、にくしけしや、たまつ、むきやんうちみちやりかふし　(一五ノ一一)

ふるけも、のろのふし（一五ノ六七）

へとの、しやれは、たところ、やはかふし（一五ノ三二）

やきから、のほる、しちやたりや、よろいかふし（一五ノ五七）

やまき、たらすさへかふし（一五ノ四四）

句切り点は、巻五、一五、二一のふし名に限定されていて、他に出ない（一ノ二九を除く）。

ただし安仁屋本は、他に、

五ノ一　おちいちへ、しよりちよわちへからのふし

五ノ六五　おもいこ、たらつかふし

一〇ノ三五　せりきよ、かなくすくかふし

に句切り点があった（田島本）。

# 第一〇章　「王府おもろ」五曲六節の詞章について

## はじめに

山内盛彬《やまうちせいひん》氏の伝承する「王府おもろ」が沖縄県の無形文化財に指定されたことにともない、沖縄県と沖縄市教育委員会がタイアップして、その記録調査をすることになった。一九八一年九月四日、沖縄市与儀の、養護老人ホームで、山内氏と関係者が集まり、日程を調整し決定したが、翌日山内氏を長く支えて来られた夫人が九二歳で急逝し、そのために日程はご破算になった。しかし山内氏本人の強い希望もあり、また関係者とも諮った上で、日程を一週間繰り下げて調査を実施した。場所は沖縄市の中央公民館内の視聴覚室で、同月の一四日、一八日、二一日、二二日は録音、二五日は映像（ビディオ）録画をした。氏の健康を配慮して調査は午前中のみとした。以下はその報告である。

私の調査分野は、山内氏が唱する「王府おもろ」五曲六節の詞章に関する分野である。

一つは正確な発音上の記録と、もう一つは、山内氏が最後に伝えた「王府おもろ」が『おもろさうし』を考える上で、あるいは「王府おもろ」を考える上で、どのような意味をもっているか、を考察することにある。

# 一 王府《ウォーフ》の《ヌ》おもろ《ウムイ》

1

あおりやへがふし《オーレーガフシ》
ウーウォーンンオーヰー**あ**ーウォ、
ンオーヰー**ま**ーアーンオ、
ンオーヰー**み**ーイ、
アーウォーンウーンウ、
**きゅ**ーウォーンンオーヰー**が**ーア、
ンオーヰー**う**ーウォーンウ、
**さ**ーアーンオーヰー**し**ーイ
ウーウォーンンオーヰー**しゅ**ーウォーンウ、
**く**ーウォーンオーヰー**ぬ**ーウォ、
ンオーヰー**う**ーウォーンウ
**し**ーヨーンオーヰー**ま**ーウォーンウ、
**うり**ーヨーウォーンンオーヰー**た**ーア、
ンオーヰー**り**ーヨーンウ、
**とぅむ**)ーヨーオーンンオーヰー**む**ーオー
ンンオーヰー**すぃ**ーウォンーウ、

うじゃーアーンオーヰーかーウォ、
ンオーヰーむーウォーンウ、
いしーヨーウオーンウ、
ちょーホーウォーンンオーヰーわーア、
ンオーヰーりーヨーンウーンウ、

2

おしかけぶし《ウシカキブシ》
ウーウォンーンオーヰーきーヰーくーウォ、
ンオーヰーゐーヨーンウ、
うふーウォーンンオーヰーぎーヨ
ンオーヰーみーヨ、
ンオーヰーじゃーウォーンウ、
ぎーヨーンーンオーヰーうーウォ、
ンオーヰーぬーウォ、
ンオーヰーうーウォーンウ、
ちーヨーンンオーヰーぬーウォーンウ、
ぬるーオーンンオーヰーぬーウォ、
ンオーヰーるーウォーンウ、
あーウォーンンオーヰーゆーウォ、

ンオーヰー**す**ーウォーンウ、
**る**ーウォーンーオーヰー**てぃ**ーヨーンウ、
**かくら**ーウォーンンーヰー**ひょ**ーヨ、
ンオーヰー**し**ーヨーンウ、
**みゅ**ーウォンンーンオーヰー**や**ーウォ、
ンオーヰー**し**ーウーウォーンーウーンウ、

3

かくらふし《カクラフシ》
**きこ**ーウォーンンオーヰー**ゐ**ーヨーンウ、
**うふ**ウォーオーンンオーヰー**き**ーヨーンウ、
**み**ーヨーンンオーヰー**じゃ**ーウォーンウ、
**とぅゆむ**ーウォーンンオーヰー**し**ーヨ、
ンオーヰー**た**ーウォーンウ、
**か**ーアーンンオーヰー**く**ーウォ、
ンオーヰー**ら**ーウォーンウ、
**さ**ーアーンンオーヰー**し**ーヨ、
ンオーヰー**ふ**ーウォーンウ、
ウーウォーンン**う**ーン**り**ーウォーンウ、
**な**ーアーンンオーヰー**う**ーウォ、

ンオーヰー**ち**ーウォーンウ、
ウーウォーンンオーヰー**ゐ**ーヨーンウーンウ、

4

あ《ア》か《カ》す《シ》め《ミ》づ《ジ》ら《ラ》し《シ》や《ャ》か《カ》ふ《フ》し《シ》
**あ**ーハーアーンンオーヰー**か**ーオ、
ンオーヰー**し**ーヨーンーウ、
**み**ーヨーンンオーヰー**じ**ーヨ、
ンオーヰー**ら**ーウォーンウ、
**し**ーヨーンンオーヰー**や**ーウォーンウ、
**いじら**ーウォーンンオーヰー**か**ーウォ、
ンオーヰー**じ**ーウォーンウ、
ウーウォーンン**う**ーン**み**ーヨーンウ、
**ま**ーンーンオーヰー**ふ**ーウォ、
ンオーヰー**てぃ**ーウォーンウ
**し**ーヨーンンオーヰー**ふぁ**ーウォ、
ンオーヰー**う**ーウォーンウ、
ウーウォーンンオーヰー**や**ーウォ
ンオーヰー**し**ーヨーンウーンウ、

5

しよりゑとふし《ショリイートフシ》

**し**ーヰーヨーンンオーヰー**よ**ーオ、
ンオーヰー**り**ーイーヨーオーンウ、
ンオーヰー**う**ーウォーンウ、
**わ**ーアーンンオーヰー**る**ーウォーンウ、
**てぃだ**ーアンオーヰー**く**ーウォーン、
ンオーヰー**か**ーウォーンウ、
**うむい**ーウォーンンオーヰー**く**ーウォーンウ、
**わ**ーアーンンオーヰー**ぬ**ーウォーンウ、
**あしび**ーウォーンンオーヰー**な**ーウォ、
ンオーヰー**ゆ**ーウォーンウ、
**り**ーヰーヨーンンオーヰー**ば**ーウォ、
ンオーヰー**ぬ**ーウォーンウ、
**みむん**ーウォーンオーヰーンウーンウ、

**補注**

**a** 「ウォ」は〔wo〕を示している。山内盛彬著『琉球王朝古謡秘曲の研究』（民俗芸能全集刊行会、一九六四年）でも〔o〕と〔wo〕を区別して表記しているが、山内の実際の歌唱を聞いていると、子音の/w/が弱く、ほとんど〔o〕に聞えるが、いくつかのものを除いて、山内氏の表記を重んじて「ウォ」とした。

山内氏の〔o〕は、冒頭の「オーレーガフシ」（あおりやへがふし）のように、グロッタルのついた〔o〕の場合に〔o〕とし、「ウオーフヌウムイ」（王府のうむい）の場合の「王」には〔wo〕の長音としている。しかし歌唱のさいは〔o〕に傾いている点は、すでに述べたとおりである。

山内氏の表記の〔wo〕の前に〔i〕母音がある場合、すべて〔yo〕と発音されている。これは/w/音が弱い上に、歌唱の時〔i〕母音に引きづられて〔yo〕となったものである。

b〔yi〕は「ゐ」「ヰ」、〔tu〕は「とぅ」「トゥ」、〔ti〕は「てぃ」、〔sii〕は「すぃ」、〔hwa〕は「ふぁ」と表記した。

c「五曲六節」の、つまり曲のついていないおもろは、『おもろさうし』二二ノ三九のおもろであるが、山内氏の前掲書にも譜面はなく、今回調査でも歌われなかった。『おもろさうし』二二ノ三九のおもろは、

一　やどりこしらいや
　　めすかわの
　　まさうず　こゑが　おわち
又　もりのこしらいや
又　みるやとゞるきや
又　かなやとゞるきや
又　あぢはやす　なりきよら　おるち
又　しよはやす　なよす　さゝげて

とある。その第一節の三行は八・五・一〇の音数より成っていて、4の「あかすめづらしやかふし」と全く同じ音数である。

『おもろさうし』は、七ノ四七の重複おもろにもふし名はないが、山内氏の前掲書でも「雨乞いのおもろ」(『おもろさうし』では「雨乞の時おもろ」)として4のおもろの次に詞章だけ載せてある。今回の調査でこの点をただしたところ、やはり同じふしで歌うからだという。

『琉球王朝古謡秘曲の研究』では、右の三行の詞章だけ提示してある。

d 3のかくらふしの「とぅゆむしたかくら」の「ら」は、今回の調査で「ラ」と唱われたが、やはり「か」とあるべきところで、テキスト(『琉球王朝古謡秘曲の研究』)を単純に読み誤ったものである。

e 1のあおりやへがふしは『琉球王朝古謡秘曲の研究』の他に、伊波普猷著『おもろさうし選釈』(石塚書店、一九二四年、『伊波普猷全集』第六巻、平凡社、一九七五年所収)に載っており、5のしよりゑとふしについては、『琉球王朝古謡秘曲の研究』以外に、田島利三郎『琉球文学研究』(伊波普猷編、青山書店、一九二四年)と、伊波普猷編『琉球戯曲集』(春陽堂、一九二九年、『伊波普猷全集』第三巻、平凡社、一九七四年所収)の中に、それぞれ山内氏の採譜した譜面が載っている。採譜のしかたは三者とも一様ではないが、基本的には同じである。

## 二 『おもろさうし』との関係

### 比較

山内氏伝承の「王府おもろ」は、産み字を除くと次のようになる。

1

あまみきゅがうさししゅ
くぬうしま　うりたり
とぅむむすぃ
うじゃかむい　ちょわり

2

きくゐうふぎみじゃ
ぎうぬうちぬ　ぬるぬる
あゆ　するてぃ
かくらひょーし　みゅやし

3

きこゐうふきみじゃ
とぅゆむしたかくか《ら》
さしふ　うりなうちゐ

4

あかしみじらしや
いじらかじ
うみまふてぃし
ふぁうやし

5 しよりうわる てぃだくか
うむいくわぬ あしび
なゆりばぬ みむん

右の「王府おもろ」はそれぞれ『おもろさうし』巻二二の次のおもろと対応している（カッコ内は重複おもろの巻数番号）。

1′ 稲之穂祭之時おもろ
一 あまみきよが《あおりやへかふし》 うざししよ
この大しま おれたれ
ともゝすへ
又 おぎやかもいす ちよわれ
ほうばな とて ぬきあけば
ちりさびは つけるな （二二ノ一＝五ノ三一）

2′ 一 きこゑ大ぎみぎや《おしかけふし》
けおのうちの のろ〳〵
あよ そろて
かぐらひやし みおやせ

又　とよむせだかこが
　　もちろうちの　のろ〳〵
　　　　　　　　　　　（二二ノ二＝一二ノ七一）

3′
一　稲の大祭之時おもろ《かくらふし》
　　きこゑ大ぎみぎや
　　とよむせだかこが
　　さしふ　おれなおちへ
又　おぼつゑか　とりよわちへ
　　だしまきら　なおちへ
　　　　　　　　　　　（二二ノ一〇＝一二ノ四四・二二ノ二三）

4′
一　唐船すらおるし又御茶飯之時《あかすめつらしやかふし》
　　あかずめづらしや
　　いぢらかず
　　おみまぶてす　はりやせ
又　きみのめづらしや
　　　　　　　　　　　（二二ノ四三＝一三ノ一）

5′
一　御冠船之御時おもろ《しよりゑとふし》
　　しよりおわるてだこが
　　おもいぐわの　あすび

なよればの　みもん　（二二ノ四七＝一二ノ一二）

『おもろさうし』のおもろは、言うまでもなく歌謡であったものを書き記したものである。むろんこれだけではどう歌ったかわからない。また安仁屋《あにや》家管理のおもろとその他のおもろが、同じ歌い方であったとも言いきれない。ただおもろの記載法には、歌謡であった片鱗が残っている。その一つが「一」と「又」の記号である。

「一」はおもろの歌い出し、句のはじめを意味し、「又」はその音楽的な繰り返しを意味している。とすると『おもろさうし』おもろの巻二二「みおやだいりおもろ御さうし」のそれらのおもろは、5′のおもろを除いて他の四編はすべて「又」記号が一つづつあり、同じ曲を二度繰り返したことになる。山内氏が4の「あかすめつらしやかふし」と同曲だとして採譜しなかった「雨乞の時おもろ」（二二ノ三九＝七ノ四七）のおもろは、「又」記号が五つあり、五回繰り返したことになる。

「又」記号のない5′（二二ノ四七）の重複おもろには、この次に、

又　ぐすくおわる　てだこが
又　わしのはね　さしよわちへ

とあって、「又」記号が二つついていたのである。

山内氏は、この繰り返しをこれまでも全く譜面化していないし、またこの部分を再現できるようにも思えなかった。実のところ繰り返しの部分の音数と、譜面化された第一節の音数は、かならずしも一定ではなく、従ってその面からこれらをどう歌ったのか興味あるところであったのである。おそらく山内氏は、繰り返しが音楽上の繰り返

しであったためにその要を認めなかったと思われる。『琉球王朝古謡秘曲の研究』の他の古謡も、一節しか採譜していない。

重複おもろとの関わりをみてみよう。1′の重複（五ノ三一）おもろは、

一　あまみきよが《あおりやへかふし》　うざししよ
　この大しま　おれたれ
　とも、すへ
　おぎやかもいす　ちよわれ
又　しねりやこが　うざししよ
　此だしま　おれたれ
又　ほうばな　とて　ぬきあげば
　ちりさびは　つけるな
又　ほうざき　とて　ぬきあげば
　かうさびも　つけるな

とあって、巻二二では、第一「又」と第三「又」が抜けている。つまり巻五のおもろのほうが整然としており、巻二二が衰弱している。

このことは2′のおもろについてもいえる。

2′のおもろの重複おもろ（二二ノ七二）は、以下である。

一《おしかけふし》 きこゑ大きみぎや
けおの内の　のろ〳〵
あよ　そろて
かぐらひやし　みおやせ
又 とよむせだかこが
もちろうちの　のろ〳〵
又 あぢおそいが　いきよい
しよりもり　おれわちへ
又 たゝみきよが　いきよい
まだまもり　おれわちへ
又 くもこみあおり　あおらちへ
あけのみあおり　あおらちへ
又 もゝくちのつゝみ
八そくちのなりよぶ
又 あかぐちやが　よいつき
ぜるまゝが　よいつき

巻二二には第二「又」以下がない。巻一二のおもろが完型に近いことはいうまでもない。

3′の重複おもろのうち、二三ノ二三は、詞書に「与那原村稲福親雲上宿にて御規式の御時」とあって、聞得大君《きこえおおぎみ》の御新下り《おあらお》（新任式）の時の路次のおもろとしてあがっているものであるが、分量的には全く同じである。ところが、一二ノ四四では、次のように実に長いおもろである。

嘉靖廿四乙巳のとし、きみてづりのもゝかほうごとの時に、八月廿五日きのとのうのへうまのときに、きこゑ大ぎみの御まへよりたまわり申候。

かくらとよてかふし
一 きこゑ大ぎみぎや
とよむせだかこが
さしふ　おれなおちへ
又 おぼつゑか　とりよわちへ
だしまきら　なおちへ
又 かぐらゑか　とりよわちへ
たきよりきら　なおちへ
又 あんじおそいが　おこと
わうにせが　おこと
又 大ぎみは　のだてゝ
きみ〳〵は　のだてゝ
又 あまこ　あわちへ　おがま
みかおう　あわちへ　てづら

又　あかぐちやが　よいつき
　　せらちへんに　とよで
又　げらへおほころた
　　あんじおそいに　よしられ
又　きみ〴〵も　ほこて
　　ぬし〴〵も　ほこて

前書文のある珍しいおもろである。それによると、尚清王の嘉靖二四年（一五四五）に、王権強化の儀式、君手《きみて》摩《ず》りの百果報事《ももかほうごと》の時に、聞得大君より賜ったものだという、3′の二二ノ一〇のおもろは、この長いおもろの第二「又」以下を脱落させたものである。しかも「稲の大祭之時おもろ」とするが、一二ノ四四を見るかぎりそうした内容のものとは思えない。やはり後世の転用であろう。

4′の二二ノ四三は、その重複一三ノ一と分量的にまったく同じ。ただ前書とふし名がないだけである。巻一三「船ゑとのおもろ御さうし」は、航海の予祝歌を含む船にかかわるおもろを集めたもので、その冒頭の一首が長く記録されたものであろう。

5′の重複については、すでに紹介したので、ここでは繰り返さないが、このおもろも他と同じく重複のほうが整っていることはいうまでもない。また「又」記号が脱落しているところからすると、すでに早い時期に一節しか歌われなくなっていたものと思われる。

実は5′のおもろ、つまり二二ノ四七のおもろは、通し番号の一五五四番、『おもろさうし』の最後のおもろである。しかもこのおもろは、尚《しょう》家本『おもろさうし』にはなく、おもろ主取《ぬしどり》家である安仁屋家に保管されていた安仁屋本の系統にのみあるものである。それに安仁屋本系のみにある原注によると、このおもろは「尚穆様御冠船之御時より、おぎもかなしきと云おもろに成る。文句上座に有る」とあって、このおもろはこれまで「御冠船之時おもろ」であったが、尚穆《しょうぼく》王の御冠船の時より以降、「おぎもかなしき」というおもろ、つまり二二ノ四五のおもろになったのだという。尚穆王の冊封のために冠船が渡来したのは一七五六年のことで、このおもろと原注は、一七一〇年の『おもろさうし』再編の後、一七五六年以降安仁屋本に挿入されたものである。

しかしながら、二二ノ四五が伝承されず、四七が伝えられたことから判断すると、まもなく元に戻されたのであろう。もっとも、このおもろは相当有名なものだったらしく、尚象賢《しょうけん》の『中山世鑑《ちゅうざんせいかん》』に収められ、尚宣威《せんい》王の即位の時にうたわれて、尚真の即位を暗示したおもろということになっている。

なお、補足すると、4の「はりやせ」相当句を、今回の調査でも『琉球王朝古謡秘曲の研究』も「ふぁうやし」としている。その理由はよくわからない。『琉球王朝古謡秘曲の研究』の譜面では「ふぁうやし」を書き、詞の紹介では『おもろさうし』の「はりやせ」をあげている。すでにそのように誤り伝えていたものであろうか。

**発音**

「王府おもろ」の発音と『おもろさうし』の研究によって知り得たところと比較して、いくつかの面白い差違を知ることができる。

**○清音化**

いくつかの語句で清音になっているのが目立つ。たとえば1の「うさし」は、「うざし」と考えており、『おもろさうし』の三ノ三、五ノ三一も「うざし」である。

3の「したかく」は『おもろさうし』では「せたかこ」と表記されるが、濁点をつけるとすると「せだかこ」となると考えられる。

「せだかこ」の「せたか」は霊力のすぐれたという意の美称辞であるが、「せだかあちおそい」(五ノ一四)、「せだかおわもり」(二六ノ五)、「せだかきみおそい」(三ノ二四)など若干用例がある。

3の「したかくか」の「か」と、5の「しよりうわるてぃだくか」の「か」も、『おもろさうし』に多くの用例があり、「が」である。「が」のほうが今日の方言とも対応している。また2と3の「うふきみじゃ」の「じゃ」は『おもろさうし』では「ぎや」と表記されているもので、前項イ母音によって「が」が「ぎゃ」(口蓋化)に変化したものである。「じゃ」はその「ぎゃ」がもう一つ変化したものである。つまり格助詞は「か」ではなく「が」であったはずである。

3の「さしふ」は「さしぶ」であろう。『おもろさうし』はすべて「さしふ」で、「さしぶ」の例は一例もないが、古い写本は原則として濁点がないのであって、濁点が打たれていないから濁音がないとは言えない。伊波普猷や仲原善忠も「さしぶ」とよんでいるし、サシブ、サシプの語が全琉に現存している。

4の「うみまふてぃ」の「ふ」は、「まむてぃ」の「む」〔mu〕の変化だから同じく両唇音の、「ぶ」〔bu〕と変化するのが自然で諸家「まぶて」とよんでいる。2の「かくら」も「かぐら」か。

**○口蓋化**

前項イ母音について口蓋化したものでは、1の「うさししゅ」の「しゅ」、2と3の「うふきみじゃ」の「じゃ」、4の「あかしみじらしゃ」の「しゃ」がある(詳しくは後述)。本来は一音節であるが、「王府おもろ」では二音節になっている。1の「あまみきゅ」の「きゅ」もこの範疇のものである。その他若干あるが、これはみな自然の変化で問題とすべきものはないが、1の「あまみきゅ」の「きゅ」、2の「きくゐうふきみ」、3の「きこゐうふきみ」の各「き」は、『おもろさうし』でも「き」であって、「チ」まで変化しているはずであって「キ」の段階のままであるのはきわめて珍しい。古いことばの意識を保持しようとしたものであろうか。言うまでもなくオはウ、エはイに変化して三母音となっているのであるから、3の「きこゐ」は「こ」は、これまた全くの異例と言うべきで、やはり共通した意識のあらわれであろう。

○「づ」と「ず」

『おもろさうし』でもすでに四つ仮名、つまり「づ」と「ず」、「じ」と「ぢ」の区別はない。むろん「王府おもろ」でも、現在の方言でも区別されない。ところで、「づ」と「ず」に相当するのは、現在「ジ」と発音される。4の「みじら」は「めづら」、同じく4の「いじらかじ」の「かじ」は「かず」(数・毎にの意)の変化である。「づ」と「ず」は、やや古い首里方言では〔ji〕ではなく〔zi〕であったはずで、山内氏の表記にも〔ji〕と〔zi〕が区別されているところも混同されているところもあり、本人にたずねたところではすべて〔ji〕であった。同じく4の「あかしみじらしゃ」の「あかし」は、清音になっているが、一三ノ一の「あかずめずらしや」、一〇ノ三八の「あかずやりおそい」は、「あかず」と濁点がほどこされており、「あかず」であった可能性が強い。おもろ研究者は一般に「あかず」とよんでいる。とすれば「あかじ」であったはずである。

○「す」の発音

『おもろさうし』の係助詞「す」は、古くは〔si〕であったらしいが、現在は〔shi〕になっている。「王府おもろ」でも、4の「うみまふてぃし」の「し」、5の「あしび」の「し」が、それぞれ「す」の変化である。

しかし山内氏のうたう「王府おもろ」の「五曲六節」の中で、1′の「とも、すへ」の「すへ」にあるところを、氏は〔sii〕と発音している。だが、『琉球王朝古謡秘曲の研究』のローマナイズされた箇所を見ると「スヰ」と二音節になっていて、〔sii〕は今回の調査の結果であるらしい。

**○二音節化**

本来一音であったものが、山内氏歌唱では二音節になっているのがある。4の「みじらしや」の「しや」は、本来は形容詞の語幹に付いて名詞を作る接尾語「さ」と同じで、シク活用の場合「めづらしさ」で前項イ母音によって「しゃ」（口蓋化）と変化し、その後に「し」が脱落したものである。『おもろさうし』では形容詞語幹のク活用につく時は「さ」、シク活用につく時は「しゃ」となっていて、整然としている。つまり「しゃ」は、「さ」の変化であって、一音節でなければならない。山内氏は4のふし名を「アカシミジラシヤカフシ」といっている。

3の「うりなうちゑ」の「ちゑ」は、『おもろさうし』では「ちへ」「ちゑ」と表記されているもので、接続助詞「て」が前項イ母音によって変化したものである。「おれなおして」が「おれなおしちへ」になった後に「し」が脱落したもので、「ちへ」「ちゑ」の「へ」「ゑ」の音価は不明だがイではなくイに近いエであったろう。今日これは「て」からチェ→チになっている。つまり「ちゑ」も二音節ではなく一音節である。

5の「うむいくわ」の「くわ」は、今日も「クヮ」で一音節であるが、おもろ時代も一音節であったと思われる。

**○その他**

1の「うしま」は『おもろさうし』では「大しま」と表記されている。2と3の「うふきみ」も「大きみ」である。現在方言でも大の意で「ウフ」と「ウー」の二つがある。したがって「大しま」を「ウフシマ」とよんだのか「ウーシマ」とよんだかわからない。「ウフ」は「おほ」、「ウー」は「おお」に対応するのは間違いないが、『おもろさうし』は「おほたばる」（大田原）（一六ノ四二）、「おほころた」（一二ノ四四）、「おほち」（一一ノ二他多数）に「おほ」の例が見えるだけで「おお」はなく、他はすべて「大」である。現在方言で奄美大島のことを「ウーシマ」という。とすれば「大」の中には二様あるかも知れない。なお言い忘れたが、2と3の「うふきみ」は、『おもろさうし』に「大ぎみ」（三ノ八、三ノ一五、一〇ノ一七）の用例もあり、聞得大君をチフィジン、君々をチミジミといったことからすると、連濁があったものと思われる。

1の「ちょわり」は、『おもろさうし』にも「ちよわれ」とあり、オ段がウ段に変化したことを考慮すれば、当然「チュワリ」となるべきところである。ところがこの語に関してはおもろにすでに「ちやうわちへ」（一一ノ四九）、「ちやうわれ」（一二ノ五四、一二ノ六二、六三、六八、六九）になって、オ段化への傾向を示している。『混効験集《こんこうけんじゅう》』でも「ちやうはれ」となっている。

2の「ぎうぬうち」は、二二ノ二＝一二ノ七ともに、「けおのうち」である。「けお」は霊力の意で他に「けう」「けよ」の表記もあり、用例はきわめて多いが、濁点はない。この「けお」「けう」「けよ」がオ段化したものが「きやうのうち」「きやのうち」「きやんうち」で、後に「京の内」を宛てる首里城内の聖域のことである。「王府おもろ」は、全体として清音化が目立つが、これは濁音化したのではないかと思われる珍しい例である。

2の「ひょーし」は、おもろでは「ひやし」と表記されている。拍子の意であるが、これは歴史表記では「ひやうし」で、本土でも沖縄でも現在「ヒョーシ」と発音されている。これは古く二重母音の〔au〕が〔oo〕の長母音になったものである。さきの「きやうのうち」の「きやう」も「キョー」となる。と同時に「きや」の表記もある。これは〔au〕の〔u〕が、音としてはありながら表記として意識されないためにおこったものと思われる。したがって後に「ヒョーシ」と発音されたことを証している。しかし中には「シマ」（相撲＝すまう）、「カチャ」（蚊帳＝かちゃう）、「ホーチャー」（包丁＝ほうちゃう）、「ナンジャ」（南鐐＝なんりゃう＝銀）のように〔u〕が脱落したままのものも多い。

## 知花《ちばな》のウムイ

「王府おもろ」の五曲以外に、『おもろさうし』おもろの系統で唯一歌われているのが、沖縄市（旧美里《みさと》村）知花にある。これは地元ではウムイと言われているが、「王府おもろ」と同系統の「おもろ唱法」であって、二二ノ二二のおもろであることを、はじめて紹介したのは、世礼国男《せれいくにお》である（「久米島おもろに就いて」『南島』二号、一九四二年）。その後上江洲均《うえずひとし》が『琉球政府立博物館々報』（一九六九年）に「知花の祭祀とその組織」を発表し、この中でふれている。そのウムイの録音は、一九六六年七月三日（旧五月一五日）に知花祝女《ちばなのろ》殿内の祭祀の際になされたとのことである。

さらに金城厚が『沖縄民俗研究』三号（一九八一年）に「沖縄諸島における神歌の旋律様式」を発表し、音楽学の面からこれにふれている。金城ら東京芸術大学の神歌調査グループは、一九七六から三年連続して調査し、実況録音と、かつてのウムイシンカ（ウムイの歌い手）の一人である金城山戸（一八九八年生）から録音したとのことである。

我々は、一九八一年二月一日に金城山戸をたずね録音したが、突然の訪問のせいか、歌うたびに多少の音やことばのズレがあって、そのまま採録するのは困難のように思われた。

ウムイシンカの持っているメモ（がり刷）には次のようにあった。

1　イーン　イーン　イーヰンむイかー　イーヰン　しーヰン
2　イーン　イーン　イーン　はーン　ハーン　アーン　アン　アーン　ハンアーハン
3　マーアン　アンア　イーンじーン　インイン　イーン　イン　イン　イン
4　まーン　アン　アイー　ヒーン　いン　イーン　イーン　イン　イイーン
5　イーン　イーン　イーン　てぃンイ　インらイこ　ヲーン　オーン　ヲーン　オン　オン
6　つーン　オン　オン　オーン　フーン　フヰンらーン　オヒー　アアンー　シ　フ
7　ハーヒ　ンヨー　オーン　つーン　オン　オーン　まーン　ふーイーらーン　オ　ヒアン

メモは横書き、ひらがなゴシック体は有意の音を示したもので、実際はカタカナである。このメモを見ながら歌うわけだが、ウムイシンカは全くこの意味を知らない。つまりどれが産み字なのが実字《じつじ》なのか判別できないのである。またこのメモの文字の下に横線がひかれ、その下に打ち出しの音の高さを示すらしい「上」「中」「下」の文字がある。またこのメモはきわめて不完全で、2の「ハンアーハン」は「アーン　アーン　アーン」である。また6と7の「つ」は「チュ」と発音されているし、6の末尾「シ　フ」は「ス」である。ともあれこのメモをたよりに歌ってくれたが、金城山戸氏の歌唱がまた不安定であった。

さてこのウムイをはじめて文字化して紹介したのは『中頭郡《なかがみぐん》美里《みさと》尋常高等小学校五十周年記念』誌（一九三二年）である。これには祭りのもようも詳しく書かれている。三・五・六月の祭りで、各字の根人《にっちゅ》は神酒を知花の祝殿内の神前に捧げ、その後三味線蔓《しゃみせんずる》を頭に巻いた白衣の神女が、馬に乗って巡回に立ち、のろを先頭にオクデ（神女）が従い、途中各字の入口にさしかかると小鼓を打ちならしながら、例のウムイを神アサギの祭場で歌って終るのだという。同じく七連になっているが、内容は相当に異なっている。

1 イーン イーン イー**む**ー ウーヰー**か**ー アーン **し**ーヰン イーン ヰーン
2 イーン イーン イーン イーン **ふぁ**ー **ふぁ**ーン アーン アーン アーン アーン
3 アーン アーン アーン アーイン **じ**ーフィイーン イーン イーン イーン インヰーン イーン
イーン
4 **ま**ーン アンアーイン **り**ーン ヰーン ヒーン イーン イーン イーン アーン アーン アーン
アアー
5 **てぃ**ーン イーン イーン **てぃ**ンイン インー**だ**ーヰー**こ**ーン オーン オーヲン オーン オーン
オーヲン オーン アーン アーアン アーン アーン アーヰー **し**ーヰーン イーン イーン イー
ヰン アーン アーン アーン
6 **ちゅ**ーン オン オーヰーウーン ウーン ウーン **ちゅ**ーン オンオーン ウーン オーン ウーン
オーイイーウーフイン**だ**ーン オーン オーン イ**や**ーハハーイイーヨ
7 **てぃ**ーン イン イーン インイーン テーン インイーン オーン ウーン オーン ウーン
オーウヰーンウー ウインダーン オーン オーン イワアーヌア

この場合もゴシックのひらがなは、有意と認めたもので『中頭郡美里尋常小学校五十周年記念』誌には「カタカナ」になっているところである。4の「まーン」は「アーン」とあるが、誤植と認めて訂正した。現在の知花のウムイもその箇所は、「マーン」となっており、世礼も「マーン」としている。

さて産み字を除いて整理すると、

むかしふぁじまり……
てだこ　……し……
ちゅだやてぃ………

となる。『おもろさうし』二三ノ二三のおもろ、

一　むかし　はぢまりや
てだこ大ぬしや
きよらや　てりよわれ
又　せのみ　はぢまりや

と比較して、破損脱落が目立つが、現在のメモよりはよく保たれていることがわかる。もう一つ、金城厚調査の譜面から同様の形に抜きだすと、次のようになる。

1　イーン　イーン　イーン　**む**イ**か**ー　イーン　イーン　**し**ー　イーン
2　イーン　イーン　イーン　**は**ン**は**ーン　アーン　アーン　**は**ー　アーン　アーン　アーン
3　アン　アーン　イン**じ**ー　イーン　イーイーン　イーン　イーン　イーン
4　**ま**ーン　アーン　アイ**ひ**ーン　イーン　イーン　**ひ**ーン　イーン　イーン　イーン

5　イーン　イーン　**てぃー**　**らー**ン　**こー**ン　オーン　オーン　オーン　オーン
6　**ちゅ**ン　オーン　オーン　オー　**ふー**　ウィンー　**らー**ン　オヒアーン　ス
7　ハイ　アーン　オーン　**ちゅ**ン　オーン　**まー**　**ふー**イン　**らー**ン　オヒアーン　アーン

ゴシックのひらがなは有意のものであることを示している。ただし金城厚に従っている。整理すると、

むかしはじまひ
てぃらこ
ちゅふら
ちゅまふら

となる。

詳しい検討は後にまつとして、意味不明の音のあつまりの中から、有意のものを集めるのははなはだむつかしい。解釈の相違によって相当にへだたってしまうからである。ともあれ、知花のウムイが「王府おもろ」とも線を引く、唯一の用例であって、このウムイの存在によって、これまた唯一の伝承者でもあった山内氏の「王府おもろ」の正統性を裏づける結果ともなっている。

では歌詞を理解するのに困難なほどに産み字を挿入したのはなぜだろうか。一つには王府おもろ主取《ぬしどり》の特権的地位を獲保するために他の理解を阻んだことによるが、さらにはこの傾向は、金城厚の調査によれば、知花のウムイのほかに、平安名《へんな》・伊計《いけい》・久高《くだか》・久米《くめ》島の西銘《にしめ》・儀間《ぎま》・鳥《とり》島に見られ、本島北部にも散見されるのだという。とす

れば王府おもろのあの独特の唱法は、かなりの広がりをもっていることになる。私の聞いたところでは、津堅島《つけんじま》のウシデーク歌がやはりその手法で歌われ、歌っている人たちですらその歌意（琉歌《りゅうか》）を知らないほどであった。

二二ノ二二のおもろは「知念久高行幸之御時おもろ」で「首里御城御打立之御時」に歌われたとある。そのおもろがどうして知花の部落祭祀に持ち込まれたのか、尋ねてみてもまったくわからなかった。

## 『おもろさうし』巻二二の成立その他

『おもろさうし』は、言うまでもなく、巻一が一五三一年に、巻二が一六一三年に、巻三以下は巻一一、一四、一七、二二の四巻を除いて、一六二三年に成立したことが明記されている。成立年が明記されていない巻々のうちでも、巻一一の「首里ゑとおもろ御さうし」は、巻二一の「くめの二まぎりおもろ御さうし」と重複関係にあり、やはり一六二三年に成立したことがわかる。巻一七の「恩納より上のおもろ御さうし」は地方おもろで、地方おもろが沖縄本島およびその周辺離島をカバーしているところからすると、他の五巻（そのうち巻二は一六一三年成立）とだいたい同一年の成立と考えてよいだろう。巻一四の「いろ〳〵のゑさおもろ御さうし」は、比較的に独立しているのでわかりにくいが、巻九に「いろ〳〵のこねりおもろ御さうし」、巻一二に「いろ〳〵のあすびおもろ御さうし」の標題があり、やはり同じ年の成立と考えてよいだろう。問題は巻二二「みおやだいりおもろ御双紙」である。「みおやだいりおもろ」は公事おもろともいわれるように、王宮の公式の儀礼に供されたおもろである。総数四七首、四五番のおもろを除いて他はすべて他の巻と重複している。

一番のおもろの前に「稲穂祭之時おもろ」、一〇番のおもろの前に「稲の大祭之時おもろ」、二二番のおもろの前に「知念久高行幸之御時おもろ」とあり以下この関係の一連が続いている。二二番おもろに「首里御城御打立之御時」、二三に「与那原村稲福親雲上宿にて御規式の御時」、二四に「右同所御打立前に」、二五に「佐敷よりやげもりにて」、二六に「さやは御たけにて」、二七に「さやは御桟敷にて」、二八に「御船に被召候御時」、二九に「御船帆上ゲの御時」、三〇に「久高となかにて」、三一には「久高外間御どのにて御規式の御時」、三二に「知念大川にて御規式の御時」、三三に「玉城やぶさつの御いべの御前にて」、三四に「玉城あまつゞにて」、三五に「あかつきのおもろ」、三八に「御帰城御時　附路次上下は知念佐敷おもろ」とあり、知念久高行幸の時の路次《ろじ》および聖地でのおもろがほぼ一首ずつ紹介されている。

さらに続けて三九に「雨乞の時おもろ」、四〇に「昔神世に百浦添御普請御祝ひの時」、四三に「唐船すらおるし又御茶飯の時」、四四に「祝ひのとき」、四七に「御冠船之御時おもろ」とある。こう見てくると、山内氏が伝承した最後のおもろ主取おもろは、「稲之穂祭之時おもろ」関係九首のうちはじめの二首（二二ノ一・二）と、「稲の大祭之時おもろ」関係一二首のうちはじめの一首（二二ノ一〇）が伝えられていることになる。繰り返される儀礼歌の中で、もっとも数多く歌われるはじめのおもろだけが残ったのは、やはり伝承の衰えであろう。二二ノ三九の、山内氏が詞章のみを伝えたおもろは、氏によると二二ノ四三と同じく「あかずめづらしやがふし」で歌うのだとのことであるが、重複の七ノ四七のおもろにもふし名はない。しかし他の王府おもろにまじって、詞章だけが伝わったとは考えにくいので山内氏のいうように、やはり歌われていたと思われる。「知念久高行幸」関係のおもろ一七首が一首も伝承されなかったのは、神女たちの東方聖地巡行がその後一層簡素化されたことにもよるが、おもろ主取家がこの儀礼に関与する機会がなくなったことによる。王府儀礼における主取家の必要最小限度のおもろが伝承されたのである。『琉球国由来記』（一七一三年）巻四「御唄（神歌）」の項に「当国、御唄者、神代之歌也。言葉少、情尽タリ。謡㆓長詠㆒也。於㆓王朝㆒奏㆑之。知念・玉城行幸之時、路次謡也。詳御唄御双紙見タリ。（舞八、コネリト云。遊、鼓ヲ打也）」とある。王朝に於いて之を奏するとあること、久高行幸はないが、知念玉城行幸の時の路次に謡うとあること、「御唄《おもろ》御双紙」に詳しく見えるということなどからすると、明らかに内容は「みおやだいりおもろ」

に相当すると考えられる。

同じく『琉球国由来記』巻二「官職列品」の、摂政以下の職制が説明された「官職位階之事」の項の、九二番目に「御唄（主取一員、親雲上六員、勢頭部六員）」とあって、その内容が述べられている。それによると、さらに詳しく、稲の穂祭や大祭、渡唐衆への御茶飯（餞別）、唐船洲新下《スラオロシ》（進水）、各所での雨乞、行幸路次の時に歌われるのだという。「祝ひの時」や「御冠船の時」のおもろがないだけで、ほぼ巻二二の項目の見出しに見合っている。つまりおもろ主取家が管理したのは巻二二だったのである。

その巻二二の成立については、小野重朗が「最後の二十二巻はずつと後れて尚敬王の二三八〇年頃に儀式に使ふおもろを集めて編まれたものである」（『琉球文学』弘文堂、一九四三年）と述べて注目されるが、理由は示されていない。皇紀二三八〇年は西暦一七二〇年のことで、小野は巻二二の成立を一七一〇年の再編後としたのである。しかし巻二二は、一七一〇年の再編のものがそのまま残っている尚家本にもあるのであって、巻二二そのものが再編後できたとは考えられないが、とくに安仁屋本の系統には、再編後に手を加えた形跡がある。たとえば四七番の「御冠船之御時おもろ」以下の一首は、安仁屋本にあって尚家本にないものである。尚家本を調べて見ても書誌的な脱落とは考えられない。要するに安仁屋本に当初からあったか、それとも後に挿入したか、そのどちらかであろう。しかもこのおもろの行間注に「尚穆様御冠船之御時より、おぎもかなしきと云おもろに成る、文句上座に有る」とあり、これを受けて四四番の行間（本当は四五番にあるべきもの）にも、「尚穆様御冠船之時より此おもろに成る」とある。尚穆《しょうぼく》王が父尚敬王の後を襲ったのは一七五二年のことで、中国の使臣を迎えて冊封《さくほう》の大典（御冠船）を挙行したのは一七五六年のことである。こうした注書のことを「言葉聞書」というが、これは一七一〇年の再編の際安仁屋本にほどこしたとあとがきにある。しかもこうした短文の注が再編後も書き加えられている。あるいは四七番のおもろそのものも後補されたのかも知れないのである。要するにこれらのことから考えて、巻二二は、初編の時期よりも遅れて成立し、安仁屋家にあっては再編後も手を加えられて、儀礼に必要なもののみを伝承していくようになり、王府公式のおもろを集めた四七首のうちの大部分は、忘失されるに至ったのである。田島利三郎はその著『琉球文学研究』（青山書店、一九二四年）の中で、「おもろ主取は、おもろの謡ひ方及び其に関する儀式等を伝へ、及びおもろ双紙の散佚を守る役なりしなり。然しながら、彼等の謡ひ伝へたるは第二十二冊みおやだいりの一冊のみにして（中略）、今は伝へずなりしもの多しといふ。」とのべている。田島は研究者としてははじめて安仁屋家を訪れ、同家に所蔵されていた、いわゆる安仁屋本『おもろさうし』を筆写している。これは明治二八年（一八九五）のことで、この時書写した本が田島本『おもろさうし』といわれるものである。

　田島は、明治二四年沖縄の師範学校で教師をしていたという学友から「五十巻ばかりの琉球語もて記されたる文書」があると聞いて念頭を去らなかったが、明治二六年に沖縄中学の教師の職を得て来県、さっそくその五〇巻ばかりなる琉球語の文書を捜したがわからず、二七年に小橋川《こばしかわ》朝昇《ちょうしょう》の『琉球大歌集』（一八七八年）の凡例冒頭に、

　神歌ハ御唄《オモヒ》ナリ。遠キ神代ノ昔ハ、コレヲ以テ天地ヲ動カシ。鬼神ヲ泣シムトカヤ。然ルニ末ノ代ニ至テハ適職官ト雖トモ往古綴リオキシ成句ヲ唱フノミニテ、其意趣ハ何物タルコトヲ知ラザルゾ嘆カシ。セメテ今伝ルモノサヘ失ハズシテ古ノ道ニ心ヲ尽サバ、好古ノ君子ト云ベシ。

とあるのを見て、それがおもろであることを知ったという有名な話がある（『琉球文学研究』青山書店、一九二四年）。田島の前の文章で、おもろ主取が、王府儀礼に奉仕し、『おもろさうし』を管理する役割であるが、主取家が謡い伝えたものは巻二二のみであって、それも今日では伝承されないものが多くなっているとのべている。『琉球大歌集』の凡例の「適職官」というのは、おもろ主取のことであろう。それも『おもろさうし』の文句をただ唱えてい

るだけで、どういう意味かわからない。それでせめて今伝えているものだけでも失わないのなら立派なことだという。とすればやはり近代以前にもおもろ主取家のおもろは衰弱していたことがわかる。

田島のおもろ主取家訪問後一七年たった大正元年（一九一二）八月一七日に、山内盛彬《やまうちせいひん》は祖父盛熹《せいき》の紹介で最後のおもろ主取安仁屋真苅《まかる》（一八三七～一九一四年）を大山の家にたずね、王府おもろの教授を受けている。シテ人数《ニンジュ》四人を呼びよせ、いずまいを正して『おもろさうし』に一礼した後、「扇を打ふりながらフチュン（謡う）」したという。扇は山内の話では扇子だとのことで、今回はそれを叩きながら歌ってもらい、採譜の際これも表記した。山内がこれまで残した採譜資料にはまったくないものである。一週間「家事一切を省みず教授と採譜をさせていただいた」という。真苅翁はその二年後にこの世を去っており、山内の教習と採譜が仮に遅れていたら、五曲六節の王

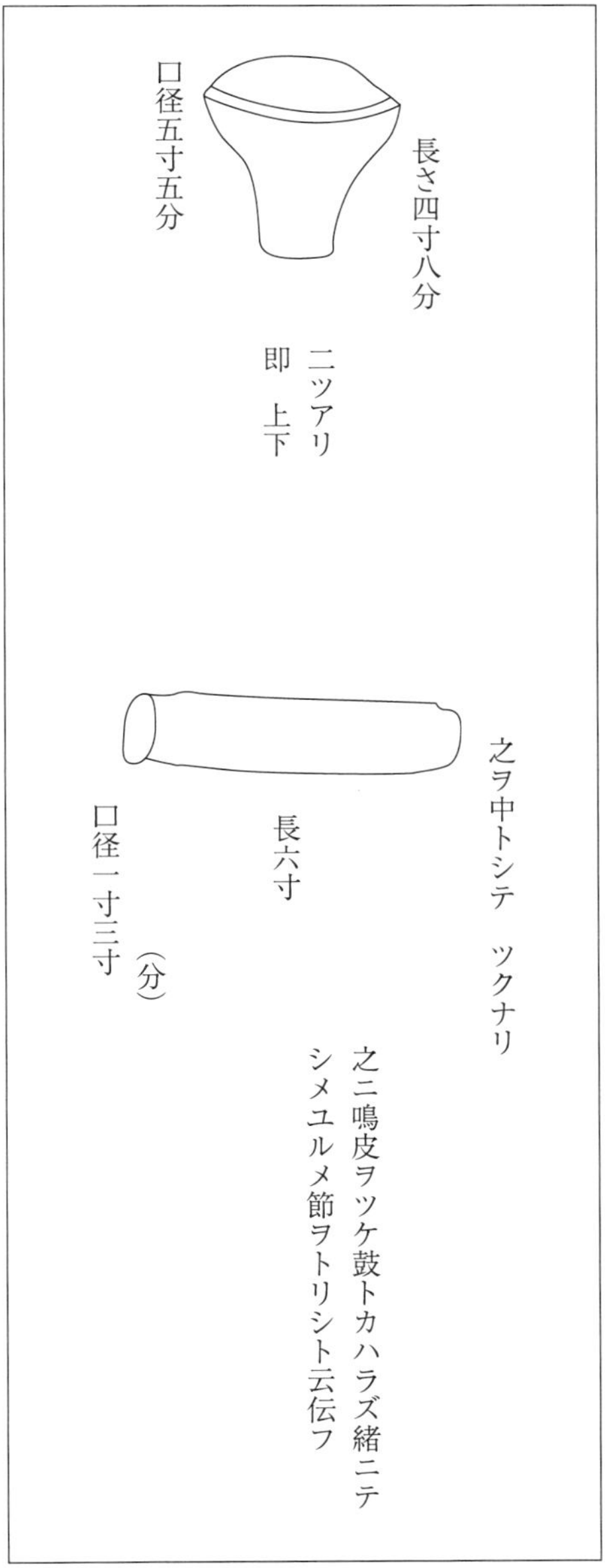

府おもろの唱法は、永遠に知られなかったであろう。

扇子が出たついでに、田島本『おもろさうし』第三冊（巻一〇～一二）のはじめにある「小はち」の図を紹介しよう。「神楽に用ひし小はち（おもろ主取ノ話及家宝）」とあって「神楽は古くより絶えたり。但し其の折用ひしものなりとて、今に家宝として伝ふるものあり。小はちといへるは即ち是ならむといへり」とあって、次に鉢状の図と棒状の図があり、その下に「之ニ鳴皮ヲツケ鼓トカハラズ緒ニテシメユルメ節ヲトリシト云伝フ」とあって、さらに左に「地ハ朱ニテ唐草模様、ソノ間ニ細ク稲妻形ノ模様ヲ以テ満セリ、塗ハ唐製ノ如シ」とある。『おもろさうし』八ノ四八のおもろは、次のものである。

一　ねいしまいしがふし
　あかのおゑつきや
　ひやしのつち　うたは
　とも〻と　ちよわれ
又　ねはのおゑつきや

このおもろの「ひやしのつち」原注に「神世の時御遊に手ひやしと申て拍子打事也。只今神楽に用候小はち也」とある記事とも関連している。『混効験集』の「ひやしのつち」の項にも「小鈸也。むかし神世の時君真物御遊に、手拍子と申て拍子を打事也。今神楽に用る小鈸是なり」とある。「ひやしのつち」（拍子の槌）は「小鈸」（小はち）で、古くは神女儀礼の時の「手拍子」（手ひやし）の時に打ったのだが、現在は「神楽」に用いている、というのが、『おもろさうし』原注や『混効験集』の注解である。四ノ三一にもおなじふし名で「きこへさすかさが　ひやしのつちうたは（下略）」とある。

ここでいう「神楽」は、『琉球国由来記』第二巻「七社祝部」の項に出ている「神楽」で、七社の祝部・内侍が節々に挙行する神楽舞いのことで、本土渡来の芸能である。この本土系の神楽舞いは急速に衰えて、その痕跡すら見られないが、『おもろさうし』再編時には各社に健在だった。おもろの「ひやしのつち」がこの神楽舞いで、その当時使用されていた「小はち」（小鈸）だというのが、おもろ原注や『混効験集』の見解である。『混効験集』の「鈸」はハツまたはバチとよむ。とすれば「小はち」は「小ばち」と濁ってよむと思われる。「鈸」は、円形の二枚の銅板を打ち合せて鳴らすいわば今日のシンバルのような楽器の一種で、「銅鈸子《どうびょうし》」、「銅鈸《どうばち》」（銅鉢）、または「鐃《にょう》鈸《ばち》」という。

おそらくおもろ原注の「小ばち」と『混効験集』「小鈸」は、神楽の楽器として使っていたシンバル様の銅鈸子であろう。しかしこれを「ひやしのつち」とするのは一種の解釈であって、検証の余地を充分に残している。たとえば「つち」は「槌」であって、鐘や鉦を叩くもの、「ひやし」（拍子）が後世太鼓や鼓の系統の打楽器の芸能を言うことから見れば、それを叩く撥をあるいは「つち」といったのかも知れない。「ひやしのつち」の語感は「小鈸」とは遠くはなれているといえよう。

安仁屋おもろ主取家に伝えられていたとする「小はち」なるものは、「鈸」ではむろんない。二つの図はセットというより別々のものであろう。しかも図の下に「之ニ鳴皮ヲツケ鼓トカハラズ緒ニテシメユルメ節ヲトリシト云伝フ」とある。つまり伝承によれば、これに皮を張り、緒で締めて音色を調整したのだという。シメ太鼓である。左に「地は朱ニテ唐草模様、ソノ間ニ細く稲妻形ノ模様ヲ以テ満セリ。塗ハ唐製ノ如シ」とあるのも、これが漆器であって、紋様もごく普通のものであったことがわかる。別に注記のないことからすると、これは木製である。鉢状のものは上下二つあるとあるから、これも鼓の胴であろう。安仁屋家で大切に保管されてきた「小はち」は、その形状や伝承を総合すると鼓の胴を推察させる。朱漆の上に金箔で唐草・稲妻文を施したもので、王府儀礼の時などに打ち鳴らしたものだったのだろうが、田島が訪れた頃の安仁屋家でも長く忘れられていて、それらの器は原注の「小はち」だということになっていたものと思われる。

この「小はち」については大山の子孫たちもほとんど記憶していない。戦前の段階で失なわれたのであろう。

# 第一一章　おもろ理解と「御唄」「神唄」「神歌」の関係

## はじめに

一六〇三年来琉した僧袋中《たいちゅう》の『琉球神道記』巻五、「キンマモン（梵字）事」に、「此神（キンマモン）、海底ヲ宮トス。毎月出テ託アリ。所所ノ拝林《オガミバヤシ》ニ遊給フ。持物は御萱《ミゲンカヤ》ナリ。唱ハ御唄《オモリ》ナリ。竺土ノ唄ノ如シ、其詞多ト雖今少分ヲ挙グ」とあり、「御唄」には「オモリ」とカナが打たれている。このオモリが「おもろ」と同語であることは、疑いをいれない。続けて、

キケイキミカナシ
ネイシ　マイシ
アラキヤメ　キユワレ
キケイオホキミギヤ
ヲレテ　イニユリヲワレバ
マンマン　アスラマム
チユワレ

と、梵字で「御唄」を記録している。これは、六ノ二六（二二ノ四四）のおもろ、

一　きこゑきみがなし
　　ねいし　まいしの
　　あらぎやめ　ちよわれ
又　とよむきみがなし
又　きこへあんじおそいや
又　とよむあぢおそいや

と、一ノ一四（三ノ四五）のおもろ、

一　きこゑ大ぎみぎや
　　いのりたてまつれば
　　まんまん　あすらまん
　　ちよわれ
又　とよむせだかこが
又　首里もりぐすく
又　ま玉もりぐすく

の、二つのおもろの各一節からなっていることが分かる。『琉球神道記』の「ヲレテ　イニユリヲワレバ」が、おもろで「いのりたてまつれば」となって、若干異なるが、「まんまん　あすらまん」の特異な語のある唯一のおもろであって、したがって異伝と言える。『琉球神道記』の「御唄」が単に歌謡一般を指していないことは、以上のことでも充分察せられるが、同じところに、虫封じの詞章が二編梵字で記載紹介されていて、これを「七原《ななはら》」というのだとあることからも、「御唄」がおもろを指すことばであることが確かめられる。

『おもろさうし』では、おもろを指すことばは、当然「おもろ」であって、他にオモリのr音の脱落したかたち「おもい」が一、二例あるのみである（五ノ四二、一一ノ一三にある「おもい」がその例ということになっているが、一般にまだr音は脱落していない。慎重に言えばいま少し留保すべきものである）。『おもろさうし』末尾の再編の経緯を記した跋文も「おもろ御双紙」「おもろ主取」とあるのであって「神歌」とはない。

『琉球国由来記』（一七一三年）になると多彩である。王府の年中儀礼「社参」の所に、「昔は夜の御物参りと称して、除夜に、按司一員、諸官、倶に神唄謳せて（唄勢頭部の職業として途中往還歌ふなり）」（原漢文）とある。「神唄」も「唄勢頭部」の「唄」もおもろである。同書「渡唐衆御茶飯」の所にも、「玉庭において綱作りの儀、言上相済み、渡唐衆差し出され、下知にて、船子綱作り中、御唄親雲上・勢頭部、各《おのおの》御唄を謡ふなり」（同上）とあり、この「御唄」がおもろである。検地帳と『おもろさうし』を保管していた「御前帳当」の所には「御検地帳・御唄御双紙の虫払いの事を掌するなり」とあり、同じく「御唄」のところに「主取一員、親雲上六員、勢頭部六員」と小書きされて、おもろ歌唱者たちの、王宮儀礼での役割が記されている。『琉球国由来記』では、地方の巫《のろ》の歌うおもろもことごとく「唄」であって、『琉球神道記』以来の「御唄」あるいは「唄」が多く使われている。しかし「行㆓幸干久高島㆒」に「神唄・コヱナ」とあり、「神唄」も若干見られる。また「朝拝之御規式」には「オモロミヒヤシ」〈おもろ御拍子〉と片仮名で書かれたものも一例だけある。

『おもろさうし』の末尾にある、おもろ主取《ぬしどり》安仁屋《あにや》親雲上《ぺーちん》の家に伝えられた『神歌主取元祖由来記』にも「神歌」とあり、一九八七年その安仁屋家の古墳の改装の際観た石棺にも「神歌主取」とあった。この「神歌」は、『琉球国中山王府官制』（一七〇六年）にも同様に「神歌親雲上」とあり、また、安仁屋おもろ主取より前のおもろ主取家だった湛氏が、尚清の久高島行幸の帰り、日頃習い覚えたおもろを歌って風波を静めた功により、「神歌頭」〈おもろ主取〉を授けられ、大島の数明（住用《すみよう》）地頭職に任ぜられ、数明親雲上と称したと王府正史『球陽《きゆうよう》』（尚清王「附」）に出ている。ところが、その湛《たん》氏の家譜には、すべて「御唄」とあるのであって、「神歌」の例は一例もない。どうやら「御唄」は古く、あるいは『琉球神道記』以前からおもろを意味する宛字だったようで、「神唄」「神歌」はどちらかというと一七〇〇年以降に見られるものである。『おもろさうし』に一例もなかったのに、『おもろさうし』おもろを引用した『混効験集』（一七一一年）には「神歌御双紙」（『おもろさうし』を示す「おもろ御さうし」「おもろ御双紙」に相当している）と「神歌」が多用されている。つまりおもろを「神歌」「神唄」とするのは新しいのである。

おもろを「御唄」または「唄」とするのには、相当の理由があった。袋中が「唱ハ御唄ナリ。竺土ノ唄ノ如シ」という時、「唱」は今日の歌に相当し、ここでもウタと訓むべきである。「唄」は、諸橋轍次『大漢和辞典』（大修館書店）によると「仏の功徳をほめたたへる歌。ほめうた。頌の類。唄匿《ばいのく》の略で、梵語pathakaの訳」とあり、序に「唄匿」も引用すると「仏の功徳をたたえる歌。曲調をつけて諷詠する偈誦。唄・梵唄に同じ。讃頌。讃歌」と注している。「竺土の唄」も単にインド風の、あるいは異国風の唄というのではなく、仏教の梵唄《ぼんばい》のように、その意味は、曲節が似ているというより、内容、その讃え歌・讃歌である点にあったのである。袋中が記録した二首のおもろは、いずれも王を讃え、その長寿を、国の最高神女である聞得大君《きこえおおぎみ》が予祝したものであった。「唄」はそうしたおもろの機能をよく表していたというべきである。ところが、この「唄」が「小唄」などのように、単にウタの意で使われるようになって、王府儀礼に使われるおもろを新たにこれと区別する必要に迫られ、端的に「神唄」「神歌」が使われるようになったものと思われる。だが、この「神唄」「神歌」の「神」がまた問題である。というのは、これだと、神前で歌う歌なのか、あるいは神として、神の資格を持ったものが歌う歌の意味なのか、さらにそのカミもまた問題なのである。

## 一　田島利三郎の「おもろ」規定

琉球文学研究に先鞭をつけた田島利三郎は、明治三三年（一九〇〇）二月の雑誌『国光』の紀元節臨時増刊号に、琉球文学概説ともいうべき「琉球語研究資料」（一九二四年に、伊波普猷らによって沖縄の青山書店から『琉球文学研究』と改題されて上梓される）を発表し、その中でおもろについて次のように述べている。若干長いが紹介することにする。

普通神歌と記し、神唄とも記す。祭の歌或は祝詞の如き者なりと称するものあれども、畢竟其の文字によりて、臆断を下したるに過ぎず。余もいまだ語源を詳にする能はざれども、唯、ウタといふべきものなることは、断言するを憚らず。但し今日に残れる昔のオモロの全部は殆ど皆神事の時に用ひられしものにして、唯僅ばかり其の他のものを伝ふるのみなり。況んや、今日のオモロといふものは神事若しくば神と称せらるゝ彼等祝女、其の他の神職の間にのみ用ひらるゝを以つて、今は、神歌と称せむも不可なかるべし。余も亦便宜のため常に神歌とかけり。

田島のこのおもろ規定は、今日ではそれほどでもないが、その後かなりの影響力をもっていた。文学論としても、近世以前いわゆる古琉球時代に、オモリ、おもろ、おもいが、ウタと同義であったと考えることは、ウタが田島がいうように、神事歌謡以外の広がりをもっていたとする限りにおいて、正しくない。田島の言い分だと、おもろは、専ら神事にかかわる歌になってしまっているので、神歌と言ってもよい、とするのである。しかし、おもろは、ある意図をもって王府が編纂したものであった。それはまさに『おもろさうし』おもろが、これを取り巻く琉球列島の歌謡群と比較しても、そして特異な形式と内容によっても、ウタ一般には到底還元できないものになっている。つまりきわだった特徴をもっているのだ。

神歌・神唄は、このことを論じる人の文学観によってさまざまに観念されて、したがってなかなか議論が困難なのだか、大雑把に言えば、神事歌謡、祭祀歌謡、祭式歌謡などといいかえることもできよう。祭式（祭祀）起源説にたてば、時代を遡り、原始や古代においては、その生産点にあった多くの人達は、生産の豊穣を保障する儀礼がすべてであったはずである。これを民俗学でいう予祝儀礼といってもよい。このことは、琉球列島の歌謡が俯瞰できる『南島歌謡大成』全五巻（角川書店、一九七八〜一九八〇年刊）でも窺い知れる。ところが、『おもろさうし』には、この肝心の生産予祝歌が二、三首を除いてまったくないといってもよいのである。

## 二 『おもろさうし』の神と『琉球国由来記』に出る「神名」

『おもろさうし』のカミ（神）は、時として神にいつき祭る神女でもあり、神そのものとして振る舞い遇される存在でもあった。

一　知花後嶽《ちばなこしだけ》に
　　吾《あん》は　神《かみ》　手摩《てづ》ら
　　神《かみ》や　吾《あん》　守《まぶ》れ
又　知花西嶽《ちばなにしだけ》に　（二ノ四五）

吾は知花後嶽・西嶽の神を手摩り祈らん、神も吾を護りたまえ、というもの。ここの「神」は神と解されているが、神女とみてもよいだろう。有名なおもろに、次のものがある。

一　ゑけ　上《あ》がる三日月や
又　ゑけ　神《かみ》ぎや　金真弓《かなまゆみ》
又　ゑけ　上《あ》がる赤星《あかぼし》や
又　ゑけ　神《かみ》ぎや　金細矢《かなまゝき》
又　ゑけ　上《あ》がる群星《ぼれぼし》や
又　ゑけ　神《かみ》が　差《さ》し櫛《くせ》
又　ゑけ　上《あ》がる虹雲《のぢくも》は
又　ゑけ　神《かみ》が　愛《まな》きゝ帯《おび》　（一〇ノ二四）

三日月を弓に、赤星（金星―宵の明星）を矢に、群星を櫛に、色鮮やかな虹雲（彩雲）を帯に、それぞれ連想されている。この弓矢をもった神が神女であることは、すでにのべたことがあるのでここではくりかえさないが、全体として神女の身に装うものとしてイメージされ、巨大な天体を身に帯びる神女を畏敬の念をもって歌いあげている。この神も神女なのである。*1

この両義的な「かみ」は、小さな集落にも、その集落が幾つかより集まった共同体の神女・のろ（祝女）、さらにその上に「きみ」（君）、「大ぎみ」（大君）、「きこへ大ぎみ」（聞得大君）がいる。いわば神女の階層化であるが、その上級の神女もまた祈られる存在である（神女が祈っているとも解されるが）。たとえば、次のおもろがある。

一　聞《き》こゑ鬼《おに》ぐすく
　　君加那志《きみがなし》　手摩《てづ》て
　　上下《かみしも》　押《お》し合《あ》わちへ
　　ちよわれ
又　鳴響《とよ》む鬼《おに》ぐすく
（九ノ二〇）

有名な鬼ぐすくといわれる祭祀の場所にいつく、君加那志と尊称される神（女）を祈って、王は上下の人を一纏めにしてましませ、と祈願している。

一　聞《き》こゑおしかさ（押し笠—神女）が
　　みてづから　祈《いの》て
　　てだがお差《ざ》し　誇《ほこ》て

又　按司襲《あんじおそ》いしゆ
　掛《か》けて　相応《ふさ》よわれ
又　鳴響《とよ》む君《きみ》の按司《あんじ》や
（下略）　（七ノ一三）

上級神女オシカサが祈りを捧げて、王の繁栄を願っているのである。もう一首、以下のおもろがある。

一　聞得大君《きこゑぎみ》ぎや
　威部《いべ》の祈《いの》り　しよわちへ
　按司襲《あぢおそ》いぎや　およりとて
　おぼつより　帰《かゑ》れ
又　鳴響《とよ》むせだかこ（セヂ高い者）が
（下略）　（七ノ二三）

聞得大君は、言うまでもなく、琉球王国の最上級神女である。セダカコはせぢ（呪力）の高い者の意で聞得大君の褒めた言い方である。こうした上級の神女もまた祈られる対象であるとともに、神に祈っているのである。この神女の二面性は、その後も琉球の社会で存続し続けたと思われ、さきの『琉球国由来記』には、御嶽《ウタキ》の神名に神女名が見られる。つまり御嶽に鎮座する神と、これを祭る神女との区別がつかなかったのである。詳しくは『おもろさうし』概説」（本書、II第一章）に譲って、その一部を例示することにする。

七ノ四四の二例の他七一例と多い「あおりやへ」（「あおりやい」「あおりやゑ」「あふりやい」を含む）は、真和志《まわし》間切与儀《よぎ》宮城《みやぐすく》の嶽の神名「アフライノ御イベ」と出ているし、四ノ二七のおもろの他五三例と多い「さすかさ」と結合した「アフライサスカサ御イベ」の神名は、仲里《なかざと》間切儀間《ぎま》のイシキナハ御嶽、同島尻《しまじり》の黒洲《くろす》御嶽、同比屋定《ひやじょう》のケツマ御嶽、同比屋定のヲベイ御嶽、同宇江城《うえぐすく》の仲里御嶽と、久米《くめ》島の仲里間切に集中してみられる。また一二ノ一〇他に出ている「おしかけ」は、渡嘉敷《とかしき》間切渡嘉敷の前御嶽、同阿波連《あはれん》のウシアゲ森御嶽の神名として「ウシカケ」がみられるし、座間味《ざまみ》間切阿嘉《あか》の奥ノクハゼ御嶽の神名に「オシカケ」とある。三ノ四他に出ている「そできよら」は、「大城《おおぐすく》ソデキヨラノ御イベ」「トモヨセ大神ソデキヨラノ御イベ」の神名で、浦添《うらそえ》間切仲間《なかま》の大城嶽と小城嶽にそれぞれ出ている。ほかに「めまよきよら」「おりかさ」「みぜりきよ」「よきげらへ」など、二五例の神女名が各地の御嶽の神名として出ている。王府が地方に御嶽の神名の報告を求めたのに対して、その神女名で答えた例である。今日においては、これは混同もしくは混乱のようにも思われるが、これまで述べたように、神女の二面性、その神の側面が、こうした報告となったものと思われる。あるいは、神名がなかったのかも知れない。御嶽の神は、おそらく神女がもっぱらいつく者になった時に生まれたのであろう。神女が神として祭り祈られる間は、御嶽の神は神女そのものであってよいはずである。神女名を冠した御嶽の神名は、むしろ地方の神女がカミの資格を依然有していると見做すこともできるのである。これと同時に、例えば、「マシラゴノ御イベ」「マネヅカサノ御イベ」「コバヅカサノ御イベ」など、固有名詞というより普通名詞的な神名もはなはだ多く見いだせる。その多くは依り代を指しているようにも思われるのである。また、一〇箇所の御嶽で「神名なし」、二五箇所で「神名不伝」、一二七箇所の「神名未詳」（その多くは火神）となっている。これらは、単なる亡失、その他の故障と考えるより、その多くは神名がいまだなかったのだとみたほうがよさそうである。

## まとめ

仲原善忠《なかはらぜんちゅう》は、おもろの時代を「部落時代の末期から、按司時代、三山対立時代を経て、第一尚氏による統一王国の成立、次に第二尚氏の革命から、中央集権を行い、全沖縄を統一し、更に、島津の進入による従属政権への変質まで、大凡六世紀間をさす」（『おもろ新釈』琉球文教図書、一九五七年）と述べ、続けて「日本ではその間に、院政時代から、鎌倉、室町、戦国、安土・桃山時代を経て、徳川の初期に及ぶ時代である」という。つまり、おもろの基盤となった、おもろの歌われた時代の意である。要するに仲原は、おもろ時代を一一世紀（あるいは一二世紀）から一七世紀にかけての間と考えている。二年後に出た岩波書店の『岩波講座日本文学史』第一六巻に収録された「琉球の文学」で、仲原は、おもろ時代を「日本史の平安末から、鎌倉、室町を経て、安土桃山時代にいたる六世紀にわたっている。時代はまさしく中世であるが文化段階は古代に相当する」と、ほぼ同様のことを繰り返し述べている。その始期をどうして一一世紀頃としたのかは分からないが、例えば、「地方おもろの地域区分」（本書、II第四章）で述べたように、地方おもろの地域区分・各巻構成は、少なくとも第一尚氏王朝以前つまり三山時代以来の地域区分・地域意識を反映しているのである。そしてこうした地域区分意識は、一八世紀までも認められた。しかしおもろの中核は、なんといっても第二尚氏王朝である。尚真王「おぎやかもい」や、王の妹オトチトノモカネを初代とする聞得大君が歌われている神女関係の巻が目立つ。次の

巻一　きこゑ大きみがおもろ
巻三　きこゑ大君かなしおもろ御さうし

巻四　あおりやゑ・さすかさのおもろ御双紙
巻六　しより大君・せんきみ・君かなし・も、とふみあがり・きみのつんじのおもろ御双紙
巻九　いろ〳〵のこねりおもろ御双紙
巻一二　いろ〳〵のあすびおもろ御双紙

の六巻は、聞得大君を中心とした上級神女たちのおもろを集めた巻々である。これらの神女たち主宰のおもろや神女そのものの讃歌、また王の讃歌が殆どである。その他巻七「はひのおもろ御さうし」の過半も、聞得大君を中心にした巻である。そしてこれらの巻も結果として王を讃美することに終始することになる。元来は、神女は聖なる庭に神として天降りして王を祝福する存在であった。そのかたちはおもろにも残っているが、もはやそれは形骸であって、聞得大君といえども王の上位にたつことはできなかった。*2

巻一〇の「ありきゑとのおもろ御さうし」、巻一三の「船ゑとのおもろ御さうし」は、いうまでもなく、航海に関するおもろを集めた巻であるが、これらも殆ど王の船であって、航海の安全を祈願する儀礼歌の背景には、王の海外交易、属島支配の権威を讃美し予祝する底意がある。たいていは、第二尚氏時代のおもろである。

巻二「中城・越来おもろ」、巻一一「首里ゑとおもろ御さうし」（実は久米島おもろ、巻二一と重複）、巻一五「うらおそい・きたたん・よんたむざおもろ御さうし」、巻一六「勝連・具志川おもろ御さうし」、巻一七「恩納より上のおもろ御さうし」、巻一八「しま中おもろ御さうし」、巻一九「ちゑねん・さしき・はなぐすくおもろ御さうし」、巻二〇「くめすおもろ御さうし」、巻二一「くめの二まぎりおもろ御さうし」の九巻（巻五「首里おもろの御さうし」も、首里地方を歌ったおもろとみてここに加えることができる。ただし半数は尚真王「おぎやかもい」讃歌である）は、いわゆる地方おもろである。これらは、地方の、第一尚氏以前の、歴史に埋没した小支配者であるとか、神女、王国時代

に入ってからの王などが歌われている。だが、決定的に問題なのは、自然（神）に働きかけるおもろが皆無に近く、つまり、農耕に関するおもろがまったくないことである。他の巻群に比べて地方おもろ群こそ、生産に関するおもろが収録されてよい巻である。そこにこうしたおもろがみられないところに『おもろさうし』の大きな特色がある。筆者は、踊りを意味する「より」の語源を「揺れ」に求め、身体を揺らして作物を擬態する神女の所作に由来するとした[3]。これは、かつて作物を擬態することで作物の豊穣を実現しようとした祭式の面影を反映したもので、おもろではそれが失われて、その揺れは踊りに傾いていたのである。

さらに、この地方おもろで、もう一つ重要なことがある。それはこれらの、ほぼ沖縄本島と周辺離島をおおう地方おもろに、ことばの上で地方色がないことである。つまり方言差がないのである。尚真王が、各地に蟠踞していた按司を首里に移住させたのは一五二六年ということになっている[4]。おもろ語は、現在の首里方言に接続するいわば中央語である。だとすれば、尚真王の首里集居と首里語の形成成立は結びつくのか、それとも結びつかないのか。いずれにしても、尚真王の首里集居後首里語が形成されたとすると、おもろ讃歌の中核をなす尚真王や聞得大君関係のおもろまでは、あまりに時間が切迫しており、もっと以前に成立していたのではないかと思われる。それがいつ成立したのかはおくとして、中央語によるおもろを、王の長寿延命・国家安穏の願意をこめて、のろを通して王国全域に唱えさせたのは確かだ。これは、少なくとも、のろが、王府から辞令書が出されて任命される女神官であったことに着目する必要があろう[5]。つまり王府の儀礼歌おもろを持ち運び、地方の祭祀で執行する立場にあったはずである。辞令書の発給されるのろは、その意味でも在地せず、王府に直結していたといえよう。むしろこの場合、特に地方おもろに見られる、王府の主題に添わないまさに地方的なおもろがあるところに、地方の活力というか、創造力が反映していると、いうべきであろう。

おもろの表現をみれば分かるように、五〇行近い叙事的なものもある。しかしその叙事も、『南島歌謡大成』全五巻（角川書店、一九七八〜一九八〇年刊）の生産予祝歌謡と比べてみれば明らかなように、叙事性が進んでいないのである。細々と具体的に表現する精神に欠けているのだ。生産予祝歌が殆どないことは、繰り返し述べてきたことだが、過去の戦闘や事件・歴史を叙事的に表現した、いわば叙事詩的表現も、叙事詩的な萌芽にとどまっていて、完全に開花したとはいえない。『おもろさうし』が王府の編纂による、王府の儀礼祭祀にかかわる歌謡であることと、すべてが表裏の関係にあるのである。つまり不完全な生産叙事・叙事詩的叙事が、おもろが生産から遊離した支配者の呪歌であることと、左のおもろが端的に示している。

一　東方《あがるい》の大王《ぬし》
　大主《ぬし》が前《まへ》に
　赤木《あかぎ》　ゆす木《ぎ》の花《はな》の
　真白《ましろ》　真赤《まか》ら　咲《さ》き居《よ》れば
　おれよ取《と》て　折《お》り差《さ》ちへ
　明《あ》けの露《つよ》に　おされて
　波《なみ》ぎや踊《よ》りぎや　走《は》る居《よ》れば
　おれ　見《み》にる　ころたべ
又　てだが穴《あな》の大主《ぬし》
（一三ノ七七）

おもろの繰り返し部分の肥大化・対句部分の凋落衰退とは、パラレルの関係にある、といえる。

さて、我々はそろそろ結語を見出さねばならぬ。おもろを「神歌」「神唄」と表記するのは、一七〇〇年前後に始まるが、これは単にそれ以前の「御唄」「唄」の言い換えに過ぎず、おもろそのものをさしていたのである。しかし我々は近代に入り、古い神事歌謡を漠然と観念してきたように思われる。それぞれの歌謡の内実を検討すれば分かるように、古琉球の『おもろさうし』より、近世農民の生産予祝歌の方が、自然に対峙しているだけに、切実であって、祭式には真剣にならざるをえなかった。故にことば（歌）は依然呪力を失わなかったのである。

『おもろさうし』を本土文学にその類型を求めるに際して、仲原善忠が、「記紀歌謡」から『万葉集』の一部、さらに「神楽」「催馬楽」にいたる歌謡群をあげた西郷信綱の所論に賛意を表してから、[*6]何となくそのように考えられてきている。西郷のこうしたやり方は、おもろの内容を直截に知らせるのにまことに効果的であるが、例示が具体的であるだけに、おもろそのものに深く分け入って研究すればするほど、かえってその相違が際立ってくるのは、しかたのないことといわねばならぬ。『おもろさうし』は要するに『おもろさうし』であって、『おもろさうし』独自の世界を持っており、正確に対比できるものではないのだともいえる。「神歌」「神唄」も、無限定に研究のことばに使えば、かえって『おもろさうし』がみえなくなることは言うまでもない。

一二世紀から一七世紀初頭にかけての古琉球といわれるこの時期は、おもろの背景をなす時期であり、同時に本土中世でもあった。琉球が海を隔てられて孤絶していたといっても、彼我の交流はあったのであり、中世の時空を共有していた点にも留意する必要があろう。古代と中世をどうきりむすび、原始をどのようにイメージするか。この琉球史と琉球文学史、ひいては日本史・日本文学史をみとおすなかで、「御唄」「神唄」や「神歌」は普遍的な意味を獲得して『おもろさうし』を明らめてくれるであろう。

**注**

1 詳しくは、拙論「武装する神女」『おもろさうし精華抄』ひるぎ社、一九八七年参照。

2 拙論「ミセセルについて―その神託・託宣ということ―」『琉球文学論』沖縄タイムス社、一九七六年。

3 「『おもろさうし』における踊りを意味する「より」について」本書、II第八章。

4 『沖縄大百科事典』沖縄タイムス社「沖縄・奄美総合歴史年表」による。これは『球陽』の尚真王紀「諸按司、首里に聚居す」によるのであろうが、年代不明を末尾にまとめたもので、尚真王治世年間の出来事とみたほうが正確といえよう。

5 のろ以上の神女には天啓年間まで辞令書が発給されている。昭和五三年度沖縄県文化財調査報告書第一八集『辞令書等古文書調査報告書』沖縄県教育委員会、一九七九年。

6 『岩波講座日本文学史』第一六巻（岩波書店、一九五九年）「琉球の文学」の項において、西郷信綱「沖縄の古謡『オモロ』について」（『新日本文学』一九五七年一〇月）に賛意を表している。

# 第一二章　座間味景典《ざまみけいてん》の家譜
## ――『おもろさうし』・『混効験集《こんこうけんじゅう》』の編者――

## はじめに

和氏《わうじ》座間味親雲上《ぺーちん》景典の家譜が見つかった。その意義について概略述べることにする。

『おもろさうし』の編者のうち、奉行の津嘉山《つかざん》按司《あじ》朝睦《ちょうぼく》、三人いる主取《ぬしどり》のうち津覇親雲上《つはぺーちん》実昌《じつしょう》、五人の筆者のうち並里筑登之親雲上《なみさとちくどぅんぺーちん》嗣喜《しき》らの家譜が分かっている。『おもろさうし』の再編成立は一七一〇年のことであるが、その前年の一一月二〇日の深夜首里城が火災にあった際伝来の『おもろさうし』も焼失したもので、これをすでに相当以前から発足していたあるセクションに急遽命じて、七ヶ月後に編集を終え、後に尚家《しょうけ》本となる『おもろさうし』と安仁屋《あにや》本のそれを、「元の如く二十二冊」にして清書し献上したのだった。そのあるセクションというのが、『混効験集』（内裏言葉）と『女官《にょかん》御双紙《おそうし》』の編集だった。この仕事がいつから始まったか正確には分かっていないものの、平敷《へしき》慶隆《けいりゅう》の家譜によると、康熙四一年（一七〇二）八月に「内裏言葉并女官糺」の中取になったとあるのが見え、これが今日もっとも古い例である。この度の座間味景典の家譜はこれに次ぐもので、康熙四三年（一七〇四）九月二日に「命を奉じて古来の内裏言話（ママ）及び君々始め女官の名号を糾正する主取となる」（原漢文）とあって、この下にこの時のスタッフを「奉行は向氏津嘉山按司朝睦、同僚は真氏前津波親雲上実昌、方氏立津親雲上全明」（同上）と記している。ただこの記事は他と比較して厳密には正しくないところがある。津嘉山按司が「内裏言葉并女官紲」奉行に任命されたのは、康熙四七年一二月のことであり、津波《つは》実昌《じっしょう》の家譜にも康熙四六年一二月に「（内）裏言葉女官紲中取」になっているからである。つまりこの時にはまだ任命されていないのである。ともあれこの三人の主取は『おもろさうし』再編の時の主取であり、奉行も同一人である。ただこの時点でも若干違うのは、主取（中取）の一人である「立津親雲上全明」が按司奉行の家譜では「方氏立津親雲上嘉瑞」となっており、同一人であることは間違いないことだろうが、「全明」と「嘉瑞」とはどういう関係か、立津の家譜が出ていないので判然としない。

このスタッフはまた『混効験集』の編集責任者としても名を連ねていることは述べたとおりである。主取の筆頭は同様に「座喜味親雲上」となっている。これも誤写であることは、本人の家譜や朝睦の家譜に「座間味」とあることで明らかである。景典が座間味惣地頭になったのは康熙四七年二月になってからで、翌康熙四八年一一月には王城火災、次年康熙四九年六月には『おもろさうし』を再編集して、清書献上して報奨されている。しかし『混効験集』と『女官御双紙』の場合は正式に編集を終えた形跡はみあたらない。『女官御双紙』は、内容からみて康熙四四年頃までには編集を終了していたように思われるが、ふつう巻末か巻頭に掲示する編纂関係者名簿も年号も記していない。『混効験集』には巻頭に序文や名簿はあるものの、奉行以下の名前を欠き、その上にすでに述べたように「座間味」を「座喜味」と書き誤っている。それに内部を閲してみれば明らかなように、『混効験集』は編纂の途中のものと言うべく、二冊ある乾巻と坤巻の間に相当の重複がある上、また朱書墨書の書入や削除がこれまた相当にある。とても完成浄書して提出した本とは言えない。同じスタッフの本なので分かりやすいかと思われるが、完成した本ならば尚家本『おもろさうし』に見られるように、楮紙や間に合い紙などではなく、唐紙のような高級な紙をつかい、各丁に「三司官之印」（方印）の朱のくさり印を押すはずである。その点で『混効験集』と『女官御双紙』が未完の書籍であることは誰の目にも明らかである。それに朝睦の家譜を見ると、康熙五一年三月一六日になっても「旧記奉行兼女官紕奉行」に任命されている。「旧記奉行」は後に『琉球国由来記』や『琉球国旧記』に結実するものであろう。しかし「女官紕奉行」は上の経過からみて『女官御双紙』や『混効験集』の編纂事業であったはずで、この時点でも完成を目指した作業が継続していたことを示しているのではないか。

景典の家譜はこの他にも貴重な情報がある。まずその家譜を見てもらうことにする。

## 一　座間味景典の家譜

和姓家譜　　金城村　高原里之子親雲上七世景典　安勢里親雲上
　　　童名思武太　唐名和国鼎　行一　順治四年丁亥十一月十八日生於寒水川邑
尚質王世代
　康熙二年癸卯二月十二日為赤頭、同月行幸於久高島、四月行幸［於］知念之時供奉。
　康熙四年乙巳二月十二日結欹髻。
　康熙六年丁未二月十六日為評定所之筆者。本年五月朔日叙若里之子。
　康熙七年戊申十二月二十七日有病辞御評定所筆者。
尚貞王世代
　康熙八年己酉正月十九日為尚氏東風平王子朝春与力。本年十月十八日叙黄冠。本年閏十二月十五日為御右筆。
　康熙十年本国御在番之付衆薩州人久永氏者有志于儒門経学精通、

尚貞王従而講四書、其大全・聞書・朱点皆令諸臣抄之。奉命有九月六日至翌年二月六日在大美御殿抄之成功、
　上覧、大喜賞労諸臣、此時拝領白細上布一疋。
康熙十年辛亥十二月六日叙于当位。
康熙十二年癸丑六月十九日任西原間切我謝地頭職。
康熙十三年甲寅正月二十四日転任勝連間切安勢里地頭職
康熙十七年戊午十月二日為父之跡目、賜知行高二十斛。
康熙二十二年癸亥三月朔日就病気辞御右筆職。
本年十一月八日奉詔命於御書院、翌日到天使館、即時正使史氏汪楫大老爺出座、俾書詩十首（此詩者代于琉国之
　諸官員、而史氏所以作為之者也）、琉球歌三首於屛風之裏也。書畢及退座時、汪老爺之直筆一帋、梳一包、笓一
　包賜焉。則於那覇反命於官吏而随於官吏之××示諭、登於御書院右之首尾奉言上。
　　三首之琉球歌
常盤なる松のかはる事なひさめ
　いつむ春来れば色どまさる
緑なる竹のよゝのかずかずに
　こもる萬代や君どしよら
九重のうちにつぼで露待よす
　うれしごときくの花どやよる
汪老爺書蹟
　錫　　孝子不匱永錫爾

類経為佑善之詞
伝取推広之義皆
人子所当知也
史氏汪老爺印印
類
康熙二十四年乙丑四月十八日為与那城間切耕作主取
康熙二十五年丙寅之年当　主上四十二之御歳、故正月八日使七員官於辺土有御立願時勤仮当職。
本年十二月三日叙座敷。
康熙二十七年戊辰五月十八日疾愈（ママ）而出仕。
康熙二十九年庚午五月二十八日任真和志平等之小与頭職。
尚貞王世代
康熙三十年辛未三月十九日任山奉行職。
本年十月八日為系図座中取職。
康熙三十四年乙亥七月二十五日転任伊平屋惣地頭職、名曰伊是名。
康熙三十八年己卯閏七月二十五日転補中城間切瑞慶覧地頭職。
康熙三十九年庚辰十二月二十三日為本部間切在番（勤役三年）
康熙四十三年甲申九月二日奉命為糺正古来内裏言話（ママ）及君々始女官名号主取（奉行向氏津嘉山按司朝睦・同僚真氏前津波親雲上実昌・方氏立津親雲上全明）
康熙四十七年戊子二月二十三日転補座間味間切惣地頭職。
尚益王世代

康熙四十八年己丑十一月二十日夜　王城回祿之時唄御双紙焼失、依此令女官座抄之。景典等為繕書全集（ママ）献之。賞賜島本上布二端（此時同僚照前）。

康熙四十九年庚寅十月二十一日叙于申口座。

康熙五十五年丙申七月二十三日転任玉城間切志堅原地頭職。

康熙五十五年丙申十二月二十五日卒。寿七十。号公調。


上の景典の家譜は鎌倉芳太郎ノートに筆録されたものである。今はなき景典の家譜から直接筆写したのであろう。その元の家譜は、全体としては時代順に配列されていて、家譜一般の体裁とかわらないが、後に数カ所にわたり行間に記事を挿入したらしく、これを明示するように、小さく上に小書きしてあり、また記事も前後している。ノートはこれにアラビア数字で順番を示してあり、上に紹介した家譜はこれに従い正序したものである。

括弧［　］内は脱落と認めて仮に補った所、括弧（　）内は注のように小書きになっているところ、括弧（ママ）は誤字かもしれないがそのままにしたところ、××はノートにもその通り××になっていることを示している。他に鎌倉ノートではすべて「康キ」となっているが、単純な略記とみて「康熙」に改めてある。二カ所のママのうち、「内裏言話」は「内裏言葉」だろうし、「繕書全集」は津波実昌の家譜に「全写繕書」とあるように「繕書全写」が正しいのであろう。

## 二　古琉歌《こりゅうか》三首

右の家譜には琉歌が三首出ている。これは琉歌の例としてははなはだ古い例の一つである。康熙二二年（一六八三）に尚貞王の冊封《さくほう》のために来琉した汪楫《おうしゅう》は、琉球人の詩歌を屏風に仕立てて持ち帰っているが、景典の家譜の記事はこれを示していて、琉球側の官人の詩一〇首、琉歌三首を表裏にしたためたさい、景典が作者に代わって揮毫したもので、余程の力量の持ち主だったものと思われる。家譜ではすでに康熙六年（一六六七）に評定所筆者、康熙八年には右筆になり、同二二年病気で辞退するまでこの職にあった。屏風への詩歌の揮毫はこの年のことである。

これには後日談がある。『東姓家譜』の六世東景輝《とうけいき》与那覇《よなは》親雲上《ぺーちん》政房《せいぼう》の年譜に次のようにある。

康熙癸亥冊封之勅使汪老爺、帰国を催するの時、聖上より品物を賜ふ。其の内屏風一双（菊花・松・竹を画ける図に詩歌を写文せしもの）。汪老爺、異常を趣み本国に帯帰す。数年に及んで火事の為に之を焼失す。因って之を法司に請ふ。之を奉聞するに再び屏風を造らしむ。小臣、台命を蒙り、同三十七年戊寅十一月朔日、琉歌四首を写す。其の書左に記す。（原漢文）

ときはなるまつのかわることないさめ
　いつむはるくればいろどまさる
こゝのへのうちにつぼでつゆまちよす
　うれしごときくのはなどやよる
みどりなるたけのよゝのかずかずに
　こむるよろづよやきみどしよら
けふのほこらしやゝなをにぎやなたてる
　つぼでをるはなのつゆいきやたごと

冊封正使汪楫が景典に揮毫させて持ち帰った屏風は、数年後には火災にあって焼失、そのために王府に再び所望したものらしい。そこでたまたま右筆だった与那覇政房が筆を揮うことになったと思われる。景典の時の屏風に菊松竹の絵が描かれていたことは、政房の家譜でも分かるもので、これに画賛の形で三首の歌が付けられていた。しかもこれらの歌は、今日でも節組《ふしぐみ》琉歌の冒頭部分にあって「かぎやで風」節で歌われるもっとも重い祝賀の歌である。恐らく今回も菊松竹の絵を描いた屏風に、前回と同じ歌三首に「けふのほこらしや〻」の歌一首を新たに添えたもので、この歌も「花」と「露」を詠んで賀歌になっており、特に「かぎやで風」節で歌う時には国王や冊封使に対してのみ歌い、長寿万歳をことほいだものである。従ってここの花は菊花であるべく、やはり画賛の役目も果たしている。景典の時と違うのは一首を添えただけではなく、景典の時には漢字平仮名書きの琉歌だが、今回は平仮名ばかりとなっている。汪楫が「異常を趣み」、つまり読んで意味も分からない琉歌に好奇の思いを持っていたからであろう。これに応えて総仮名としたもので、おそらく草書の散らし書きであったであろう。

また、小さなこだわりについて言えば、景典年譜に琉歌のことを「琉球歌」といっていることである。今日琉歌といっている語は、和歌が大和歌から変化したように、「琉球歌」からの変化に違いない、と考えられている。景典の年譜に見える「琉球歌」の語はその古い例で、一五年後の政房年譜にはこれが「琉歌」となっているが、これも「琉歌」の語の古い例である。

もう一つ、景典の家譜で興味引かれる記事がある。これまで述べた、冊封使所望の画賛詩歌の筆写や、『混効験集』『女官御双紙』の編集、『おもろさうし』の再編を行う以前、やはり筆写の力量をかわれて写本をしている記事がある。家譜によると康煕一〇年（一六七一）薩摩在番の付衆《つけしゆう》久永某が儒学に打ち込み、経学に精通しているので、尚貞王の要請で「四書」の講義をしてもらい、王命で景典らが『四書大全』や「聞書」「朱点」を書写している。

『四書大全』はもともと朱熹《しゅき》が『論語』『孟子』に加えて『礼記』から『大学』と『中庸』の二編を取り出して四書としたもので、朱熹が注釈を加えたものを『四書集註』といい、後に永楽年間に勅命を受けて胡広《ここう》らが編集したものを『四書大全』という。ここの『四書大全』はその和刻本であろうか。『四書大全』は『四書集註』とともに朱子学の根本で、程順則《ていじゅんそく》の旧蔵するところでもあった（武藤長平『西南文運史論』岡書院、一九二六年）。「聞書」は泊《とまり》如竹《じょちく》の高弟だった愛甲喜春《あいこうきしゅん》が師の見解をまとめたものであろう。「朱点」は泊如竹が刊行した南浦文之《なんぽぶんし》点の「四書」のことだろうか。康熙九年三月新在番葛原周右衛門が着任している。この時の三人の付衆の一人が久永重助というもので、家譜の「久永氏」とはこの人のことと思われる。しかし詳しいことは分かっていない。これより前、如竹は尚豊王の招請で崇禎五年（一六三二）に来琉して三年滞在している。とすればこれらの図書はこの時にも将来したのではないかと思うのだが、尚貞王がこの度書写を命じたのはどうした理由からであろうか。久永氏の四書の講義があった翌年康熙一一年には久米村の金正春《きんせいしゅん》らが建議して孔子廟の建立を願い出、康熙一三年その孔子廟が完成する。こうした脈絡の上に儒書の筆写事業があったとみることもできる。

なお琉歌の記事については、政房の家譜を発見した時に書いた拙稿「古琉歌四首」（『琉球文学論の方法』三一書房、一九八二年所収）、『おもろさうし』の再編集については拙稿「『おもろさうし』の成立」（同上所収）、『混効験集』の成立については拙著『琉球古語辞典　混効験集の研究』（第一書房、一九九五年）の解説を合わせて読まれたい。

なお紹介した景典の家譜は、一九九七年一一月沖縄県立芸術大学図書館の館長室で、井上秀雄館長（当時）のご厚意で閲覧させてもらった鎌倉芳太郎ノート（複写本）の中から見出したものである。末尾ながら紙面を借りて感謝申し上げる。

# 第一三章　『おもろさうし』を読み直す

現在の『おもろさうし』は一七〇九年首里城の火災によって湮滅し、女官座を中心に所々を探索し、翌年今日ある『おもろさうし』を再編したものである。わずか六ヵ月の編纂で二部を浄書し、一部は評定所、一部は神歌主取《かみうたぬしどり》家に保管せしめた。

このおもろの価値を初めて認めたのは、沖縄学の父と仰がれる伊波普猷《いはふゆう》の恩師田島利三郎である。田島は国學院大學の前身である皇典講究所を明治二四年に卒業し、同二六年沖縄中学に職を得るとともに、幣原坦から沖縄県庁に「琉球史料」があることを知り、早速その中から『おもろさうし』を写し取っている。これが今日田島本『おもろさうし』と言われるものである。伊波普猷の手をへて現在琉球大学附属図書館に収蔵されている。

この田島本は俗にいう変体仮名で筆写しているのではなく、当時通行の制限仮名で筆書きされていたためか、これまで珍重されてきたとは言いがたいところがあるが、これはもう一つの原本である神歌主取の安仁屋《あにや》家に伝来したいわゆる安仁屋本『おもろさうし』と精密な校異を試みた唯一のテキストで、その意味で書誌的な価値は高い。伊波は一九二五年、おもろ研究史上初めて活字本『校訂　おもろさうし』（郷土研究社）を刊行している。その序には底本が田島本であることを明記するとともに、「校訂にあたっては、尚侯爵家が特に其の書庫を開放して、所謂尚家本『おもろさうし』のテキストを閲覧する自由を与えられ、その上にテキスト中の数枚を撮影するを許された」と謝辞を述べている。だが『校訂　おもろさうし』には尚家《しょうけ》本を反映した形跡は残念ながら殆ど窺えない。他方底本となった田島本が原本の一つである安仁屋本と綿密に校合した唯一のテキストだったにもかかわらず、それを全面的に反映しているとも言えないところがある。筆者が『おもろさうし諸本校異表』（ひるぎ社、一九八〇年）を出した動機もまさにここにある。

戦後は仲吉本『おもろさうし』を底本にし、仲原善忠《なかはらぜんちゅう》・外間守善《ほかましゅぜん》編『校本　おもろさうし』（角川書店、一九六五年）が出て、同氏らによりひき続き『おもろさうし　辞典・総索引』（角川書店、一九六七年）も編まれ、おもろ研究が飛躍的に進化することとなる。外間らによる岩波書店の『日本思想大系』第一八巻に『おもろさうし』（一九七二年）の注釈、つづいて同氏の岩波の文庫本にも『おもろさうし』上下（二〇〇〇年）などが出版されるに及び、大いに普及が図られた。最近では波照間永吉《はてるまえいきち》らによる『定本　おもろさうし』（角川書店、二〇〇二年）も刊行されている。この『定本　おもろさうし』は尚家本を底本としている。ここで初めて再編の原本を底本とするテキストが出現したことになる。このように『おもろさうし』の基礎はこれまでになく強化されたのである。今後の研究はこれらの仕事を土台にして構築されねばならぬことは言うまでもないことである。

本章ではまず作られた年代が分かる一連のおもろを紹介しつつ考えることにする。一二ノ八一のおもろは、そのひとつである。

尚元王御世
　嘉靖廿八年己酉のとし、きみてづりのもゝがほうごとの時に、十月廿一日ひのとのみのへに、きこゑ大きみのみ御まへより給申候
一　きこゑ大ぎみぎや　　聞得大君が
　おぼつせぢ　おろちへ　　天上のオボツの精を下ろして

あぢおそいよ　みまぶて　　按司襲い＝王を見守って
きみ〴〵や　おぼつより　かゑら　　君々はオボツより帰ろう
又　とよむせだかこが　　鳴り響く精高子神女が
かぐらせぢ　おろちへ　　天上の神座から霊力を下ろして
又　きこゑあんじおそいや　　世に知られた按司襲い＝王は
きみよ　ほこりよわちへ　　君＝神女を歓待したまいて
又　とよむわうにせが　　鳴り響く王二世が
かみこのみ　しよわちへ　　神好み＝神事をしたまいて
又　よか　なんか　あすで　　吉日の七日神遊びして
あまこ　あわちへからは　　尼顔＝素顔を会わしたからには
又　ゑか　なんか　あすで　　吉日の七日を神遊びして
みきやう　あわちへからは　　み顔会わしたからには
又　きみ〴〵む　ほこて　　君々＝神女たちもよろこんで
みもんあすび　めづらしや　　見物＝素晴らしい神事を賛美すべきだ

年号の肩書にある「尚元王御世」は安仁屋本系統のものだけにあり、再編の際安仁屋本に朱書されたものである。『おもろさうし』の末尾には「（前略）おもろ御双紙二部書あらため申、壹部は御城に御格護、壱部は言葉聞書に調おもろ主取のかたへかくこおよせめされ候」とある。原文の注書きを意味する「言葉聞書」を、先学の伊波普猷が「言葉間書」とよみ誤った上に「クトゥバエージャガチ」という沖縄ことばまで広めたために、今日まで無批判に受け入れてしまっている。「言葉聞書」というのは、いわば語注のような意味で、当時のおもろ主取から聴取して記した注書きというくらいの意味である。なお上の「嘉靖廿八年」は尚元王の御世ではなく、尚清王の二三年、西暦一五四九年のことで、この「言葉聞書」がここでは誤っていたことを意味している。

続いて、一二ノ八二のおもろにも前詞を伴うおもろがある。

尚元王御代

嘉靖廿八年己酉のとし、きみてづりのもゝがほうごとの時に、十月十三日つちのとのとりのへのうまの時に、
きみがなしのみ御前より給申候

一　きこゑきみがなし　　聞こえ君がなし神女が
　　さしぶ　おれかわて　　差し者＝憑依者に降りかわって
　　しよりもり　おれわちへ　　首里森に降りたまいて
　　なさいきよもいしよ　　悩殺子思い＝国王こそ
　　きみ　ふさて　ちよわれ　　君と適合してましませ
又　とよむきみがなし　　鳴り響く君がなし神女が
　　むつき　おれなおちへ　　物付き＝憑依者に降り直して
　　まだまもり　おれわちへ　　真珠森に降りたまいて
又　なさいきよもいあぢおそい　　悩殺子思い按司襲い＝国王を
　　みまぶてす　おれたれ　　見守ってぞ降りたり
又　あがかいなであぢおそい　　我等が慈しむ按司襲い＝国王を

又 かいなで、す おれたれ
てるかはは のだて、
すへとめて おれわちへ
又 てるしのは のだて、
ませとめて おれわちへ
又 なさいきよもいあぢおそい
しよりもり ちよわちへ
大きみに しなわ

掻き撫で＝慈しんでぞ降りたり
照る日＝太陽を祈って
精を求めて降りたまいて
照るシノ＝太陽を祈って
真精を求めて降りまいて
悩殺子思い按司襲い＝国王が
首里森に来たまいて
大君と調和せよ

「さしぶ」の「ぶ」は「もの」(者)から「むん」をへて変化したもの。「さし」には物が射し入り憑依する意がある。「なさいきよ」は国王などのような身分の高い人に使われることが多く、これまで「成さい子」を当て「父なる方(王)」と解されているが、いまだ定説を得ているとは言いがたい。ここでは初めて、心乱されるほどに魅力がある御方の意の古語「なうさい(悩殺)」を提案しておく。「なうさい」から「う」が脱落して「なさい」になったものである。冒頭の「きみがなし」神女は、この祭儀の主宰者であるが、二行目七行目の「さしぶ(差し者)」「むつき(物づき)」に、代わって憑き降りる形をとっていて、身分の高い神女自らは決して神懸からないことを教えている。ここの首里森・真玉森は首里城西南隅の王国第一の聖域で、そこへ神女が「おれわちへ(降りたまいて)」とあるのは、天上から降りる想念と「来る」の敬語がないあわされて使われている。その点本土古語の「あもる(天降る)」と似ている。本土古語「あもる」も神が天上から地上にあま下る意と天皇が行幸されるという、来るの敬語として使われている。

一二ノ八一、八二のおもろはともに嘉靖二八（一五四九）年尚清王の二三年の時のおもろである。八一番が同年一〇月二一日、八二番のおもろがこの年の一〇月一三日挙行された、同じ「君手摩《きみてづ》りの百果報事《もゝがほうごと》」という神事の時のおもろである。時間的には八二番のおもろが先で、八一番のおもろが八日後に再び挙行されている。八二番のおもろには午の時（午前一一時〜午後一時）、つまり真昼間の神事だったことがわかる。

両おもろはともに摂政羽地《はねじ》王子朝秀《ちょうしゅう》の『中山世鑑《ちゅうざんせいかん》』の尚清王紀中に採られている。同書尚宣威《しょうせんい》王即位のくだりに、即位年の二月陽神キミテズリなる神女が現われ、王は自らの即位を祝福するために降りたのかと思いきや、『おもろさうし』の一二ノ一二のおもろ、

一　しよりおわる　てだこが　　首里おわす日子が
おもひぐわの　あすび　　思い子の遊び
み物あすび　　見物遊び
なよればの　みもん　　踊れば見事
又　ぐすくおわる　てだこが　　グスクにおられる日子が
（下略）

と神女らが歌い、王の傍らに立っている幼い尚真王子を祝福したために、尚宣威王は恥じて旧領地の越来《ごえく》間切に引退しこの年の八月に薨去したと記す。何とも荒唐無稽な説話ではある。身分の高い神女には王族や有力な家の子女が就任し、王権や王国を守護するために祭祀を執り行うものであって、王の廃位など出来ようはずがない。まして神懸かることもなく、その役目を下級の専門的な「さしぶ」「もづき」といった神女に任せていた。その上で、お

もろは国王の長寿延命を初め、王国の豊穣と安寧、島嶼国でしかも貿易国でもあったので、航海安全の祝詞と儀礼が重要な神事だった。

琉球の祭祀で良く知られた霊力を「せぢ」と言っている。これには、戦の働きを強める戦せぢ、幸福をもたらす果報せぢ、長寿のための百歳せぢ、霊力の因る由来を示す天上のおぼつ・かぐらのセヂなど、様々なセヂがある。このセヂは漢語で書けば「精地」（地は添え字）となる。仲原善忠・外間守善編の『おもろさうし　辞典・総索引』を見ると「しひ」「すへ」「すゑ」「せ」「せい」「せへ」に「精」を充てている。これらをすべて同音の異表記と考えると、これらはsiiかshiiと発音したであろう。この「精」は不思議な霊的力のことで、本土でも使われている。また「せぢ」（精地）のように、添え字の「地」を付けたものも多く出回っている。

仲原善忠は『おもろ新釈』（一九五七年）の中で霊力のセヂを不可視とし、武力を増す「いくさせぢ」、支配力を示す「世がけせぢ」、富と幸福を象徴する「果報せぢ」、呪力や魔力を発揮する「あからせぢ」「ひぢゆるせぢ」などいくつかの「せぢ」を紹介しているものの、この「せぢ」が「せい」（精）と「ぢ」（地）から構成されているとまでは述べていない。

こうしたヤマトと同じ漢語由来の霊力が成り立つなら、例えば一ノ三六のおもろは、

一　あんじおそいや　　　　按司襲い＝王は
　　金うちに　ちよわれ　　金内＝聖域にましませ
　　世のさうぜ　しよわれ　世の左右せをしたまえ
　　大きみす　けい　やりよわれ　大君こそ怪異遣りたまえ
又　あんじおそいや　　　　按司襲い＝王は

けおのうちに　ちよわちへ
世のさうぜ　しよわれ
せだかこす　けい　やりよわめ
（下略）

京の内に来たまいて
世の左右せをしたまえ
精高子こそ怪異遣りたまえ

と歌われ、首里城内の聖域京の内は、もともとは霊力が集まる「けふのうち」から出たものと考えている。「け」は「怪異《けい》」からの転とも「気」からとも考えられ、「ふ」は盛んなさまである。その「けふ」から、けお（けよ）、けう、きやう、と変化し、これに漢字をあてたのが「京の内」である。都の京とは何の連絡もないことばである。つまり元来は聖域をほめた言葉である。

『おもろさうし』には夥しい「きよら」がほめ言葉として使われている。五ノ八のおもろ、ここの「さうぜ」もよく出てくる言葉だが、立ち入った議論は見当たらない。僅かに「お考え」とするだけである。これは訳に「左右せ」としたように、本土語にもあり、あれこれと手配する意である。「お考え」はその意味では意訳である。

五ノ七は、以下のおもろである。

一　しよりもり　げらへて
　　げらへたる　きよらや
　　かみしもの世　そろゐる　ぐすく
又　まだまもり　げらへて
　　げらへたる　きよらや

首里森を造営して
造営した見事さよ
上下の世を調える首里城
真玉森を造営して
造営した見事さよ

この「きよら」はおもろに多用され、「美しい」と訳されることが多い。仲原善忠の『おもろ新釈』（琉球文教図書、一九五七年）ではことごとく「美ら」とあてているが、『おもろさうし辞典・総索引』以後は「清ら」をあてるようになっている。「きよら」の語は「きよし」から派生した語ではないかと思われるので、そうした解もうなずけるが、この語は平安物語によく見られるように、美しいさま、華麗なさま、きれいなさまをいうもので、おもろもこれに近い。

一二ノ五二のおもろは、次のおもろである。

一　くめの大おそいが　みもん　　久米島の大襲い神女が見物
又　ゑ　けわいど　みもん　　ヱ　物腰こそ見物
又　くめのせだかこが　みもん　　久米島の精高子神女が見事
又　ゑ　けわいど　みもん　　ヱ　装いこそ見事
又　くめのあんじおそいが　みもん　　久米島の按司襲い＝世継ぎの王子こそ見事
又　ゑ　けわいど　みもん　　ヱ　態度こそみごと

「あんじおそい」は一般には国王をさすが、ここでは世継ぎの王子をさすか。その王子のことを古琉球では久米中城王子と呼んだ。ここの「けわい」はこれまでことごとく「競い」を充てているが、ここの「けわい」は平安物語に散見される「けはひ」に通ずるものがある。一〇ノ五のおもろは、

一 大きみぎや
いとめづら めしよわちへ
あまへて けわいこぎ しよわちへ
（下略）

大君神女が
糸珍らの衣裳を御召になって
喜んで化粧漕ぎしたまいて

と歌われる。ここの「けわいこぎ」は、神女の乗る船を飾りたてて航行することと思われる。薩摩へ慶賀のときに派遣する「綾船」（紋船）は美しく着色して飾りたてられていたことが知られている。ここの「けわいこぎ」もこうした船を漕ぐことだったのではないかと思われる。

沖縄では「おや」を接頭敬称辞として使い「親」の字を宛てることが多い。これは「うや」（礼）や「うやまふ」（敬う）の「うや」をオ段に働かせて「おや」としたものであるが、「親」の形で出回っている。高い身分の位階に「親方」とあるが、これは本土でいう親方とはまったく異なり、士族層のもっとも身分の高い人をいうことばである。この「うや」も「敬ふ」の「うや」と関連があろう。「うやすん」（ウェースン＝おやす）と言えば礼す、今日でも物を差し上げる意に使われる。おもろには「おやいくさ」（親軍）、「おやおうね」（親御船）、「おやおきて」（親掟、地方の役人）、「おやかわ」（親川、井戸のほめ言葉）、「おやくに」（親国、王の支配する国）などと使う。身分の高い人の門は「おやぢやう」といい、那覇港は「親泊」、「親の神」「親のろ」は神女を敬ったことばであるというふうに、数多く出回っている。ことごとく敬語である。

最後に「おもろ」の語義についても少しふれておく。これまでは「思い」（ウムイ）説といって、「思ふ」の名詞形「思ひ」から出たとする仲原善忠の説が有力である。伊波普猷は杜《もり》という霊域で歌われる「お杜」説である。「おもふ」の琉球語の終止形は「ウムユン」で、本土語の「おもふ」に対応している。「おもろ」の「ろ」の r 音はどこからきたのか。これが説明されぬかぎり正当とは言えないのではないか。例えば、おもろを「神歌」ともいう。おもろ歌謡を主管し近世を通じて首里城に奉仕したおもろ主取を「神歌主取」といった。ここからは思いつきだが、神楽《かぐら》で本歌と末歌とをともに歌うことを「諸歌《もろうた》」というが、これをおもろの叙事進行部分と繰り返し部分をともに歌うことで琉球でも「もろうた」といい、敬って「おもろうた」といい、さらに下略して「おもろ」となったというのは如何。さまざまな異見が提起されていい。

おもろは一見難解に見えるが、事実難解には相違ないが、本土日本語の古語をも丹念に捜索すればさらに理解は深まるだろう、というのが筆者の最近の結論である。

# 琉《りゅう》歌《か》論　Ⅲ

# 第一章　琉歌の世界

## 一　琉球語と日本語

ただいま紹介にあずかりました琉球大学の池宮でございます。ところで、沖縄は、昨日（平成九年五月一五日）で祖国復帰二六年目ということで盛んに報道されています。沖縄中に何かたいへんな不満があって、なかには復帰は反対だったとか、幻想だったとか、さまざまなことを言っていますけれども、今日はその話をする場所ではないからあまり言いたくはありませんが、私など、復帰前からずっと沖縄を知っていますから、米軍支配下というのが、いかに苛酷で、権利のない状態で大変だったかということを承知しています。言論の自由、結社の自由、表現の自由というのは、こういう異民族支配下では許されません。ですから、非常につらいことでして、その意味で、この二五年というのはすばらしい二五年であったと思っております。

これから徐々に本題に入りますが、わが国日本の日本語というのは、世界の言語のなかでは孤立しているんですね。系統の近い、仲のいいというか、親戚付き合いができるような言語は殆どございません。ウラルアルタイ語のなかに入るというふうに言いますけれども、ちょっとちがう。例えば最も近いと思われる朝鮮語とのあいだでも、日本語というのは、およそヨーロッパの諸国間の言語から言えば、赤の他人に近い言語で、それほどのつながりもないわけですね。これに対して、日本語がどういうふうに生成発展をしていったのかという、日本語そのものに答えを求めていく考え方をするのであれば、それは唯一琉球語（琉球方言）と比較するしか有効な手段はありません。ですから、琉球語がどのように発展していっているのかということを考えれば、日本語のそれがわかるはずです。

私の友人たちで日本文学をやりながら琉球に関心をもつ人たちがいますが、その多くは、琉球語の可能性のなかに日本語の問題や課題をも考えています。例えば八世紀になると『古事記』『日本書紀』のように記載の文学活動が起こるわけですが、それ以前の、いわゆる文字のない時代の日本語は、表現はどうだったのかということを想像するときに、それは琉球語の達成といいますか、その道程から考えていくというようなことをしている人たちがいます。

## 二　琉球文学の範囲とジャンル

さて、今日は、国文学研究資料館に笹野堅先生旧蔵の『宗安小歌集《そうあんこうたしゅう》』が入った記念の講演会でもありますので、沖縄の歌謡を紹介しながらお話をしたいと思います。そのなかでいちばん近そうなものは琉歌とよばれているものですので、琉歌を取り上げてお話をしたいと考えております。その前に少し大ざっぱに、琉球文学というのは何を扱っているかということをご紹介したいと思います。

琉球文学というのは、地理的には琉球列島とよばれているところに住む、およそ一三〇万人ぐらいの、つまり日本人の約一パーセントぐらいの人たちが話す、琉球語による文芸ということだと思います。この琉球語による文学ですから、その範囲は、沖縄諸島、現在は鹿児島県のなかに属する奄美諸島と、それから琉球列島の南端、八重山の与那国とか波照間《はてるま》といったところまで、点々と小さい島々がたくさん点在しています。その人たちの話す言葉によるものであるということになります。

琉球文学を分類するのに有効なジャンルというのは見つかっていなくて、私がこれまで書いてきた「古謡」とか「物語歌謡」というのも、もう二、三〇年前から同じことを繰り返していて、目も覚めるようないい分類はいまだございません。

「古謡」というのは、言い換えると神歌であるとか祭式歌謡であるとかというふうに、少なくとも祭祀的なものと結びついているものというふうに考えております。一括りに「古謡」といいましても、奄美ではイェト、ユングトゥ、タハブェ、沖縄島ではウムイ、クェーナ、ウタカビなどと、それぞれの歌にさまざまな名前がついております。ただ、それだけを特出する特異なジャンルということはなくて、だいたいのところ、「古謡」の特徴は、対語・対句という形式ですね。対語や対句を連続させる。長いんですね。長いといってもアイヌのユーカラみたいに長いのではなくて、沖縄でいちばん長くても四〇〇行ぐらいですか。とにかく対語・対句ですから、相当長く歌うんです。これが最大の特徴であるというふうに言えると思います。

「物語歌謡」は、当然一般的には物語を含んでいますけれども、依然対語・対句形式なんです。他に、祭祀からは切れているというのがあります。奄美、沖縄、宮古、八重山と、全域にありますけれども、どちらかというと、宮古、八重山に、こうした「物語歌謡」が多いところですね。八重山と。この「物語歌謡」の多いところは、なぜかこんどは、後で申し上げる琉歌のような、叙情的な短い詞形が少ないという関係にあります。沖縄本島や奄美は、短い琉歌詞形の歌謡が多いのですけれども、宮古、八重山はそれが少ないという意味です。どうも根拠はよくわかりませんが、相関しているようにも思われます。

叙情詞形と大きく括ったのが、ここで言う「琉歌」にあたるものですけれども、名前は、奄美の人たち、奄美の研究者が、島唄と言っているものです。この島唄という言葉は、実は奄美だけ特別に島唄とよんでいるのではなくて、沖縄本島でも、それぞれの集落で、みな島ウタでして、島（集落）で歌われるものはつまり島唄です。八重山でも、八重山の歌謡は島唄なんですね。「物語歌謡」も島唄なんです。ですから、島の唄という意味です。そのなかでひょっとしたらもう学術用語にもなっているかもしれませんが、奄美の歌謡を特に島唄というふうによぶので、こちらもそのように島唄と言っております。

沖縄の場合は、これを琉歌とか、あるいは単にウタと言います。今日はその琉歌ということで、沖縄の叙情詞形を中心に話をするつもりです。

この短い叙情詞形を宮古でトーガニとかシュンカニとかと言っていますが、八重山ではトゥバラーマ、ションカネなどと言います。その詞形上の特徴は不定型だということです。定型ではないものの、だいたい四行に近い。これは沖縄の琉歌を考えるときにも、たいへん重要な意味をもっているのではないかと思います。後で申し上げます。

それから劇文学、演劇がございます。いろいろなものがありますが、少しでも沖縄のことをご存じの方は、組《くみ》踊《おどり》という演劇をご存じだと思います。一七一九年に、沖縄に中国から冊封使《さくほうし》という中国皇帝の使者がやってきて、琉球国王に即位をさせる、そういうのを冊封と言いますけど、冊封のためにやってくる使者がいます。これを歓迎するための芸能として生まれたのが、組踊とよばれているものです。琉歌はこの組踊の詞章と結びついてもいるのです。琉歌と踊りと音楽という形で結びついて、組踊が出来上がっているということであります。

そのほか琉狂言《りゅうきょうげん》とよばれている喜劇もありますが、これは残念ながら現在のところ研究上はほとんど手つかずの状態です。したがってかなり謎が多いのですが、例えば作者とか、いつ作ったのか、どういうふうに演じたのかといったようなことなど、ほとんどわかりません。私が見たところ、はなはだ興味深いのは、これが書かれた芸能、書かれた演劇ということですね。狂言という喜劇の歴史からいうと、書かれない歴史のほうが長いわけですけれども、いま写本の形で残っている琉狂言はすべてどうやら書かれている感じがします。そういう文字になっているもの（写本）がいまのところ五〇番ぐらいありますが、そういう意味で、これまでわれわれの先輩たちが悲劇としての組踊だけ紹介をしていっているところがあるのですけれども、どうやらそれだけではなくて、この琉狂言もそれに劣らない劇文学としてのおもしろさをもっているものではなかろうかと思います。今後採集できるものも一五〇番以上はあるのではないかと思っております。

ここまでが琉球方言、琉球語による文芸ですけれども、他に本土文芸の影響を受けた和文学がありますね。沖縄は一六〇九年以前を一般に古琉球と言うんですけど、その古琉球という時代にも、本土との交流がずっとあって、いろいろなものを本土との交流のなかからもたらしているわけです。もちろん近世も和歌だけではなく、能楽でありますとか、あるいは場合によっては人形浄瑠璃であるとか、いろいろなものが沖縄にやってきております。

もちろん歌会もあり、堂上《どうじょう》和歌のような、和歌三神を祭るといった和歌の儀礼も入ってくるなど、また薩摩の歌人と師弟の関係を結んだり、関西の公家と師弟関係を結んだりというふうにして、和歌もたくさん残っています。明治以降の琉歌、和歌もいろいろあります。

ここからは、少し琉球文学の範囲から遠ざかっていきますが、漢詩文もたくさんございます。私が知っているのだけでも、二〇ぐらいの漢詩集が出版されております。これに対して琉歌和歌の版本というのはほとんどなく、やっと明治三年（一八七〇）に『沖縄集』、明治九年（一八七六）に『沖縄集二編』という和歌集が刊行されるに過ぎません。

いま申し上げたのが、われわれが言うところの琉球文学の範囲とよばれているものだと思います。そこで、いよいよ琉歌ということでお話をしたいと思います。

## 三　琉歌の内実

琉歌、もちろん名前を聞いてすぐおわかりだと思いますが、大和歌、和歌ということに対する琉球歌、琉歌だろうというふうに思います。いま沖縄では琉歌という形で一般に流布していますけれども、ひょっとするとこのあいだまで琉球歌というのも平行してあったのではないかと思われます。今日資料館に展示をしてあります琉歌集のなかにも、『琉球歌集』とか『琉球歌選』とか、『琉球大歌集』とかというふうに、琉歌、琉歌集という言葉と平行して琉球歌というのがあることがわかります。先ほど国文学研究資料館の松野陽一館長（当時）もおっしゃいましたが、あまり古い琉歌集はなくて、今日残っているものは、大かたは明治以降のものです。

ときはなるまつの　かわることないさめ　いつむはるくれは　いろとまさる
こゝのへのうちに　つほてつゆまちよす　うれしこときくの　はなとやよる
みとりなるたけの　よゝのかす〳〵に　こむるよろつよや　きみとしよら
けふのほこらしやゝ　なをにきやなたてる　つほてをるはなの　つゆいきやたこと

琉歌の存在を確認する琉歌資料もそれほど古いものはございません。右の琉歌は『東姓《とうせい》家譜《かふ》』の与那覇《よなは》政房《せいぼう》の年譜のなかにあるのですが、一六八三年に沖縄に来た冊封使に屏風絵を渡しているんですね。その屏風に琉歌賛がついていて、四首の琉歌賛をつけたものを汪楫《おうしゅう》という冊封使に与えて福州に帰しているんです。福州に持ち帰ってから、これが火災に遭ったということでもう一度要求してきましたので、同様の屏風を仕立て、この歌を書いて福州に送ったというふうに家譜にある歌です。
一七一一年に編集されました琉球古語辞典『混効験集《こんこうけんじゅう》』にも七首出ています。

みすとめておけて　庭むかて見れば　あやはべるむざうが　花どそよさ
よすゞめがなれば　ありちをられらぬ　おめさとが使の　にやきよらとめば
おぎもかなしげの　首より天がなし　あすらまんちやうはれ　拝ですでら
木草さへむ風の　おせはそよめきよれ　おなさけにまやぬ　人やないさめ
吾が身つでみちへど　人の上やしよる　無理するなうき世　情ばかり
北京お主日や　ずまにそなれよが　七ツ星下の　北京ちよしま
きくささへむ風の　おせはそよめきよれ　御情にまやぬ　人やないさめ

これも琉歌の例としては古いほうに属するものです。いずれも八・八・八・六の三〇音です。これが代表的な琉歌の音数ですね。八・八・八・六の四句体で、八・八・八、三つ続いて、最後は六音で止めるというのが、典型的な琉歌とよばれているものの詞形にあたります。

琉歌というのは、一般的には資料（写本）から資料へ伝わっているというよりも、どちらかというと歌い物で、歌詞の形で伝わっています。これに連動する問題も出てまいります。例えば、いわゆる『東姓家譜』の一番目の歌ですね。「ときはなるまつの　かわることないさめ　いつむはるくれは　いろとまさる」という、この歌の作者というのは、沖縄では北谷《ちゃたん》王子朝騎《ちょうき》という人の歌ということになっています。北谷王子というのは、お兄さんが尚敬王で、次の「こゝのへのうちに」の歌も、この王子の歌だと伝えています。いま申し上げたように、これらの歌は一六八三年に来琉した正使に渡した屏風にあるわけですから、王子の生まれるずっと前にこの歌があるんです。北谷王子は一七〇三年に生まれておりますので、およそ二〇年ぐらい前にすでにこの歌が存在しているということになります。こういうことを言うときりがありません。たくさんそういう例があります。つまり、琉歌の作者というのは、必ずしも事実ではなく、口承の過程の中で生まれた「事実」だということです。これはまた後で言う機会があるかと思います。

## 四　琉歌の発生と韻律

琉歌の発生というのには諸説あります。展示会の資料に国文学研究資料館のロバート・キャンベル先生（当時）がいくつかの琉歌の発生論をまとめておりますが、そのとおりです。琉歌というのは、どういうふうに発生したか。まず、琉歌という言葉はさっき言ったように使わなくてもよろしいのですが、叙情的な詞形がいつごろ生まれてくるかということだと思います。これは、さきに申し上げた四行詞形であることと、それから場合によっては琉歌以前の古歌謡であります「おもろ」とのかかわりということも言うべきかもしれません。けれども、おもろや琉歌以外の、琉球列島の詞形というのは、古謡のほうが数から言っても量から言っても多い。現在でも採集できるほど非常に多いんです。その古謡は、ほとんど五音の音数律ですね。要するに、琉球語を含む日本語というのは、頭韻とか脚韻とかというのは発達しませんでした。音の量でリズムを感じるわけです。つまり音数律ですね。琉球ももちろん音数律しかありません。本土ではすぐ記載文学になっていきますので、琉球列島に広範にみられる対語・対句は早々と滅ぶわけです。対語・対句と音数律という二つの韻律の作り方が日本語の特徴です。そのときに、琉球に残っていることから推量すれば、五音打ち出しで、五音を最初にしていくつかの音数をくっつけていく。これを本土の場合、五音と七音の関係にあると思えばいいでしょう。ですから、五音と七音を別々の韻律のように考えていますけれども、五・七というのが一つの韻律の単位だと、こういうふうにお考えいただければいいと思うんです。

琉球列島には、五・七というのはなくて、五・五ないしは、五・四、五・三の韻律です。要するに五音を先にし、若干の音数をつける点で共通しています。この五音が音数のしばり方の強いリズムと、これに加えて対語・対句というのが、根強く残っているというふうにお考えいただいたらいいと思うのです。

ところで、有名な『おもろさうし』というのがあります。全二二巻あって、一五五四首ある。戦前の人は、琉球の『万葉集』と言ったりしていますが、もちろん『万葉集』と同じではありません。これは歌謡集なんですね。しかも、どちらかというと祭式歌謡集です。採録が非常に古いわけです。中心になっている部分は一六二三年に編集されていますから、琉球の資料としては非常に古いものです。しかも一見すると、たいへん難解な詞章で、しかもいま言った古謡ともちがって、不定型なんですね。不定型から定型へという古謡の発達のシェーマ（図式）がありますから、とても古いのではないかと皆さん思っているのですけれども、農作物の豊穣を願う生産予祝的なものがほとんどないことや、聞得《きこえ》大君《おおぎみ》など上級神女中心のおもろが多いなど、内容的にはそんなに古いものではありません。

奄美から八重山までの古謡のなかで、おもろはライン、行がたいへん短くなっている。四行とか五行とか。それから対句はあるのですが、対句は一対しかないものが非常に多い。あるいは対句をなくしているものすらある。一般に古謡の対句というのは、どんどん長く長く、何行もつらなるという特徴があるのですが、おもろは対句が衰弱する方向に向かっているわけです。しかも、五音打ち出しのリズムも崩壊し、どちらかというと、後の音数律である八音の方向へ向かったのだろうと思うのです。というのは『おもろさうし』に収録されたおもろがほとんど残存しないこと、おもろの採録地域と琉歌詞形の地域が重なるわけです。つまり、琉歌詞形をもっている地域におもろはあるんですね。宮古・八重山にはおもろはありません。そういうこととも関係があって、『おもろさうし』のおもろそのものが過渡的な詞形を表現していたのではないかというふうに理解しています。

## 五　琉歌集は歌詞集

それから、琉歌はすべて三線《さんしん》で歌うものです。展示しているものも全部そうですけれども、「琉歌集」とよばれるものは和歌集と同じではありません。まず、琉歌は歌うものなんです。つまり歌詞集でして、これは三線という三味線の歌詞集です。三線のポジションを記した勘所譜《かんどころふ》と言うべき楽譜を工工四《クンクンシー》といいますが、そのもっとも古いものを『屋嘉比《やかび》工工四』と言います。それぞれに節名があり、楽譜がついています。この楽譜のヒント自体は中国の工尺譜《こうしゃくふ》の影響ですけれども、中国の工尺譜というのは主に声楽譜なんですね。沖縄の楽譜は器楽、つまり三線についた楽譜です。

『屋嘉比工工四』は、一七五〇年頃最初に出来たと思われる少しまとまった楽譜ですけれども、これには琉歌が一一七入っていて、結果的に小さな琉歌集の内容になっています。このように節名に沿う形で歌集を作るというのが、まず琉歌集の基本的なものなんです。和歌集のように、春夏秋冬・恋・雑といった分類を頭に描いては、琉歌集はわからなくなります。圧倒的に多いのは、こうした節名によるいわゆる節組《ふしぐみ》琉歌集という歌集であるというふうにお考えいただいたらいいと思います。

ほとんどがそういう節名ごとに分類編纂された歌集ですが、なかで少し後々の歌集に影響を与えたものが、今回そちらに展示してある『琉球大歌集』という歌集です。その『琉球大歌集』は冒頭「各曲原歌」のもとに、節名に原歌と思われる歌がついています。例えば、カギャデ風節ならカギャデ風節という節名があると、元歌、原歌と思われるのが一首ずつついていて、この三線曲で歌う歌が一六三首あり、一部は節組になっています。

そのもともとの『琉球大歌集』は、小橋川《こはしがわ》朝昇《ちょうしょう》という人が明治一一年（一八七八）に編集したものです。もともと小橋川朝昇が編纂を始めた当初は、第一巻に『おもろさうし』も収録する考えだったらしいのです。彼は自分の構想を、その序文のなかで書いているわけですけれども、そのなかで『おもろさうし』・神歌というのがあって、その次に只今の節組「各曲原歌」というのを書いています。

実は現在の『琉球大歌集』は当初の『琉球大歌集』ではなく、「大歌集抜《ぬき》」という抜粋です。戦前までは、あるいは『琉球大歌集』そのものがあったのかもしれません。

その節組の後に「春夏秋冬」というのがついていて、四季分類がありました。さらに細かく、雅頌・逍遥・規戒・悔悟・謝とか、恋・雑・狂歌・仲風・伊呂波歌、それから南苑八景・長歌・短歌・早作田はやしで終わるというふうになっております。琉歌というものをけっこう細々分類していて、春夏秋冬に至るまで和歌に近い分類もしています。つまり現在の『琉球大歌集』はその一部ですが、構想を記したその序のなかにもある『南苑八景』という歌集が琉球大学附属図書館で見つかりまして、これが、どうやら『琉球大歌集』の一部で、欠落部分を補うものであるらしいのです。詳細は別の機会にゆずりますが、こういうことがわかります。

われわれがいま見ている琉歌集のなかで、春夏秋冬・恋・雑といったような分類をしているのは、明治二八年（一八九五）に活字本で出てまいります『古今琉歌集』というのが初めてです。『古今琉歌集』の序にもありますが、大いに『琉球大歌集』の影響を受けたものでした。

小橋川の『琉球大歌集』の構想は、別の面から言いますと、要するに歌集、歌謡であれば、全部このなかに入ってしまうというふうな大きな広がりをもっていて、現在われわれが言う琉球文学の範囲とほとんど重なってしまう構想を、小橋川朝昇が立てているということになります。

この同じような構想が、明治四三年（一九一〇）から編集を始めた『琉歌大観』に受け継がれています。この『琉歌大観』は真境名安興《まじきなあんこう》さんという人が中心になって編集をしまして、この人の努力でほとんど出来上がっていたのですけれども、未完のままに終わり、昭和八年（一九三三）に真境名安興さんが亡くなって、それ以後この稿本は行方不明になっております。幸い台湾大学の研究図書館のほうに『琉歌大観』の写しがあることが一〇年ほど前にわかり、去年の暮れに台湾側の『琉歌大観』のそれを全部手に入れることができました。この『琉歌大観』とよばれている、明治期に企画した大歌集も、だいたいのところ、小橋川朝昇の歌集を取り込み、構想にも影響を受け、組踊まで含むほとんどの歌謡を収録し、宮古・八重山の歌謡も入り、奄美も入り、まさにその意味では、琉球文学の範囲そのものであったというふうに言えるのではないかと思っています。

戦後も、昭和三九年（一九六四）に、島袋盛敏《しまぶくろせいびん》が同名の『琉歌大観』（沖縄タイムス社、一九六四年、改訂版一九七八年）というのを出しておりますけれども、これはいま申し上げた八・八・八・六の、その狭い意味の琉歌（上句が、七・五音、五・五音、七・七音の仲風形式を含む）だけを収めたものです。わずかに大島の歌というのを入れているだけですね。われわれがいま普通に考えても、この琉歌というのは、これに長歌や口説も入っていいのではないかとか、その他もっとワクを広げて考えてもいいのではないかと思うのですが、割と短い歌だけ入れているんです。これにも小橋川の歌集の影響が認められます。平成六年（一九九四）に『琉歌大成』（清水彰、沖縄タイムス社）という、それを大きくした琉歌集が出ておりますけど、この琉歌もごく狭い意味の琉歌が中心です。

以上述べましたように、琉歌という言葉は、琉球歌、琉球歌謡であって、ひいては琉球文学の範囲であるという場合と、狭く言って、四句体の、八・八・八・六という短い琉歌を指すという場合とがあるというふうにお考えいただいたらいいと思います。

琉歌は早くから歌集を編んで残すということをしなかったために、口伝えの口承伝承の形で伝えられてきましたので、作者名も伝承の上のものであって、あまり信頼できません。組踊の場合も、王府が管理し、当然作者がいたわけですが、それでも作者がちゃんと伝わりません。きちんと作者がいるんですけれども、王府が出した資料の情報が民間には伝わっていないという、不思議なことがあります。同じようなことは琉歌にも言えます。明らかに存在する人に仮托されたり、存在しない人が疑いのない実在の人物と信じられたりしています。作者が民間伝承化しているということが言えます。

## 六　詠む琉歌

和歌の影響は早々と受けておりまして、沖縄でも歌会を開いているということがわかります。もちろん題詠で、当座題であったり宿題であったりするという点では、全く同じです。こういう状況があると予想できるような資料もありますが、実際の歌はあまり伝わってなく、したがって用例も多くありませんが、「詠む琉歌」の例を少し紹介します。

『天理本琉歌集』に、

寄雨恋　　惣慶忠孝
ふらばふれ　無蔵が戻る道すがら　雨やかふかく　そたよへだもの
寄月恋　　読谷山王子
供に詠めたる　夜半の面影や　いつも有明の　月にのこて
寄月恋　　野国按司

別れても無蔵が　情け有明の　月に面影の　てりよまさて
　寄恋　玉城親雲上
きやならわんともて　すてゝ行きながら　のよで面影や　残ちおちやが
　寄俤恋　玉城親雲上
袖に匂ひうつち　朝夕詠めたる　はなの面影の　忘れぐれしや

つまりこういうふうに断片的に、題詠が見えるんですね。「寄雨恋」（雨に寄する恋）といった歌題が見られます。ここの『天理本琉歌集』に書いてありますが、これは、一八〇〇年前後の琉歌集です。いっぽうでは和歌の歌会があって、平行して琉歌の歌会もあるということははっきりしているわけですけれども、この事実がうまく伝わっておりません。

それから、歌集と家集もここに挙げてみました。

『玉山歌集』『今帰仁朝敷《なきじんちょうふ》詠草』（糸満《いとまん》琉歌会蔵）『詠集』（垣花《かきのはな》琉歌会蔵）
『詠歌綴』（三六会蔵）『琉歌集』（浦添朝長《うらそえちょうちょう》蔵）『詠歌綴』（浦添朝長蔵）『浦添王子琉歌写』
『現代人琉歌詠草綴』『詠草』（比謝矼友竹亭）『琉歌集』（刊本、今帰仁朝敷等選）
『仲尾次《なこうし》政隆《せいりゅう》日記並歌集』『戊申琉歌会』『南苑八景』

それはほとんど近世の終わり、ないしは明治にかかってからの歌集ばかりでありまして、古い歌集はございません。とにかく、詠み歌と思われるものがあることは、これでほぼ確かですけれども、うまい具合に資料化しないというところがあります。

沖縄で新聞が明治二六年（一八九三）に発刊されます。現存するのは明治三二年（一八九九）からですが、新聞が出来て、新聞に文芸欄を作るんですね。琉歌欄も設けます。そうしますと、たちまち二五くらいの結社が各地にできます。和歌の結社も平行してできますし、漢詩の結社もいくつかございます。明治四〇年（一九〇七）前後がピークで、この時期やっと沖縄が落ち着きはじめた頃で、これより以前明治政府による琉球処分が起こり、旧インテリ層が秩禄を離れて地方に散ります。嘉手納《かでな》であるとか、国頭《くにがみ》の名護《なご》・本部《もとぶ》とか、それから糸満《いとまん》でありますとか、宮古とか八重山とかというのも、みな新開地なんですね。そこへ首里那覇のインテリ層・旧士族層が新天地を求めて、出ていった先で歌会を催すということがあって、多くの歌会が生まれております。

その歌は、すべていま言った題詠です。明治期の新聞琉歌和歌だけでも数万首はあるかと思います。したがって、題詠や歌合がこの時期に突然起こるということはあり得ないということです。それ故に、近世に琉歌歌会、詠み歌というのが豊かにあったということがわかるわけです。

詠み歌があるということを以前から言い続けていますけれども、まだ実態を伴うほどたくさんあるわけではありません。琉歌を詠む人は、一方では和歌を詠んでおります。和歌の詠み方、そういうのと同じような手法で琉歌を詠むわけですから、当然琉歌の歌会があって、琉歌を詠むというのは当たり前だということが言えると思います。

## 七　琉歌研究の課題

まだほかにもいろいろ研究上の問題がありますけれども、琉歌研究は、沖縄研究のなかでは、沖縄の人にとっては比較的やさしい研究なんです。例えばおもろなどの場合は、どういうふうに理解していいかわからない、未詳語と私たちがよんでいる言葉がまだまだ何百とありますけど、それでも研究者にとっては、ある意味でおもろはやさしいのです。『おもろさうし』の表記というのは、平仮名中心ですので、平仮名をそのまま読んでくださいというふうに言っているんです。しかも、仮名書き表記の、琉球文学の文献のなかで、最も文法的に優れたものなんです。文法的に優れているというのは、例えば『万葉集』の甲類乙類のように表記が正確だということです。

沖縄の言葉を少しでもご存じの方はおわかりだと思いますけれども、著しい口蓋化現象というのがあって、子音が変化するんです。琉歌はそのために一層わからなくしているところがあるのです。その他、三母音という、ア、イ、ウという母音を中心にして、オとエがそれぞれウとイに変化してなくなります。

ところが『おもろさうし』は、例えばエの母音がまだイにならないんです。それでイとエは区別されています。おもろの仮名の書き分けは、ほかの文献に比べて非常に厳密に出来ています。これがわかると、辞令書という平仮名書き文書とか、平仮名の金石文とか、すべて同じ筆法で、実は非常に正確な表記です。ですから、文字遣いを見て、これとこれはちがう、これは同じということがすぐわかるわけです。これに対して琉歌や組踊をどう読むかというと、例えば正書的に書くと「けふのほこらしやや　なをにぎやなたてる　つぼでをるはなの　つゆいきやたごと」と書きます。これを読むときには「キユヌフクラシャヤ　ナウニジャナタティル　ツィブディヲゥルハナヌ　ツィユチャタグトゥ」というふうに読みます。読みは、組踊も琉歌もこういうふうに片仮名で示したように読むというのが原則です。おもろはそのまま読めますが、琉歌はどうしてもこの片仮名の発音をあらかじめ知っていないと読めません。その平仮名は正書ですから、いちばん正しい、最も模範的な表記であって、実際は幾様にも書くことができます。どう書こうが、読みは片仮名で示した読みをします。ですから、方言を知らない世代にはけっこう難しくなってきています。琉歌や組踊の論文より、おもろの論文のほうが多くなってきています。おもろは難しいという腹づもりが我々にもあるのですけど、実際は、おもろのほうがロジカルですから、たいへんわかりやすいということが言えるわけです。

時間ですのでこれで終わりますが、琉歌は琉球文学の主要な叙情詩です。三線で歌われるウタとして、また文芸意識に支えられた歌会の歌として、さらには組踊の詞章にもなっています。しかし『おもろさうし』のおもろの研究等に較べて、琉歌研究は遅れているように思われます。近世琉歌の発掘といった初歩的な作業とか、写本の校異、その注釈的基礎研究、本土文芸との比較研究等多くの課題を残しています。本日はこの琉歌の概略と問題を簡単に述べたつもりです。

どうも雑駁な話で申しわけありませんでした。私の話をこれで終わります。ご清聴ありがとうございました。

**参考文献**（右の論述の理解を補うために）


拙論「古琉歌四首」（『琉球文学論の方法』三一書房、一九八二年所収）

拙論「和文学の流れ」（第三巻、Ⅲ第一章）

池宮正治・嘉手苅千鶴子・外間愛子『近世沖縄和歌集』（緑林堂、一九九〇年）

拙論「大工迫安詳歌集―解説と翻刻―」（琉球大学法文学部紀要『国文学論集』三五号、一九九二年）

拙論「明治維新慶賀使と和歌」（第三巻、Ⅲ第五章）

拙論「恋の琉歌」（本書、Ⅲ第二章）

拙論「琉球文学総論」（本書、Ⅰ第一章）

嘉手苅千鶴子「琉歌の展開」（『岩波講座日本文学史』第一五巻「琉球文学、沖縄の文学」岩波書店、一九九六年）

拙論「『琉球大歌集』と『南苑八景』―補完と全貌―」（琉球大学法文学部紀要『日本東洋文化論集』第四集、一九九八年）

# 第二章　恋の琉歌

## はじめに

沖縄には「琉歌集」という歌集が多数存在している。これらには、八・八・八・六音四句のいわゆる「琉歌」を中心に、上句を七・七音や七・五音もしくは五・五音として、下句を八・六音とする「仲風《なかふう》」といわれる形式がこれに次ぎ、ついで八音を五句以上続け六音もしくは八音で止める「長歌《ちょうか》」もしくは「つらね」といわれるものがある。ただし「長歌」と「つらね」はまったく別物で、「長歌」は叙情的で和歌的であるのに対して、「つらね」は、物語的で叙事的、物語の書簡（恋文）などによくつかわれる。その他七・五音の三つを一連として歌い進める「口説《くどうち》」と言うのがあり、さらには越来節《ごえく》、取納奉行節《すぬぶじよう》、川平節《かびら》といった俗謡や、本土系の木遣歌までも「琉歌」に加えることがある。しかしここではそのもっとも一般的で広く普及し、その主力である四句体の「琉歌」を取り扱うことにする。通常「琉歌」と言えばまずこれを指しているからである。

琉球文学のなかで琉歌は本土の和歌（短歌）とよく比較される。これは琉球文学のなかで琉歌がもっとも叙情性が進んでいるからで、それ自体は誤りではない。しかし大きく違うのはその叙情の質というか程度が違うというべきだろう。琉歌の叙情の質あるいは表現は、個人に還元し難いものが多い。つまり個人といってもかなり一般化した表現を共有している。つまり個性が鮮明では有り得ないのである。これは琉歌が謡い物であることに起因している。これと裏腹に、謡い物である琉歌は、一般的な歌から個性を選び、ある歌人に集中させる。後に述べるよしや、や恩納《おんな》なべといった女流の歌人らはその例である。無論男性の歌人についてもこのことが言える。

「琉歌集」は写本の形で多く伝えられているが、ある本を引き写したのは一、二例をみるだけである。またその殆どは節組といわれる、曲節による分類である。つまりかぎやで風《ふう》節とか恩納《おんな》節とか伊平屋《いへや》節といった古典三線の曲のもとに、その曲想にふさわしい琉歌を集めて編集したもので、従って琉歌集はある意味で大同小異にならざるをえない。こうした琉歌集だから、ある人物が個性的に曲節分類して編み出したというものは有り得ない。琉歌じたいが口承の謡い物であるが、こうした分類も、解釈や作者までも口承的で、附随する物語や「事実」までも、次第に人々の間に形成された認識（伝承）なのである。

和歌でいう歌集の数少ない例の代表的な歌集は『古今琉歌集』（一八九五年刊）である。春夏秋冬の四季と恋雑までは和歌集と同じだが「仲風」が一つ設けられている点が特徴である。仲風の多くは恋歌であるが、一二七首と多いためこれには分類せず、恋の次に一項を立てたのである。恋に分類された歌は四七二首、『古今琉歌集』は一七〇〇首収録されているので、三三・七％、およそ三分の一が恋歌ということになり、仲風の分を全部恋歌として加えると、三五・一％になる。ただもともとこうした和歌の分類は琉歌の分類には不適当である。和歌のように季物と季節が細かく意識されて歌われるのとは違い、季重なりや内容の異なるものなどがあって、和歌から見れば極めて杜撰な分類になっている。例えば、玉城《たまぐすく》朝薫《ちょうくん》の歌として出ている（カッコ内は訳。以下同じ）、

(1)蕾でをる花に　近づき居るはべる（蕾んでいる花に近づく蝶は）
いつの夜の露に　咲かち添ゆが（何時の夜の露を受けて咲き添うことができるか）

「蕾」「花」「はべる」は春だが「露」は秋である。また琉歌の「花」は桜に限らないということもある。とにかくこの歌は春に分類されてはいるが、これと共通類似の歌は恋に幾らもあって、鳥や蝶といった動く物が添うモチーフは恋歌に典型的に見られ、ここもこの例で解釈できる。佐久本《さくもと》喜章《きしょう》の歌で同じく春に入っているもの、

(2)春雨に濡れて　摘み取たる若菜（春雨に濡れて摘み取った若菜は）
　おんぢゅ故他に　誰るに呉よが（貴方様の他に誰に上げましょうか）

これも「若菜」があるだけで立派な恋歌になっている。こうした恋の歌にも取られる歌は、他の夏や秋冬の歌や雑歌にも入っている。分類が厳密でないこともあるが、そもそも叙情歌の謡い物は、その始めのところに土地讃歌と一般的な恋歌があったから、こうした傾向はむしろ当然とも言える。

## 一　琉歌の口承性

このことは作者つまり歌人についても言え、歌人もまた口承的である。この点はこれまで幾度か論じてきたので深入りしないが、伝承の海に浮遊している琉歌がある人物に擬せられて伝承される傾向があって、ある場合は、ある歌人が生まれる前の歌がその歌人のものとされたり、またある意味では現在でもある歌人に集中する傾向がみられる。例えば恩納なべやよしやの如き、女流琉歌歌人として双璧をなす有名な歌人は、むしろ近代になって特に『古今琉歌集』になって多くの歌を確保し、さらに戦後出た『琉歌大観』（島袋盛敏編、沖縄タイムス社、一九六四年、改訂版一九七八年）によってさらに増加し、最近でも増加する傾向がある。こうしたことから琉歌は、その伝承の背

景を含んだ理解がなければならない。要するに伝承集団（民衆）の共同のイメージによって与えられた「作者」像であることを考慮しなければならない、ということである。

その代表的な歌人の一人恩納なべの歌三首を見ることから始めよう。

(3)恩納嶽登て　押し下り見れば（恩納岳から下の方を見ると）
　恩納女童の　手振りきよらさ（恩納の娘たちが踊る手振りの美しさよ）
(4)明日からの明後日《あさて》　里が番上り（明日から明後日は里〔彼氏〕の番上りである）
　たんちゃ越す雨の　降らなやすが（たんちゃを越す程の雨が降ったら良いのに）
(5)恩納岳あがた　里が生まれ島（恩納岳の向こうは里の住む所である）
　森も押し退けて　こがたなさな（隔てている恩納岳を退けて里の住む辺りを引き寄せたい）

(3)は高いとこから見る形といい、恩納村の乙女の手振りを褒める言い方といい、土地褒めの類型である。これが恩納なべ伝説に引き寄せられると「恩納女童」が「恩納松金《まつがね》」になり、(5)と関わって恩納岳の向こう金武《きん》に住んでいた金武の松金と言う人に懸想したことになり、その人とのこととする。しかし「恩納松金」は土地褒めから出発した歌だから、松並木の名所だった松を歌った松褒めで、つまり前提に土地褒めがあったはずである。(4)の歌は、百姓であった夫が、首里の大家に奉公に行く時に歌ったもの（『琉歌大観』）と言うが、元来はもっと一般的な歌だったのだろう。「明日からの明後日」は文字通りで、「番上り《ばんのぼ》」は、首里城出仕の士族を三番に分けて、交代で四日間ずつ勤めることをいった。さらに四日間の前二日を「番日《ばんび》」、後ろ二日間を「番中《ばんなか》」といった。ここではどちらかの二日間を指している。必ずしも百姓の奉公のことを言ってはいない。百姓の殿内奉公は短期のものではなく、長いものは二〇年近くも奉仕し、筆算や読み書きなども習得したと言われる。要するにこの歌もなべに引き寄せられた歌である。「たんちゃ」は「田土」つまり田圃の土までも溢れ出るほどの大雨であるが、これが『古今琉歌集』では「滝ならす」（滝のような）になって「読み人知らず」になっている。なべの歌は、おおむね大らかで雄渾、直情、よく万葉に譬えられる。

よしやの歌とされるのは、次のものである。

(6)及ばらぬと思ば　思ひ増鏡（及ばぬお方と思うと益々思いが増すという増鏡ではないが）
　影やちよむ写ち　拝みぼしやの（姿だけでも写して拝見したいものだ）

(7)自由ならぬ恋路　浮世小車の（自由にならない恋というもは、浮世が車のように
　めぐて来る間の　待ちの苦しや（めぐってくるまで待つのが辛い）

よしやの歌は、(6)のように、「思ひ増鏡」といった本土古典語とこれにまつわる掛詞の技法、鏡の縁語である「影」「写ち」「拝み」といった言葉が散りばめられている。(7)にも「恋路」のほか「浮世小車」といった本土古典語が入る。こうした点がよしやの歌の特徴である。繊細で古典的で和歌の技法が見られる。なべの『万葉集』に対してこちらは『古今和歌集』に譬えられる。

よしやは、平敷《へしき》屋《や》朝敏《ちょうびん》（一七〇〇～一七三四年）の擬古文物語「苔の下」に、那覇の仲島の遊女で、某の按司と恋に落ちたが、遊女の悲しさ、佐敷《さしき》の黒雲殿《くろくもどの》に根引きされ、そのために食断ちをして死んでしまう、物語上の人物である。これがベースになり自らの境遇を悲しむ歌が多く、恋の歌は右の二首くらいのもので多くない。(7)の歌は、歌集には出てなく『琉歌大観』に初めて採られている。よしやの歌は『琉歌大観』に三二首採られているものの、

その半数以上はそれまでの歌集に無かったもので、明治の末年から琉球歌劇「嵐夜の露」といった吉屋《よしや》物語などに仕立てられて上演され、これに使われた琉歌などが採られている。

この平敷屋朝敏も実在の人ながら、若くして処刑された悲劇性と恋愛物語を三編書いたことから、琉球業平といった趣の激情の人と考えられている。『古今琉歌集』に、次の琉歌がある。

(8)忍で行く心　余所や知らねども（人目を忍んで恋人に会いに行く私のことを人は知らないけれども）
　袖し顔隠す　恋の習ひや（袖で顔を隠してしまう、恋の習いというものは）

(9)あけやう我が袖や　波下の干瀬か（ああ私の袖は波に洗われる岩礁なのだろうか）
　乾く間や無いさめ　濡れる辛気（悲しみのあまりに乾く間もなく〔涙で〕濡れるのが辛い）

(8)の「袖し顔隠す」は『琉歌百控《りゅうかももびかえ》』では「笠に顔隠す」となっていてこの方が知られている。この歌も『琉歌大観』になって朝敏歌になったもので、この人も伝説のベールに包まれて、事件に関する歌が多く伝わっている。(9)は百人一首にも入って有名な二条院讃岐の「わが袖は潮干に見えぬ沖の石の　人こそ知らぬ乾く間もなし」（『千載和歌集』）を琉歌に焼き直したもので、言うまでもなく恋の歌である。ところが『古今琉歌集』では雑に採られている。朝敏には他に藤原俊成の「四方の海を硯の水に尽くすとも　わが思ふこと書きもやられじ」（『新勅撰和歌集』）を琉歌にした「四海波立てて　硯水なちも　思ことやあまた　書きも足らぬ」がある。俊成の歌は雑に入っていて、朝敏の歌も『古今琉歌集』では雑、『琉歌大観』では哀傷歌に入っている。歌意だけからだと恋歌とみてもよいものである。

琉歌集にはいわゆる私家集はないが、『琉歌大観』でもっとも多く歌を残しているのは小禄朝恒《おろくちょうこう》（一七九〇〜一

八三五年）で、六三首認めることができる。その内の恋の歌一首は、次のもので、

⑽澄み渡る月の　かたぶきゆるままに（澄んだ月が西に傾くままに）
　引かされて行きゆる　恋の山路（月の光りに導かれ〔恋人に〕心引かれて踏み迷う恋の山路であることよ）

「引かされて」が掛詞になっている。比較的に平凡な歌が多く、それだけに歌はこの人のものであろう。三司官《さんしかん》与那原《よなばる》良矩《りょうく》（一七一八〜一七九七年）の歌。

⑾逢はぬ夜の先と　くなびやいみれば（逢わなかった前の夜に比べると）
　とてもなしぼしやや　添はぬ昔（いっそ添わなかった昔にしたいものだ）
⑿宵も暁も　慣れし面影の（朝夕に慣れ親しんだあの人の面影が）
　たたぬ日や無いさめ　塩屋の煙（立たぬ日はない塩屋の煙のように）
⒀逢はぬ夜のつらさ　余所に思なちやめ（逢わないでいる夜のつらさよ、余所の人に思い致したのか）
　恨めても忍ぶ　恋の習ひや（恨みに思っても恋い忍ぶ習いというものは）

⑾の歌は、百人一首にもある藤原敦忠の「逢ひ見ての後の心にくらぶれば　昔は物を思はざりけり」（『拾遺和歌集』）を改作したもの。先行の古典を下敷きにしたり、改作したりするのは、知識をひけらかしそれを楽しんだ歌会や贈答を予想させる。事実『天理本琉歌集』には歌題の「音雨恋」「寄月恋」「情別恋」「寄俤恋」「寄恋」「寄月恋」などがみられ、このもとに歌寄せが行われている。近世の半ばごろの「阿嘉直識遺言書《あかちょくしきゆいごんしょ》」には、王子以下の

なだたる人達が、和歌の三神の像を掲げて歌会をしたことが見えている（詳しくは拙論「那覇士族の教養」『琉球文学論』沖縄タイムス社、一九七六年）。

⑿の歌は高宮城《たかみやぐすく》親雲上《ぺーちん》の組踊《くみおどり》「花売りの縁」にあるもので、作者が乞うて挿入したものと伝えられている。「塩屋」は塩を焼くところでもあるが、ここでは国頭《くにがみ》大宜味《おおぎみ》間切の地名でもあり、「立つ」が面影が立つと煙が立つを掛けている。いわゆる知的表現である。

⒀は古典女踊り「伊野波《ぬふぁ》節」の出羽の歌として歌われ、よく知られている。上句「他人事のように思いなしたか」（『琉歌大観』）など解釈がまちまちだが、女の立場に立って待ち人が来ない空閨の悲しさを怨じたものとして、右のように解釈している。

ここまでは、若干問題はあるが、個人の恋歌である。従って身分の高い人も多く、それ故和歌の影響を受けた歌が集中する傾向がある。じっさいこうした人達は教養として和文学を学びその和歌も伝わっている。

次は読み人知らずの歌を見てみよう。

⒁ 池当《いちんとう》のあぼや　あぼやればあぼるゑ（池当の洞は洞というほどの洞ではない）
無蔵《むぞ》と二人なれば　何おとろしやが（あの娘と二人だったら何も怖くない）

⒂ 与那の高坂や　汗はてど登る（与那の急な坂は汗をかいて登らなければならないが）
無蔵と二人なれば　車たう原（恋人と二人なら平坦な道だ）

⒃ 津堅渡《つけんと》の渡中　汗はてど漕ぎゆる（津堅との間の海は汗をかいて漕ぐのだが）
無蔵に思なせば　一おわいくなから（恋人のことを思うと一漕ぎ半くらいのものだ）

(14)の池当は沖永良部島の地名ということになっている。島全体が珊瑚石灰岩で出来ている沖永良部島には、かつて風葬にも使われたらしい洞穴がそこここにある。琉球列島にはこうした洞穴をアブ、ガマ、ガー、ティラなど多彩な呼び名がある。(15)の歌は『琉歌百控』の歌を拾ったものだが、『古今琉歌集』は第三句は(16)にあるのと同様「無蔵に思なせば」であり、『琉歌大観』は「無蔵連れてやれば　一足だいもの」と下句のある歌を載せている。それぞれ地名が読み込まれていることからも分かるように、これは謡い物のなかでも民謡であることが分かるもので、地名をすげ替えて流布しやすい性質を持っている。それに恋人のことを思うと往来を厭わないとするのは、まさに普遍的な発想と言っていい。ここの「無蔵」は当て字で、九州一円に可愛らしい意で使われる「むぞい」「むぞか」の系統の語の語幹で、琉歌では多くは女性に対していい、ごくまれに男性に対しても使われている。その他女性には「しょら」「ひざう（秘蔵）」「あてなし」「わらべ」「女わらべ」などがあり、対する男性には「里」という。これは士族の若い男性を尊称していった「里之子《さとのし》」から出たという。奄美では男女とも「かな（加那）」といい、沖縄でも固有名詞や普通名詞で使うが、これは敬愛する意の「かなし」のやはり語幹から出ている。

## 二　恋歌の表現

恋は二人の心の交流でもあり、きわめてプライベートなものであって、その情感も他人が窺い知れない微妙なものを含んでいると思われるが、表現はある範囲の中で典型化される。心にも目にも焼きついて悩ませる。

(17)のよで面影や　連れて来ち呉たが（どうして恋人の面影までもつれてきてくれたのか）
　おへも離れらぬ　目の緒さがて（少しも離れない目元にちらついて）

⒅思わぬ故からど　思出しもしゆる（思わないから思い出しもするのだ）
　我身やうしほの間も　忘れぐれしや（私は干満の止む少しの時間も忘れられない）

⒆思て自由ならぬ　人の面影の（思ってもどうしようもない人の面影が）
　のけてのけららぬ　肝にすがて（払い退けようとして退けられない心にすがって）

⒄の「目の緒さがて」は、視覚的に気になってしかたがないこと、琉球語の独特の表現である。⒅は「忘るればこそ思ひ出され候」などともある常套的な発想で本土近世歌謡にも普通に見られる。また、たとえ思いが成就してもまた新たな不安が恋する者を悩ませるのが恋のつねである。次の琉歌は、

⒇花の移り香に　魅かされて入ゆる（花のような馥郁たる香りに魅了されて入ってしまった）
　恋の深山路の　果てや知らぬ（恋の山深い道はどこまで行くのか知れない）

㉑思ひなかばに　引き返せ（思い半ばで引き返せ）
　恋や武蔵野の　果てもないらぬ（恋は武蔵野のように果てがない）

と、果てがないと歌われる。本土の中近世の歌謡にも「武蔵野のひともと薄」など、荒涼とした広野であると歌われている。もちろんこうした歌が前提となっている。同様の不安を舟に譬えて歌うのも常套である。㉑の上句は七・五になっていて仲風形式である。

㉒いきやがなて行きゆら　果てや知ら波に（どうなるのか行き先も知らない白波に）

濡れて漕ぎ渡る　恋の小舟（濡れて漕ぎ渡る恋の小舟のようだ）

(23)いきやし渡ゆかや　波風も立ちゆり（どうして渡ろうか波風も立っている）
深海乗り出ちやる　恋の小舟（深い海に乗り出した恋の小舟は）

(24)打ち寄せる波に　うち揺られゆられ（打ち寄せてくる波にゆらゆらゆれて）
つなぐ方ないらぬ　恋の小舟（繋ぐところもない恋の小舟よ）

(25)きやならはもと思て　浮名立つ波も（どうなろうとままよと思って浮名がたつ世間の波も）
おしそひてはらす　恋の小舟（押し分けて進む恋の小舟）

(26)こぎ渡て行きゆる　はてや白雲の（漕ぎ渡る果てを知らない白雲ではないが）
行方定まらぬ　恋の小舟（行方が分からない恋の小舟である）

「恋の小舟」が末尾に出て、不安と動揺を寄るべない小舟になぞらえている。「白波」「白雲」に掛詞がみられるのも、知のまさった、それだけに類型を脱しえない歌になっている。これらの歌がすべて近世末期から明治にかけての名の知られた歌人のものである点も頷ける。

これとは対照的に恋の永遠を誓う表現は独特である。それは情熱のおもむくままに誇大に表現される。

(27)あしやげくだめ石や　朽ちるとも（アシャギ〈神屋〉の踏み石は朽ちるとも）
かなしい言葉の　いつす朽ちゆが（交わした愛の言葉がどうして朽ちましょうか）

(28)幾年よ経ても　変わることないさめ（何年たっても変わることはない）
天の川わたる　星の契り（七夕に天の川を渡る牽牛と織女の契りのように）

(29)慶良間渡の潮や　かれるとものよで（慶良間の海が涸れることがあても、どうして）
無蔵とわが契り　あだになゆめ（あなたと私の契りが無駄になろうか）
(30)黄金たてまづみ　呉る人のをても（黄金を山積みにしてくれる人がいても）
ひかされてなれる　我身やあらぬ（誘惑される私ではない）
(31)たまたないぬ蓮の　心して互に（茎が二つ出ることがない蓮のように、互いに）
一期よそ肝や　持たぬごとに（一生浮気はしないように）

(27)の「あしやげくだめ石」はこの歌しか見られない珍しいものである。「朽ちる」はその通り朽ちると考えてもよいが、擦り減るととってもいいだろう。アシャギは集落の広場に建てられた祭祀のための小屋のことで、神女以外に踏み込まないところ、したがって擦り減ることも、朽ちることも有り得ない。甚だしい誇張で愛の永遠を誓うのである。

琉歌では花は女性象徴である。これももとは菊の花に露が着いて正客の長寿をことほいで賀歌とするもので、その典型が「今日のほこらしやや　何にぎやな譬える　蕾で居る花に　露いきやた如」である。この取り合わせから「花と露の縁」として男女関係に歌われ、やがて花と鳥、花と蝶などの取り合わせで、深窓の女性と通う男性の譬えで歌われる。

近世沖縄の社会では、農村ではよなよな若い未婚の男女が筑波山のかがい（歌垣）を思わせるような野遊びがあった。ところによっては戦前まであったという。ここにも男女の歌のかけあいがあった。また結婚が成立するまで、あるいは結婚後しばらく男が女の家に通うということもあったらしい。しかし都市部や士族層では親の決めた許嫁どうしが結婚するのが普通で、婚前に交際したり、恋愛で結ばれるということはなかった。したがって後朝の経験もないわけだが、にもかかわらず琉歌ではこれがよく歌われる。いうまでもなく和文学からの移入であって、平敷屋朝敏の擬古文物語の「苔の下」や「若草物語」のヒロインがそれぞれ遊女であったように、那覇の辻や中島の遊郭の女性に擬して「恋愛」を成立させている。またこうした遊女の歌も伝えられている。ただ遊女ばかりでなく、朝敏のもう一つの恋愛物語「万歳」は佐敷の白太郎という美男の若者が、正月に門付けにきた万歳から勝連の浜川殿の娘がたぐい稀な美女であることを聞き、あくがれ出て、ついに結ばれるというものである。また、朝敏の作と強く信じられている組踊「手水の縁」のヒロイン真鶴も有力者の娘である。しかしこれらは何れも平安文学の影響を受けた「文学」の側面を、わざわざ意識して製作されいる。従ってそのまま現実と言うわけではない。「文学」である以上、識字階級の教養のベースだった和文学の影響を受けるのは当然と言える。このことはこれまで述べてきた通りで、暁を告げる鐘や鳥（鶏）を恨む歌が多く歌われるのもこうしたことによる。

恋の歌には、また袖（着物）と匂い（移り香）の取り合わせも多い。また袖と涙、袖と涙の変形である露、さらに袖が濡れるといった表現がよく出てくる。思いが叶わぬ片思いや別れて思い忍ぶ場合もある。とにかく悲しみの表現として、あるいは袖を取って思いを繋ごうとする表現として、袖が古来よく使われる。これと関連して染色もよく使われる。本土古代では露草花によるいわゆる草木染めでブルー系統の色を染めていたので、褪色が速く、それ故心変わりを歌う歌に使われることが多く、琉歌でも、

(32)思ひ染めなちやる　恋の花衣（思い染めた時の恋の濃い花色の衣だって）
色変はる浮世　知らなあため（色が変わるという浮世だと言うことを知らなかったのか）

とあり、「花衣」もそうした色だった。「紺染めの袖」（『琉歌大観』二三〇一番）と言えば、墨染めの法衣にも等しい

濃紺だったし、「紺地」や「花染め」も基本はこうした濃紺を意味していた。これを恋心の濃淡や変心に使う。

(3)浅地染めらはも　紺地染めらはも（浅地に染めようとも紺地に染めようとも）
　里ままどやゆる　我身や白地（貴方の心しだいであって、私は純白の白地です）

「浅地」は薄いブルーで、「浅黄」「浅葱」と書き「あさぎ」と読むものである。これが琉球語化して「アサジ」となり「紺地」に対する「浅地」が当てられるようになったものである。語の起こりは異なるが、色染めの濃淡と感情の厚薄を対比するのに実に適当な語となって琉歌で多用されている。ただこうした「浅地」「紺地」の対比は近世歌謡的というべきで、八丈島の歌にも「あさぎ染めても度重なれば　末は紺地となるわいな」とも見えている。琉歌はその紺地に工夫を加えている。

(34)染めて染めゆらば　浅地わないむぱだう（どうせ染めるのなら浅地は私はいやだ）
　烏若羽の　ごとに染めれ（若い鳥の羽のように染めてくれ）

「紺地」はここでは「烏若羽《からすわかばね》」となっている。この語は和歌の「烏羽色」からヒントを得たものであろう。「烏羽色」は「黒く青みがかったつやのある色または黒色」にいうのだという。つまり「紺地」よりもいっそう強調された感情を表現しているのである。さらに、

(35)染めゆらばとても　小鳥のごとに（染めるのだったらいっそ小鳥のように）

浅地どもやらば　ゆるちたばうれ（浅地だったら許して下さい）

この「小烏《こがらす》」は単に小さいカラスということではあるまい。実質「烏若羽」と同様に、若いカラスのことを指し、カラスの濡れ羽色を強めた言い方になっている。歌は明瞭で、浅地は困るが紺地だったら、その色の深さを幾ら強調しても足りないのである。

最後に琉歌の巧まざる修辞の一つで、序詞的なものについても簡単に触れておく。和文学の影響で掛詞や縁語などがみられることは、その都度述べてきた。しかし枕詞や序詞といったものは一般に使われていない。ただ独自に序詞に似た用法がある。

(36) こはでさのお月　まどまどど照よる（クワディサの木蔭は時々しか月影が漏れない）
余所目まどはかて　忍でいまうれ（人の目を見計らって忍んでいらっしゃい）

「まどまど」は「まれまれ」（稀々）の転、「まど」は時間の隙間・間隙のこと。同音によって下句を引き出していて序詞の用法にかなっている。

(37) 一粒ある花の　糸に貫かれよめ（一輪しかない花が糸に貫かれようか）
のかぬごと互に　思てたばうれ（退かないで私を思って下さい）

これも「貫かれよめ」（ヌカリユミ）と「のかぬごと」（ヌカングトゥ）の、やはり同音による序詞的用法である。

(38)諸鈍長浜に　打ちやり引く波の（諸鈍長浜に打ち寄せては引く波のように）
　諸鈍女童の　目笑ひ歯ぐき（諸鈍娘の笑いこぼれる口元）

諸鈍は奄美大島の地名、その浜に寄せては返す白い波のように、土地の乙女達の白い歯並みの美しさよ、という歌で、結果として土地褒めである。これが沖縄本島国頭の謝敷の歌になり「謝敷板干瀬《じゃしちいたびし》」とも歌われて類歌が出廻っている。上句が自然詠、「引く波の」の「の」によって、乙女の白い歯並みを引き出す。これらは実質は序詞的だが、意識的な修辞というよりごく自然に成り立ったものといえる。

なお琉歌の表記は、三母音や子音の変化する口蓋化などで、写本間で甚だしく混乱しているが、引用にあたっては『琉歌大観』にあるように、規範的表記に従った。この表記を沖縄の人は、例えば(38)の歌を例に取ると「シュドゥンナガハマニ　ウチャイフィクナミヌ　シュドゥンミヤラビヌ　ミワレハグチ」と、琉球語音で読んでいる。

# 第三章　『疱瘡歌《ほうそうか》』解説

## 一　テキスト・筆者および成立

原表紙に右上から、「大清嘉慶十年乙丑吉日求之」とあり、中央に「疱瘡歌和歌暦口説集古名歌集文」とあり、左下に「粟国親雲上《あぐにぺーちん》御供　波真川《はまがわ》仁屋《にや》」とある。本文末尾一二丁目の裏には「大清嘉慶十年乙丑選日通書」とあり、以下「正月小丙戌五日立春　二十日雨水」から「閏六月壬午十四日立秋」までの、半年の二十四気が記されており、これが「暦」に相当するものである。この末尾の暦と年号「大清嘉慶十年乙丑選日通書」と、原表紙表題「疱瘡歌」下の「和歌暦口説集古名歌集文」および「大清嘉慶十年乙丑正月吉日求之」の年号の筆跡は同じく、原表紙表題の「疱瘡歌」と、「粟国親雲上御供　波真川仁屋」、それに本文、行間朱書、行間墨書は近しい。ということは、原表紙表題の「疱瘡歌」と、「粟国親雲上御供　波真川仁屋」、それに本文というのがもともとの形だったと思われる。とすると、本文の筆者は波真川仁屋ということになる。仁屋は百姓の呼称、粟国親雲上御供とあるから、地方の奉公人階層の子弟である。行間朱書・墨書を近しい関係とみたのは、本文もそうだが、当時の官僚の一般的書体だからである。達者だが没個性的である。行間朱書・墨書を同一と見ることもできるが、そうでないとも言える。従って慎重を期して「近しい」と見たのである。ともあれ行間朱書・墨書は、本文墨書よりやや経過した頃のものであることは間違いない。それに対して年号や暦、原表紙表題下の書き入れは、稚拙できわめて個性的である。この筆者は波真川仁屋以後の本書の所有者で、中国年号の嘉慶一〇年（一八〇五）「吉日求之」としたのである。「吉日之ヲ求ム」というのは末尾の「選日通書」と対応するのであろう。つまり書写して入手したのではなく、本文（行間朱書・墨書を含む）を入手し、これに若干手を入れ、末尾余白に備忘のため「二十四気」を書き、本としての体裁を整えた日付である。

その本文ももとの形を伝えているのかどうか疑問である。一一丁表口説の次に、

歌をさまとる御代のしろし

と、つまり琉歌の下句だけのところがある。下句だけここにあるのは不審で、本来は上句もあったのであろう。その次に、

清かさの歌といふ八字を冠りにして
　　朝憲　休晏　元一

とある。「きよらかさのうた」の八字をそれぞれ出だしとする琉歌あるいは和歌があったはずである。おそらくそれは琉歌で、前の下句だけの琉歌は、「きよらかさのうた」をよみ込んだ琉歌の残欠で、朝憲、休晏、元一はその消失琉歌の作者だったのだろう。休晏、元一は、名前から見ると医者であったらしい。そして、

正月六日

御取持衆中江

とあって、上申する文書の形式になっている。これは、本文全体を上申したのではなく、朝憲らの作った疱瘡歌を上申したものと思われる。むろんなぜ末尾だけ残して前の琉歌が消えたのか不明である。しかしこうしたことから波真川仁屋は必ずしも作者とは言えず、むしろ口承の琉歌や口説を集めた編者と筆者だったと思われる。

そうすると、本書の成立は、本文だけの段階と、行間朱書・墨書書入れ段階と、年号・内容標示・暦を書き入れた最終段階と、少なくとも三段階にわたっていることがわかる。つまり原表紙および嘉慶一〇年（一八〇五）というのは、本書の最終段階の成立を示す年号であって、本文はそれよりも以前でなければならぬ。

たとえば、行間墨書の口説に、

（前略）
今年丁酉年　首里や久米村
那覇泊田舎離も　押並て
軽く時行る　清ら瘡や
（下略）

とある丁酉《ひのとり》の年というのは、いつのことだろうか。わざわざ丁酉と記してあるのは特定の年であることを表わしている。一八〇五年よりも前の丁酉は一七七七年か、その前の一七一七年で、そのいずれかであろう。

『球陽《きゅうよう》』尚敬王三年（一七一五）の条に、「首里、諸僧をして壇を設け、祓禳《ふつじょう》して以て痘災を除かしむ。那覇、始めて痘を出し、人多く死す。是れに由りて、首里の各邑、諸僧をして、念経談法して、昼夜祓禳せしむ」とある。『球陽』における疱瘡に関する最初の記事である。「那覇、始めて痘を出し、人多く死す」というのは、那覇が外国との最初の接触地だったからで、当然那覇から流行していったものと思われる。それが王府の記憶では初めてのことだったというのは、不幸中の幸いであった。大和ではすでに天平年間に、新羅へ派遣された使者が持ち帰った疱瘡のために、筑紫から都へ飛火し、多くの死者を出し、この時藤原四家の当主たちも相前後して死亡している。それ以来時々に流行して猛威をふるったのである。四方海にかこまれ、察度王《さっとおう》以来、中国や東南アジア、朝鮮、本土と、いわば天然痘汚染地へ幾百回と船を出したにもかかわらず、王府の記憶どおり一七一五年のそれが初めての経験だったとすれば、やはり不幸中の幸いといわねばならぬ。

王府の記憶を信ずるとすれば、丁酉年は一七一七年以前にはなく、問題は、一七一七年と一七七七年のどちらが適当かということになる。一七一五年に上陸したとすれば、一七一七年は下り坂で、右の口説の歌詞の意にそわない。一七一七年に蔓延したという記録もない。ところが一七七七年には久米島に流行し（金城清松《きんじょうせいしょう》『琉球の種痘』琉球史料研究会、一九六三年）、翌年には本島全域に流行したという（『陳姓家譜正統』）。こうしたことから、まず丁酉年を一七七七年とすると、最終段階の嘉慶一〇年（一八〇五）よりも、二八年前に行間墨書が書かれたことになる。行間朱書もこれと前後して書かれているのであろうし、本文墨書もこれと遠くない時期に書かれたと判断される。

## 二　内容と表現

本書はわずか一二丁ほどの短いものだが、本文墨書に、琉歌《りゅうか》七五、口説《くどうち》一、下句だけの琉歌一があり、行間朱書に、都々逸一三、琉歌四、口説二それに、行間墨書に琉歌三、口説三があり、合計すると、琉歌八二、口説六、都々逸一三、下句だけの琉歌一で、総計一〇二編ある。特殊な内容がうたわれているとは言え、一〇〇首を越える歌集は、せいぜい『屋嘉比工工四《やかびくんくんしー》』記載琉歌ぐらいである。それ故琉歌研究にとって貴重な資料であることは言うまでもないが、何と言っても最大の特色は、疱瘡を歌った歌集だと言うことである。こうした単一の主題をうたった歌集は他に例がない。

この頃になると、中国式の、鼻から管で痘苗を吹きこむ鼻乾種痘法が行われていたが、後のジェンナーが開発した牛痘種痘法に比べて、はるかに危険性が高かったのである。天然痘がひとたび流行ると、人々はただひたすら祈り、近親者に軽症であってくれることを期待するのであった。金城清松は「種痘の惨害は甚しいもので、この病にかかれば、半数、又は三分の一は死亡するものであった。種痘発見以前は欧州に於ても人類の十分の一乃至一二分の一の死因は痘瘡で、小児はその過半数が死んでいる。よしんば治った者も『アバタ』となり、醜悪を残すものであるから非常に恐怖がられていた」（前掲書）と述べ、一八世紀までの人類が、いかに天然痘のために苦しめられ、悲惨な目にあったかがわかる。現在では全く制圧されたが、私たちの小さい頃には、時にお年寄りの女性の顔にカースー（痘痕《あばた》）を見たことがあった。

このように畏怖された疱瘡であったが、直接的に恐怖心をあらわにした歌い方はしなかった。恐怖心を底に沈めて、徹底的に歓迎の姿勢を示すのである。

緞子《どんす》金襴《きんらん》の　へり取ひの筵《むしる》（金襴緞子で縁取りされた筵を）
　敷《しか》は居らめしやり　御疱瘡御神《おかさおかみ》（敷いて歓迎しますので、お座わり下さい。疱瘡の神さま）

蘭の匂ひ立て　御座にきやらたけは（蘭の匂ひを立てて、御座に伽羅をたきしめると）
　誇て清瘡《きよらかさ》の　神やいましさ（喜んで清ら瘡〔疱瘡〕の神さまは、いらしゃることである）

このように疱瘡を神として遇したのである。そしてこの神が賑やかなことを好む神であって見れば、歌舞音曲を尽して接待するのである。奄美徳之島の「疱瘡口説」（『日本庶民生活史料集成〈南島古謡〉』第一九巻、三一書房、一九七一年）にも、

疱瘡《ほうしよ》ぬ神様　三味線《さむせんし》好き
疱瘡《ほしよ》ぬ神様　歌好人《うたしきっちゅ》
三味線《さむせん》ぬ上手《じようじ》も　集《あち》めとけ
歌ぬ上手も　集めとけ

とあり、本「疱瘡歌」にも、

清かさの御神　をどり数奇でもの（清ら瘡の神は踊り好きだもの）
踊て御伽すは　かろくたばうり（踊って御伽〔お慰め〕すれば軽く下さい）
歌や三味線に　躍り羽しきようて（歌をうたい、三味線を弾き、踊って）
きよら瘡の御伽　遊ふ嬉しや（清ら瘡の御伽をすることは嬉しいことだ）

とある。また本文口説にも、

歌や三味線　糸竹の
声を揃えて　様々に
躍り勇みて　御伽すは
神やこころも　やわらけて

とあるが、行間朱書・墨書の口説にも同様の表現が見られる。「疱瘡歌」には見えないが、疱瘡神は赤い色が好きだと考えられていた。比嘉春潮《ひがしゅんちょう》は『清瘡の神の御船』が赤旗を掲げて那覇港に着くと、子供たちに真赤な着物を着せて赤い旗を押し立てて通堂《とんどう》（波止場の名）に迎えたということである。患者の小児にはすべて赤い着物を着させ灯心までも赤く染めたのを用い、あるいは窓や壁に赤い幕を掛ける家もあった」（「翁長旧事談」『島』第一巻二号、一九三三年、『比嘉春潮全集』第三巻、沖縄タイムス社、一九七一年所収）と述べている。赤は古くは除厄のシンボルだったわけだが、ここでは疱瘡神の好む色ということになっている。沈香や伽羅をたきしめ、すべてを赤一色に仕立てた部屋で、まるで祝事でもあるかのように、歌舞音曲をたやさないのである。そうすることで疱瘡神の心をやわらげ、少しでも軽く患《かか》ろうとする底意である。
それでもまだ万全ではない。ありとあらゆる神仏にも加護を求めるのである。

円覚寺虚空蔵　清ら瘡の御神
親の願ひの女　三つたぼうれ

虚空（天）のように広大な知恵と慈悲心をもっているといわれる円覚寺の虚空蔵菩薩にも、たった三粒の疱瘡を祈るのである。

流行《はや》る清ら瘡の　軽く出るやうに
　神仏揃て　守て給うれ
いつも清ら瘡や　今年如軽く
　遊びやがな給うれ　御伊勢御神

「神仏」や「御伊勢御神」まで動員して「軽く」と願うのである。求めるにしても、期待するにしても、祈るにしても、願うにしても、対象（神）に拝跪して願意を実現しようとする心意であって、呪術的詞章の一方法である。しきりと使われる「清ら瘡」も、嫌忌すべきものを逆にほめた言い方になっているし、「軽く」の多用も、かかれば生命をも失なう重篤の病であればこそ「軽く」なのである。

かに軽さ出る　今度清瘡や（こんなに軽く出る今年の清ら瘡は）
　金花きちやる　如に三粒（黄金花が付いたようにたった三粒だけである）

「軽さ」も「清ら瘡」も前と同じだが、その疱瘡を「金花《こかねばな》」と美称し、それもたったの三粒だけだと言っている。「唯三粒」とか「三粒たぼうれ」という表現も多く、常套的である。「金花」も「金実」などとともに多用されている。ことばのもっている呪力で、精一杯願意を実現しようとする呪禱文学の方法が、さまざまな形で発揮されているのである。

これとは別に――深い部分では共通の根から出発しているのかも知れないが――王の治政を賛美することにより、疱瘡の軽症を願うやり方がある。

恵みある御代に　流行る清ら瘡や
御万人も軽く　出る嬉しや
御慈悲ある御代に　流行る清ら瘡や
見守やい給うれ　神も仏も
長閑なる御代や　流行る清ら瘡も
上下に軽く　出る嬉しや
流行る清ら瘡の　かに軽さあすや
恵みある御代の　印さらめ
恵みある君の　御代からどやよる
今度清ら瘡の　軽くあすや
軽く安々と　出る清ら瘡も
御慈悲ある御代の　印やてど
豊かなる御代や　清ら瘡も軽さ
躍羽遊び　御伽しやべら
御《お》懸栄《かけふさ》へ御代の　験《しるし》さめ今度
流行る清ら瘡の　軽さあすん

新玉る御代に　時行る清ら瘡や
誇ひ声も聞きゆる　上も下も

これらの歌句は、「疱瘡歌」でなければ、そのまま国王賛美につながる類的表現である。また実際には国王賛歌と受け取ることもできる。しかし疱瘡の流行を前にして国王賛美でもないわけで、当然他の思想に裏打ちされている。フレイザーの「殺され王」の話は『金枝篇』の主要なテーマだが、つまり王が共同体の生命そのものの象徴的存在だったからこそ、生命の衰えた王は殺されねばならなかったのである。沖縄のテダ（太陽＝王）も共同体の生命を代表した点では同じである。儒教的な言い方をすると「徳」なき王は排されるのである。義本王《ぎほんおう》伝説はそのあらわれの一つである。要するに王政賛歌は、徳高き、あるいは生命力豊かな王政下にあっては、善政がしかれ、豊作となり、流行病は軽微なのである。それ故ことさらに賛えねばならなかったのである。

行間朱書の口説に、

今年正月　末つかた
思ひかけぬに　清ら瘡の
神の御船の　下り来て

とある。「清《きよ》ら瘡《がさ》の神《かみ》の御船《おうね》」はどこから来たのだろうか。これだけだと疱瘡神を擬人的にとらえた表現だともとれるが、さきの比嘉春潮は「痘種をもたらす医者の乗っている船を『清ら瘡の神の御船』といった」と述べ、その船は赤い旗をなびかせて那覇港に入港し、子供たちも赤い着物を着てそれを迎えたともいう（前掲論文）。つまり

「清ら瘡の御船」は想念の船ではなく、現実の船なのだ。金城清松論文と合せ考えると、鼻乾苗法のための痘痂《かきぶた》を求めることと、善痘を選んでそれを壮健な者に移し、それから痘痂を求め、種痘を施すやり方があり、その痘苗や若者（患者）を運ぶ船がそう呼ばれたのである。一七六六年の流行のさい、沖縄ではじめて種痘を施した上江洲倫《うえずりん》完《かん》も、痘苗を王命によって持ち帰っている（『陳姓家譜正統』）。それは本土からであった。流行の端緒は自然発生的であって、かならずしも本土とは言えなかったであろう。しかし流行直後に、後には一三年毎に移入した痘苗は本土からであった。前に紹介した奄美の「疱瘡口説」でも、本土からの船が奄美にもたらし、やがて那覇に上陸することになっている。

本書の「疱瘡歌」にも、

世々の世々とゞめ　大和からこまに（この世のあるかぎり本土からこの土地まで）
軽く清ら瘡の　流行る嬉しや（軽く清ら瘡が流行る嬉しさよ）

とうたわれている。

本文墨書には「嘉謝手報《かじゃでふう》ふし」「津久手《つくて》んふし」「恩納《おんな》ふし」「七尺《しちしゃく》ふし」「相公前ふし」「与相納ふし」といった節名が見え、「疱瘡歌」が節名の下に配列され、すべて歌われたことがわかる。ということは、一読してもわかることだが、個人の製作にかかるというものではなく、民間に流布していたものを集めたものであろう。他の琉歌の類歌や類的表現が多いのである。「疱瘡歌」の、

嘉例吉の御伽　打ち晴れてからや

夜の明けて日《てだ》の　上る迄も

は、『琉歌百控《りゅうかももびかえ》』の、

嘉例吉の遊び　打ち晴れてからや
　夜の明けて日《てだ》の　昇る迄も

を改作したものであろうし、

緞子金襴の　縁取《へり》ひの筵
　敷かは居らめしやうれ　御疱瘡御神

は、

山原の嶋や荒目蒲《あらめがま》　筵《むしろ》
　敷けは居ら召しをれ　愛《かな》し里前

を改作したものと思われる。

行間朱書のはじめ一三首は、原表紙表題下の内容標示の「和歌」に相当するものであるが、都々逸形式の歌詞であることは、すでに述べた。表記から見て、耳から入った本土の近世歌謡である。主題は疱瘡とは全く関係なく、これ以上コメントしない。

## 三　参考

沖縄の疱瘡については、医史学の立場から医者の故金城清松が取り組んで来た。琉球大学附属図書館には、金城の、ガリ刷の『琉球に於ける種トウに就て』（年代不明）という、文献目録と論文がある。他に金城の「琉球における牛痘始祖仲地紀仁の種痘について」（『日本医史学雑誌』第一三巻二号、一九六七年）という抜刷があり、『琉球の種痘』（琉球史料研究会、一九六三年）とともに、参考にした。とくに『琉球の種痘』には、「伊波普猷先生の蔵書より比嘉春潮氏が写されたものを借覧した」として、「疱瘡歌」が八一首活字化されている。口説や都々逸はなく、行間朱書・墨書の区別もない。誤植が多いようだ。

また棚木恵子は『民間芸能』（一九七三年夏期号、通巻五三号）に「嘉慶十年の疱瘡歌」を紹介し、短い文献学的な解説と本文を活字化している。拙稿の行間朱書・墨書の区別は棚木のアイディアに依っている。「和歌及び暦は後補異筆で、疱瘡歌と直接の関係がない」という理由で除かれている。文献に対する理解や写本の判読の点で、私と相当の懸隔があるが、金城や棚木の活字化がなければ、拙稿はなかったわけで、心から感謝申し上げる。

さきに紹介した比嘉春潮の論文「翁長旧事談」は、直接・関接「疱瘡歌」とかかわり、とりわけ明治中期の沖縄農村社会の、疱瘡に対する、村の対応のしかたや、民俗、信仰など、生々と描かれていて参考になる。

# 初出一覧

## I　琉球文学総論

・第一章　琉球文学総論
久保田淳他編『岩波講座日本文学史　琉球文学、沖縄の文学』第一五巻（岩波書店、一九九六年五月）
・第二章　琉球文学の位置づけ
『琉球大学放送公開講座一四　沖縄文化研究の新しい展開（テレビ講座）』（琉球大学、一九九二年九月）
・第三章　琉球文学研究の課題
『地方史研究』第三五巻四号（地方史研究協議会、一九八五年八月）

## II　『おもろさうし』論

・第一章　『おもろさうし』概説
『尚家本おもろさうし（複製本）』付録『解説おもろさうし』（ひるぎ社、一九八〇年一〇月）
・第二章　『おもろさうし』の世紀──歌謡が語る琉球の中世
網野善彦・石井進編『中世の風景を読む　七　東シナ海を囲む中世世界』（新人物往来社、一九九五年二月）
・第三章　王と王権の周辺──『おもろさうし』にみる──
『新琉球史　古琉球編』（琉球新報社、一九九一年九月）

・第四章　地方おもろの地域区分
福田晃・湧上元雄編『琉球文化と祭祀　民俗・説話・歌謡・芸能からのアプローチ』（ひるぎ社、一九八七年八月）
・第五章『おもろさうし』にあらわれた異国と異域
『琉球大学法文学部紀要　日本東洋文化論集』第九号（琉球大学法文学部、二〇〇三年三月）
・第六章『おもろさうし』における航海と船の民俗
下條信行編『新版　古代の日本　九州・沖縄』第三巻（角川書店、一九九一年一一月）
・第七章　神女と白馬と馬の口取り
『首里城研究』第七号（首里城研究会、二〇〇三年三月）
・第八章『おもろさうし』における踊りを意味する語「より」について
『國學院雜誌』第八八巻一二号（國學院大學、一九八七年一二月）
・第九章　おもろのふし名ノート
『琉球大学法文学部紀要　国文学論集』第二一号（琉球大学法文学部、一九七七年三月）
・第一〇章「王府おもろ」五曲六節の詞章について
『沖縄市文化財調査報告　第五集　王府おもろ　調査報告書』（沖縄市教育委員会、一九八三年三月）
・第一一章　おもろ理解と「御唄」「神唄」「神歌」の関係
『地域と文化』第六六号（ひるぎ社、一九九一年八月）
・第一二章　座間味景典の家譜――『おもろさうし』・『混効験集』の編者――
『首里城研究』第五号（首里城研究会、二〇〇〇年三月）
・第一三章『おもろさうし』を読み直す

『国文学　解釈と鑑賞』第七一巻一〇号（至文堂、二〇〇六年一〇月）

## III　琉歌論

・第一章　琉歌の世界
国文学研究資料館編『歌謡　文学との交響』（臨川書店、二〇〇〇年二月）
・第二章　恋の琉歌
古橋信孝・三浦佑之・森朝男編『古代文学講座　四　人生と恋』（勉誠社、一九九四年八月）
・第三章『疱瘡歌』解説
『琉球大学法文学部紀要　国文学論集』第二〇号（琉球大学法文学部、一九七六年三月）※原題：『疱瘡歌』解説と本文

# 『池宮正治著作選集』を編集するにあたって

島村幸一

『池宮正治著作選集』全三巻は、第一巻が『琉球文学総論』、第二巻が『琉球芸能総論』、第三巻が『琉球史文化論』で構成されている。著作集に収めた論は、以下にあげる池宮正治のこれまでの著書、共著、及び編著、共編著に入る論文は原則として除いて構成している。

・『琉球文学論』沖縄タイムス社、一九七六年
・『おもろさうし　ふし名索引』（編著）ひるぎ社、一九七九年
・『おもろさうし　諸本校異表』（編著）ひるぎ社、一九八〇年
・『琉球文学の方法』三一書房、一九八二年
・『沖縄文学芸能論』光文堂企画出版部、一九八二年
・『近世沖縄の肖像　文学者・芸能者列伝』上下、ひるぎ社、一九八二年
・『宜湾朝保　沖縄近世和歌集成』（編著）緑林堂、一九八四年
・『嘉徳堂規模帳』（編著）法政大学沖縄文化研究所、一九八六年
・『宜野座村字松田（古知屋）の組踊集』（編著）宜野座村教育委員会、一九八九年
・『沖縄の遊行芸』ひるぎ社、一九九〇年

・『近世沖縄和歌集　本文と研究』（嘉手苅千鶴子・外間愛子との共編著）ひるぎ社、一九九〇年
・『新潮古典文学アルバム　ユーカラ・おもろさうし』（村崎恭子他との共編著）新潮社、一九九二年
・『沖縄ことばの散歩道』ひるぎ社、一九九三年
・『久米村―歴史と人物』（小渡清孝・田名真之との共編著）ひるぎ社、一九九三年
・『続・沖縄ことばの散歩道』ひるぎ社、一九九五年
・『琉球古語辞典　混効験集の研究』第一書房、一九九五年
・『喜安日記』榕樹社、二〇〇九年
・『古琉球をめぐる文学言説と資料学』（小峯和明との共編著）三弥井書店、二〇一〇年

また、実質的な編著者であった『おもろさうし精華抄』（おもろ研究会、ひるぎ社、一九八七年）に収められた論考もその対象からはずしてある。さらに、池宮の主要な研究のひとつともいえる琉球文学資料の翻刻、及び注釈研究も除いている。

著作選集の収録論文をそのような構成にしなければならなかったのは、池宮の仕事が驚くほどに厖大であることによる。池宮がこれまでに著した仕事については、第三巻の末尾に「池宮正治著作・論文目録」を付したが、前述の著書一八冊（共著、編著、共編著九冊を含む）の外に、学術誌・紀要・報告書・新聞・雑誌等に書いた論考や書評・エッセイ類、芸能関係の冊子やパンフレット類に書いた小文等を入れると確認されるだけでも都合、六八〇本余りにものぼる。本著作選集は、それらから六三の論考と二本のエッセイを選んで編んだ。したがって、著作選集全三巻は、池宮の主要な論考が収められているとはいえ、池宮の仕事の全体とはいえない。しかし、池宮の仕事は当初の論集である『琉球文学論』（Ⅰ総論、Ⅱおもろ・古謡、Ⅲ琉歌、Ⅳ組踊・芸能、Ⅴ本土文芸とのかかわり）、『琉球文学の

方法』(I序論および古謡論、II琉歌論、III人物論、IV研究余滴)の組み立てが、後述する「沖縄学」の先達がほとんど手を着けていない未開拓の分野も含めて(例えば、第二巻の「VI近代演劇論」関連の論文は『琉球文学論』の「IV組踊・芸能」に入る)、既に本著作集全三巻の構成に繋がるかたちになっており、池宮の研究の骨格・枠組みは早い時期から出来あがっている。つまりは、本著作集は池宮の多くの論考の中から選択され編まれたとはいえ、前述した二つの論集刊行後に書かれた主要な論考を、全三巻にまとめた二著の続編的な研究論集である。

厖大、かつ多岐にわたる池宮の仕事から本著作選集は、それを内容別に、琉球文学総論、『おもろさうし』研究、琉歌論をまとめて第一巻『琉球文学総論』とし、組踊研究、古典舞踊論、三線音楽論や民俗芸能論、近代演劇論までを論じた琉球芸能全般に及ぶ研究をまとめて第二巻『琉球芸能総論』とした。さらに、正史『中山世鑑』『球陽』等の「歴史」叙述にかかわる論、家譜資料や様々な王府編纂資料と『おもろさうし』や琉歌等の歌謡資料を駆使して展開している琉球王府の信仰や儀礼、服飾等を論じた文化史論、またそれらの研究と並行して展開されている琉球の士族達に受容されている和歌・和文等の日本文化享受に関する論考をまとめ、池宮のひととなりが良く示されていると考えられる二本のエッセイと、「著作・論文目録」を付して第三巻『琉球史文化論』とした。三巻全体を貫く構成は、大きくはそれぞれの巻や章の始めに総論的な論、後ろに個別のテーマを論じた各論的な論を配置している。なお、各巻には、島村(第一巻、第二巻)、小峯和明(第三巻)の解説と索引を付けた。

第三巻に収めた「著作・論文目録」に見るように、六八〇本余りを数える池宮論文の第一号は、『構想』第四号(一九六三年一二月刊)に載った「海への祈り――「おもろさうし」巻一三を中心に――」である。これは池宮が早稲田大学文学部四年生の時に書いた論文である。池宮は修士論文を大伴家持で書くが、卒業論文の論題は「琉球諸島における伝承文学――おもろさうしを中心に――」であり、『おもろさうし』で書いている。池宮論文の第一号は、卒業論文の一部である。ここに、琉球文学研究者、池宮正治が既にある。『構想』の同人は、後に琉球大学の同僚になる平安文学研究の関根賢司（元静岡大学教授）、万葉研究の森朝男（フェリス女子学院大学名誉教授）、平安文学研究の神野藤昭夫（跡見女子大学名誉教授）等である。文学研究者としての池宮の出発は、これらの同人とともにあったのである。同時に、池宮は学部生の時から仲原善忠《なかはらぜんちゅう》が主催していた沖縄文化協会のおもろ研究会に参加し、仲原善忠におもろの手ほどきを受けて、琉球文学研究を始めている。池宮論文の第二号「三味線関係資料抄」（『沖縄文化』第一四号、一九六四年一月）は、仲原から強く勧められて書いた論文だという。こうして、その後の六八〇本余りにも及ぶ池宮の研究が始まるのである。

　全三巻の著作選集に示される池宮の学問の広さと研究論文の質量は、「沖縄学」研究の先達、伊波普猷《いはふゆう》（『伊波普猷全集』全一一巻、平凡社）や東恩納寛惇《ひがしおんなかんじゅん》（『東恩納寛惇全集』全一〇巻、第一書房）、仲原善忠（『仲原善忠全集』全四巻、沖縄タイムス社）の研究に連なるものである。池宮の研究は、これらの「沖縄学」研究の先達の研究の一部を、あるいは多くを深化させている。さらには、第二巻の「V民俗芸能論」、「VI近代演劇論」、第三巻の「II歴史文化論」のうちの服飾史にかかわる研究、「III和文学論」等は、先達がほとんど研究の対象にしてこなかった分野であり、これらの分野を切り拓いている。すなわち、現在到達した琉球文学研究、琉球文化研究の水準が示されているといえる。この三冊の著作選集は、戦後の琉球文学研究を担った仲原善忠以降、「日本復帰」（一九七二年）前後に日本本土の大学院で学んで沖縄に戻ってきた「若き研究者」が、営々とした営みの中で積み重ねてきた研究のひとつの集積である。それは、「郷土研究」を脱した人文科学による琉球研究の姿でもある。この著作選集が出る意義は、琉球文学研究、琉球文化研究だけにとどまるものではなく、日本文学研究や日本文化研究に対しても大きな意味を持ち、それらに影響するものと確信する。

　なお、本著作選集全三巻に収める論文の選定は共編者、小峯和明氏と相談しながら、島村が行った。選定の基準は、池宮の多岐にわたる研究に配慮して、なるべく広い分野からの論文、異なるテーマを持った論考からとった。

また、一般には目に触れにくい行政機関への報告書、大学紀要等に収録された論考を収めるように努めた。ただ、それぞれが個別の論考であるため、部分的に内容が重複している箇所がある。収録にあたっては、池宮の手は一切入っていなく、原稿の訂正は単純な誤植や著作選集全体の記載の統一性を図る範囲にとどめた。また、読者への便宜を考え固有名詞等にルビを付け、一部の論考には小題を付けた。そのために、少々内容的な重複があることを予めお断りしておく。なお、各巻ごとの索引、第三巻に付した「著作・論文目録」は、島村と綱川恵美（立正大学大学院博士課程）が作成した。原稿の校正は、主に島村、屋良健一郎（名桜大学専任講師）が担当した。

本著作選集は、『古琉球をめぐる文学言説と資料学』の共著者である小峯和明氏が笠間書院に働きかけて下さり、笠間書院の快諾を得て実現した。小峯氏並びに、笠間書院の御理解に深く感謝いたします。また、本著作選集を担当して下さった笠間の西内友美氏、校正等を手伝って下さった屋良・綱川両氏にも感謝いたします。加えて、琉球大学入学当初（一九七四年）から池宮先生に学んできた島村にしても、今回、先生の著作集編集の仕事に携われたことは、望外の幸せであった。第三巻に収めた先生の「著作・論文目録」をみると、学び始めた一九七四年前後から先生の年間の論文が多くなっていることが分かる。先生の研究が勢い付き出した時期に学んだ学生であったことは、好運だった。改めて先生の論考を読み直し、学び直したという思いである。好運な機会に恵まれたと思っている。

# 解説

島村幸一

第一巻は、Ⅰ「琉球文学総論」、Ⅱ「『おもろさうし』論」、Ⅲ「琉歌論」で構成されている。

Ⅰ「琉球文学総論」は、第一章「琉球文学総論」、第二章「琉球文学の位置づけ」、第三章「琉球文学研究の課題」の三論文からなる。

第一章「琉球文学総論」（『岩波講座日本文学史　琉球文学、沖縄の文学』第一五巻、岩波書店、一九九六年）は、琉球文学が琉球列島地域（奄美諸島、沖縄諸島、宮古諸島、八重山諸島）の言語、琉球語（琉球方言）による文学を主軸にして、この地域の人々による和文・共通語と漢文で記した文学であることを定義した後、それを（1）古謡、（2）物語歌謡、（3）短詞形歌謡（抒情詞）、（4）劇文学、その外縁にあるものとして（5）和文学、（6）漢文学、（7）沖縄文学（明治以降の共通語文学）と分類して、論じている。琉球文学の総論・概論を論じたこれまでの主な研究は、田島《たじま》利《り》三郎《さぶろう》が、一九〇〇年に雑誌『国光』臨時増刊号に書いた「琉球語研究資料」（後に、田島『琉球文学研究』青山書店、一九二四年刊に収録）が嚆矢である。次いでたのが、加藤三吾が一九〇六年（明治三九）から翌年にかけて刊行した『琉球乃研究』（自家版、後に文一路社から一九四一年にでる）に収められた第七章「琉球の言語文章」、次に伊波普猷の「琉球文学」（『岩波講座日本文学　第五巻　日本文学と外来思想との交渉』岩波書店、一九三一年）、同じく伊波の「日本文学の傍系としての琉球文学」（『日本文学講座　特殊研究』第一五巻、新潮社、一九三二年）他、小野重朗『琉球文学』弘文堂、一九四三年がある。戦後は、仲原善忠の「琉球の文学」（『岩波講座日本文学史　一般項目』第一六巻、岩波書店、一九五九年）、外間守善の「琉球文学の展望」（『文学』第三三巻七号、岩波書店、一九六五年）、「南島歌謡の系譜」上下（『文学』第四〇巻四・五号、岩波書店、一九七二年）等があって、琉球文学の対象は王都首里方言を中心とする文学から、琉球列島全体の文学へ、さらに琉球語による表現から琉球列島地域に住む人々の和文学、漢文学による表現を含む範囲に拡大している。池宮の総論も、その流れにある。

池宮論文の総論の特徴は、特に（1）古謡と（2）物語歌謡という分類を置いたことである。池宮のこの分類は、既に『琉球文学論』（沖縄タイムス社、一九七六年）に収められた「沖縄の文学伝統」（『文化評論』第九一号、一九六九年）に示されている。「古謡」と「物語歌謡」は、琉球文学の大きな特徴であるシマごとに多様に展開している対語・対句で展開する長詩形の唱え、及び歌謡にかかわる分類である。外間守善が分類する「呪禱的歌謡」「叙事的歌謡」（「南島歌謡の系譜」）の範囲とほぼ対応するが、これをどのように分類するかは、琉球文学全体の捉え方に当然繋がる。なお、「琉球文学総論」が入った『岩波講座日本文学史　琉球文学、沖縄の文学』は、一八本の論文が入って一巻全体が琉球文学、沖縄の文学の論集になっており、これまで日本文学講座や日本文学史の中に僅か一本の論文を収めて、琉球文学を特殊な分野として扱ってきた従来のあり方と大きく異なる書になっている。琉球文学に対する理解が、漸く一定程度進展していることを物語っているが、その書に書かれた「琉球文学総論」はそのような意味で記念碑的な意味を持つ。

第二章「琉球文学の位置づけ」（『琉球大学放送公開講座一四　沖縄文化研究の新しい展開（テレビ講座）』琉球大学、一九九二年）は、論題が示すように琉球文学を日本文学の中にどのように位置づけるかをテーマとする論である。琉球文学の特徴のひとつは古代性だが、それが日本文学史との関係でいえば、中近世期、あるいは近現代にも及んで展開している。これをどのように位置づけるか。あるいは、琉球文学そのものを総体としてみた時、ひとつの側面だけでは切り取れない独自性がある。これを日本文学と、どう整合させていくか。また、池宮は日本文学との位置づけを琉球文学のみならず、アイヌ文学や「在日韓国朝鮮人の文学」や「日本人の中国（韓）文学」も視野に入れて考えるべきだとしており、「「日本文学」の範囲を拡張」する必要があることを述べている。本論は、結論を示しているわけではないが、琉球文学を日本文学へ位置づける際の考え方の基本が提示されている。第三章「琉球文学研究の課題」（『地方史研究』第三五巻四号、地方史研究協議会、一九八五年）も、論題通り琉球文学研究の課題を論じた論である。池宮があげている主な課題は、オモロを琉球文学全体の中でどう位置づけ、文学の側からどのような評価をするのかということ、琉歌研究は質を持った研究が生み出されていなく、奄美地域のシマウタ、宮古・八重山地域の短詞形歌謡を視野に入れた研究がなされていないことや本土の中近世歌謡、あるいは和歌との比較研究がなされていないことが指摘されている。組踊については、伊波普猷が編纂した『校注　琉球戯曲集』（春陽堂、一九二九年）を大きく越える研究やテクストが未だでていないこと、和歌については京都堂上歌壇や薩摩歌壇との交流が明らかにされていないこと等を、あげている。本論は三〇年程前に書かれた論文であるが、残念ながら琉球文学の課題は残されたままである。

II「『おもろさうし』論」は、第一章「『おもろさうし』概説」、第二章「『おもろさうし』の世紀――歌謡が語る琉球の中世」、第三章「王と王権の周辺――『おもろさうし』にみる――」、第四章「地方おもろの地域区分」、第五章「『おもろさうし』にあらわれた異国と異域」、第六章「『おもろさうし』における航海と船の民俗」、第七章「神女と白馬と馬の口取り」、第八章「『おもろさうし』における踊りを意味する語「より」について」、第九章「おもろのふし名ノート」、第一〇章「「王府おもろ」五曲六節の詞章について」、第一一章「おもろ理解と「御唄」「神唄」「神歌」の関係」、第一二章「座間味景典の家譜――『おもろさうし』・『混効験集』の編者――」、第一三章「『おもろさうし』を読み直す」からなる。都合、一三本の『おもろさうし』にかかわる論文群である。本来ならば、これだけで一冊の単行本になる分量である。池宮の研究の中心が、『おもろさうし』である所以である。

第一章「『おもろさうし』概説」（『尚家本おもろさうし（複製本）』付録『解説おもろさうし』ひるぎ社、一九八〇年）は、沖縄県立博物館・美術館に所蔵されている『尚家本おもろさうし』を、複製した際の付録に収められた『おもろさうし』概説である。『おもろさうし』は、外間守善・波照間永吉『定本　おもろさうし』（角川書店、二〇〇二年）によって、漸くテクストが整うが、それまで最も書誌的に重要な『尚家本おもろさうし』が、テクスト化されてこなかった。そのような中で、池宮が中心になって『尚家本おもろさうし』が複製化され、その付録である解説編に本論は書かれている。『おもろさうし』の主な概説は、伊波普猷編『校訂　おもろさうし』（郷土研究社、一九二五年）に入った「序」、仲原善忠の『おもろ新釈』（琉球文教図書、一九五七年）に入った「解説」、仲原善忠・外間守善『校本おもろさうし』（角川書店、一九六五年）に入った「解説」（一から六までが仲原の執筆で『おもろ新釈』の「解説」を採っている。以下の七から一一が外間の執筆）、外間守善『日本思想大系　おもろさうし』（岩波書店、一九七二年）に入った「おもろ概説」、外間守善・波照間永吉『定本　おもろさうし』に入った「『おもろさうし』総説」等があるが、池宮の「概説」が最も詳しい。特に、「成立」と「再編纂」にかかわる論（一と二）、「せぢ」などのオモロの霊力を示す語を論じた論（六）は、これまでの研究を大きく進めており今日のオモロ研究の水準が示されている。第二章「『おもろさうし』の世紀——歌謡が語る琉球の中世」（『中世の風景を読む　七　東シナ海を囲む中世世界』新人物往来社、一九九五年）は、古代歌謡というイメージが持たれている『おもろさうし』は、東アジアの中世世界と同時代の産物の歌謡であり、「古琉球」といわれる時代の内実も実は、中世的な時代であったことをオモロを通して論じた論である。第三章「王と王権の周辺——『おもろさうし』にみる——」（『新琉球史　古琉球編』琉球新報社、一九九一年）は、『おもろさうし』を通してみた琉球の王と王権を、『中山世鑑』のオモロや霊力を示す語、神号（王号）や神女組織等から多岐に亘って論じた論である。

第四章「地方おもろの地域区分」（『琉球文化と祭祀』ひるぎ社、一九八七年）は、間切（琉球王府時代の行政区分）を単位とした地域を謡った「地方おもろ」を通して考えられる王権の成り立ちと、王権の信仰を考察した論である。第五章「『おもろさうし』にあらわれた異国と異域」（『琉球大学法文学部紀要　日本東洋文化論集』第九号、二〇〇三年）は、異国、異域を謡ったオモロを検討した論である。論は異国、異域を示す語について、新たな解釈を提示しており斬新である。第六章「『おもろさうし』における航海と船の民俗」（『新版　古代の日本　九州・沖縄』第三巻、角川書店、一九九一年）は、『おもろさうし』の大きな特徴と考えられる航海を謡ったオモロを考察した論である。オモロでは、船を鳥のイメージでとらえていることやオモロの船名が『歴代宝案』にあるという指摘、「ひき」といわれる王府の組織との関連、常套句の呪力、中国からもたらされた船に関連する信仰等が論じられている。オモロを琉球の古代的な歌謡として捉えるのではなく、オモロが謡われた時代とそれを必要とした人々の視点で論じている。第七章「神女と白馬と馬の口取り」（『首里城研究』第七号、首里城研究会、二〇〇三年）は、馬の美しい装いとともにその馬に乗った英雄や神女が謡われるオモロを含む一群の神歌を論じた論である。これらのウタは、始原的には神の移動を表現するウタである。第八章「『おもろさうし』における踊りを意味する語「より」について」（『國學院雑誌』第八八巻一二号、一九八七年）は、オモロに謡われる「踊りを意味する語「より」」について、多くのオモロの事例や琉球歌謡の事例、また民俗事例を集めて、「より」の語義に迫り琉球における〈踊り〉の始原的な意味を考察した注目される論考である。第九章「おもろのふし名ノート」（『琉球大学法文学部紀要　国文学論集』第二一号、一九七七年）は、多くのオモロに付されている「ふし名」についての研究ノートである。本著作集に編まれた論は、既に著書に入っている論を除くことを原則にしているが、本論は例外で、『おもろさうし　ふし名索引』（ひるぎ社、一九七九年）に収められている。例外としたのは、「ふし名」研究が世礼国男の「琉球音楽歌謡史論」（『琉球新報』一九四〇年）、及び仲原善忠『おもろのふし名索引』（沖縄文化協会、一九五一年。後に『おもろさうし辞典総索引』角川書店、一九六七年に収録）以来、ほとんど研究の進展がみられないからである。池宮は「ふし名」研究を進めるべく仲原の

『おもろのふし名索引』を利用しやすいようにして新たな『おもろさうし　ふし名索引』を作り、「ふし名」の問題点を研究ノートのかたちでまとめた。仲原以来の見るべき「ふし名」に関する論として、本著作集に収めた。

第一〇章「「王府おもろ」五曲六節の詞章について」（『沖縄市文化財調査報告　第五集　王府おもろ　調査報告書』沖縄市教育委員会、一九八三年）は、「最後のおもろ主取安仁屋真苅」から大正元年（一九一二年）にオモロを伝授し採譜した、山内盛彬が伝えるオモロについて報告した論である。「王府おもろ」はすべて第二二のオモロで、しかも僅かに「五曲六節」が伝わっていた。本論によって、オモロが琉球王府の末期にどのようなウタになって謡われていたかを知ることができる。第一一章「おもろ理解と「御唄」「神唄」「神歌」の関係」（『地域と文化』第六六号、ひるぎ社、一九九一年）は、『琉球国由来記』等の『おもろさうし』の外側の資料にオモロがどのように記されているかに言及し、御嶽の「神名」と神女名との関連も含めて、それらがオモロを理解する上で重要であることを論じている。第一二章「座間味景典の家譜――『おもろさうし』・『混効験集』の編者――」（『首里城研究』第五号、首里城研究会、二〇〇〇年）は、一七〇九年に焼失した『おもろさうし』の再編纂と、『おもろさうし』の再編纂以前から既に始まっていた『混効験集』の編纂事業に携わっていた座間味景典の家譜発見によって、新たに見えてきた問題を論じた論である。第一三章「『おもろさうし』を読み直す」（『国文学　解釈と鑑賞』第七一巻一〇号、至文堂、二〇〇六年）は、幾つか重要なオモロ語の語義について、大胆な見解を示している。例えば、それは国王をさす語のひとつとしてある「なさいきよ」を、「心乱されるほどの魅力がある御方の意の古語「なうさい（悩殺）」を提案しておく」というような提起である。本論が本著作集の中で一番新しく書かれた論だけに、池宮の新たな『おもろさうし』理解が窺える論である。

III「琉歌論」は、第一章「琉球の世界」、第二章「恋の琉歌」、第三章「『疱瘡歌』解説」からなる。

第一章「琉歌の世界」（『歌謡　文学との交響』臨川書店、二〇〇〇年）は、琉球文学における琉歌の位置づけから始まり、琉歌の「内実」「発生と韻律」、琉歌集は歌詞集であること、詠む琉歌も存在することや琉歌研究の課題にも及ぶ琉歌研究の総論が、記されている。第二章「恋の琉歌」（『古代文学講座　四　人生と恋』勉誠社、一九九四年）は論題どおり恋を謡った琉歌をテーマとする論で、恋歌としての琉歌の表現性を中心とする論である。第三章「『疱瘡歌』解説」（『琉球大学法文学部紀要　国文学論集』第二〇号、一九七六年）は、本著作集に収めた論文としては古いもので、むしろ前述した二論集に収録されていてもよいと思われる論である。本論は疱瘡神を誉め称えて軽い罹患ですませることを願う、「疱瘡歌」といわれる特殊な琉歌集を解説した論である。これを収録したのは、「疱瘡歌」を対象にした研究が少なく、またこの歌の存在が琉歌が持つ呪性をよくあらわしているからである。

以上、第一巻は一九本の論文で構成されている。

池宮《いけみや》正治《まさはる》著作選集《ちょさくせんしゅう》1　琉《りゅう》球《きゅう》文《ぶん》学《がく》総《そう》論《ろん》

2015年（平成27）2月20日　初版第1刷発行

著　者　池　宮　正　治

編　者　島　村　幸　一

装　幀　笠間書院装幀室

発行者　池　田　圭　子

発行所　有限会社　**笠間書院**

〒101-0064　東京都千代田区猿楽町2-2-3

☎03-3295-1331　FAX03-3294-0996

振替00110-1-56002

ISBN978-4-305-60051-6　　シナノ印刷

落丁・乱丁本はお取りかえいたします。　（本文用紙：中性紙使用）

出版目録は上記住所までご請求下さい。

http://kasamashoin.jp/

# 索引凡例

・本索引は各巻の主な「神名・人名」「書名」「一般事項」を検索する索引で、巻ごとに作られている。
・索引にとった項目は三巻ほぼ共通しているが、巻ごとに多少の違いがある。例えば、第一巻『琉球文学総論』には、『おもろさうし』の見出しは多数の所出があるために立項していないが、第二巻『琉球芸能総論』、第三巻『琉球史文化論』ではとっている。
・見出しは、原則としてルビに従った「あいうえお順」で並べている。また、ルビが付かない琉球関係の見出しは、共通語による読みを原則にして並べている。
・同一と思われる項目は、原則として一つの見出しにまとめている。
・なお、第一巻については、オモロがほぼ一首全体にわたって引かれている場合については、それを抽出して「オモロ番号索引」にして付した。

## 神名・人名索引

## ●か



## ●き



## ●く



## ●け



## ●こ



## ●さ

## ●し



## ●す



## ●せ



## ●そ

## 書名索引

### ●あ



### ●い



### ●う



### ●え



### ●お



### ●か



### ●き



### ●け



### ●こ

## ●さ



## ●し



## ●す



## ●せ



## ●た



## ●ち



## ●て



## ●と



## ●な

●に



●ひ



●へ



●ほ



●ま



●み



●む



●や



●よ



●り

**●れ**



**●ろ**



**●わ**

# 一般事項索引

## ●あ



## ●い



## ●う



## ●え



## ●お

## ●か



## ●き

## ●く



## ●け



## ●こ



## ●さ

## ●し



## ●す



## ●せ



## ●そ



## ●た

## ●ち



## ●つ



## ●て



## ●と



## ●な

## ●り



## ●れ



## ●わ



## ●ゑ

## オモロ番号索引